PRÉPAS SCIENTIFIQUES

MPSI-PCSI-PTSI-MP2I-BCPST
MP-PC-PSI-PT-MPI-TSI-ATS

CONFORME AU PROGRAMME 2021

Anglais

TOUT-EN-UN

COURS • MÉTHODES • ENTRAÎNEMENTS • CORRIGÉS

Antoine Devin est professeur de Chaire Supérieure en classes préparatoires littéraires et scientifiques au lycée Faidherbe à Lille.

Sandrine Merle est professeure agrégée en classes préparatoires scientifiques et économiques au lycée Montaigne à Bordeaux.

Franck Nebeker est professeur agrégé en classes préparatoires HEC au lycée Notre-Dame-du-Grandchamp à Versailles et professeur intervenant à l'École polytechnique.

Vuibert

Ressources numériques

Pour un entraînement intensif, téléchargez gratuitement des documents audio sur www. Vuibert.fr/site/409345

Retrouvez également 300 flashcards de vocabulaire réparties en 10 thématiques :

Women and gender relations
https://lienmini.fr/40934-1

Communication and medias
https://lienmini.fr/40934-6

Immigration, racism and multiculturalism
https://lienmini.fr/40934-2

New technologies
https://lienmini.fr/40934-7

City life
https://lienmini.fr/40934-3

Space
https://lienmini.fr/40934-8

Health
https://lienmini.fr/40934-4

Education
https://lienmini.fr/40934-9

Environment
https://lienmini.fr/40934-5

Terrorism and crime
https://lienmini.fr/40934-10

ISBN : 978-2-311-40934-5

Conception de couverture et mise en pages : Emmanuel Linares

Site internet : http://www.vuibert.fr

Achevé d'imprimer en février 2022 par Laballery en France - Dépôt légal : juin 2021 - N° éditeur : MAGSI20211438 - N° imprimeur : 201587

Sommaire

* Thème

* Thème

PARTIE 2
SE PRÉPARER À L'ORAL

PLUS D'OUTILS

Liste des sujets d'annales contenus dans l'ouvrage

Mode d'emploi

Cet ouvrage, conçu par trois enseignants en CPGE, s'adresse aux étudiants des Classes Préparatoires Scientifiques à la recherche d'un outil simple d'utilisation et efficace. Il leur permettra de réviser les bases grammaticales de l'anglais, d'améliorer leur niveau de langue et leurs connaissances des civilisations américaine et britannique, mais aussi de s'entraîner aux épreuves écrites et orales tant redoutées des concours scientifiques, grâce à un guidage méthodique qui les conduira à une plus grande autonomie.

Dans un souci de clarté didactique, l'ouvrage est divisé en deux grandes parties :

- Se préparer à l'écrit ;
- Se préparer à l'oral.

Les 24 fiches du premier chapitre de la partie I, « Apprendre à traduire », portent chacune sur un point de grammaire précis et un champ lexical défini, et sont conçues sur le même schéma. Vous y trouverez :

- une partie « Ce qu'il faut savoir » qui vous présente l'essentiel de ce que vous devez connaître sur le fait de langue travaillé ;
- un exercice lacunaire ou « QCM » – de longueur variable en fonction de la difficulté du point de grammaire – qui permet une mise en application immédiate des règles grammaticales rappelées succinctement et une auto-évaluation grâce au corrigé fourni ;
- une série de phrases de thème permettant un « rebrassage » grammatical dans le champ lexical du chapitre ;
- une courte version de type journalistique ou littéraire qui vous permettra d'apprécier la valeur du fait de langue travaillé en contexte et de vous entraîner à la traduction de l'anglais vers le français ;
- un court thème de type journalistique ou littéraire qui vous donnera l'occasion de vérifier si vous maîtrisez le point de grammaire ciblé et de vous entraîner à la traduction du français vers l'anglais ;
- une liste de vocabulaire dans le champ lexical du chapitre reprenant les mots et expressions utilisés dans la fiche ;
- les corrigés commentés de tous les exercices.

Les chapitres suivants vous fourniront une méthodologie complète et didactique qui vous aidera à aborder l'ensemble des exercices de l'écrit avec assurance et sérénité, qu'il s'agisse :

- de l'expression écrite ;
- de la synthèse de documents ;
- du texte d'opinion ;
- du QCM ;
- de la contraction croisée.

Des sujets de concours y sont analysés, commentés et intégralement corrigés afin que vous puissiez déjouer les pièges du concours. D'autres sujets vous sont proposés, vierges de commentaires, pour vous permettre de vous entraîner seul après avoir bénéficié de conseils conformes aux exigences des concours.

La seconde partie de l'ouvrage vous aidera à vous préparer aux oraux des grandes écoles et, avant eux, aux nombreuses « khôlles » d'anglais que vous passerez pendant vos années de « sup » et de « spé ». Vous trouverez :

- d'indispensables rappels méthodologiques pour réussir le compte-rendu et le commentaire d'un article de presse « support papier » ou « support audio » (des liens vous permettront d'avoir accès à des enregistrements de concours) et la restitution d'un document vidéo, ainsi que des sujets commentés et corrigés qui vous montreront quelle démarche suivre pour que vous envisagiez l'oral d'anglais avec quiétude ;
- douze fiches sur la civilisation britannique et américaine, claires et concises, riches en définitions, qui vous donneront des informations indispensables et les événements-clefs vous permettant de développer des connaissances transversales sur les thèmes d'actualité récurrents à l'oral des concours.
- plus d'outils, avec la liste des sujets d'annales contenus dans l'ouvrage, les principaux verbes irréguliers et les verbes prépositionnels de l'anglais, ainsi que les principaux adjectifs et participes passés suivis d'une préposition.

Les auteurs ont conçu les chapitres de leur ouvrage comme des fiches usuelles, au nombre volontairement restreint, **pour vous permettre d'établir un planning de travail et de révision sur une ou deux années**. Vous avancerez sereinement, appréciant vos progrès, évaluant votre niveau, à chaque étape de la formation, sans céder à la panique des derniers instants, à l'approche des concours.

L'objectif de cet ouvrage est donc de vous aider à travailler seul, de façon constructive, dans le temps, à votre rythme, selon votre niveau (qu'il soit faible, fort ou intermédiaire) et vos besoins : révisions grammaticales, acquisition de vocabulaire, méthodologie et entraînement ou connaissances des repères culturels et historiques indispensables pour enrichir vos travaux écrits et oraux. Cet ouvrage constitue donc un outil complet de préparation conçu par des spécialistes de l'enseignement en CPGE, tous membres des jurys de concours.

Voici un bref récapitulatif des quelques abréviations employées dans l'ouvrage :

sb = somebody	exp. = expression	poss. = possessif
s.o. = someone	GN = groupe nominal	qqch = quelque chose
sth = something	GV = groupe verbal	qqn = quelqu'un
adj. = adjectif	(in)dén. = (in)dénombrable	sg = singulier
BV = base verbale	n. = nom	V = verbe
dét. = déterminant	pl. = pluriel	* = **structure fautive**

Partie 1

SE PRÉPARER À L'ÉCRIT

TABLEAU RÉCAPITULATIF DES ÉPREUVES ÉCRITES

Voici un tableau récapitulatif des épreuves écrites :

Concours	Épreuves pour les étudiants de MP / PC / PSI
Polytechnique / ENS Ulm, Rennes et Saclay	**Durée :** 4 heures **Épreuve : 1.** synthèse de documents en 600 à 675 mots à partir de 4 documents (3 textes et 1 document iconographique traitant d'un thème commun), **2.** rédaction d'un texte d'opinion de 500 à 600 mots à partir d'un éditorial, sur la même thématique que les documents de la synthèse
Centrale-Supélec	**Durée :** 4 heures **Épreuve :** synthèse de documents en 500 mots (± 10 %) à partir de 4 ou 5 documents
Mines-Ponts	**Durée :** 1 heure 30 **Épreuve :** **1.** Thème littéraire ou journalistique (8 points) **2.** Texte de presse en anglais : 1 question de compréhension (4 points) : réponse en 80 mots (± 10 %) 1 question d'expression personnelle (8 points) : réponse en 180 mots (± 10 %)
Mines-Télécom (aussi appelé Petites Mines) **oral en anglais obligatoire**	Pas d'épreuve écrite
CCINP – e3a-Polytech	**Durée :** 3 heures **Épreuve :** synthèse de documents en 400 mots (± 10 %) à partir d'au moins 3 documents d'une longueur totale de 3 pages maximum
ENAC **ICNA / EPL**	**Durée :** 2 heures **Épreuve :** QCM de 80 questions : compréhension, lexique, grammaire **Note éliminatoire :** < 8 (ICNA) ; < 10 (EPL)

Concours	Épreuves pour les étudiants de PT
Banque PT (les candidats passent deux épreuves dans la même langue)	**LVA : première épreuve obligatoire** **Durée :** 3 heures **Épreuve :** une synthèse de 5 documents traitant d'un thème commun entre 450 et 500 mots, précédée d'un titre ; la problématique, sous forme de question, est fournie (elle oriente la réflexion du candidat)
	LVB : seconde épreuve obligatoire **Durée :** 3 heures **Épreuve :** **1.** La contraction d'un texte en français à reformuler en anglais en 130 mots (± 10 %) **2.** Un essai de 200 à 220 mots sur la thématique du texte proposé pour la contraction

Concours	Épreuves pour les étudiants de BCPST / TB
Banque Agro-Véto Filières A-BCPST et A-TB	**Durée :** 2 heures **Coefficient :** 3 **Anglais obligatoire** pour tous les candidats, et la note compte pour l'**admission** **Épreuve :** **1.** Thème journalistique d'environ 150 mots (6 points) **2.** Article de presse en anglais d'une longueur n'excédant pas 500 mots : 1 question de compréhension (6 points) : réponse en 100 mots 1 question d'expression personnelle (8 points) : réponse en 200 mots (± 10 %)
ENS (seulement pour les BCPST)	**Durée :** 2 heures **Coefficient :** 3 **Épreuve :** **1.** Version journalistique (12 points) **2.** Deux questions en lien avec la thématique de la Version (8 points) : 1 question de compréhension 1 question d'expression personnelle (100 mots minimum pour chaque réponse) **L'épreuve compte pour l'admission**
Polytechnique (seulement pour les BCPST)	Pas d'épreuve spécifique à ce concours : les épreuves écrites d'admissibilité sont organisées dans le cadre de la banque d'épreuves Agro-Véto, donc l'épreuve d'anglais est celle du concours Agro-Véto
G2e (seulement pour les BCPST)	Pas d'épreuve écrite

Concours	Épreuves pour les étudiants de ATS
ATS (ENSEA)	**Durée :** 2 heures **Anglais obligatoire** **Épreuve :** QCM (**1.** grammaire et vocabulaire, **2.** textes à trous)

APPRENDRE À TRADUIRE

Nous vous proposons ici 10 procédés de traduction qui vous permettront de passer aisément de la langue source à la langue cible.

1. L'emprunt

Le traducteur se permet de conserver un mot ou une expression de la langue source dans sa traduction :

- parce qu'il n'y a pas d'équivalent dans la langue cible :

  We went to the **pub** next. → Ensuite, nous sommes allés au **pub**.

- pour des raisons culturelles ou rhétoriques :

  J'ai toujours rêvé d'entrer à **l'École normale de musique**. → I've always dreamt of enrolling in the **École normale de musique**.

2. Le calque

Le traducteur, quand la langue cible le permet, traduit littéralement un mot ou une expression de la langue source :

The United Nations seeks to promote international cooperation. → **Les Nations Unies** cherchent à promouvoir la coopération internationale.

Ils sont partis en **lune de miel**. → They went on their **honeymoon**.

Mais bien souvent, les calques sont considérés comme maladroits, confinant au non-sens ou au contresens :

Thousands of people visit **the City** and **the British Museum** every year. → * Des milliers de gens visitent **la Cité** et **le Musée britannique** chaque année.

3. La traduction littérale

Le traducteur choisit de traduire une expression de la langue source mot à mot ; son choix de traduction est toutefois idiomatique dans la langue cible :

I have the word **on the tip of my tongue**! → J'ai le mot **sur le bout de la langue** !

En revanche, dans l'exemple suivant, la traduction littérale de la deuxième phrase n'est pas pertinente :

There's someone at the door. **That'll be the milkman.** → Il y a quelqu'un à la porte. * **Cela sera le laitier**.

Le modal **will** véhicule une idée de certitude. Préférons la traduction : « c'est forcément le laitier ».

4. La transposition

Lorsqu'il passe de la langue source à la langue cible, le traducteur perçoit qu'il est pertinent de changer de catégorie grammaticale pour que sa traduction soit plus authentique :

Vol [nom] au-dessus de Londres. → **Flying** [verbe] over London.

Young people **over** [préposition] the age of 18 are allowed to join us. → Les jeunes gens **ayant dépassé** [verbe] l'âge de 18 ans sont autorisés à se joindre à nous.

He made an **endless** [adjectif] speech. → Il a fait un discours **sans fin** [nom].

Il a traversé la rivière **à la nage**. [nom : complément de manière] → He **swam across** [verbe prépositionnel] the river.

Dans ce dernier exemple, la permutation syntaxique que vous remarquez conduit les spécialistes de la traduction à parler de « chassé-croisé » (voir p. 151).

Les cas de figure sont multiples. Vous remarquerez très souvent que le français est essentiellement une **langue du nom** et que l'anglais est une **langue du verbe**.

5. L'étoffement

L'étoffement ou « amplification » est un type de transposition. Le traducteur est souvent amené à « étoffer » une préposition, un pronom ou un adverbe de l'anglais en ajoutant un nom ou un verbe. La langue cible est alors le français :

You can get to the bathroom **through** Tom's bedroom. → Tu peux accéder à la salle de bains **en passant par** la chambre de Tom.

I read an article **about** obesity **in** the *New York Times*. → J'ai lu un article **sur** [**traitant de**] l'obésité **publié dans** le *New York Times*.

He will never sit **to** his meal. → Il refuse de s'asseoir **pour prendre** son repas.

6. Le dépouillement

Le dépouillement est l'inverse de l'étoffement. Dans le passage du français (langue source) à l'anglais (langue cible), le traducteur doit parfois retirer des mots (nom, verbe, etc.) qui n'ont pas leur place dans la langue d'arrivée :

Je cherche un vol **au départ de** Paris. → I'm looking for a flight **from** Paris.

7. La modulation

Le traducteur, dans le passage de la langue source à la langue cible, est amené à adapter un mot ou une expression à la langue et à la culture d'arrivée. On parle de changement de point de vue car il est fréquent que les locuteurs de la langue de départ et ceux de la langue d'arrivée ne voient pas les choses (le monde) de la même manière :

You know, he **may be right**! [affirmation] → Tu sais, il **n'a peut-être pas tort** ! [négation]

He loves **the stage**. [la partie] → Il aime **le théâtre**. [le tout]

In the US, only 7% of people drink **instant coffee**. [rapport au temps] → Aux États-Unis, seuls 7 % de la population boit du **café soluble**. [on s'intéresse à la matière]

Stephen is likely to vote for the Labour candidate. → **Il est probable que Stephen** vote pour le candidat travailliste. [modulation de syntaxe]

8. L'équivalence

Le traducteur rend compte d'une réalité propre à la culture source en ayant recours à une expression tout à fait différente, propre à la culture cible :

Birds of a feather flock together. → Qui se ressemble s'assemble ! [proverbe]

Arrêt demandé. [dans un bus] → Bus stopping. [locution usuelle]

Stop **courting disaster**! → Arrête **de jouer avec le feu** ! [expression idiomatique]

Aïe ! Tu me fais mal ! → **Ouch**! You're hurting me! [interjection]

9. Les collocations

Certains termes sont souvent employés ensemble dans la langue source et forment ainsi des **couples indissociables**. Mais attention, ces couples indissociables diffèrent peut-être dans la langue cible :

It **earned him the reputation** of a seducer. → Ça lui a **valu une réputation** de séducteur.

She was too young to **cast a ballot** into the ballot box. → Elle était trop jeune pour **glisser un bulletin de vote** dans l'urne.

10. La coloration

Quand le traducteur a le sentiment qu'un terme employé dans la langue source est trop simple, il peut le remplacer par un terme plus précis, moins général :

The Pope **said** he'd not go to Russia. → Le Pape **a déclaré** qu'il n'irait pas en Russie.

Il **était** là, seul, au milieu de la rue. → He was **standing** there, alone, in the middle of the street.

FICHE DE GRAMMAIRE

1. Les noms

Thème : Living in society

Ce qu'il faut savoir

Il existe **cinq catégories de noms** en anglais, aussi appelées classes de noms, avec chacune ses caractéristiques propres.

1. Le dénombrable

▶ Le nom dénombrable peut se mettre au singulier ou au pluriel. Comme son nom l'indique, on peut grâce à lui dénombrer des éléments, c'est-à-dire **indiquer une quantité**, quelle qu'elle soit : an appointment/two appointments.

▶ Il existe **différentes formes du pluriel** pour le dénombrable :

- pluriel dit régulier : terminaisons en –s (jokes)/–ies (parties)/–es (chatterboxes) ;
- pluriel irrégulier :
  - a woman/women ; a child/children ; a life/lives ; a tooth/teeth,
  - les mots d'origine grecque ou latine : crisis/crises ; hypothesis/hypotheses ; analysis/analyses ; criterion/criteria ; phenomenon/phenomena.

▶ Au singulier, le dénombrable est compatible avec le cardinal **one** et l'indéfini **a/an**. Au pluriel, il est compatible avec les cardinaux **two**, **three**, etc., avec les quantifieurs **many**, **(a) few** et **several**, et avec l'**article zéro** (ce qui n'est pas le cas quand le dénombrable est au singulier) :

Ø Dogs bark
A dog barks

▶ Il existe des **dénombrables invariables**, parmi lesquels les plus communs sont species, series, means (ils prennent un « **s** » au singulier et au pluriel), fish, aircraft, etc. Il en est de même pour les noms de nationalité qui se terminent en –ese (Chinese).

▶ Il existe des **dénombrables** qui ne se mettent **jamais au pluriel**. On les trouve dans des expressions figées :

She decided to give it **a try**. / This article is **a great read**. / It is **a case** in point.

2. L'indénombrable singulier

▶ L'indénombrable singulier n'a qu'une seule forme (= **invariable**). Il est donc toujours au singulier et jamais au pluriel. En toute logique, le verbe qui suit un indénombrable singulier est au singulier : Modern society has made Ø progress towards acceptance of LGBTQIA people.

▶ Le dénombrement n'étant pas possible avec un indénombrable, celui-ci n'est pas compatible avec l'article indéfini a/an, ni avec one, ni avec another. Il l'est en revanche avec much et (a) little (much/little gossip has spread about his affair with a married woman), ainsi qu'avec l'**article zéro** (Ø gossip can be devastating to people).

▶ Avec la plupart des indénombrables, il est néanmoins possible d'effectuer une opération de dénombrement en utilisant ce que l'on appelle des **dénombreurs**, parmi lesquels le plus commun est *a piece of* : a piece of information / a piece of advice

Mais certains indénombrables fonctionnent avec un dénombreur qui leur est propre et qui pourra, lui, être mis au pluriel :

a lump of sugar (un morceau de sucre) : lumps of sugar
a fit of anger (un accès de colère) : fits of anger

▶ Il existe toutefois un certain nombre d'indénombrables qui ne se laissent pas dénombrer. Il faut alors avoir recours à un **nom dénombrable équivalent** :

evidence : a proof; progress : an improvement/an advance; produce : a product

▶ Il est nécessaire de connaître les indénombrables car rien ne permet de repérer comme tel un nom isolé. On peut néanmoins énumérer plusieurs catégories qui vous permettront de les identifier :

- les noms qui désignent des **sentiments**, des **émotions**, des **états**, des **qualités** : resentment, selfishness, pain, intelligence ;
- ceux qui font référence à des **activités** (dérivés de verbes) : cheating, blackmail, laughter ;
- ceux qui font référence à des **matières** : smoke, blood, air ;
- ceux qui font référence à des **éléments abstraits** : weather, space ;
- les noms en **–ic** et en **–ics** : logic, physics, ethics, economics, politics.

3. L'indénombrable pluriel

▶ Il a toujours une forme plurielle et un verbe au pluriel :

Her **manners** are not those of a lady.
She agreed to pay £900 **damages** to the woman she had injured.

▶ Le **dénombrement d'unités** est impossible. Comme pour certains indénombrables singuliers, il faut avoir recours à un synonyme appartenant à la catégorie des dénombrables : clothes deviendra an item of clothing.

▶ Les **objets dits doubles** (composés de deux éléments) font également partie de cette catégorie :

She thought she had lost her **glasses** (ses lunettes) but finally found them in the pocket of her **trousers** (son pantalon).

Il est possible d'utiliser le dénombreur a pair of avec ces objets doubles.

4. Le collectif

Le nom collectif fait toujours référence à un **groupe d'êtres animés**. Certains sont des collectifs facultatifs, d'autres sont obligatoires.

a. Les collectifs facultatifs

Ils ont un comportement mixte :

- soit le nom renvoie au groupe considéré comme une **unité**, auquel cas l'accord se fera au singulier (comme un nom dénombrable traditionnel) : **The team has** received widespread attention ;
- soit le nom renvoie au groupe comme étant composé d'un **certain nombre d'individus** et l'accord se fera donc au pluriel : **The team have** been really supportive.

Les principaux collectifs facultatifs sont les suivants : government, family, firm, audience, crowd, party, staff, team, enemy, committee, community, school.

b. Les collectifs obligatoires

▶ Ils sont toujours suivis d'un **verbe au pluriel** bien qu'ils aient une apparence de singulier (pas de « **s** ») :

Police were surprised she behaved so irresponsibly.

▶ Ils sont considérés comme des dénombrables et peuvent donc fonctionner avec des déterminants permettant de dénombrer (many, [a] few, several, two, a hundred, etc.) :

She volunteered to take care of the several people who had been injured.

5. Le nom propre

▶ En principe, le nom propre désigne une personne ou un lieu unique. Il est dit **autoréférentiel** et n'a donc pas besoin d'être précédé d'un déterminant. C'est le cas lorsque le nom propre fait référence à une personne ou à un lieu (ville, continent, province, État américain, etc.), qu'il soit précédé ou non d'un adjectif, d'un titre ou d'une indication de parenté :

Ø (old) England / Ø (beautiful) New Orleans / Ø Ohio / ØYoung Joe / Ø President Obama / Ø Aunt Sara

▶ Mais certains noms propres sont précédés de **the** :

- les **noms de famille au pluriel** : Mr and Mrs Brown = The Brown**s**; Mr and Mrs Jones = The Jones**es**;
- certains **noms de pays** : the USA, the United Kingdom, the Netherlands;
- les **chaînes de montagne**, les **fleuves**, les **mers** et les **océans**.

Remarques. Certains noms peuvent appartenir à plusieurs catégories et donc fonctionner différemment selon les cas, avec des variations de sens éventuelles :

She handed me a glass. (dénombrable) = un verre (le contenant)

This window is made of glass. (indénombrable singulier) = du verre (la matière)

Can you lend me your glasses? (indénombrable pluriel)

Applications

1. Exercice lacunaire

Choisissez la ou les réponses qui conviennent parmi celles proposées.

1. .... his greatest asset.

a. His look is **b.** His looks are **c.** His look are **d.** His looks is

2. This is such .... of my time!

a. a waste **b.** Ø waste **c.** wastes **d.** the waste

3. The police ... accused of blowing up the facts to have the offender jailed.

a. was **b.** were **c.** is **d.** has been

4. ... New Orleans has partially recovered from ... hurricane Katrina but damage ... enormous.
a. Ø / Ø / is **b.** The / the / are **c.** Ø / the / is **d.** The / Ø / are

5. The evening news usually ...... at 8 in France.
a. start **b.** starts **c.** are started **d.** have started

6. ...... people complained about the foreign guests being very rude at the reception.
a. Many **b.** Much **c.** A **d.** One

7. "Thank you but .... at a time is enough!"
a. an advice **b.** a piece of advices **c.** advise **d.** one piece of advice

8. ... withering away of ... social bond is at the heart of ...... current social debates.
a. Ø / Ø / Ø **b.** The / a / much **c.** The / the / the **d.** A / Ø / many

9. Social media ... known to have an impact on teenagers' relationships.
a. is **b.** have **c.** are **d.** Ø

10. She says she loves ... coffee but she just wants her friends to think she is laid-back.
a. a **b.** the **c.** Ø **d.** every

2. Phrases de thème

Traduisez les phrases suivantes en anglais.

1. Des **progrès** ont été faits dans notre compréhension des **comportements** humains.
2. Le Premier ministre **britannique**, Boris Johnson, estime que l'**incident** aurait dû être géré **avec tact**.
3. Il y a toujours eu **une gêne** entre nous.
4. Ses **connaissances** scientifiques lui permettaient d'être au centre de l'**attention**.
5. Les **renseignements** qu'elle m'a donnés montrent qu'elle a agi dans son propre **intérêt**.
6. Elle fait toujours ses **devoirs** et demande des **conseils** pour s'améliorer.
7. Tout le monde s'est tu lorsque l'**avocat** a dit qu'il n'y avait pas la moindre **preuve** contre son client.
8. L'**épargne** de Pierre est tellement importante qu'il est l'**objet** de **jalousies** au sein de la **famille**.
9. Le passage de la **douane** est impossible par manque de personnel.
10. Son **savoir** en **politique** est très limité.

3. Version

Traduisez le texte suivant en français.

Matt, a **millionaire (1)**, loves to talk about money but tries to find other **means (2)** to attract **women (3)**. He despises **those who live off the hard-earned money (4)** of others and is discouraged by **greed (5)**. He argues that his **selection criteria (6)** are based on **a woman's looks (7)** and **friendliness (8)** but he can't help asking about the **brands (9)** she likes most, especially when it comes to **clothes (10)**. One **day (11)**, he met a **girl (12)** who taught **linguistics (13)** at **university (14)** and who claimed that this **subject (15)** had recently gained **currency (16)**. He realised that she considered the **business world (17)** as utterly boring.

4. Thème suivi

Traduisez le texte suivant en anglais.

On dit des **médias (1)** sociaux qu'ils causent du **tort (2)** à la **santé (3)** mentale des **adolescents (4)**. Ils leur mettent une **pression (5)** grandissante étant donné qu'ils ont **besoin (6)** de se rendre disponibles tout le **temps (7)**, de **peur (8)** que leurs **contacts (9)** ne se sentent ignorés. À chaque **fois (10)** qu'ils reçoivent un **message (11)**, ils s'empressent de répondre. Un tel **comportement (12)** semble inquiétant. Il en résulte qu'ils manquent de **sommeil (13)** et cela donne souvent lieu à un **sentiment (14)** d'**anxiété (15)** et à de la **dépression (16)**. Le **gouvernement (17)** vient de soulever ce **problème (18)** : « la **technologie (19)** peut causer de sérieux **dégâts (20)** sur la **santé (21)** » a déclaré **le Premier Ministre Jean Castex (22)**.

Vocabulaire. Thème : Living in society

an appointment : un rendez-vous (médical, à la banque, etc.)
a chatterbox : un moulin à paroles
a means : un moyen
to live beyond one's means : vivre au-dessus de ses moyens
gossip : des commérages
an affair : une liaison amoureuse
resentment : le ressentiment, la rancœur
selfishness : l'égoïsme
pain : la douleur
cheating : la triche
blackmail : le chantage
laughter : le rire
damages : des dommages et intérêts
damage : des dégâts
to behave irresponsibly : agir de façon irresponsable
to volunteer : être bénévole, se porter volontaire
the looks : l'apparence physique
a waste of time : une perte de temps
to blow up the facts : grossir les faits
to recover from : se remettre de (maladie, catastrophe naturelle)
to complain about sth : se plaindre de qqch
a guest : un invité
advice : des conseils
the withering away of the social bond : l'érosion du lien social
to be laid-back : être décontracté

Corrigés des applications

1. Exercice lacunaire

1. b. Looks est ici un indénombrable pluriel, donc suivi d'un verbe au pluriel. Notez que ce nom peut, dans d'autres cas, fonctionner comme dénombrable.

2. a. Waste peut fonctionner comme dénombrable (= perte) ou indénombrable (= déchets). Ici, il s'agit d'une perte de temps.

3. b. Police est un collectif obligatoire. Le verbe est donc au pluriel.

4. a. Voir le point 5. dans « Ce qu'il faut savoir ». Le nom propre est auto-référent : il n'y a donc pas d'article devant le nom de ville. Le nom de l'ouragan (nom propre) étant mentionné, on ne met pas d'article devant hurricane. Enfin, damage est un indénombrable singulier, donc le verbe se conjugue au singulier.

5. b. News est un indénombrable singulier. En tant que tel, il ne se met pas au pluriel (le « s » porté par ce nom, bien qu'il soit un singulier, permet de le différencier de l'adjectif).

6. a. People est un collectif obligatoire. On peut dénombrer des personnes (2 people, 3 people), ce qui rend possible le quantifieur many. Much fonctionne avec l'indénombrable (much money). Grammaticalement, one et a seraient possibles si people avait été employé dans le sens de « peuple » (dans ce cas-là, people est un dénombrable traditionnel, qui prend la marque du pluriel : two peoples = deux peuples).

7. d. Advice est un indénombrable (équivalent à « du conseil/des conseils » en français). Pour dénombrer des unités, on a recours à a piece of. Advise (orthographié avec un « s ») est le verbe.

8. c. Parce qu'elle apporte des précisions sur le nom noyau (c'est-à-dire le nom principal du groupe nominal), la présence d'un complément du nom en of entraîne dans la majorité des cas la présence de the devant ce nom noyau (withering away) (**voir fiche 2**). Bond est un dénombrable et il ne peut donc pas fonctionner sans déterminant (l'article Ø est impossible). Debates est un dénombrable au pluriel, et pourrait donc fonctionner avec the, many ou Ø (un dénombrable est soit précédé d'un déterminant, accordé au pluriel).

9. a. et **c.** Media est un pluriel (singulier = a medium) et il est donc normalement suivi d'un verbe au pluriel. Mais on considère de plus en plus souvent l'expression social media comme un phénomène, et elle est donc suivie d'un verbe au singulier.

10. c. Ø car il s'agit d'un indénombrable. Mais ce terme peut aussi fonctionner comme dénombrable : I've already had two coffees this morning (= two cups of coffee).

2. Phrases de thème

1. Progress has been made in our understanding of human **behaviour**. [Progress et behaviour sont des indénombrables singuliers ; ils ne sont donc pas accordables au pluriel et sont suivis, s'il y a lieu, d'un verbe au singulier.]

2. British Prime Minister Boris Johnson reckons the **incident** should have been dealt with **tactfully**. [Absence de l'article the devant British car le titre « Prime Minister » est suivi d'un nom propre. Incident est un dénombrable singulier. Tact est un indénombrable singulier, mais la traduction par l'adverbe correspondant est préférable ici.]

3. There has always been **a sense of embarrassment** between us. [Embarrassment est un indénombrable singulier. Pour rendre « une gêne », on utilise le dénombreur **a sense of**.]

4. His/Her scientific **knowledge** allowed him/her to be the centre of **attention**. [Knowledge est un indénombrable singulier, « **du** savoir » en français ; même cas de figure pour attention.]

5. The **information** she gave me proves that she acted in her own **interest**. [Information étant un indénombrable singulier, il est suivi d'un verbe au singulier. Interest est un dénombrable singulier.]

6. She always does her **homework** and asks for **advice** to get better. [Homework et advice sont des indénombrables singuliers ; s'ils étaient suivis d'un verbe, celui-ci serait au singulier, tout comme l'expression « un conseil » = a piece of advice.]

7. Everyone kept quiet when the **lawyer** said there was not the slightest **evidence** against his client. [Lawyer est un dénombrable singulier. Evidence est un indénombrable singulier.]

8. Pierre has such substantial **savings** that he is the **target** of **jealousy** within his **family**. [Savings étant un indénombrable pluriel, il est toujours suivi d'un verbe au pluriel. Target et family sont des dénombrables singuliers. Jealousy est un indénombrable singulier.]

9. Going through **customs** is impossible for lack of staff. [Customs étant un indénombrable pluriel, il est suivi d'un verbe au pluriel s'il y a lieu (notez qu'ici le sujet est going through customs remplaçable par it, be est donc conjugué au singulier). A custom peut également être un dénombrable singulier, auquel cas il a le sens de « coutume ».]

10. His **knowledge** of **politics**/His political knowledge is very limited. [Voir la phrase 4 des Phrases de thème pour knowledge. Politics est un indénombrable singulier, (ici, « la politique »), mais notez que politics peut aussi être un indénombrable pluriel, suivi d'un verbe au pluriel, auquel cas le terme renvoie à « opinions politiques ».]

3. Version

(1) « **Matt, millionnaire** » : « millionnaire » est un nom et un adjectif en français. En anglais, le déterminant devant ce nom est obligatoire. **(2)** « **d'autres moyens** » : means est un dénombrable qui a la particularité de toujours prendre un « s » final, au singulier et au pluriel. **(3)** « **les femmes** » : women est un dénombrable pluriel (dit pluriel irrégulier). **(4)** « **de l'argent de ceux qui gagnent leur vie difficilement** » : money est un indénombrable singulier. **(5)** « **la cupidité** » : greed est un indénombrable singulier, qui renvoie à une notion abstraite ici, d'où l'article zéro (**voir fiche 2**). **(6)** « **ses critères de sélection** » : nom composé dont le noyau est criteria, pluriel irrégulier du nom dénombrable criterion. **(7)** « **l'apparence physique** » : looks est un indénombrable pluriel qui se traduit par un singulier en français. **(8)** « **la sympathie d'une femme** » : friendliness est une notion abstraite, mais elle est ici déterminée par la présence du génitif a woman's friendliness. **(9)** « **quelles marques elle préfère** » : brand est un dénombrable, au pluriel ici. **(10)** « **lorsqu'il s'agit de vêtements** » : clothes est un indénombrable pluriel correspondant au français « vêtements ». Notez que « **un** vêtement » peut être traduit par a garment ou encore an item of clothing. **(11) et (12)** « **un jour** » : day (et girl) sont des dénombrables, au singulier. **(13)** « **la linguistique** » : linguistics est un indénombrable singulier. **(14)** « **à l'université** » : university peut avoir plusieurs fonctionnements. Ici, il s'agit d'un indénombrable, mais il peut aussi être dénombrable (we visited a university near Atlanta) et il est alors possible de le mettre au pluriel (two, three universities). **(15)** « **cette matière** » : subject est un dénombrable, au singulier ici. **(16)** « **avait récemment pris de l'importance** » : to gain currency est une expression idiomatique signifiant « prendre de l'ampleur, de l'importance ». Currency est un indénombrable singulier. **(17)** « **le monde des affaires** » : business world est un nom composé dont le noyau est world, qui est un dénombrable, au singulier.

4. Thème suivi

Social **media (1)** is said to cause **harm (2)** to the mental **health (3)** of **teenagers (4)**. They have put increased **pressure (5)** on them as they need to make themselves available all the **time (6)**, for fear their **contacts (7)** might feel ignored. Each **time (8)** they get a **message (9)**, they are in a **hurry (10)** to respond. Such **behaviour (11)** seems worrying. As a **consequence (12)**, they lack **sleep (13)** and that might often result in a **feeling (14)** of **anxiety (15)** and **depression (16)**. The **government (17)** has just discussed the **issue (18)**. "**Technology (19)** can seriously **damage (20)** your **health (21)**," **Prime Minister Jean Castex (22)** declared.

(1) Pluriel irrégulier du dénombrable singulier medium. **(2)** Indénombrable singulier. **(3)** Indénombrable singulier. **(4)** Dénombrable pluriel. **(5)** Indénombrable singulier, mais peut fonctionner comme dénombrable. **(6)** Indénombrable singulier dans le sens de « temps » (voir la phrase 8 du Thème suivi ci-dessous). **(7)** Dénombrable pluriel. **(8)** Dénombrable singulier : dans son emploi dénombrable, time signifie « fois ». **(9)** Dénombrable singulier. **(10)** Dénombrable souvent appelé « faux dénombrable » car il est bien précédé d'un article (indéfini), mais ne se met pas au pluriel (voir le 1. dans « Ce qu'il faut savoir »). Ces dénombrables sont dérivés de verbes. **(11)** Indénombrable singulier. **(12)** Dénombrable singulier. **(13)** Indénombrable singulier. **(14)** Dénombrable singulier. **(15)** Indénombrable singulier (notion abstraite). **(16)** Indénombrable singulier (notion abstraite). **(17)** Collectif facultatif, pouvant à ce titre être suivi d'un verbe au singulier ou au pluriel. **(18)** Dénombrable singulier. **(19)** Indénombrable singulier. **(20)** Damage est ici employé comme verbe car le changement de catégorie grammaticale est plus idiomatique. Notez néanmoins que damage est aussi un nom, indénombrable singulier quand il signifie « dégâts » et indénombrable pluriel lorsqu'il signifie « indemnité ». **(21)** Indénombrable singulier. **(22)** Article zéro devant un nom propre.

FICHE DE GRAMMAIRE

2. Les articles

Thème : Family

Ce qu'il faut savoir

Il existe en anglais trois articles : **a / an**, **the** et **Ø** (article zéro). Ils appartiennent à la catégorie grammaticale plus large des déterminants, qui comprend les articles, les démonstratifs et les quantifieurs.

Les articles permettent d'exprimer trois notions différentes que vous devez bien saisir pour choisir le bon article : l'indéfini, le défini et la généralité. Notez qu'il est fondamental **de ne pas opérer de calque** sur le français, son système de détermination étant différent.

Pour bien comprendre cette fiche, il convient de connaître la distinction entre les différentes classes de noms et donc d'avoir étudié la fiche 1 (**« Les noms »**) au préalable.

1. A /An

Il s'agit de l'**article indéfini** au singulier (l'équivalent pour l'indéfini pluriel étant l'article zéro). Il permet de présenter :

- un élément nouveau, jamais mentionné dans le discours : **A** strange girl showed up at the wedding.
- une caractéristique nouvelle au sujet d'un élément déjà mentionné : His sister is **a** nuisance.

Il est employé dans les cas suivants :

- avec un **nom dénombrable au singulier** : They are **a** close-knit family.
- devant les **noms de métier ou de fonction** : She is **a** pediatrician.
- dans les **appositions** : Lucy, **a** mother of five, tends to overindulge her children.
- dans l'**emploi dit distributif** : As John got custody of the boys Julia only sees them once **a** week.
- dans les **négations lorsqu'elles précèdent le GN** : My foster parents decided to have my twin sister christened but she does not have **a** godmother (en français, nous dirions : « elle n'a pas de marraine »). Notez que la présence de l'article est aussi liée au caractère dénombrable du nom godmother. Ce nom, au pluriel, sera précédé de l'article Ø : they do not have Ø godmothers.
- lorsqu'une **préposition à sens négatif ou restrictif précède le GN** : She died without **a** will. (Elle est morte sans testament.)

Notez encore une fois que cette formulation s'explique par le fait qu'un nom dénombrable a besoin d'être précédé d'un article (qui sera l'article Ø au pluriel).

- dans les **tournures exclamatives avec un dénombrable singulier** : What **a** naughty child! She is so spoilt!

2. The

Il s'agit de l'**article défini**. Il est employé au singulier et au pluriel pour désigner ce qui est connu. On le trouve :

- quand l'élément a déjà été mentionné dans le contexte, auquel cas il s'agit d'une reprise : **The** best man was embarrassed when he spilled his drink on **the** groom's suit.

- pour désigner des éléments connus de tous, d'un point de vue culturel :
  - the sky, the earth, the moon, the sun, the world, etc.
  - the press, the media, the BBC, etc.
  - the president, the government, the Queen, the Pope, the Court, the police, the postman, etc.
  - les rivières : the Thames, the Potomac, etc.
  - les chaînes de montagne : the Alps, the Rockies, etc.
  - certains monuments connus : the Eiffel Tower, the Statue of Liberty, etc.
- avec les relatives qui apportent des précisions sur le nom : **The** love **that he showed for his baby** moved the nurse to tears (il s'agit d'un amour « particulier » non de l'amour *en général*).
- avec les compléments du nom en **of**, pour la même raison : This website is dedicated to **the** parents **of kids with autism**.

Gardez-vous cependant de mettre systématiquement the en présence d'un complément en of car le GN peut rester indéfini : **Ø** Years of solitude had deeply affected her.

- avec l'adjectif substantivé, c'est-à-dire lorsque l'adjectif a été nominalisé. Il se construit toujours avec **the** suivi de l'adjectif (qui garde son caractère invariable dans la plupart des cas et ne prend donc pas de « s »). Il a un sens pluriel : The elderly tend to be at odds with the younger generation.

3. L'article zéro (Ø)

L'article zéro exprime, selon les cas, l'indéfini pluriel (voir la section 1. dans « Ce qu'il faut savoir ») ou la généralité.

▶ De façon assez logique, on trouve l'**indéfini pluriel** dans les mêmes cas que l'indéfini singulier. Ici le parallèle a/an (pour « un/une ») et **Ø** (pour « des ») fonctionne :

- avec un nom dénombrable, cette fois-ci au pluriel : **Ø** Kids knocked on the door and ran away. / It is hard to find **Ø** good childminders in the neighbourhood.

On renvoie bien à un nombre indéfini d'éléments.

- devant les noms de métiers ou de fonction, lorsque le sujet est constitué de plusieurs personnes : They are **Ø** social workers. / They spoke as **Ø** family court judges.
- dans les appositions : John and Mary, **Ø** parents of five, have difficulty making ends meet.
- dans les négations lorsqu'elles précèdent le GN : She does not have **Ø** siblings.
- lorsqu'une préposition à sens négatif ou restrictif précède le GN : She died without **Ø** heirs.
- dans les tournures exclamatives avec un dénombrable pluriel : What **Ø** naughty children!

▶ Il exprime la **généralité**, qui se traduit souvent par **le**, **la** ou **les** en français, d'où la nécessité de ne pas mettre **the** dont l'usage serait incorrect ici :

- avec un nom indénombrable : **Ø** Childhood is the best moment in life. / To my Scottish relatives, **Ø** milk and **Ø** honey make **Ø** tea taste better.
- avec des noms dénombrables au pluriel : **Ø** Stepparents and **Ø** stepchildren often have a hard time getting along well at the beginning.

▶ Le **nom propre** renvoie à quelque chose d'unique. Qu'il soit précédé ou non d'un titre et/ou d'un adjectif, il fonctionne toujours avec **Ø** :

As a child, he would spend hours watching **Ø** old Mr Locke do gardening.

De même, les lacs et les sommets sont une entité unique ; on considère donc qu'ils sont autoréférentiels : Her in-laws own a summer house on **Ø** Lake Erie.

Remarques et cas particuliers :

▶ A/An n'est théoriquement pas compatible avec l'indénombrable, sauf pour les noms exprimant des sentiments ou des qualités lorsqu'une proposition relative vient les définir comme sentiments ou qualités particuliers :

She has always shown **Ø** courage. (Elle a toujours fait preuve de courage.)

mais : She showed **a** courage **that we did not expect her to have**. (Elle a fait preuve d'un courage que nous ne pensions pas qu'elle avait.)

Mais cet article demeure impossible avec les indénombrables de manière générale : * She dusted **a furniture** she had inherited from her great-grandparents. (Il faut employer **a piece of furniture**.)

▶ Les noms de repas fonctionnent avec l'article **Ø** sauf lorsqu'un adjectif les précède : My grandparents had **Ø** dinner at 10 yesterday. / She had **a** delicious lunch at her in-laws.

▶ Certains noms s'emploient avec l'article **Ø** lorsqu'ils désignent quelque chose d'abstrait, mais seront précédés de **the** s'ils désignent un lieu ou bâtiment précis. Il s'agit des mots suivants (liste non exhaustive) : school, jail, hospital, church, town, university, etc.

She went to **Ø** school with her cousin. / She called **the** school to complain about the school rules.

▶ Les modes de transport fonctionnent avec l'article zéro (by **Ø** plane, by **Ø** car), sauf lorsqu'il s'agit d'un véhicule précis :

The children were excited upon seeing **the** plane they were about to board.

▶ La préposition **as** suivi d'un GN (= en tant que) permet d'exprimer une identification entre deux termes. On désigne une fonction, un titre ou une qualité pour une personne ou une chose :

- as + a/an + nom singulier : I used my knowledge as a tool.
- as + Ø + nom pluriel : They spoke as nursery nurses.
- as + Ø + nom singulier : quand il s'agit d'une fonction unique ou si la fonction ne peut être occupée que par une seule personne à la fois : As school psychologist, she knows about these children's problems.

Cet emploi désigne un renvoi à la *notion* véhiculée par le nom et non à une chose ou une personne en particulier.

Applications

1. Exercice lacunaire

Choisissez la ou les réponses qui conviennent parmi celles proposées.

1. Julia is ...... orphan. She was put up for adoption when she was five.

a. the **b.** an **c.** Ø **d.** a

2. ...... cats are said to like ...... milk but last week ...... veterinarian told us we should not give any to Misty.

a. The / the / the **b.** The / Ø / the **c.** Ø / Ø / the **d.** Ø / Ø / Ø

3. …… sibling rivalries often occur when there is …… money at stake.
a. The / Ø **b.** Ø / Ø **c.** The / the **d.** Ø / the

4. …… are not really into getting married anymore.
a. Ø young **b.** The youngs **c.** The young **d.** The young people

5. Julia stood in awe of ……"beautiful Princess Diana", as she called her.
a. the **b.** a **c.** Ø **d.** an

6. As …… headmaster of the school, she is entitled to make decisions regarding …… health of the kids.
a. the / the **b.** Ø / the **c.** Ø / Ø **d.** the / Ø

7. …… guardian of …… children has been the same person for years.
a. The / Ø **b.** A / the **c.** The / the **d.** Ø / Ø

8. They have been living as …… husband and …… wife for ten years now.
a. Ø / Ø **b.** a / a **c.** the / the **d.** a / Ø

9. The bridesmaids were indeed drinking …… tea, but not …… tea I had bought for the newly-weds as …… wedding gift.
a. The / the / the **b.** Ø / the / Ø **c.** The / Ø / a **d.** Ø / the / a

10. When she learnt that she would not receive …… alimony, Maggy felt …… distress she had never experienced before.
a. the / a **b.** an / the **c.** Ø / a **d.** the / Ø

2. Phrases de thème

Traduisez les phrases suivantes en anglais.

1. Je n'ai pas **de** frère. J'ai **une** sœur jumelle qui est assistante sociale à **l'**école où vont mes enfants.
2. Sophie prétend que **l'**égoïsme dont elle fait preuve n'a rien à voir avec le fait qu'elle soit fille unique.
3. Le vieillissement de la population pose **le** problème du paiement **des** retraites.
4. La maternité n'a pas eu **d'**impact sur sa vie professionnelle.
5. Les personnes âgées ne font pas vraiment confiance **aux** jeunes pour remettre **la** société dans **le** droit chemin.
6. Pierre, généalogiste, est chargé d'établir **l'**arbre généalogique de toutes **les** familles **du** village.
7. En tant que présidente de **l'**association, elle doit souvent remplir **des** documents administratifs.
8. En tant que notaire, il s'y connaît en matière **de** succession.
9. Quelle belle mariée ! Quelles demoiselles d'honneur adorables ! Quel temps magnifique !
10. Il est toujours plus difficile pour **une** mère célibataire d'élever **des** enfants.

3. Version

Traduisez le texte suivant en français.

Recently Ø **studies (1)** have delved into Ø **issues (2)** surrounding **the relationships (3)** between Ø **children (4)** and their parents. **The best parenting techniques (5)** are often hard to identify and to embrace especially for Ø **first-time parents (6)**. Obviously Ø **parental love and** Ø **acceptance (7)** are paramount, be it through Ø **hugs (8)** or Ø **verbal or nonverbal displays of** Ø **affection (9)**. But Ø **new research (10)** suggests that **the best way (11)** to raise Ø **children (12)** in **a given country (13)** is not necessarily appropriate in another as Ø **cultural norms (14)** seem to play **a significant role (15)**, which was reported by **the children of** Ø **immigrants (16)**. For instance, in Ø **Sweden (17)**, Ø **parents (18)** tend to be **the most loving (19)** but they are also less controlling than in Ø **other parts (20)** of **the world (21)**.

4. Thème suivi

Traduisez le texte suivant en anglais.

Interrogés sur **la (1)** place consacrée **aux (2)** repas pris en famille, **les (3)** 15-25 ans ont **des (4)** avis partagés : **les (5)** uns estiment que **le (6)** dîner est **l'(7)**événement de **la (8)** journée, tandis que les autres le considèrent comme **une (9)** corvée. Pour pallier **la (10)** solitude, **les (11)** étudiants éloignés **du (12)** foyer n'ont pas **le (13)** choix : ils doivent se contenter **des (14)** écrans. Pour certains, **le (6)** dîner est **une (15)** réunion familiale animée par **des (16)** disputes et **des (17)** rires, et certains parents vont jusqu'à affirmer que **les (18)** écrans sont **un (19)** plus leur permettant d'échanger sur **l'(20)**actualité. Alors que **les (21)** jeunes ont tendance à trouver angoissants **les (22)** dîners sans écrans, **les (23)** familles dans lesquelles on se voit peu veulent que **la (24)** télévision reste éteinte.

Vocabulaire. Thème : Family

close-knit : très uni, soudé
a pediatrician : un pédiatre
a nursery nurse : une puéricultrice
to overindulge s.o. : gâter qqn
to get / gain custody of the children : obtenir la garde des enfants
joint custody : garde alternée
foster parents : les parents adoptifs
a twin sister / brother, twins : une sœur jumelle / un frère jumeau, des jumeaux
to christen /'krɪs(ə)n/ : baptiser
a christening : un baptême
a godmother, a godfather : une marraine, un parrain
a will : un testament
naughty (adjectif) : vilain(e)
to be spoilt : être gâté
a best man : un témoin (de mariage)
the groom : le marié
the bride : la mariée
to be at odds with : être en désaccord avec
elderly (adjectif) : âgé
a childminder : une assistante maternelle, une nounou
a social worker : une assistante sociale
a family court judge : un juge aux affaires familiales (JAF)
to make ends meet : joindre les deux bouts
a sibling : un frère ou une sœur
Do you have any siblings? : As-tu des frères et sœurs ?
an heir / heiress : un(e) héritier/-tière
a relative : un parent, un membre de la famille
a stepparent : belle-mère / beau-père (nouveau conjoint du père / de la mère)
a stepchild : beau-fils / belle-fille (enfant du conjoint)
to get along well : bien s'entendre

the in-laws : la belle famille
to inherit sth from s.o. : hériter qqch de qqn
an orphan : un(e) orphelin(e)
a great-grandparent : un arrière-grand-parent
to stand in awe of sth/s.o. : être en admiration devant qqch/qqn
a bridesmaid : une demoiselle d'honneur
the newly-weds : les jeunes mariés
a headmaster : un(e) directeur/-trice d'école
alimony : pension alimentaire versée à l'ex-conjoint
distress : détresse, désarroi

Corrigés des applications

1. Exercice lacunaire

1. b. Orphan est un dénombrable au singulier. Il doit donc être précédé d'un article. Ici, il s'agit de l'article indéfini (assorti d'un n final car le mot orphan commence par une voyelle), bien que the soit également grammaticalement possible : the nécessiterait un contexte dans lequel sa situation d'orpheline aurait déjà été évoquée (She is the orphan, celle dont je t'ai parlé). Ø est impossible : ce serait un calque du français (en français, nous dirions « elle est orpheline »).

2. c. Cats est un dénombrable au pluriel faisant référence à une généralité (= les chats en général). Milk est un indénombrable, et fonctionne donc sans article ici car il ne s'agit pas d'un lait précis (à la différence de the milk I bought tastes good, où la relative (that) I bought apporte de la détermination et implique le recours à l'article the). Veterinarian est un dénombrable. À ce titre, il ne peut pas fonctionner seul : il faut soit le faire précéder d'un déterminant, soit le mettre au pluriel, donc ici le déterminant est the car le nom est au singulier et qu'il s'agit d'un vétérinaire déjà connu.

3. b. Sibling rivalries est un nom composé dont le noyau rivalries est un dénombrable au pluriel exprimant une généralité. Money est un indénombrable.

4. c. The young est un adjectif substantivé. Il désigne un groupe large (les jeunes, ici). Il ne prend jamais de « s » et le verbe qui le suit est au pluriel (**voir fiche 3**).

5. c. Diana, ici précédé d'un adjectif et d'un titre, est un nom propre : il n'y a donc pas d'article.

6. b. Le nom headmaster et son complément désignent ici une fonction unique : il n'y a donc pas d'article. La présence du complément du nom of the children permet d'apporter de la détermination au nom, c'est-à-dire des précisions : on ne désigne pas la santé en général, mais la santé des enfants de l'école, d'où la présence de the devant health.

7. c. Même explication ici : il s'agit d'une personne spécifique et d'enfants spécifiques, d'où le recours à the.

8. a. Renvoie aux notions de mari et femme, à l'idée de couple, et non à des personnes particulières.

9. d. Dans la première occurrence de tea, on désigne le thé en général. En revanche, dans l'expression qui suit, tea est post-déterminé grâce à la relative I had bought … wedding gift. Il s'agit donc bien d'un thé en particulier, d'où la présence de the devant tea. L'article a est nécessaire devant wedding gift (à la différence du français « comme cadeau de mariage ») car gift est un dénombrable au singulier qui renvoie à une occurrence de cadeau, à un cadeau réel, non à la notion abstraite.

10. c. Alimony est un indénombrable. La présence de la relative après l'indénombrable distress implique l'emploi d'un déterminant indéfini, bien que celui-ci soit théoriquement incompatible avec l'indénombrable (**voir Remarques et cas particuliers**).

2. Phrases de thème

1. I do not have **a** brother. I have **a** twin sister who is **a** social worker at **the** school (that) my children attend. [Un dénombrable (brother/sister/worker) au singulier ne peut être utilisé sans les articles a ou the, sauf dans les cas de renvoi à la notion. On opte pour un article indéfini quand on ne fait pas référence à une occurrence particulière. La présence de the est obligatoire devant school car la relative that my children attend post-détermine le nom : il s'agit d'une école précise.]

2. Sophie claims **the** selfishness (that) she shows has nothing [does not have anything] to do with **the** fact (that) she is [has nothing to do with her being] **an** only child. [The est utilisé devant l'indénombrable selfishness car le nom est post-déterminé par la relative that she shows. Fact est un dénombrable au singulier, précédé de the ici car ce fait est précis, et se trouve d'ailleurs post-déterminé par la relative that … child. Child est un dénombrable au singulier, le recours à l'article est donc obligatoire, ici an car le contexte est indéfini.]

3. Ø Population ageing raises **the** issue of how to pay for Ø pensions. [Ageing, le nom noyau du nom composé, est un indénombrable renvoyant à une notion abstraite (le vieillissement). The renvoie à un problème spécifique qui est explicité dans la suite de la phrase. Pensions renvoie aux retraites en général, d'où le recours à l'article Ø.]

4. Ø Maternity did not have **an** [had no] impact on her professional life [career]. [Maternity est un indénombrable, qui renvoie à une notion abstraite. An est obligatoire car un nom dénombrable au singulier véhicule une idée indéfinie.]

5. **The** elderly do not really trust **the** young to put Ø society back on **the** right track. [The devant elderly et young est obligatoire car il s'agit d'adjectifs substantivés (= adj. transformés en noms). Lorsque society désigne la société en tant qu'ensemble d'individus, ce terme est indénombrable et fonctionne avec l'article Ø. The apparaît ici car on parle en quelque sorte d'un chemin particulier, le « droit » chemin]

6. Ø Pierre, **a** genealogist, is in charge of conceiving [making] **the** family trees of all **the** families in **the** village. [On trouve Ø devant les noms propres. Le nom de métier, comme dans la phrase 1, est précédé de l'article indéfini, à la différence du français qui omet l'article (par ailleurs, le dénombrable au singulier ne peut être utilisé sans article). On a trois occurrences de the car il est à chaque fois fait référence à des éléments spécifiques ; remarquons d'ailleurs la construction en of qui sert à post-déterminer le nom composé family trees.]

7. As Ø chairwoman of **the** association, she often has to fill out Ø paperwork. [On trouve Ø car il est question d'une fonction unique, qui ne peut être occupée que par une personne à la fois. The renvoie à une association spécifique, connue en contexte. Paperwork est un indénombrable singulier apparaissant en contexte indéfini.]

8. As **a** solicitor, he knows all about [is well acquainted with] [is knowledgeable about] Ø inheritance. [On a d'abord un nom de métier au singulier, précédé de as. Inheritance est un indénombrable singulier qui renvoie à une notion abstraite.]

9. What **a** beautiful bride! What Ø adorable [cute] bridesmaids! What Ø lovely weather! [Dénombrable singulier, bride ne peut fonctionner sans article. Le pluriel de l'indéfini a/an est l'article zéro, d'où sa présence avec le dénombrable au pluriel bridesmaids. Weather est un indénombrable singulier et ne peut donc pas être précédé de l'article indéfini a.]

10. It is always harder for **a** single mother to raise Ø children. [Dans les deux cas, il faut utiliser l'article indéfini : mother est un dénombrable au singulier et children est un dénombrable au pluriel.]

3. Version

(1) « **Des études ont récemment exploré** » : indéfini exprimé par l'article Ø + pluriel. **(2)** « **certains [des] problèmes** » : indéfini exprimé par Ø + pluriel ; seuls certains problèmes sont étudiés, d'où la possibilité de traduire par « certains ». **(3)** « **associés aux relations** » : « aux » correspond à « à + les » qui correspond à l'article défini the en anglais. **(4)** « **entre les enfants et leurs parents** » : Ø + le pluriel exprime ici la généralité (« tous les enfants »). **(5)** « **Les meilleures méthodes de parentalité** » : the est obligatoire en anglais en raison de la présence du superlatif the + adj. –est. **(6)** « **les couples qui deviennent parents pour la première fois** » : Ø + pluriel exprime ici la généralité (tous les couples). **(7)** « **l'amour parental et l'approbation** » : termes renvoyant à des sentiments, indéfini singulier fonctionnant avec Ø. **(8)** « **par l'intermédiaire d'étreintes** » **(« en s'étreignant »)** : indéfini exprimé par Ø + pluriel. **(9)** « **de témoignages d'affection verbaux ou non verbaux** » : displays est un dénombrable au pluriel, la référence est indéfinie ; affection renvoie à un sentiment, c'est un indénombrable ; notez que la construction en of n'implique pas la présence de the devant le noyau car il s'agit d'un contexte indéfini. **(10)** « **de nouvelles recherches** » : research est un indénombrable singulier, en contexte indéfini ; le pluriel est plus idiomatique en français. **(11)** « **la meilleure façon** » : way est un dénombrable au singulier et il apparaît en contexte défini. **(12)** « **d'élever des enfants** » : indéfini exprimé par Ø + pluriel. **(13)** « **un pays donné** » : country est un dénombrable (ici) précédé de l'article indéfini singulier a. **(14)** « **les normes culturelles** » : Ø + pluriel exprime ici la généralité (les normes en général). **(15)** « **un rôle important** » : voir la phrase 13 de la Version. **(16)** « **des enfants d'immigrants** » : référence indéfinie dans les deux cas. **(17)** « **en Suède** » : nom propre, toujours précédé par l'article Ø en anglais, mais par l'article « la » en français. **(18)** « **les parents** » : Ø + pluriel exprime ici la généralité. **(19)** « **les plus aimants** » : the est rendu obligatoire en anglais par la présence du superlatif the + most + adjectif. **(20)** « **dans d'autres parties** » : indéfini exprimé par Ø + pluriel. **(21)** « **du monde** » : renvoi à quelque chose connu de tous, d'où l'emploi du défini en français aussi (du = de le).

4. Thème suivi

When **the (3)** 15-25-year-olds are asked about **the (1)** importance of having their meals together as a family [eating family meals] **(2)**, they have Ø **(4)** mixed feelings: **some (5)** consider that Ø **(6)** dinner is **the (7)** most important event of **the (8)** day while others see it as **a (9)** bore. In order to counter Ø **(10)** loneliness, **the (11)** students living far away from **their (12)** family homes do not have **a (13)** choice and have to make do with Ø **(14)** screens. For some, Ø **(6)** dinner is **a (15)** family reunion livened up by Ø **(16)** quarrels and Ø **(17)** laughter and some parents go as far as claiming that Ø **(18)** screens are **an (19)** asset allowing them to share (their) viewpoints on **the (20)** news. While **the (21)** young tend to feel distressed if there are **no (22)** screens during dinner, **the (23)** families whose members do not see each other a lot want **the (24)** television to be switched off.

(1) Contexte défini, importance est d'ailleurs post-déterminé au moyen d'une construction en of. **(2)** Ø + pluriel renvoie à une généralité : les repas en famille. **(3)** Renvoi à l'ensemble d'une classe d'âge. **(4)** Indéfini pluriel. **(5)** Ne pas calquer : on effectue ici une distinction entre deux groupes aux points de vue divergents, d'où l'utilisation de some, plus idiomatique. **(6)** Il s'agit d'un nom de repas. Voir « Remarques et cas particuliers ». **(7)** Présence de the liée à la construction superlative. **(8)** Renvoi à du connu, « jour » par opposition à « nuit » : the a une valeur contrastive. **(9)** On présente une caractéristique nouvelle. **(10)** Sentiment, notion abstraite, d'où l'absence d'article. **(11)** Le nom est post-déterminé par living, on parle d'étudiants en particulier. **(12)** Une traduction par their ou the convient ; là encore, on parle de personnes en particulier. **(13)** L'emploi de a dans cette expression est idiomatique. **(14)** Expression d'une généralité. **(15) (16)** et **(17)** Présentation d'une caractéristique nouvelle au sujet de dinner, qui a déjà été mentionné. Laughter est indénombrable. **(18)** Renvoi aux écrans en général. **(19)** Caractéristique propre à screens. **(20)** Élément connu de tous. **(21)** Adjectif substantivé. **(22)** Nécessité de moduler, de reformuler l'expression « sans écrans » en recourant au déterminant no suivi d'un pluriel. Voir plus haut **(6)** pour l'article Ø devant dinner. **(23)** Families est post-déterminé par « dans lesquelles … peu », qui précise qu'il s'agit d'un type de famille en particulier. **(24)** Référence à un élément connu de tous.

FICHE DE GRAMMAIRE

3. Les adjectifs

Thème : **Housing**

Ce qu'il faut savoir

À la différence du français, les adjectifs sont **invariables** en anglais. Ils ne se mettent **jamais au pluriel** et gardent donc toujours la même forme.

1. La place et la nature des adjectifs

Les adjectifs peuvent être placés :

- **avant le nom :** c'est le cas des adjectifs dit **épithètes**. Dans un groupe nominal, l'adjectif est toujours placé en position épithète : They bought a cramped house.
- **après le verbe :** c'est le cas des adjectifs **attributs** qui se placent après be, become, seem, look, stay : The corridor looks narrow on the ground floor but the rooms are spacious.
- **après le nom :** c'est le cas lorsque l'on peut retrouver une relative sous-jacente et/ou lorsque l'adjectif est suivi d'un complément : She has called all the real estate agencies (that are) **available at weekends.** / I talked to the man (who was) **interested in finding a co-tenant**.

Notez que les participes passés sont eux aussi placés après le nom :

The money problems **mentioned** while visiting the house were not disclosed to the solicitor.

Remarques :

- Avec certains adjectifs, il n'existe qu'une seule possibilité : soit en position **épithète** (adjectifs se terminant par –en et adjectifs de fréquence et quelques autres [a **wooden** door / a **weekly** ticket / the **main** issue / a **mere** formality, sachant que * the door is **wooden** / the ticket is **monthly** / the issue is **main** / the formality is **mere** sont irrecevables]), soit en position **attribut** (adjectifs décrivant un état mental ou physique [his sister is **afraid** / **asleep** / **ill**, mais * his **afraid** / **asleep** / **ill** sister ; on utiliserait alors un autre adjectif qui fonctionne en épithète : his **scared** / **sleeping** / **sick** sister]).
- Attention aux adjectifs, certes rares, qui changent de sens en fonction de la position pré- ou post-nominale : **The tenants concerned** (concernés) were rehoused for free right after the expropriation measure was taken. / **The concerned bank adviser** (inquiets) told the real estate agent that the potential buyers of the plot for sale were not reliable.

2. L'ordre des adjectifs

En présence d'une succession d'adjectifs **en position épithète**, leur ordre d'apparition correspond à l'acronyme **OTAFCOM** : **O**pinion, **T**aille, **A**ge, **F**orme, **C**ouleur, **O**rigine, **Ma**tière. En effet, on va de l'adjectif exprimant la caractéristique la moins stable, c'est-à-dire la plus subjective, à la plus objective :

The owner sought to sell his beautiful spacious yellow wooden cabin but its gaudy colour put a damper on buyers.

Lorsque l'on a plusieurs adjectifs de même nature, on les place du plus court au plus long (nombre de syllabes). Des adjectifs épithètes qui apportent des informations se complétant sont en principe séparés par des virgules (she lives in a small, shabby flat), alors que ceux qui désignent un sous-type de choses sont coordonnés grâce à la conjonction and (a black and white tapestry). En présence de plusieurs adjectifs attributs, ceux-ci sont séparés par des virgules, mais les deux derniers par and.

3. L'adjectif composé

Comme son nom l'indique, il s'agit d'un adjectif composé de plusieurs mots. Il peut être formé de plusieurs façons :

Termes 1	Termes 2	Exemples
Nom	V–**ing**	That whole family being homeless because they couldn't keep up their mortgage payments is a **heart-breaking** story.
Adjectif	Nom + **–ed**	She was offered a **golden-framed** portrait of Queen Elizabeth II to decorate her room.
Nom	Participe passé	It is a **self-made** staircase.
Adverbe	Participe passé	A **recently-sold** hovel is about to collapse in the nearby projects.
Numéral	Nom	They bought a **two-bedroom**[1] flat so that they had a spare room.
Nom	Adjectif	She has been **homesick** ever since she arrived in Chester.

1. Pas de « s » à bedroom car, comme tout adjectif composé, two-bedroom est invariable.

4. Formes particulières d'adjectifs

Dans certains cas bien spécifiques, les adjectifs peuvent devenir des noms. Ils sont alors appelés adjectifs substantivés (il faut néanmoins se garder de transformer tous les adjectifs en noms). On peut distinguer trois catégories :

- **The + adjectif sans « s »**, suivi d'un verbe au **pluriel** s'il y a lieu. On désigne alors la totalité d'un groupe de personnes : **The unemployed** are in no position to refuse decent low-cost housing. / **The poor** cannot afford to take out loans to refurbish their homes.
- **The + adjectif avec un « s »**, suivi d'un verbe au **pluriel** s'il y a lieu. Il s'agit d'adjectifs dont la valeur nominale est encore plus prononcée étant donné qu'ils en prennent les caractéristiques (la mise au pluriel et la possibilité d'avoir des déterminants variés) : **The newlyweds** had planned on renewing their lease but they moved out as their landlord had decided to raise the rent. / All **the eighteen-year-olds** were evicted as the mayor wanted to give priority to children.
- **The + adjective sans « s »**, suivi d'un verbe au **singulier** s'il y a lieu. Cette construction est utilisée avec :
  - certains adjectifs qui peuvent fonctionner comme noms et désigner une personne unique à la différence du premier cas de cette section 4 : **The deceased** was lying on the floor but there is no evidence the **accused** hit him ;
  - les adjectifs transformés en nom pour désigner une personne par son âge : **The ten-year-old** was asked to wait for the removal men at the fence.

5. Le comparatif et le superlatif des adjectifs

Le comparatif des adjectifs

Comparatif	Adjectifs courts	Adjectifs longs
de supériorité	adjectif + –er + **than** richer than	**more** + adjectif + **than** more expensive than
d'infériorité	**less** + adjectif + **than** less rich than	**less** + adjectif + **than** less expensive than
d'égalité	**as** + adjectif + **as** as rich as	**as** + adjectif + **as** as expensive as

Remarques :

- On peut modifier le comparatif d'égalité en plaçant twice, three times (deux fois, trois fois plus) ou half (deux fois moins) devant cette construction : She is **twice/half as** rich **as** I am. / It is **twice/half as** expensive **as** it used to be.
- Les structures « de plus en plus + adjectif » et « de moins en moins + adjectif » se construisent comme suit :

  cheap**er and** cheap**er** (adjectif court) / **more and more** comfortable (adjectif long)

  less and less cheap (mais l'anglais a tendance à changer la focalisation et à dire more and more expensive) / less and less comfortable
- On suivra la même logique pour construire les expressions all the more + adjectif et all the less + adjectif (d'autant plus que / d'autant moins que) qui peuvent être suivies de as, since ou because :

  The mayor is **all the nicer as/since/because** he knows this developer can afford to buy all the tenements of the city.

  Her attitude is **all the more surprising as/since/because** it is a listed building.

  I am **all the less surprised as/since/because** she had told me she was not interested.

Dans les cas où l'adjectif a déjà été mentionné précédemment, il sera repris par so : The living-room looks spacious; all the more so since she decided to hang mirrors on all four walls.

Le superlatif des adjectifs

Superlatif	Adjectifs courts	Adjectifs longs
de supériorité	the + adjectif + –est The richest	The most + adjectif The most expensive
d'infériorité	the least + adjectif court ou long Notez qu'il est moins employé que le superlatif de supériorité car l'anglais aura tendance à inverser la focalisation : the least expensive → the cheapest	

Remarque. Il existe un certain nombre de superlatifs et de comparatifs irréguliers :

Adjectif	Comparatifs	Superlatifs
good / well	better	the best
bad	worse	the worst
far	farther (sens propre : idée de distance) ou further (sens figuré)	the farthest ou the furthest
old	elder (position épithète uniquement, et seulement utilisé pour exprimer les relations au sein d'une famille) older (position épithète ou attribut, utilisable pour des personnes ou des choses)	the eldest the oldest
late	later	the last = le dernier (il ne peut y en avoir d'autres ensuite) the latest = le dernier (le plus récent)

Applications

1. Exercice lacunaire

Choisissez la ou les réponses qui conviennent parmi celles proposées.

1. The developer plans to build a .... high-rise in this housing estate.
a. twenty storeys **b.** twenty storey **c.** twenty-storey **d.** twenties storeys

2. It is .... idea I have ever heard!
a. the crazier **b.** crazier than **c.** the craziest **d.** the most crazy

3. .... given the possibility of spending a few nights in shelters around Christmas time.
a. The homelesses are **b.** The homeless is **c.** Homeless are
d. The homeless are

4. The .... cleaning lady was sweeping the filthy cellar.
a. Scottish, fifty-year-old, nice **b.** nice, fifty-year-old, Scottish
c. fifty-year-old, Scottish, nice **d.** nice, Scottish, fifty-year-old

5. .... so she immediately spotted the mistake in the surface area.
a. She is good at maths **b.** She is a good-at-maths person **c.** She is maths-good

6. I don't understand his response to the housing shortage! ....
a. It is sheer nonsense! **b.** It is nonsense sheer! **c.** The nonsense is sheer!

7. This flat is .... It seems ....
a. vacant and cheap / well-maintained and spacious and bright
b. cheap and vacant / bright, spacious and well-maintained
c. vacant, cheap / well-maintained and spacious, bright
d. cheap, vacant / bright, spacious, well-maintained

8. Moving out was ....
a. a difficult to make decision **b.** a difficulty-made decision
c. a difficult-to-make decision **d.** a difficult decision to make

9. The buyer gave .... no one could follow except the ....
  a. a long, involved explanation / people involved
  b. a long explanation involved / involved people
  c. an explanation long and involved / people involved
  d. an involved, long explanation / involved people

10. He is positive: .... is not ....
  a. a door crooked / a door broken
  b. a crooked door / a broken door

2. Phrases de thème

Traduisez les phrases suivantes en anglais.

1. **Feu** son mari ne sera plus jamais **en retard** aux réunions de quartier !
2. Le propriétaire a été **bon** pour négocier le prix du terrain **accidenté**.
3. C'est une femme **prête** à supporter le fardeau des **mensualités** de son prêt immobilier.
4. Elle n'est pas **au courant** de ce projet immobilier.
5. C'est un taudis **chauffé**, mais un taudis **chauffé** par de vieux radiateurs électriques.
6. Pierre préfère garder son appartement **inoccupé** plutôt que de le louer à des locataires **peu soigneux**.
7. La cabane de jardin a été vendue à deux **riches Chinoises de vingt-cinq ans** perdues dans le quartier.
8. Les conseillers municipaux ont été très **critiques** à l'encontre de ce projet dont les motivations sont **tirées par les cheveux**.
9. C'est d'autant plus **inquiétant** que c'était un séjour de **deux semaines**. C'est une histoire **sans fin** !
10. Je n'ai jamais vu une allée de garage si **mal entretenue**.

3. Version

Traduisez le texte suivant en français.

It appears that **gated estates (1)** are **appealing to (2) the young (3)**. It is all the more **surprising (4)** as it is usually the **security-conscious (5) elderly (6)** who are **keen on (7)** taking up residence in **wealthy (8)**, **pristine neighbourhoods (9)**. This was made **public (10)** on the occasion of a seminar **awash (11)** with warnings that officials should be **careful (12)** not to create a "gates and ghettos" divide. Some argue that planners should urge **private (13)** developers to make **ambitious (14)** projects in **poorer districts (15)**.

4. Thème suivi

Traduisez le texte suivant en anglais.

De plus en plus de **jeunes (1)** sont contraints de retourner vivre chez leurs parents en raison de la **hausse des loyers (2)** et d'emplois **précaires (3)**. Ce constat est complètement **déprimant (4)**. Un salaire **de 1 200 euros (5)** n'est pas **suffisant (6)** pour trouver un appartement à un prix **abordable (7)** et les aides au logement sont **réservées (8)** aux **pauvres (9)**. On est loin de la situation du **jeune de 25 ans (10)** qui habite chez ses parents parce que c'est aussi **confortable (11)** que **sécurisant (12)**. Quelle que soit **leur motivation (13)**, un logement **bon**

marché (14) est un bien difficile **(15)** à trouver. Pour conjurer le sort, certains s'impliquent dans des associations **caritatives (16)** engagées **dans le domaine du logement (17)**.

Vocabulaire. Thème : Housing

cramped (adjectif) : exigu
narrow (adjectif) : étroit
the ground floor (UK) / the first floor (US) : le rez-de-chaussée
spacious (adjectif) : spacieux
a real-estate agency / a real-estate agent : une agence immobilière / un agent immobilier
a co-tenant : un colocataire
a tenant : un locataire
to rehouse s.o. : reloger qqn
expropriation : expropriation
a buyer : un acheteur
a plot for sale : un terrain à vendre
a wooden cabin : une cabane en bois
gaudy (adjectif) : voyant, criard
to put a damper on s.o. : refroidir qqn (figuré)
shabby (adjectif) : minable, miteux
a tapestry : une tapisserie, une tenture
mortgage payments : les remboursements d'un prêt
to decorate sth : décorer qqch
a staircase : un escalier
a hovel : un taudis
the projects (US) : les cités (lieux d'habitation)
a flat (UK) / an apartment (US) : un appartement
a spare room : une chambre d'amis
homesick (adjectif) : qui a le mal du pays
decent (adjectif) : convenable, correct
low-cost housing : le logement à bas prix
to take out a loan : faire un emprunt
to refurbish a home : rénover une maison (l'intérieur)
to renew sth : renouveler qqch
a lease : un bail
to move out : déménager
a landlord / a landlady : un propriétaire
a rent : un loyer
to evict s.o. : expulser qqn
the removal men : les déménageurs
the fence : la clôture, la barrière
a developer : un promoteur
the tenements : les immeubles
a listed building : un bâtiment classé
a high-rise : un immeuble
a housing estate : un lotissement
a storey (UK) / a story (US) : un étage
a shelter : un abri
homeless (adjectif) : sans abri
a cleaning lady : une femme de ménage
filthy (adjectif) : crasseux, très sale
a cellar : une cave
the surface area : la superficie
a shortage : une pénurie
vacant (adjectif) : vide, inoccupé
well-maintained / well-kept (adjectif) : bien entretenu
bright (adjectif) : lumineux
crooked (adjectif) : de travers, penché, courbé

Corrigés des applications

1. Exercice lacunaire

1. c. Adjectif composé dont les mots sont séparés par un tiret et qui, comme tout adjectif, ne prend pas de « s » bien que storey soit précédé du chiffre twenty.

2. c. « L'idée la plus folle » : il faut employer un superlatif de type the + –est car l'adjectif est court.

3. d. L'adjectif substantivé se construit ainsi : the + adjectif sans « **s** » + verbe au pluriel, le tout ayant un sens pluriel (autres exemples : the blind, the unemployed, the poor, the rich, the young).

4. b. Appliquons la règle **O**T**A**FC**O**M et optons pour l'ordre suivant : « nice (adjectif appréciatif, d'opinion), fifty-year-old (âge), Scottish (origine) ».

5. a. L'adjectif good ne peut être qu'en position attribut car il est suivi du complément de l'adjectif at maths.

6. a. Sheer est en position épithète, seule position possible pour cet adjectif (ex. : she cried out of sheer joy).

7. b. En présence de plusieurs adjectifs attributs, les deux derniers doivent être coordonnées et les précédents sont séparés par des virgules. L'ordre des adjectifs importe peu ici.

8. d. Dans certains cas, en présence d'un complément de l'adjectif (ici to make, dans difficult to make), il est possible de placer l'adjectif devant le nom qualifié par celui-ci : a decision that is difficult to make peut donc devenir a difficult decision to make.

9. a. Long et involved sont en position épithète et sont donc séparés par une virgule et placés dans cet ordre car les adjectifs se placent du plus court au plus long. Involved fait partie des adjectifs dérivés de verbes qui changent de sens selon qu'ils sont placés avant ou après le nom qu'ils qualifient (pré-nominal, il a le sens de pré-nominal « complexe » ; post-nominal, il signifie « impliqué », c'est-à-dire « que cela implique »).

10. b. Les adjectifs se placent devant les noms, sauf s'ils sont suivis d'un complément de l'adjectif.

2. Phrases de thème

1. Her **late** husband will no longer be **late** at neighborhood meetings! [Selon la place de certains adjectifs (épithète ou attribut), le sens de ces derniers change. C'est le cas de late (pré-nominal = feu ; post-nominal = en retard) et il en va de même pour proper (pré-nominal = qui convient ; post-nominal = à proprement parler), concerned, etc. **Voir Remarques dans « 1. La place et la nature des adjectifs »**.]

2. The owner was **good** at negotiating the price of the **uneven** plot. [On remarque que good, adjectif attribut, est suivi d'un complément qui se construit avec at + V–ing ; uneven est en position épithète.]

3. This is a woman **ready** to bear the brunt [burden] of her **monthly** mortgage payments. [Ici, une proposition relative peut être rétablie (who is ready) et l'adjectif est suivi d'un complément, d'où sa position post-nominale ; monthly (épithète) ne doit pas être confondu avec son emploi adverbial (forme identique pour l'adjectif et l'adverbe).]

4. She is not **aware** of this housing plan. [Aware est attribut et suivi d'un complément.]

5. It is a **heated** hovel, but a hovel **heated** by old electric heaters. [Sans complément, on place heated devant le nom (épithète), mais dans la seconde occurrence, on le place après le nom car il est suivi d'un complément d'agent introduit par by.]

6. Pierre prefers keeping his flat [apartment] **vacant** rather than leasing it to **unscrupulous** tenants. [Vacant est un complément du COD flat, ce qui explique sa place immédiatement après celui-ci ; unscrupulous est en position épithète donc placé avant le nom.]

7. The garden shed has been [was] sold to two **rich twenty-five-year-old Chinese girls** lost in the neighbourhood. [Appliquons la règle **O**T**A**FC**O**M et respectons l'ordre des adjectifs suivants : Opinion (rich) ; Age (25) ; Origine (Chinese).]

8. The town councilors have been highly **critical** of this plan, the motivations of which are **far-fetched**. [Critical (attribut) a pour complément of this plan ; far-fetched (attribut).]

9. This is all the more **worrying** as it was a **two-week** stay. This is a **never-ending** story! [Worrying (attribut) ; two-week (adjectif composé et donc invariable ; épithète) ; never-ending (adjectif composé d'un adverbe et de V–ing).]

10. I have never seen such a **poorly-kept** driveway. [Adjectif composé de l'adverbe poorly et du participe passé irrégulier kept ; en position épithète.]

3. Version

(1) « **résidences sécurisées** » : gated, en position épithète, est dérivé du nom commun gate signifiant « portail ». **(2)** « **sont attrayantes pour [attirent]** » : pensez aussi à la possibilité qui consiste à changer de catégorie grammaticale et à transformer l'adjectif en verbe. **(3)** « **les jeunes** » : the young = adjectif substantivé. **(4)** « **surprenant [étonnant]** » **(5)** « **préoccupés par [sensibles à] la sécurité** » : adjectif composé, construit avec le nom security et l'adjectif conscious. **(6)** « **les personnes âgées** » : the elderly = adjectif substantivé ; notez que * the olderly est irrecevable. **(7)** « **enthousiaste (à l'idée de ...)** » : l'adjectif keen est suivi d'un complément, introduit par la préposition on ; de ce fait il n'est possible qu'en position attribut (= post-verbale). **(8)** « **aisés** » : les adjectifs wealthy et pristine, épithètes, se complètent, d'où la présence d'une virgule pour les séparer. **(9)** « **des quartiers impeccables** » : pristine = immaculé, intact, irréprochable. **(10)** « **a été rendu public** » **(11)** « **où ont déferlé les mises en garde** » : to be awash with = être inondé de, rempli de ; l'adjectif est en position post-nominale car il n'est pas utilisable sans la préposition with qui le suit et * an awash-with-warning seminar est irrecevable ; notez que l'on peut faire apparaître la proposition relative sous-jacente : a seminar that was awash with warnings. **(12)** « **prudents** » : position attribut, après be. **(13)** « **les promoteurs privés** » **(14)** « **ambitieux** » **(15)** « **les quartiers les plus pauvres** » : poorer est un comparatif.

4. Thème suivi

More and more **young people** [youngsters] **(1)** are forced to go back to [return to] (live with) their parents' (live with their parents) due to **rising rents (2)** and **precarious** [**insecure**] **(3)** jobs. This observation is downright **depressing (4)**. A **1,200-euro (5)** wage is not **enough (6)** to find an apartment [a flat] at an **affordable (7)** price and housing benefits are **reserved (8)** for the **poor (9)**. It is a far cry from the situation of **25-year-olds (10)** who remain at their parents' because it is as **comfortable (11)** as it is **reassuring (12)**. However **motivated (13)** they might be, a **cheap (14)** flat is a **hard (15)** commodity to find. To ward off bad luck some get involved in **housing-related (17) charities (16)**.

(1) L'expression more and more rend impossible l'utilisation de l'adjectif substantivé. Notez que celui-ci ne peut pas non plus s'employer avec le génitif : * the young's situation. **(2)** Il est plus idiomatique de remplacer le nom et son complément par une structure de type adjectif + nom en anglais. **(3)** Les deux adjectifs proposés sont épithètes ici, mais ils peuvent être utilisés comme attributs : it is precarious / insecure. **(4)** Adjectif attribut ici, mais il peut également fonctionner comme épithète : a depressing story. **(5)** Adjectif composé en position épithète qui, comme tout adjectif, est invariable (pas de « s ») et les différents termes composant l'adjectif sont séparés par un trait d'union. **(6)** Adjectif attribut ici, mais utilisable comme épithète quand associé à un nom commun : enough money. **(7)** Adjectif épithète ici, mais utilisable en attribut : it is affordable. **(8)** Participe passé utilisé comme adjectif, suivi de la préposition for. **(9)** Adjectif substantivé décrivant l'ensemble d'un groupe, d'une catégorie. **(10)** Le français utilise le singulier pour désigner l'ensemble des jeunes : le jeune de 25 ans typique ; il s'agit d'une expression dans laquelle l'adjectif est devenu nom et, à ce titre, peut être mis au pluriel (olds). **(11) et (12)** Adjectifs attributs, mais utilisables aussi en épithètes. **(13)** Adjectif attribut, mais la structure dans laquelle il apparaît le fait figurer avant be. **(14)** Adjectif épithète, également utilisable comme attribut. **(15)** A commodity that is hard to find est possible, mais l'anglais a tendance à rejeter le complément de l'adjectif (to find est le complément de l'adj. hard) en fin de phrase, ce qui donne : a hard commodity to find. Notez que *** a** hard to find commodity n'est pas recevable. **(16)** En anglais, une association caritative se traduit par un nom : a charity. **(17)** Adjectif composé du nom housing et du **participe passé** related ; d'autres adjectifs se construisent sur le même schéma (drug-related, health-related) et s'emploient surtout en position épithète.

FICHE DE GRAMMAIRE

4. Les quantifieurs

Thème : Transport and city life

Ce qu'il faut savoir

1. Expression de la quantité élevée : many, much, a lot of, lots of

Many et **much** sont surtout utilisés dans des **phrases négatives** et **interrogatives**. Leur emploi dans des **phrases affirmatives** relève d'un **registre soutenu**. Dans ce type de phrase, on a plus spontanément recours à **a lot of** :

- many + dénombrable pluriel : **Many** city-dwellers complain about the hike in transport fares.
- much + indénombrable singulier : There is not **much** traffic today.
- a lot of + dénombrable pluriel ou indénombrable singulier : The city is making **a lot of** money through taxes but **a lot of** residents argue the taxpayers' money is being squandered.

Dans tous les cas, on traduit ces expressions par « beaucoup ».

Ces mots sont également présents dans d'autres **expressions** à retenir :

- **lots of** + dénombrable pluriel ou indénombrable (des tas de) : **Lots of bus drivers** refuse to work on bank holidays.
- **too much** + indénombrable singulier / **too many** + dénombrable pluriel (trop de) : I say there are **too many skyscrapers** in New York City.
- **so much** + indénombrable singulier / **so many** + dénombrable pluriel (tant de / tellement de) : The city produces **so much waste**!
- **how much** + indénombrable singulier / **how many** + dénombrable pluriel (combien de) : **How much space** will this block take up?
- **a great many** + dénombrable pluriel (un grand nombre de) : **A great many tourists** visit the Statue of Liberty each year.
- **many a** + dénombrable singulier (+ verbe au singulier) : **Many a tenant** is ready to rent a shabby apartment as long as it is cheap.

Remarque. On peut aussi employer (**so / too / how**) **much / many** comme pronoms ou adverbes (à noter que seul much peut aussi être utilisé comme adverbe) :

I love living in the suburbs **so much**. / The area has gentrified **too much**. / **How much** do you like the city? (Adverbes)

Bicycle lanes? There are **too many** in Copenhagen! / She has not earned **much** in the selling process. (Pronoms)

2. L'expression de la quantité faible : (a) little, (a) few

La présence ou non de a est liée au point de vue exprimé sur la quantité. Sans a, on indique que la quantité est considérée comme étant insuffisante :

- (a) few + dénombrable pluriel :

  She owns <u>**a few**</u> **apartment buildings** in the capital. (= quelques)

- There are **<u>few</u> traffic lights** in the countryside. (= peu de)
- (a) little + indénombrable singulier :

  You just need **<u>a little</u> courage** to launch reforms. (= un peu de)

  It takes **<u>little</u> time** to commute very early in the morning. (= peu de)

Remarque. On peut modifier **few** et **little** en ayant recours aux adverbes **too**, **very** et **extremely** (**too little time**, **very few cities**).

3. L'individualisation : each, every

Each et **every** sont tous deux suivis d'un dénombrable singulier (et donc d'un verbe au singulier). On peut les traduire tous deux par « chaque », mais ils envisagent les noms auxquels ils sont associés de manière différente : **each** individualise, isole davantage les éléments dont il est question, alors qu'avec **every**, toute la classe d'éléments est parcourue et la vision est donc plus globale :

Each building was designed to let in as much light as possible.

The architect does that **every** day.

Remarques :

- Lorsque l'expression **every** + nom est reprise par un pronom sujet ou un déterminant possessif, celui-ci sera souvent **they** ou **their**, bien que **he/she**, **his/her** et **its** soient également possibles : every townhouse has their own parking space.
- Quand il n'y a que deux éléments, on utilise obligatoirement **each** : she has a speck of dust in **each eye**.
- **Every** est toujours déterminant, donc toujours suivi d'un nom, à la différence de **each** qui peut être déterminant (**each** person), pronom (**each** has left) ou construit avec la préposition of suivie d'un pronom objet (**each** of them owns a flat in London).

4. Une certaine quantité ou une certaine qualité : some et any

a. L'emploi quantitatif

Pour exprimer une quantité non précisée, on emploie **some** dans les énoncés affirmatifs et **not … any** dans les énoncés négatifs. Ils fonctionnent avec des noms dénombrables ou indénombrables, qui ne sont pas nécessairement mentionnés si on peut les identifier dans le contexte :

She had **some** coins [money] to buy her train ticket but I did**n't** have **any** (coins/money).

Dans les énoncés interrogatifs, on utilise **some** lorsque l'on s'attend à une réponse positive, et **any** lorsque l'on ne présuppose rien sur la réponse. Comparez les phrases suivantes :

Did John have time to see some sights? (On présuppose que John a pu effectuer des visites.)

Did John have time to see any sights? (On ne présuppose rien concernant la réponse à la question.)

b. L'emploi qualitatif

Quand **some** est suivi d'un nom dénombrable au singulier, il ne s'attache plus à l'expression d'une quantité indéfinie, mais d'une qualité :

> **Some** architect called and wanted to talk to the mayor. (= un certain architecte, quelqu'un qui avait les qualités d'un architecte mais dont on ne donne pas l'identité précise)

Quand **any** apparaît dans des énoncés affirmatifs, il signifie « n'importe quel » et désigne également une qualité :

> **Any** country dweller would agree that the air is unbreathable in the city! (= n'importe quelle personne appartenant à la classe country dweller ; autrement dit, avec any, je parcours tous les éléments de la classe country dweller.)

5. La totalité : all et whole

All et **whole** expriment tous deux une idée de totalité mais avec **all** on désigne tout un ensemble de choses, sans exception, tandis qu'avec **whole**, on parle d'éléments entiers, de choses dans leur intégralité. Comparez :

> **All** buildings were razed to the ground. (= tous les bâtiments, sans exception)
>
> **Whole** buildings were destroyed in this area. (= des bâtiments entiers, dans leur intégralité)

Remarque. All s'utilise avec les dénombrables et les indénombrables, mais **whole** s'emploie uniquement avec les dénombrables au singulier ou au pluriel (the whole city / whole cities / all the money).

6. La dualité : the two, both, neither (… nor), either (… or)

The two et **both** sont utilisés pour désigner deux éléments, mais, comme **all**, **both** exprime une totalité (limitée à deux éléments), tandis que **the two** est plus factuel :

> **The two** facilities have different features but **both** can fit 2,500 people. (L'une est différente de l'autre, mais ce qui les rapproche, c'est leur capacité d'accueil identique.)

Remarque. Dans cet exemple, **both** est utilisé comme pronom (qui reprend **the two facilities**), mais il peut également être un déterminant (**both facilities**) et apparaître dans des constructions de type **both of** + pronom (**both of them**) ou **both of** + déterminant + nom (**both of these parks**).

Either (l'un ou l'autre) et **neither** (ni l'un ni l'autre, aucun des deux) s'emploient tous deux en présence de deux éléments et ils sont suivis, s'il y a lieu, d'un nom au singulier. **Neither** étant négatif, le verbe des phrases dans lesquelles il apparaît ne peut comporter de négation, puisqu'il ne peut y avoir deux négations dans la phrase anglaise.

Either et **neither** peuvent apparaître :

- seuls : **Either** will do. (L'un ou l'autre fera l'affaire.) / **Neither** is cheap enough. (Ni l'un ni l'autre n'est assez bon marché.) ;
- suivis d'un nom : You can park in **either** street. (= l'une ou l'autre) / **Neither** street is safe. (= aucune des deux) ;

- suivis de of + déterminant + nom : **Either [Neither] of the victims** will comment on the crash ;
- suivis de of + pronom : **Either [Neither] of us** can drive a bus.

L'expression **either ... or ...** (soit ... soit ...) offre un choix entre deux éléments. **Neither ... nor ...** (ni ... ni ...) exclut quant à elle deux possibilités :

With the new mayor, urban sprawl will **either** be stopped **or** slowed down. They can **neither** continue to ruin the suburbs **nor** spend so much on new road infrastructure.

7. La négation : no, none, no more, not any more

La quantité nulle peut être exprimée à l'aide de no, qui est alors déterminant :

There is **no** shuttle to take us there. (= There is **not any** shuttle to take us there.)

Là où l'on emploie **neither** pour deux éléments, lorsqu'il s'agit de plus de deux éléments ou que cette information n'est pas connue, on emploie **none of** + pronom ou **none of** + déterminant + nom :

None of the motorists [None of them] was [were] willing to pay a congestion charge.

« Ne ... plus » se traduit par **not any more** ou **no more** :

They do **not** commute **any more**.

There are **no more** gated communities in the surroundings. (= There **no longer** are gated communities in the surroundings.)

8. Autres termes permettant d'exprimer la quantité

Il existe d'autres termes pour exprimer la quantité :

- les numéraux cardinaux : **one**, **two**, **three**, etc., mais aussi **dozen**, **hundred**, **thousand**, **million**, **billion**, etc. Ces derniers sont invariables et ne prennent donc pas de « **s** » lorsqu'ils sont précédés d'un chiffre précis (three dozen people), mais prennent la marque du pluriel quand ce n'est pas le cas et sont suivis de of (dozens of people) ;
- les numéraux ordinaux : **first**, **second**, **third**, **fourth**, etc., qui précèdent les cardinaux s'il y a lieu (the first twenty-four hours) ;
- **most (of the)** + nom = « la plupart de » avec une différence de construction en fonction du contexte générique ou spécifique :

  Most girls like shopping. (généralité : valeur générique)

  Most of the girls had left when he arrived. (référence à un groupe plus restreint, connu en contexte : valeur spécifique)
- **half (of)** et **part of**, précédés de Ø quand ils servent à prélever une quantité indéfinie :

  Half the room has been cleaned up. / **Half of them** were civil engineers.

  Part of the debate was about the planning permission. / **Part of it** was missing.
- **enough**, qui peut être déterminant, pronom ou adverbe ; il occupe donc des places différentes :

  enough money (déterminant) / I have done **enough of it** (pronom) / intelligent **enough** (adverbe)
- **several** (= plusieurs) : il indique une quantité multiple et il est invariable ;
- des adjectifs : **countless**, **numerous**, etc.

Applications

1. Exercice lacunaire

Choisissez la ou les réponses qui conviennent parmi celles proposées.

1. There is not … building land for sale in Manhattan.
a. many **b.** much **c.** some **d.** no

2. There are quite … roads that need to be retrofitted.
a. little **b.** few **c.** a little **d.** a few

3. … city-dweller is entitled to use the infrastructure but …… about its poor quality.
a. Each / he complains **b.** Every / they complain **c.** Each / they complain
d. Every / he complains

4. They plan to close down … stores in this shopping precinct.
a. all the **b.** whole **c.** the whole **d.** the all

5. …… council members voted in favour of levelling out the slums.
a. None **b.** Neither **c.** None of the **d.** Either

6. As I couldn't find my phone and I knew there were two phone booths in my street, I walked down the street but …… phone booths had been removed.
a. both **b.** the two **c.** both of **d.** the both

7. … dustman would tell you that …… pedestrian precincts are often strewn with rubbish.
a. No / many **b.** Any / many **c.** Any / a lot of **d.** Any / much

8. She … wants to live in the suburbs … in the countryside.
a. no more / no more **b.** neither / or **c.** neither / nor **d.** either / or

9. Have you seen … bike lanes on your way here? I'll … drive … bike to go to the stadium.
a. Ø / neither / nor **b.** some / either / or **c.** some / neither / nor
d. any / either / or

10. … town clerk has just left a message for you.
a. Some **b.** Any **c.** Either **d.** None

2. Phrases de thème

Traduisez les phrases suivantes en anglais.

1. Il y a **trop peu de zones piétonnes** dans la ville et **peu d'entre elles** sont attrayantes.
2. Veux-tu que je t'aide à répondre à **du** courrier ?
3. Il y a **beaucoup trop de monde** dans ce centre commercial et **trop peu de place** pour que les clients circulent.
4. Toute cette rue à sens unique a été interdite à la circulation.
5. Il n'y a **plus que quelques appartements** à vendre dans le centre-ville de Philadelphie.
6. Plusieurs touristes sont tombés malades après avoir été exposés à **trop de pollution**.
7. As-tu **assez d'argent** ? Il **en** a **tellement** qu'il prévoit d'acheter **une partie de** ce terrain vague.

8. Il n'y a pas **beaucoup de cités-dortoirs** ici et aucun dirigeant politique ne s'en plaint.
9. Un des **innombrables lieux phares** de Sydney est son opéra ; **des touristes** ont passé **la matinée entière** à le photographier.
10. **L'un ou l'autre d'entre eux** finira par payer pour ravaler le bâtiment.

3. Version

Traduisez le texte suivant en français.

Every year (1) in California **a great many bridges (2)** are rated "structurally deficient" while **very few (3)** are considered as **not in need of any repair (4)**. The Big Sur bridge has already undergone retrofitting but **many more (5)** are expected to come next, especially in the San Francisco Bay Area. But those **much-needed repairs (6)** come at a cost and **many of the bridges (7)** are owned by cities, which must come up with the necessary funds.

4. Thème suivi

Traduisez le texte suivant en anglais.

Un grand nombre de citadins (1) tend à privilégier un retour aux sources. On assiste à un véritable exode urbain que **certains démographes (2)** avaient anticipé, mais **qu'aucun (3)** n'aurait pensé aussi rapide. Ce phénomène entraîne le développement de **nombreuses activités (4)**, mais encore **trop peu de maires (5)** sont conscients que cette arrivée massive est un enjeu. Mais il ne s'agit pas de **n'importe quels citadins (6)** : **la moitié d'entre eux (7)** sont jeunes et sont venus pour profiter **à la fois (8)** du cadre de vie et de l'opportunité de développer une activité rentable.

Vocabulaire. Thème : Transport and city life

a city-dweller : un citadin
a fare : un tarif (d'un titre de transport)
traffic : la circulation
a taxpayer : un contribuable
a skyscraper : un gratte-ciel
waste : des déchets
a block : un pâté de maisons
a suburb : une banlieue
to gentrify : s'embourgeoiser, gentrifier
a bicycle lane : une piste cyclable
traffic lights : les feux de signalisation
the countryside : la campagne
to commute : faire la navette pour aller travailler
to see sights : visiter des monuments
a country-dweller : un habitant de la campagne
unbreathable (adjectif) : irrespirable
to raze / level out a building : raser un bâtiment
a facility : une infrastructure
urban sprawl : expansion urbaine
a shuttle : une navette
a motorist : un automobiliste
the congestion charge : la taxe embouteillage
a gated community : une résidence sécurisée
a civil engineer : un ingénieur en génie civil
a planning permission : un permis de construire
building land : un terrain, une parcelle (où l'on prévoit de construire)

to retrofit : moderniser, remettre à jour, réaménager
a shopping precinct : un quartier commerçant
a council member / a town councillor : un conseiller municipal
a slum : un taudis
a phone booth (US) / a phone box (UK) : une cabine téléphonique
a dustman : un éboueur
a pedestrian precinct : une zone piétonne
to be strewn with : être jonché de
rubbish : des déchets, des détritus
a town clerk : un secrétaire / employé de mairie

Corrigés des applications

1. Exercice lacunaire

1. b. Land est un indénombrable ici (mais peut fonctionner comme dénombrable dans d'autres contextes). Le verbe est donc au singulier (there is) et le quantifieur est much, many fonctionnant avec les dénombrables au pluriel. Not much = pas beaucoup.

2. d. Roads étant un dénombrable au pluriel, il ne peut fonctionner qu'avec few ou a few. Quite exprime l'idée d'une quantité positive, suffisante, d'où la présence de **a.** Par ailleurs, * quite few n'est pas possible.

3. b. et **c.** Ces deux réponses sont grammaticalement possibles, mais elles véhiculent un sens légèrement différent. Every met davantage l'accent sur l'idée d'ensemble (l'ensemble des citadins), tandis que each insiste sur l'idée d'unité (chacun des citadins). Prenons d'autres exemples : I go there every day (vue d'ensemble, caractère répétitif) / Each day is a gift (chaque jour est vu comme un élément unique). En principe, quand le genre n'est pas déterminé, on reprend par des pronoms ou déterminants à la 3e personne du pluriel they, their, them (ici, pronom personnel sujet they).

4. a. All (of) the désigne un ensemble d'éléments, sans exception. Du point de vue du sens, il serait assez étrange, bien que grammaticalement possible, d'avoir whole (= des magasins entiers).

5. c. None of the est employé quand il s'agit de plus de deux éléments, ce qui est le cas ici (il y a plus de deux conseillers municipaux dans une ville). Neither et either s'emploient en présence de deux éléments. None doit obligatoirement être suivi de of et d'un pronom ou d'un GN (none of them / none of my friends).

6. a. Les deux cabines téléphoniques ayant subi le même traitement, il est cohérent d'utiliser both, c'est-à-dire d'exprimer l'idée de totalité portant sur deux éléments.

7. b. et **c.** Any, qualitatif, implique que **n'importe quelle** entité de la classe dustman pourrait l'affirmer. Le nom precincts est un dénombrable au pluriel : il peut fonctionner avec many dans un registre soutenu ou avec a lot of dans un registre plus courant.

8. c. et **d.** Les deux réponses sont recevables grammaticalement bien sûr, mais aussi du point de vue du sens : « ni en banlieue ni à la campagne » ou « soit en banlieue soit à la campagne ».

9. b. et **d.** Some présuppose une réponse positive, alors que any est plus neutre.

10. a. Il s'agit d'un emploi qualitatif de some : un employé de mairie (« quelque employé de mairie ») dont je ne connais rien mis à part sa fonction.

2. Phrases de thème

1. There are **too few pedestrian precincts** in the city and **few of them** are attractive. [On a few + dénombrable pluriel, précédés de l'adverbe too qui vient modifier few. On a ensuite la reprise du dénombrable pluriel par un pronom, d'où la construction few of + pronom.]

2. Do you want me to help you answer **some** mail? [Lorsque l'on fait une offre ou une proposition, on utilise some plutôt que any, dans la mesure où l'on anticipe une réponse positive.]

3. There are **far** [**much**] [**way**] **too many people** in this mall and **too little space** for the customers to move around. [People est un dénombrable ; il est donc précédé de many, lui-même modifié par too, lui-même modifié par far, much ou way (mais ce dernier relève plutôt d'un style relâché). On traduit « peu » par little car space est indénombrable et little est modifié par too.]

4. This whole one-way street has been closed to traffic. [On emploie whole car il s'agit d'une rue dans son intégralité.]

5. There are **just** [**only**] **a few apartments** [**flats**] for sale in downtown Philadelphia. [Bien que l'on exprime l'idée que la quantité est insuffisante (= il y a **seulement**), notez que la présence de just (only) implique de garder a devant few et little.]

6. Several tourists fell sick due to exposure to **too much pollution**. [Several est un mot invariable, signifiant « plusieurs ». Pollution est un indénombrable et se trouve donc précédé de much, lui-même précédé de too.]

7. Do you have **enough money**? He has **so much (money)** that he plans to buy **part / some part of** this waste land. [Enough signifie « assez » ; ce terme précède les noms, mais suit les adjectifs (he is intelligent enough). Money étant sous-entendu, on peut se contenter de garder so (adverbe exprimant le haut degré) associé à much qui fonctionne avec les indénombrables. Part of [some of] désigne une fraction de quelque chose : il opère un prélèvement sur un tout.]

8. There are not **many dormitory towns** here and **no political leader** [**none of the political leaders**] complains about it. [Dans les phrases négatives, on peut utiliser many (+ dénombrable au pluriel) ou a lot of (+ dénombrable au pluriel ou indénombrable). No + nom ou none of the + nom (ou GN comme c'est le cas ici) sont possibles pour exprimer une quantité nulle. Dans la seconde proposition, l'accord du verbe se fait au singulier (complains) ou bien en accord de proximité (leaders), donc au pluriel : complain.]

9. One of the **countless landmarks** in Sydney is its opera; Ø [**Some**] **tourists** have spent **the whole morning** taking pictures of it. [countless = d'innombrables. L'article zéro permet de ne pas faire de commentaire sur la quantité, alors qu'avec some on exprime le fait qu'il y avait une *certaine* quantité, certes indéfinie et non précisée, de touristes. Par exemple, « toute la matinée », implique que l'on parle de la matinée dans son intégralité, d'où l'utilisation de whole.]

10. Either of them will end up paying for the facelift of the building. [On a deux personnes ici, d'où l'utilisation de either suivi de of et du pronom them puisque les noms des personnes ne sont pas mentionnés. Si cela avait été le cas, on aurait eu Either John or Mary will pay.]

3. Version

(1) « Tous les ans » : une traduction par « chaque année » est bien sûr possible, mais elle singularise davantage, exprime plus l'idée d'unité que « tous les ans », qui globalise et propose une vision d'ensemble. **(2) « un grand nombre de ponts »** : many est suivi du dénombrable au pluriel bridges ; a great vient renforcer l'idée de quantité élevée. **(3) « très peu (d'entre eux) »** : few est modifié par very qui exprime, ici aussi, l'idée de haut degré. Le nom sous-entendu ici est bridges, d'où la présence de few qui fonctionne avec le dénombrable au pluriel. Notez qu'il serait possible d'avoir of them après very few. **(4) « n'ayant besoin d'aucune réparation »** : repair peut être dénombrable ou indénombrable. Ici, il est utilisé comme indénombrable (il désigne l'activité de réparation). Any est utilisable avec le dénombrable ou l'indénombrable. **(5) « beaucoup plus »** : le terme sous-entendu après many more est bridges, d'où la présence de many que l'on trouve avec le dénombrable pluriel. **(6)** « **ces réparations indispensables** » : needed, participe passé utilisé comme adjectif en position épithète, est modifié par much (= dont on a grandement besoin) ; si l'on reformule cette expression, much apparaît en tant qu'adverbe modifié par very, qui indique le haut degré : they very much need repairs. **(7)** « **beaucoup [un grand nombre] de ces ponts** » : many of them ; many of these bridges est également possible, bien qu'en anglais il puisse y avoir une confusion quant au référent de them qui, dans la phrase anglaise, renverrait au nom pluriel le plus proche, c'est-à-dire repairs.

4. Thème suivi

A great many city-dwellers (1) tend [**Many a city-dweller (1)** tends] to favour a return to the roots [to basics]. We are witnessing a real urban exodus that **some demographers (2)** had foreseen but that **none (3)** had thought would happen as / so / that fast. This phenomenon is causing **many activities (4)** to develop but still too **few mayors (5)** are aware of the stake this massive influx constitutes. But they are not just **any city-dwellers (6)**: **half of them (7)** are young and have come to enjoy **both (8)** the living environment and the opportunity to develop a thriving business.

(1) A great many + nom dénombrable au pluriel est suivi d'un verbe au pluriel ; notez en revanche que l'expression many a great sera suivie d'un nom dénombrable au singulier et donc d'un verbe au singulier. **(2)** Some opère un prélèvement, une sélection sans préciser de chiffre exact. **(3)** « Démographe » est sous-entendu ici, donc none (of them) est attendu car il est entendu que l'on parle de plus de deux démographes. No n'est pas possible, à moins de répéter le nom demographer. **(4)** Activities est un dénombrable au pluriel, donc c'est many qui le précède. **(5)** Mayors est un dénombrable au pluriel, donc il est précédé de few, lui-même modifié par l'adverbe too. **(6)** Any + nom au pluriel ou au singulier : on opère un parcours sur l'ensemble de la classe city-dwellers. **(7)** Half of + pronom them qui renvoie à city-dwellers. **(8)** Both sert à exprimer l'idée que ce n'est pas seulement pour l'une de ces raisons que les citadins rejoignent la campagne, mais pour les deux : il désigne la totalité d'un ensemble composé de deux éléments.

FICHE DE GRAMMAIRE

5. Les démonstratifs

Thème : Agriculture

Ce qu'il faut savoir

1. Généralités

▶ Les **démonstratifs** sont des déterminants définis qui permettent au locuteur d'extraire un ou plusieurs éléments d'un ensemble, tout en apportant des précisions. On parle de monstration ou *deixis*, qui signifie « désigner, préciser ». On considère généralement qu'il existe quatre « démonstratifs » : **this** et **that**, ainsi que leurs formes plurielles respectives, **these** et **those**.

▶ À cet égard, les grammairiens ont identifié que le signe « th » avait une valeur anaphorique (il renvoie à une antériorité) inhérente au concept de monstration. À un moindre degré, **the** et **the one(s)**, sa forme pronominale, complètent le tableau des outils démonstratifs.

▶ **This/these** et **that/those** sont tantôt « **adjectifs** démonstratifs » (interchangeables avec **the**), tantôt « **pronoms** démonstratifs » (plus ou moins équivalents à **the one(s)**, ou à **it** et **they** selon les cas) et s'accordent en nombre, mais pas en genre. **This** et **that** peuvent également être adverbes.

2. Construction

▶ L'**adjectif** est suivi d'un groupe nominal singulier ou pluriel :

This farm has been growing wheat for years. / **These** farms have been growing corn for years.

That decision brought about rapid changes in harvesting methods. / **Those** laws brought about significant changes in cattle ranching.

▶ Le **pronom** se suffit à lui-même :

Clean **this** (manger), I'll do **that** (one) over there.

This is great work everyone, thanks. (On pourrait faire appel à **it**.)

These are great quarterly results. (On pourrait avoir recours à **they**.)

▶ L'**adverbe** se place avant un adjectif ou un adverbe et équivaut peu ou prou à **so** :

The hormone scandal was not **that** tragic for the industry!

3. Emplois

▶ Le choix du démonstratif se fera en fonction de l'idée de **proximité** ou d'**éloignement** qu'il véhicule – en termes d'espace, de temps, de séquence, d'affectivité, voire d'ordre syntaxique :

- dans l'**espace**, pour distinguer deux ou plusieurs éléments en termes de distance :

  This meadow here can be used for grazing, while **those** over the hill will have to be turned into farmland. (Le premier pré est proche et visible. Les autres sont derrière une colline.)

- dans le **temps**, avec **this/these** pour évoquer la proximité, le présent ou le futur (proche) ; quant à **that** et **those**, ils nous renvoient au passé :

In **this** day [**these** days] and age farmers can't make it without computer-monitored machines. **This** is good news.

In **those** days/At **that** time, the dairy industry flourished, and **that** was good news.

- dans les **autres cas**, la notion de distance est plus ou moins concrète :

I've never seen a cow **this** huge. (Manifestement les interlocuteurs ont la vache sous les yeux – le geste peut accompagner la parole.)

Come on, it's not **that** huge. (**That** permet de reprendre la notion déjà évoquée.)

It was a real pamphlet against intensive farming, but I didn't like **that** book. (**That** peut sous-entendre que le livre est connu ; qu'il est une référence contextuelle/culturelle ; qu'il date peut-être ; que l'on insiste sur la forme I don't like **it** – sinon **the book** aurait suffi).

▶ Sous forme pronominale, la différence entre **that/those** et **one's** dépend du type de lien qui existe entre le pronom et l'élément qui le définit. Ainsi, dans un contexte abstrait ou subjectif, on préfère un démonstratif :

The stamina of the few British farmers left is much more commendable than **that** of other European farmers.

On trouve plutôt **the one(s)** dans l'expression de la possession, surtout à l'oral :

Danny**'s** are dairy cows, while his neighbour**'s (ones)** are beef cattle.

One est aussi plus précis, évoquant les éléments d'un groupe plus que le groupe lui-même :

We need to help struggling farmers – like **those/the ones** we talked to yesterday. (**Those** peut indiquer que **we** s'est adressé à un panel d'agriculteurs. **The ones** sous-entend un entretien individuel avec chacun.)

▶ Un adjectif démonstratif associé au cas possessif (**this/these** et **that/those** + **nom** + **of** + **pronom possessif**) est emphatique et s'apprécie en contexte :

This dog of **yours** does a better job than any herdsman. (Il y a plusieurs chiens, ou pas ; celui auquel on fait référence est dans notre champ de vision ; **this** renforce le jugement appréciatif.)

That dog of **his** has long been a nuisance, just scaring the cattle away. (**That** semble impliquer une distance visuelle et spatiale autant qu'affective.)

En bref, ces deux formes se concentrent sur le possesseur plus que sur l'élément « possédé ». La traduction met l'accent sur l'aspect caractéristique et typique du premier :

This little habit of **yours**. [≈ Cette (agréable) petite manie bien à toi.]

That little habit of yours. [≈ Cette (vilaine petite) manie que tu as.]

Applications

1. Exercice lacunaire

Choisissez la ou les réponses qui conviennent parmi celles proposées.

1. Breeding animals is a harder job than ...... of growing crops.
a. this **b.** that **c.** these **d.** those

2. Most beekeepers have a hard time making both ends meet ...... days.
a. this **b.** that **c.** these **d.** those

3. If …… landowners you've been dealing with don't cooperate, we'll have to turn to market gardeners instead.

a. this **b.** that **c.** these **d.** those

4. The Department for Environment, Food and Rural Affairs is expected to meet with the National Farmers Union …… coming Tuesday.

a. this **b.** that **c.** these **d.** those

5. Well, an extra £2m for all farmers is not …… big a help on the part of the government.

a. this **b.** that **c.** these **d.** those

6. …… winegrower we visited today sounded much more passionate than …… two we saw last week.

a. This / those **b.** That / these **c.** The / those **d.** This / these

7. Look at the figures! Have you ever seen a farm …… profitable.

a. this **b.** that **c.** these **d.** those

8. …… cattle here are to be sent to …… slaughterhouses up north I told you about.

a. Those / these **b.** That / those **c.** This / these **d.** These / those

9. American producers should go all-organic like …… company in Connecticut did long ago.

a. this **b.** that **c.** these **d.** those

10. …… same morning the shepherd found ten of his sheep mauled by a wolf.

a. This **b.** That **c.** The **d.** Ø

2. Phrases de thème

Traduisez les phrases suivantes en anglais.

1. Les céréaliers sont **ceux** qui subissent le plus violemment les variations du marché.

2. Cette nouvelle méthode d'irrigation que nous mettons en place est loin de faire l'unanimité.

3. Eh bien ! Je n'ai jamais vu une moissonneuse **aussi** impressionnante !

4. Ces terres arides semblent bien moins réhabilitables que **celles** de l'autre jour à Notting Gulch.

5. Les saisonniers ne sont en fait pas **si** nombreux **que ça cette** année.

6. La situation des agriculteurs qui produisent à perte est plus préoccupante que **celle** des éleveurs touchés par les intempéries.

7. Ceux qui laissent un tiers de leurs terres en jachère seront indemnisés.

8. Tous **ces** engrais néfastes pour l'environnement devraient être bannis.

9. À première vue, **ces** ruches ont pris feu en un clin d'œil tant ce sol est sec.

10. Après le vote en faveur du Brexit, **ces** régions agricoles sinistrées regrettent les subventions prévues par la PAC.

3. Version

Traduisez le texte suivant en français.

Without comparing **the (1)** harmful effects of soil erosion to herbicide use, it is difficult to determine whether farms that use **this (2)** technology are actually protecting the environment. **Those (3)** who still consider that productivity remains the priority have not developed **that (4)** much of an environmental awareness.

Some, on the contrary, have also been criticising **those (5)** factory farms for putting profit ahead of animal welfare, but fail to do anything about **this (6)** other critical issue. There are different sources and websites discussing **these (7)** issues, and one that is devoted to **that (8)** of hormones in beef and poultry.

4. Thème suivi

Traduisez le texte suivant en anglais.

Trop d'ouvriers agricoles sont dans une situation précaire **ces** jours-**ci (1)** et ne peuvent décemment pas s'offrir **ce (2)** mode de vie auquel ils sont en droit d'aspirer. Passer la journée à cueillir **ces** fruits d'un côté, et à traire **ces (3)** vaches de l'autre : leur vie n'est pas **si** enviable **que cela (4)**. Et c'est bien **ceux (5)** qui s'occupent des animaux qui souffrent le plus. En **ces (6)** temps de concurrence effrénée et de profit maximum, travailler la terre ou s'occuper de bétail ne rapporte pas toujours assez à **ces (7)** travailleurs journaliers dont personne ne défend les intérêts, tandis qu'eux servent **ceux (8)** de leurs patrons.

Vocabulaire. Thème : Agriculture

to grow : cultiver, faire pousser
wheat (US), corn (UK) : le blé
corn (US), maize (UK) : le maïs
to harvest / the harvest : moissonner, récolter, vendanger / une moisson, récolte, vendange
ranching : élevage (de bétail)
cattle (inv.), livestock (inv.) : le bétail, le cheptel
a manger : une mangeoire
a meadow : une prairie, un pré
to graze : paître, brouter, faire / laisser paître
farmland : une / les terre(s) arable(s) / cultivable(s)
dairy (adjectif) : laitier
a cow : une vache
intensive farming : l'agriculture intensive
the farming industry : l'industrie agricole
a dairy cow : une vache laitière
beef cattle : le bœuf de boucherie, les vaches à viande
a struggling farmer : un agriculteur en difficulté
a herdsman : un gardien de troupeau
to breed : élever (du bétail)
to / a crop : récolter, une récolte / culture
a beekeeper : un apiculteur
a landowner : un propriétaire terrien
a market gardener : un maraîcher
a winegrower : un viticulteur
a slaughterhouse : un abattoir
all-organic (adjectif) : tout-bio, 100 % bio
a shepherd : un berger
a sheep / sheep (inv.) : un mouton / des moutons
a wolf : un loup
a cereal grower : un céréalier
irrigation, draining : l'irrigation
a (combine) harvester : une moissonneuse (-batteuse)
dry land, wasteland : une / la / les terre(s) aride(s)
a seasonal worker : un saisonnier
to fallow, a fallow (nom, adjectif) : mettre en jachère, terre en jachère, en jachère
a fertiliser, pesticide : un engrais, pesticide
a beehive : une ruche
a soil : un sol, une terre (cultivable)
a farming region / area : une région agricole
the Common Agricultural Policy : la Politique agricole commune
soil erosion : le ravinement, l'érosion des sols
a factory farm : une ferme industrielle

animal welfare : la protection, le bien-être des animaux
beef : le (la viande de) bœuf
poultry : la volaille
a farmhand, farmworker : un ouvrier agricole
to pick : ramasser, cueillir
fruit (inv.) : les / des fruits
to milk : traire
to work the land : travailler la terre

Corrigés des applications

1. Exercice lacunaire

1. b. That est ici un pronom suivi de **of** et en position anaphorique (il reprend job); il est défini par of growing crop.

2. c. La phrase est au présent. Il faut donc opter pour l'adjectif démonstratif (au pluriel) qui évoque la proximité temporelle.

3. d. Les propriétaires terriens auxquels il est fait référence sont inconnus du locuteur, et hors situation.

4. a. Comme pour la phrase 2, il s'agit de présent/d'avenir. **That** aurait renvoyé à un mardi passé.

5. b. L'intensification revêt un caractère négatif et fait référence à un événement déjà repéré par le locuteur.

6. c. et **d.** On aurait pu avoir **the/the** également, ce qui consisterait en un repérage neutre, purement factuel. **This** montre que le viticulteur est encore à l'esprit et on en dit du bien. **Those** exprime la distance dans le temps, dans l'espace mais aussi la distance affective.

7. a. Il semblerait que le locuteur ait les chiffres sous les yeux puisqu'il les montre à son interlocuteur. Qui plus est, ceux-ci sont encourageants.

8. d. Même cas que dans la phrase 6, mais au pluriel.

9. b. L'événement est lointain et le souvenir semble vague et distant.

10. b. On fait référence à un moment passé. Il y a une forme d'insistance et de répétition. **The** aurait été possible, mais il aurait été plus neutre, comme si on l'annonçait pour la première fois.

2. Phrases de thème

1. Cereal growers are **those** who sustain most [suffer most from] market volatility. [Those est pronom et est suivi de who. Il a une valeur anaphorique (qui renvoie à ce qui précède) et cataphorique (qui annule l'idée qu'il puisse en être autrement) et est défini par who suffer/sustain.]

2. This new irrigation system we're developing [installing] is far from being unanimously accepted. [Il s'agit d'un système qui est en construction que l'on distingue d'autres projets en marquant sa proximité contextuelle et temporelle.]

3. Well, I've never seen a harvester **this/that** impressive. [En position d'intensificateur équivalant à so, les deux sont possibles hors contexte précis. La moissonneuse peut être proche ou loin, ou générer peur, admiration, etc.]

4. These dry lands look harder to rehabilitate than **those** back in Notting Gulch [we saw in Notting Gulch the other day]. [These porte sur ces terres qui sont sous les yeux du locuteur, those à d'autres éloignées dans le temps et l'espace.]

5. Seasonal workers are not **that** numerous **this** year. [There are not **that** many farmhands this year.] [Les chiffres sont connus et visiblement font référence à des attentes anticipées et finalement déçues. C'est ce que véhicule That. This marque le temps présent quand il précède jours, mois et années.]

6. The predicament of the farmers who produce at a loss is much more of a concern than **that** of (livestock) breeders suffering (from) [hit by] adverse weather conditions. [That est ici un pronom suivi de of et en position anaphorique (il reprend predicament), et est défini par of livestock breeders.]

7. Those who will fallow one third of their land(s) [leave one third of their land(s) fallow] are to be paid compensation. [Voir la phrase 1 ci-dessus]

8. All **those** fertilisers (that are) harmful to [bad for] the environment ought to [should] be banned. [On fait référence à des pesticides et engrais en général, qui sont plus ou moins connus de tous. Leur caractère nocif ajoute au sentiment de « distance ».]

9. Obviously [at first sight], **these** beehives caught fire in a blink of an eye [in no time] on such dry land. [Visiblement, l'apiculteur vient constater les dégâts et parle des ruches qu'il a sous les yeux. D'autres ont pu mettre plus de temps à brûler.]

10. After the Brexit vote, **those** economically depressed farming areas are bemoaning the loss of their CAP subsidies. [Voir la phrase 8 ci-dessus]. On fait référence à des régions bien connues dans leur ensemble, sans que le locuteur ne veuille les distinguer d'autres en particulier.]

3. Version

(1) « **les** » : traduction minimale de l'article qui calque l'anglais. Il est défini par le complément du nom qui suit. **(2)** « **cette** » : this fait sans doute référence à une technologie dont on est en train de parler. **(3)** « **ceux … qui** » : those est ici pronom en position cataphorique (qui annonce) et est défini par la relative introduite par who. **(4)** « n'ont pas une conscience écologique **si** développée **que ça** » : that est équivalent à so et ajoute un sentiment de désapprobation, voire d'exagération. **(5)** « **ces/ces … là** » : those reprend des élevages/fermes industriel(le)s qui sont connu(e)s et qui véhiculent une image négative. Le français se contentera de « cette », confirmant que l'anglais est plus précis en l'occurrence. **(6)** « **cette (autre)** » : this annonce probablement la question suivante. C'est celle dont on va parler. Comme dans l'énoncé précédent, l'anglais fournit davantage d'informations. **(7)** « **ces** » : le cas est similaire à l'exemple ci-dessus, mais il y a plusieurs sujets en débat. **(8)** « **celui** » : that est ici pronom suivi de of et en position anaphorique (il reprend issues), et est défini par of hormones.

4. Thème suivi

Too many farmhands [farm workers] live in precarious conditions **these (1)** days and can't possibly afford [aspire to] **that (2)** lifestyle they are entitled to. Spending whole days **now** picking [Ø] fruit, **now** milking Ø cows [picking **this/that** fruit **here**, and milking **those (3)** cows **there**] is nothing **that (4)** enviable. And it's definitely **those (5)** who take care of [who breed] animals that suffer (the) most. In **this (6)** day and age of unfettered competition and profit maximisation, working the land or breeding cattle is no longer profitable enough for **those (7)** day workers whose interests nobody will stand up for while they serve **those (8)** of their employers [serve their employers'].

(1) Le démonstratif marque le moment en cours ou à venir. **(2)** Il fait référence à un mode de vie connu, reconnu et inaccessible en l'occurrence. **(3)** L'usage de this et that dans cette phrase ne semble pas très idiomatique car les deux activités sont en fait à mettre sur le même plan et l'on sent bien que la phrase est plus proche de « tantôt ils …, tantôt ils … » ou « certains font ça, quand d'autres font autre chose ». Une approche de simultanéité (now) ou spatiale (here and there) est sans doute préférable. **(4)** That est l'équivalent de so et sous-entend un jugement évident, voire ironique. **(5)** Il s'agit d'un pronom à valeur cataphorique défini par la relative who take care … **(6)** This day and age équivaut à these days. **(7)** Those véhicule un sentiment de distance, de rejet ou de dédain dans l'inconscient collectif – plus dans la bouche du locuteur, semble-t-il. **(8)** Il s'agit ici d'un pronom à valeur anaphorique reprenant interests et défini par of their employers. Le recours au génitif [their employers'] peut faire référence à des intérêts en particulier qui diffèrent selon les employers. Those insiste davantage sur le statut de patron en général.

6. Les possessifs

Thème : **Advertising**

Ce qu'il faut savoir

1. Déterminants possessifs et pronoms possessifs

Les possessifs expriment un rapport de possession ou d'appartenance. On distingue :

- les **déterminants possessifs** (souvent appelés **adjectifs possessifs**) : ils sont placés devant le nom, comme n'importe quel déterminant, tel que the. En anglais, le déterminant possessif s'accorde en genre avec le possesseur, à la différence du français où il s'accorde en genre avec l'objet possédé : **Her** message was clear. (**Son** message [nom masculin] était clair.)
- les **pronoms possessifs** : ils remplacent tout le groupe nominal, se construisent sans article défini à la différence du français (**le** tien, **le** mien…), et ne varient ni en genre ni en nombre : I have no sponsors. Can I contact **yours**?

Le tableau ci-dessous permet de distinguer ces deux catégories et indique, pour rappel, les pronoms personnels sujets et objets correspondants :

Pronoms personnels sujets	Pronoms personnels compléments	Déterminants possessifs	Pronoms possessifs	Pronoms personnels réfléchis
I	me	my	mine	myself
you	you	your	yours	yourself
he / she / it	him / her / it	his / her / its	his / hers	himself / herself / itself
we	us	our	ours	ourselves
you	you	your	yours	yourselves
they	them	their	theirs	themselves

Il convient de ne pas les confondre avec les pronoms suivants :

- pronoms réciproques : each other, one another. Obviously, the two slogans contradict **each other**. (À l'évidence, ces deux slogans **se** contredisent.)
- pronom réfléchi indéfini : oneself. Today Social networks represent a means of promoting **oneself**. (Les réseaux sociaux représentent un moyen de **se** faire de la promotion.)

2. Quelques règles d'emploi

▶ Les **déterminants possessifs** sont utilisés devant les parties du corps en anglais, là où le français utilise les articles définis « le », « la » ou « les » : She was trying to entice the audience to purchase the brand new e-cigarette designed by the company, with a regular cigarette in **her** mouth.

Par ailleurs, la règle dite du **pluriel idiomatique** s'applique en anglais en présence de plusieurs possesseurs et objets possédés : Raise **your hands** if **your commercials** can be released. (Levez la main si votre spot publicitaire peut être rendu public.)

On renvoie également au neutre et à l'indéfini en utilisant des pronoms et/ou déterminants à la 3e personne du pluriel : **Everyone** has **their** own opinion on the topic. (Tout le monde a **son** propre avis sur le sujet.)

A consumer is always willing to protect **their** rights. (Un consommateur est toujours désireux de protéger **ses** droits.)

▶ Outre les emplois comparables au français, les **pronoms possessifs** sont utilisés dans des expressions construites sur le schéma **a / no / this / that** + **nom** + **of** + **pronom possessif** : **A** friend of **theirs** said he was good at identifying deceptive advertising. (= **Un** de **leurs** amis a dit qu'il pouvait facilement déceler la publicité mensongère.)

It is **that** printer of **yours** that's acting up again. (ici, cette construction ajoute une prise de distance, mais la connotation peut être de l'ironie, de l'agacement, de l'amusement, etc.)

Applications

1. Exercice lacunaire

Choisissez la ou les réponses qui conviennent parmi celles proposées.

1. The ability to laugh at … is a quality that is sought-after by recruiters in the field of advertising.
a. theirs **b.** us **c.** oneself **d.** oneselves

2. Do you think these two advertising campaigns complement ……?
a. themselves **b.** each other **c.** them **d.** oneself

3. That advertiser is ……… .
a. no friend of mine **b.** no friend of myself **c.** no friend of my **d.** no friend of us

4. Soft-sell advertising is not what my agency is specialised in but … is.
a. her **b.** it **c.** she **d.** theirs

5. It is that advertising blitz of … that is driving the boss crazy. He hates having competitors!
a. them **b.** themselves **c.** theirs **d.** they

6. John is … advertising executive …… .
a. an / of mine **b.** no / of myself **c.** an / of myself **d.** not / of mine

7. This ad has a dog as … main protagonist.
a. his **b.** her **c.** its **d.** their

8. Their new recruit is a former colleague of … .
a. ourselves **b.** ours **c.** our **d.** us

9. It seems that someone has done … best to thwart their plan.
a. their **b.** her **c.** theirs **d.** his

10. They have tried to mislead customers in order to boost … sales.
a. their **b.** them **c.** theirs **d.** they

2. Phrases de thème

Traduisez les phrases suivantes en anglais.

1. Son agence de publicité est très connue à travers l'Europe bien qu'elle ne fasse rien pour en vanter **les** mérites.

2. Tout le monde devrait avoir **son** mot à dire quand il s'agit de trouver des idées pour promouvoir un produit.
3. Leur satané panneau publicitaire va finir par faire fuir les clients.
4. Chaque équipe a dû écrire **son** slogan en majuscules pour attirer l'attention de la foule.
5. De nos jours, beaucoup d'accroches publicitaires sont sans relief et passent inaperçues, ce qui n'est pas le cas de **la sienne** !
6. Nike, avec l'air accrocheur de **son** spot radio, va sans aucun doute inciter les consommateurs à acheter ses produits.
7. Elles avaient **les** mains dans **les** poches, alors qu'elles devaient distribuer des prospectus aux visiteurs.
8. Nos produits sont déjà exposés, mais il faut trouver un design qui accroche davantage l'œil.
9. Pousser les consommateurs à l'achat en les conditionnant est une de **leurs** méthodes.
10. Chaque acheteur a le droit de savoir de quoi sont faits **ses** produits.

3. Version

Traduisez le texte suivant en français.

Many companies seek to revamp **their (1)** advertising strategies in an effort to remain competitive and boost **their (2)** revenues. Twitter is one of them. Despite **its (3)** increased visibility thanks to former President Trump heavily resorting to the social media platform, the network provider has seen **its (4)** shares fall by 12%. It has failed to capitalise on **its (5)** growing popularity. Despite **its (6)** user base having tremendously expanded at the end of last year, partly due to the US elections, **its (7)** revenue only increased by 1%. As analyst Peter Stabler stated, every literate person has already heard of Twitter but they are not interested in using it on a regular basis and not likely to change **their** minds **(8)**.

4. Thème suivi

Traduisez le texte suivant en anglais.

C'est une de **leurs (1)** habitudes : les publicités provocatrices. Conçues par Fabrica, **leur (2)** centre de recherche sur la communication, les campagnes publicitaires de Benetton ont choqué **ses (3)** clients, et pas seulement eux. On se souvient que l'entreprise italienne avait même dû retirer la photo mettant en scène le pape Benoît XVI embrassant un imam sur les lèvres, après les plaintes du Vatican la jugeant irrespectueuse. L'objectif de certaines publicités n'est pas toujours décelable, mais **le leur (4)** l'était : faire passer un message d'espoir et de réconciliation. Le consommateur sait que les marques cherchent **son (5)** approbation. En tout cas, la marque a attiré l'attention sur elle et la campagne elle-même a obtenu l'attention qu'elle recherchait.

Vocabulaire. Thème : Advertising

to entice s.o. to do sth : inciter qqn à faire qqch
the audience : le public
brand new : tout neuf
a commercial : un spot publicitaire
to release : publier

deceptive advertising : la publicité mensongère
to act up : faire des siennes
sought-after : recherché
an advertising campaign : une campagne publicitaire
an advertiser : un annonceur publicitaire
soft-sell advertising : la publicité non agressive
an advertising blitz : un matraquage publicitaire
an advertising executive : un publicitaire
an advertisement / advert / ad : une publicité / pub
to thwart sth : contrecarrer qqch
to mislead s.o. : tromper, induire en erreur
a customer : un client
to boost sales : doper, stimuler les ventes

Corrigés des applications

1. Exercice lacunaire

1. c. Oneself est le pronom réfléchi indéfini. Il est utilisé exclusivement pour les animés et est toujours au singulier. Self renvoie à soi.

2. b. Le pronom réciproque correspond à l'expression « l'un l'autre » ou « réciproquement » en français, à ne pas confondre avec le pronom réfléchi themselves qui signifierait ici « elles-mêmes ».

3. a. Nous repérons la construction no + nom + of + pronom possessif, mine. Elle trahit un jugement négatif.

4. d. La présence de be en fin de phrase indique qu'il manque un sujet, ce qui exclut her. It et she sont grammaticalement possibles, mais cela ne veut rien dire ici, sauf si l'on suppose en contexte que she renvoie à une personne déjà mentionnée précédemment. Pronom possessif, theirs (= la leur) renvoie donc au nom advertising agency.

5. c. La construction that + nom + of + pronom possessif véhicule l'idée de rejet, un jugement négatif.

6. a. Traduction de l'expression « un de mes + nom » : one of my + nom ou a + nom + of + pronom possessif.

7. c. Il manque un déterminant possessif. Le possesseur est ici un neutre inanimé (this ad), ni un homme ni une femme, ce qui exclut his et her. Their n'est pas possible non plus car il ne s'agit ni d'un pluriel, ni d'un indéfini renvoyant à une personne. Le déterminant possessif manquant est donc le neutre its.

8. b. L'expression « un de nos anciens collègues » peut être traduite de deux façons en anglais : one of our former colleagues ou a former colleague of ours, selon la construction a + (adjectif) + nom + of + pronom possessif.

9. a. L'indéfini (someone ici) est toujours repris par un pronom possessif ou un déterminant possessif à la 3e personne du pluriel. Ici, c'est le déterminant their.

10. a. La présence du nom sales indique qu'il manque un déterminant. Seul their , parmi les propositions, en est un.

2. Phrases de thème

1. Her advertising agency is very well-known across Europe although she does not do anything to boast **its** merits. [Her est un déterminant possessif, qui s'accorde en genre avec le possesseur, que l'on sait être une fille à la lecture de la fin de la phrase. Its est un déterminant possessif neutre renvoyant à advertising agency.]

2. Everyone should have **their** say when it comes to finding ideas to promote a product. [Les indéfinis comme everyone sont repris par des pronoms ou des déterminants à la 3e personne du pluriel.]

3. That billboard [hoarding] of **theirs** will end up scaring customers [will eventually scare customers] away. [La construction that + nom + of + pronom possessif exprime un jugement négatif ici.]

4. Each team had to write down **their** slogans in capital letters to attract the attention of the crowd. [Pluriel idiomatique : chaque équipe a son propre slogan, l'anglais l'exprime en utilisant un possessif au pluriel.]

5. Nowadays many catchwords are bland and go unnoticed, which is not the case for **his** [**hers**]! [Pronom possessif à la 3e personne du singulier = le sien / la sienne.]

6. With **its** catchy tune, Nike will doubtlessly entice consumers to buy **its** products. [Dans les deux cas, its est un déterminant possessif neutre car le possesseur est un inanimé : la marque Nike.]

7. They had **their** hands in **their** pockets while they were supposed to hand out leaflets to visitors. [L'anglais emploie un déterminant possessif devant les parties du corps, le français recourt à un article défini.]

8. Our products are already on display but we need to find a design that is more eye-catching. [Déterminant possessif à la 1re personne du pluriel]

9. Brainwashing customers into buying is a method [technique] of **theirs**. [construction a + nom + of + pronom possessif, exprime ici une prise de distance critique.]

10. Every buyer has a right to know what **their** products are made of. [Voir la phrase 4 ci-dessus]

3. Version

(1) « **repenser leur stratégie publicitaire** » : traduction du pluriel idiomatique anglais par un singulier car chaque entreprise a sa stratégie. **(2)** « **d'augmenter leurs revenus** » : le pluriel est companies. **(3)** « **sa visibilité accrue** » : its renvoie à Twitter, qui est un inanimé ; on utilise « sa » en français car il y a accord en genre et nombre avec le nom qui suit. **(4)** « **a vu ses actions chuter de 12 %** » : le possesseur est the network provider qui renvoie lui-même à Twitter. ; on utilise « ses » en français car il y a accord en genre et nombre avec le nom qui suit. **(5)** « **sa popularité grandissante** » : voir l'explication de l'item 4. **(6)** « **sa base d'utilisateurs** » : voir l'explication de l'item 4. **(7)** « **ses revenus n'ont augmenté que de 1 %** » : voir l'explication de l'item 4. **(8)** « **toute personne instruite a déjà entendu parler de Twitter, mais n'est pas désireuse de l'utiliser régulièrement ni susceptible de changer d'avis** » : every literate person est repris par le pronom sujet they et le possessif their et on utilise un pluriel idiomatique car chaque personne a un avis propre.

4. Thème suivi

Provocative advertising is [advertisements are] one of **their (1)** habits [a habit of **theirs (1)**]. Conceived by Fabrica, **their (2)** communications research center, Benetton's advertising campaigns have shocked **their (3)** customers, but not only them [but they are not the only ones]. We still remember that the Italian firm had even had to withdraw the photograph featuring Pope Benedict XVI kissing an Imam on the lips, after the Vatican complained it was disrespectful. The aim of some ads is not always perceptible but **theirs (4)** was: it was aimed at conveying a message of hope and reconciliation. Consumers know [The consumer knows] that brands seek **their (5)** approval. At any rate, the brand drew attention to itself and the ad campaign itself got the attention it aimed for.

(1) On a deux propositions de traduction, la seconde marquant davantage une prise de distance, et donc éventuellement un jugement. Notez que l'on parle ici des habitudes de Benetton mais, comme il est plutôt fait référence à la marque en tant que groupe composé d'individus, le déterminant/pronom employé est their ou theirs. **(2)** Déterminant possessif à la 3e personne du pluriel car, ici aussi, le possesseur est Benetton mais il renvoie à un groupe d'individus. **(3)** Voir l'explication précédente. **(4)** Pronom possessif à la 3e personne du pluriel, qui renvoie à the aim of some ads. **(5)** Que l'on choisisse de traduire « le consommateur » par l'expression de la généralité Ø + pluriel (les consommateurs en général) ou par le singulier générique (le consommateur type), on utilise un déterminant possessif au pluriel car on renvoie soit à un pluriel (consumers), soit à un neutre, c'est-à-dire à une personne dont le genre peut être masculin ou féminin. Notez qu'il n'y a pas de pluriel idiomatique possible ici car approval est un indénombrable au singulier et ne peut donc être mis au pluriel.]

FICHE DE GRAMMAIRE

7. Le complément du nom

Thème : **Consumption**

Ce qu'il faut savoir

Le complément du nom peut prendre trois formes différentes en anglais :

- **N of N** (noun of noun) : The **chairman <u>of</u> the company** is the leader of the board of directors.
- **N's N** (le génitif) : I find **Tesco<u>'s</u> advertising** campaign quite effective.
- **N-N** (mot composé), où le premier nom a la fonction d'adjectif épithète : A customer mistook me for the **shop-assistant**.

1. La structure N of N

a. Construction

En anglais, cette structure n'est pas aussi souple que dans notre langue. Il convient donc de la réserver à certains usages que nous allons présenter ci-dessous. Notez aussi que la préposition of n'est pas accentuée dans la phrase et que, phonétiquement, elle se prononce [əv].

b. Emplois

▶ On utilise la structure N of N dans le cas d'une mise en relation nouvelle ou « première » :

He announced the **name <u>of</u> the new sales manager**.

On comprend qu'il y a une mise en relation nouvelle entre the name et the new sales manager (qui vient expliciter le premier nom commun et entretient avec lui une relation d'identité). On ne connaissait donc pas ce nom avant qu'il ne soit annoncé.

Avec un génitif (He announced the sales manager**'s** name.), on pourrait comprendre que le directeur des ventes est déjà connu de tous. Son nom est une information **qui n'est pas mise en relief** comme dans l'exemple précédent.

▶ On l'utilise dans le cas d'une mise en relation « inattendue » :

She was at the hairdresser's when she heard of the **death <u>of</u> the Princess of Wales**.

C'est parce qu'elle est inattendue que l'information the death of the Princess of Wales est positionnée en fin d'énoncé. Mais, en 1997, quelques jours après l'annonce du décès de Lady Diana, la presse titrait : « Diana**'s** death ». L'effet d'annonce est alors perdu et l'on énonce un fait désormais connu de tous.

▶ On l'utilise pour une mise en relation dite « refusée » (**a**) ou considérée comme hypothétique (**b**) :

a. If you have a shortage of clients, it can't be the **fault <u>of</u> the market** only.

b. She wears designer clothes! I'm sure she is well-off, perhaps the **daughter <u>of</u> a big boss**.

▶ La structure NofN s'impose quand la longueur du groupe nominal rend impossible le recours au génitif :

Retailers try to meet the **demands <u>of</u> the shoppers living in the area**. (* Retailers try to meet the shoppers living in the area's demands.)

▶ On l'utilise lorsque l'on fait référence à des titres et fonctions honorifiques ou à des institutions : the **Queen of England** / the **House of Representatives**.

▶ Cette structure est obligatoire avec les adjectifs substantivés (renvoyant à une catégorie ou un groupe d'individus) :

the **life of the rich and famous** (* the rich and famous's life)

2. Le génitif : N2's N1

Il existe un lien de possession ou de relation intime entre **N1** et **N2** :

The **butcher's shop** is round the corner (= the butcher **has** a shop).

a. Construction

▶ Il n'y a pas d'article devant le complément antéposé quand celui-ci est un nom propre :

I love **Ø** Jenny's brand new dress. She got it in a sale!

▶ Quand ce complément est au pluriel, « 's » perd son « s », sauf si ce pluriel est irrégulier et ne prend pas de « s » final :

Have you seen my parent**s'** latest purchase?

Have you taken a look at the **children's** back-to-school supply list by any chance?

▶ Si le complément est un nom propre se terminant par un « s », deux possibilités s'offrent à vous :

Jame**s's** shopping spree **ou** Jame**s'** shopping spree.

▶ Si le complément est un nom commun au singulier se terminant par un « s », vous n'aurez d'autre choix que de l'assortir d'un « 's » :

The Prime Minister wishes to increase the working clas**s's** purchasing power.

▶ Avec plusieurs compléments reliés par une conjonction de coordination, il existe deux cas de figure :

Sam and Tina**'s** friends are shopaholics. (Sam et Tina ont les mêmes amis.)

Sam**'s** and Tina**'s** friends are shopaholics. (Tina et Sam n'ont pas les mêmes amis.)

b. Emplois

▶ Avec le génitif déterminatif, il existe une relation de possession ou un lien intime entre N2 et N1 :

my parents' brand new car.

Il s'agit d'un génitif déterminatif car my parents' pourrait être remplacé par les déterminants a ou the. My porte sur parents et non sur brand new, comme l'indique la manipulation suivante : [my parents] have [a brand new car].

▶ On l'emploie avec des compléments animés et inanimés :

Rihanna**'s** afternoon shopping was ruined by paparazzi. (Rihanna : complément animé humain)

My lapdog**'s** new collar is made of real leather. (my lapdog : complément animé non humain)

Dans les exemples, the windows **of** the shop **ou** the shop-windows, on a des compléments inanimés : il est plus usuel de recourir à une structure N of N ou à un mot composé (N-N),

même si l'on rencontre souvent des compléments inanimés assortis de « 's » : the shop**'s** neon sign. Notons que N of N et N-N n'ont pas le même sens :
the windows **of** the shop (= les fenêtres du magasin) ; the shop**-**windows (= les vitrines).

▶ On l'utilise pour les lieux et institutions liés à une activité humaine :
The city**'s** largest shopping mall **ou** the largest shopping mall **in** the city (* of the city).

▶ Le génitif peut avoir une valeur temporelle :
Today**'s** consumer society ; there was a twenty minute**s'** queue into the footwear shop ; ten day**s'** sales, etc.

▶ Dans certains cas de génitifs sous la forme N2's N1, le nom principal, N1, peut s'effacer :
I prefer your taste to Stephen**'s**! (Le mot taste a été effacé pour éviter la répétition car il y a identité entre N1 et le nom taste utilisé précédemment. I prefer your taste to Stephen's **taste**! serait lourd).
I first went to the florist**'s**. (Le mot shop que l'on s'attendrait à trouver après florist's est tellement évident qu'il peut – et sera toujours – omis. Les Américains, face à tant d'évidence, iront jusqu'à supprimer « 's » : I went to the florist.)

▶ Le génitif s'emploie avec les pronoms en –one, –body et –else, ainsi qu'avec les pronoms réciproques (each other et one another) :
I inadvertedly took someone else**'s** trolley.
They compared each other**'s** clothes after going round the sales.

▶ Dans les structures partitives, qui répondent au schéma quantité + of + déterminant + nom, contenant un génitif, l'énonciateur a le choix entre deux constructions :
I went window-shopping **with one of my brother<u>'s</u> friends**.
ou I went window-shopping **with a friend of my brother<u>'s</u>**.

▶ Dans le schéma N2's N1, le nom N1 peut être un gérondif [V–ing] en langue soignée :
I don't question the shop assistant**'s being right** (= le fait qu'il ait raison). Red is definitely the colour that suits you best!

3. Le complément du nom de type N2-N1 ou « nom composé »

a. Construction

Le nom composé désigne un type, une catégorie : a carkey et a housekey désignent des types de clés dans la classe, plus large, des clés.

▶ Le premier nom, N2, a une valeur adjectivale ; il est donc invariable : a sandwich bar et non * a sandwiches bar.

▶ Les mots composés N2-N1 n'ont pas toujours le même sens que les compléments de type N1 of N2 :
You can't drink wine out if **a beer glass.** (un verre à bière)
I'll have **a glass of beer**! (un verre de bière)

▶ Pour ce qui est de la prononciation et de l'accentuation, dans la plupart des noms composés, c'est N2 qui porte l'accent principal : a **beer**-glass, a **hair**dresser. A seller of books (N of N, où les deux noms sont accentués) pourra aussi se dire a **book**seller.

b. Emplois

- N2 peut apporter une indication temporelle (durée, horaire, moment de la journée, etc.) :

  The department store is **a forty-minute walk** away from home but if you take **the 10:30 bus**, you'll get there in no time! (forty-minute ne prend pas de « s » final car il a une valeur adjectivale)

  M&S has announced new opening hours so everyone can do **late-night shopping**.

- N2 peut préciser une distance :

  I won't take **a five-kilometer walk** just to go to Walmart!

On dira aussi : a forty minute**s'** walk ou after ten year**s'** absence. On notera cependant que le génitif n'est possible que pour une mesure de **temps** ou de **distance**. Si a £10 note est possible, on ne peut dire * a £10's note.

- N2 peut préciser la fonction de N1 : a **car dealer** = a dealer of cars.
- N2 peut aussi indiquer la matière de N1 : a **cardboard** box = a box made of cardboard.
- N2 peut être un complément de manière :

  I bought it by **mail order**. (it was ordered by mail)

- N2 peut donner une indication spatiale, géographique : a **table talk** on VAT = a talk at table.

Applications

1. Exercice lacunaire

Choisissez la ou les réponses qui conviennent parmi celles proposées.

1. Few products have .... anywhere near as strong as Ralph Lauren.
a. a brand's image **b.** an image of brand **c.** a brand image **d.** brands' images

2. He was sent to court because he had shoplifted a .... from a pawnbroker.
a. £2,000 watch **b.** £2,000 worth watch **c.** £2,000's watch **d.** watch worth £2,000

3. Revenue from brown goods increased by 10% over ....
a. six months period **b.** a six-month period **c.** a six months' period **d.** six months

4. We invited .... friends to discuss politics and we ended up talking shop.
a. James' and Sarah's **b.** James and Sarah's **c.** James's and Sarah's
d. the James and Sarah's

5. No, he can't be ....! He won't take care of the American families living below the poverty line.
a. the United States' next President **b.** the next President of the United States
c. the United States's next President **d.** the next US President

6. .... had to get money from a loan shark, or he was on the street.
a. The uncle of the sister of the brother of the owner of the company
b. The owner of the company's brother's sister's uncle
c. The uncle of the sister of the company's owner's brother
d. Les réponses **a.**, **b.** et **c.** sont possibles.

7. They have to take out a bridging loan until they can sell …………………… .
a. their London's house **b.** their house of London **c.** their London house
d. their house in London

8. ………………… said "Delicious" is the ultimate one-stop shop for veg food products in Chicago.
a. A friend of Debbie's **b.** A Debbie's friend **c.** One of the friends of Debbie
d. One of Debbie's friends

9. She is so stressed out with that loan she's still paying off to get out of debt. She should go ………….. to get some help.
a. to the doctor's cabinet **b.** to the doctor **c.** to the doctor's
d. to the doctor's office

10. After ………………… shopping around, the girls eventually found gorgeous dresses. Honestly, ……….. is the one I like best.
a. two hours' / Jill's **b.** two hours at / Jill's one **c.** two hours / Jill's dress
d. a two-hour / Jill

2. Phrases de thème

Traduisez les phrases suivantes en anglais.

1. Il était à côté de la plaque hier soir. Il a même laissé **ses clefs de voiture** dans **la boîte à gants**.
2. Il est criblé de dettes, mais il devrait avoir remboursé son **prêt immobilier** dans cinq ans.
3. La maison de mes rêves a un **toit en ardoise**, un **portail en fer forgé** et des **parterres de fleurs**.
4. À qui appartient cette tablette ? Est-ce **celle de Simon** ou **celle de sa sœur** ?
5. Le **député de Canterbury** a lancé un **vaste projet de rénovation** d'une **demeure du XVIIIe siècle**.
6. Elle a craqué pour une **montre en or** parce qu'elle pouvait échelonner le paiement **sur une période de trois mois**.
7. Quel est exactement le rôle de **la Reine d'Angleterre**, figure d'antan dans une Angleterre consumériste ?
8. Le bar vous accueille **l'après-midi pour un thé** ou, **en soirée, pour un apéritif**.
9. Les économies de M. et Mme Freal, qu'ils cachaient sous leur lit dans **une boîte en métal**, leur ont été dérobées.
10. Elle m'a fait **un chèque de 200 $**, mais la banque a refusé de me le payer.

3. Version

Traduisez le texte suivant en français.

The United States is the epitome of the modern westernised **consumer society (1)** with **its luxury cars, fast-food restaurants (2)** and its extravagant **£1,000,000 houses (3)** featured in many of **Hollywood's big-budgeted movies (4)**. **The country's economy (5)** is a reflection of **America's identity and abilities (6)**, some people assume, while others contend that this **325-million-inhabitant country (7)** should be shifting towards more sustainable lifestyle choices and consumption patterns. In addition, economists claim that

Europe's and America's living standards (8) will stagnate in the coming years. And it can't be **the fault of the crisis (9)** alone. That issue was addressed in **a two hours' debate (10)** on CBS a few weeks ago.

4. Thème suivi

Traduisez le texte suivant en anglais.

Après **une absence de deux semaines (1)**, de retour dans le **monde de la consommation (2)**, je me suis précipité dans **la petite épicerie de mon village (3)** et je me suis empressé d'acheter **des produits de grande marque (4)**. Je me suis alors demandé si je pourrais vivre **la vie de l'homme moderne (5)** sans consommer autant, sans mener **la vie d'avant (6)**, **celle de l'homme (7)** avide de technologie dernier cri, épris d'abondance et de luxe, pour revenir **aux valeurs essentielles de la vie (8)**. Si seulement **le gouverneur de l'Alaska (9)** pouvait tenir compte du **rapport fédéral de l'été 2016 (10)** qui révèle que **les dépenses des habitants de son État (11)** en matière de consommation sont anormalement élevées.

Vocabulaire. Thème : Consumption

a chairman : un directeur, un P-DG
an advertising campaign : une campagne publicitaire
a customer : un client
a shop-assistant : un vendeur
a sales manager : un directeur des ventes
a hairdresser : un coiffeur
at the hairdresser's (shop) : chez le coiffeur
a shortage of clients : une baisse de fréquentation de la clientèle
designer clothes : des vêtements de marque
to be well-off : être à l'aise financièrement
a retailer : un commerçant, un vendeur au détail
to meet s.o.'s demands : répondre aux exigences de qqn
a shopper : un client, un acheteur
a butcher : un boucher
a brand new dress : une robe toute neuve
to make a purchase : faire un achat
a shopping list : une liste de courses
a shopping spree : une frénésie d'achats, la fièvre acheteuse
a shopaholic : un acheteur compulsif
to be made of real leather : être en cuir véritable
the shop-windows : les vitrines
a neon sign : une enseigne lumineuse
a shopping mall [centre] : un centre commercial
the consumer society : la société de consommation
s.o.'s taste (for sth) : le goût de qqn (en matière de qqch)
costly : cher, onéreux
a trolley : un chariot
to go round the sales : faire les soldes
to go window-shopping : faire du lèche-vitrines
This colour suits you best! : C'est la couleur qui te va le mieux !
a department store : un grand magasin
the shop's opening hours : les heures d'ouverture du magasin
to do (late night) shopping : faire du shopping (en nocturne)
a £10 note (a $10 bill) : un billet de 10 livres (un billet de 10 dollars)
a car dealer : un vendeur de voitures

to buy sth by mail order : faire des achats par correspondance
VAT : la TVA
a brand image : une image de marque
to shoplift : voler
a shoplifter : un voleur à l'étalage
a pawnbroker : un prêteur sur gages
revenue : une recette, un chiffre d'affaires, un revenu
brown [white] goods : des biens électroniques (ordinateur, téléviseur, etc.) [électroménagers] (machine à laver, etc.)
to get money from a loan shark : emprunter de l'argent à un usurier
the ultimate one-stop shop : le magasin incontournable
to pay off a loan : rembourser un prêt
to pay back one's debts : payer des dettes
to get out of debt : acquitter des dettes
to take out a (bridging) loan : contracter un prêt (relais)
veg food products : de la nourriture végétarienne
to shop around : comparer les prix

Corrigés des applications

1. Exercice lacunaire

1. c. Il faut ici un mot composé. Il n'y a pas de rapport de possession en N1 et N2 ni de mise en relation première, donc N's N et N of N ne peuvent être retenus. Brand à une valeur qualificative qualitative et, comme un adjectif, il qualifie le nom image.

2. Trois réponses sont possibles : **a.** dans le mot composé N2-N1, N2 a une valeur adjectivale ; il est donc invariable. **b.** et **d.** sont possibles aussi. Worth, associé à une somme d'argent, peut donc être utilisé de deux manières différentes.

3. b. et **c.** Ces deux réponses ont le même sens : a Ns' N et a N-N permettent de préciser une durée ; six-month est adjectival : il est invariable.

4. a., **b.** et **c.** Les réponses **a.** et **c.** ont le même sens : James et Sarah n'ont pas les mêmes amis. En **b.**, ils ont les mêmes amis. En **d.**, il faut retirer l'article the pour que la réponse soit acceptable.

5. a., **b.** et **d.** En **a.**, avec le génitif, on fait référence à du « connu », à celui ou celle dont on sait qu'il va devoir exercer la fonction. En **b.**, c'est un cas de mise en relation dite « refusée » ; avec N of N, l'énonciateur insiste sur une impossibilité. En **c.**, –s's n'est possible qu'avec les noms propres contenant naturellement un « s ». Ici, il s'agit d'un pluriel. En **d.**, US est adjectif, remplaçable par American.

6. Si les réponses **a.**, **b.** et **c.** semblent acceptables (la réponse serait **d.**), sachez que la multiplication des of aussi bien que le recours exagéré à « 's » alourdissent un énoncé. De ce fait, la réponse **c.** est un compromis plus usuel et plus élégant.

7. c. et **d.** La réponse **c.** est un mot composé de type N-N. **d.** Il faut en effet dire their house **in** London et non * their house of London.

8. a. et **d.** Les structures sont partitives (voir le 2. b. dans « Ce qu'il faut savoir »).

9. b., **c.** et **d.** La réponse **b.** est plutôt américaine. **c.** est la version elliptique de the doctor's **office** (qui est la réponse **d.**) En **a.**, cabinet est un faux ami calqué sur le français, qui veut dire « placard ».

10. a. et **c.** En **a.**, on retrouve une structure de type N2's N1 : le nom N1 est un gérondif [V–ing] (voir cours). La réponse **c.** est possible, bien que two hours shopping ne soit pas un complément du nom, mais la version elliptique de two hours **spent** shopping. Jill's dress est accepté, mais il y a répétition du nom dresses. Les réponses **b.** et **d.** ne veulent rien dire.

2. Phrases de thème

1. He was all over the shop last night. He even left his **car keys** in the **glove box** [**glove compartment**]. [N2-N1 : mots composés. N2 apporte une précision qualitative sur N1 : le **type** de clef et le **type** de boîte. De nombreux mots composés ne sont séparés que par un blanc ; d'autres sont séparés par un trait d'union si N1 et N2 sont inséparables et forment une unité de sens.]

2. He is debt-ridden but he should have paid off his mortgage [loan] **in five years' time**. [Emploi du génitif pour indiquer une durée.]

3. My **dream house** [**The house of my dreams**] has a **slate roof**, a **wrought iron gate**, and **flowerbeds**. [On trouve ici quatre mots composés. Comme dans la phrase 1 de cet exercice, N2 apporte une précision qualitative sur N1 : le **type** de maison, la **matière** du toit ou du portail ou encore le **type** de parterre.]

4. Whose tablet is this? Is it **Simon's** or **his sister's**? [On a deux génitifs avec effacement de N1(tablet) pour éviter la répétition.]

5. The **Canterbury MP** has launched a **large-scale renovation project** of **an 18th-century mansion**. [Suite de trois mots composés construits sur le schéma N2-N1. N1 constitue le pivot de la structure et N2 lui est subordonné : Canterbury, large-scale renovation et 18th-century ont une valeur adjectivale. C'est une tendance syntaxique de l'anglais ; on ne peut calquer le français : * the MP of Canterbury ; * a project of large-scale renovation.]

6. She fell in love with a **gold watch** because the payment could be spread over **a period of three months** [over **a three-month period**] [over **a three months' period**]. [Gold watch : N2-N1 ; gold prend une valeur adjectivale et indique de quelle « matière », de quel métal, est faite la montre. Ensuite, vous trouvez trois manières d'exprimer la durée : N of N, N2-N1 et N's N.]

7. What exactly is the role of **the Queen of England**, a figure of the past in consumerist Britain? [Il est d'usage d'utiliser the N of N lorsque l'on fait référence à un titre honorifique.]

8. The bar welcomes you to have **afternoon tea** or an **evening drink**. [Mots composés [N2-N1] : ces deux noms forment ensemble un tout sémantique faisant référence à des traditions (goûter et apéritif).]

9. **Mr and Mrs Freal's savings** were stolen from under their bed where they used to hide them. [N's N : lien de possession.]

10. She wrote me out **a $200 check** [a check for $200] but it bounced. [N2-N1 : N2 est subordonné à N1 qu'il qualifie ; il est fréquent que N2 indique la *valeur* de N1 : a **one-dollar** bill.]

3. Version

(1) « la société de consommation » : en français comme en anglais, l'expression est figée, imposée par l'usage ; en anglais, il faut utiliser le mot composé consumer society. **(2)** « ses voitures de luxe, ses fast-foods » : pour « voiture de luxe », l'usage impose N de N en français et le mot composé N-N en anglais ; pour fast-foods, on a un nom composé en français, et un nom composé aussi en anglais mais fast-food conserve une valeur adjectivale. **(3)** « ses maisons tape-à-l'œil d'une valeur de **1 000 000 de dollars** » : étoffer ainsi permet de restituer le nom composé £1,000,000 houses, dans lequel £1,000,000 a une valeur adjectivale. **(4)** « des films hollywoodiens à gros budget » : l'adjectif « hollywoodiens » restitue les effets de sens du génitif Hollywood's … movies et le lien de possessivité entre N1 et N2 ; l'adjectif big-budgeted, qui constitue avec movies un mot composé, est restitué par le groupe prépositionnel complément du nom « à gros budget ». **(5)** « L'économie du pays » : N2's N1 indique le lien étroit, de possessivité, entre les deux noms, ce que conserve le français en faisant de « du pays » le complément du nom « économie ». **(6)** « de l'identité et des possibilités de l'Amérique » : traduction du génitif anglais N's N par un complément du nom en français ; pour rappel, dans N's N, les deux noms ont un rapport intime, préétabli, voire connu. **(7)** « **ce pays de 325 millions d'habitants** » : cas fréquent de N2-N1 (mot composé) ; N2 a une valeur adjectivale. Ici, il apporte une information chiffrée sur N1. **(8)** « le niveau de vie des Américains et celui des Européens » : « celui » indique que les Américains et les Européens n'ont pas le même niveau de vie ; c'est aussi pourquoi, en anglais, les compléments Europe's et America's sont tous deux assortis de « 's ». **(9)** « la faute de la crise » : le français calque la structure anglaise N of N ; voir le 1.b. dans « Ce qu'il faut savoir ». (mise en relation dite *refusée*). **(10)** « dans un débat de deux heures » : « de deux heures » traduit le génitif à valeur temporelle a **two hours'** debate.

4. Thème suivi

After **two weeks' absence** [**a two-week absence**] **(1)**, **(being) back in the consumer society (2)**, I rushed into **my village's little grocery store** [**the little grocery store <u>in</u> my village**] **(3)** and I eagerly bought **premium brand products (4)**. I then wondered if I would be able to live **a modern man's life (5)** without consuming so much, without living **my old life (6)**, **the life of** [**that of**] **a man (7)** hungry for state-of-the-art technology, seeking abundance and luxury, to return to **life's essential values (8)**. I wish **Alaska's Governor** [**the Alaska Governor**] **(9)** would take account of **the federal 2016 Summer report (10)** that found that **personal consumption spending in his state (11)** is [was] inordinately high.

(1) Génitif à valeur temporelle [two weeks'] ou mot composé de type N2-N1, où N2 a aussi une valeur temporelle (de durée). **(2)** On retrouve cette expression dans la version (voir la phrase 1 de la Version). **(3)** Recours au génitif N's N : l'épicerie est connue de tous ; il ne s'agit donc pas d'une mise en relation première. Vous pouvez aussi calquer le français en prenant soin d'écrire **in** my village et non * of my village. **(4)** Premium brand a une valeur adjectivale et forme avec products un mot composé de type N2-N1. **(5)** « 's » souligne la relation étroite entre N2 et N1. Associés, ces noms renvoient à un type de vie, **la** vie de **l'**homme moderne. **(6)** Le complément du nom ***d'avant*** est simplement traduit par un adjectif qualificatif épithète, old. **(7)** N2 of N1, où N2 peut être remplacé par le démonstratif that pour éviter la répétition de life. Deux éléments peuvent justifier le choix de N2 of N1 : **a.** l'énonciateur reprend et explicite my old life ; **b.** la longueur de N2 rend N'S N impossible. **(8)** La relation étroite, pré-existante, entre life et essential values justifie le recours à N's N : cas de mise en relation **seconde**. **(9)** Prenons cet autre exemple :

Alaska Governor Bill Walker commented on mass consumption and its aftermath.

N2 (Alaska) et N1 (Governor) entretiennent une relation si étroite qu'ils constituent à eux deux une seule et même notion. Si Alaska apporte, bien sûr, une information géographique, le mot composé N2-N1 indique essentiellement la fonction de Bill Walker, **son titre**. Quant à l'expression the Alaska Governor, sans précision du nom de la personne, elle renvoie directement à celle ou celui qui occupe le poste.

Alaska**'s** Governor a un sens assez proche de N2-N1, à ceci près qu'il s'agit d'une **mise en relation seconde** qui implique un rapport étroit, déjà explicité ou connu, entre N2 et N1. L'énonciateur ferait ici référence à la personne dont la **caractéristique** est d'avoir été élue gouverneur de l'État de l'Alaska.

Enfin, la structure N of N a toute la neutralité d'une mise en relation première telle que l'on pourrait la rencontrer dans une encyclopédie : Sarah Palin served as **governor of Alaska** from 2006 to 2009.

(10) N(-)N : federal, 2016 et summer ont une valeur adjectivale et qualifient report ; ils forment avec lui un tout indissociable. **(11)** On a déjà rencontré ce cas plus haut : le calque * of his state est impossible ; on lui préférera **in** his state.

Remarque. D'autres traductions sont possibles, mais celles retenues sont les plus usuelles et les moins lourdes. C'est le cas, par exemple, de l'item 11 qui aurait pu être traduit par l'inélégant the spending **of** the inhabitants **of** his state.

FICHE DE GRAMMAIRE

8. Les prépositions

Thème : Arts and entertainment

Ce qu'il faut savoir

1. Identification : verbe ou adjectif + complément prépositionnel

▶ Il existe, en anglais, de nombreux **verbes prépositionnels**, c'est-à-dire des verbes qui ne peuvent se construire sans préposition dès lors que l'on introduit un complément, dit « complément prépositionnel », après le verbe :

He was **looking** intently **at** the stage, **waiting for** his favourite actress to appear.

Lorsque le verbe look (dans le sens « regarder ») est assorti d'un complément, ce dernier est introduit par la préposition at qui lui est inhérente. Il en est de même pour le verbe wait, toujours suivi de la préposition for quand il est doté d'un complément.

▶ Quelques **noms**, ainsi que certains **adjectifs**, peuvent aussi être suivis d'un complément prépositionnel, comme one's interest **in** ..., one's concern **for** ..., one's love **of** ..., one's responsibility **for** ..., one's success **in**, one's dependence **on**, one's indifference **to** ..., one's independence **of** ..., etc. :

It was his brother who discovered his keen **interest in** painting even though it was not the sort of things he himself was **familiar with**.

▶ Enfin, la préposition peut être suivie d'un verbe. Dans ce cas, le verbe prend un –ing final *(dit gérondif)* :

He is **talking of signing** a juicy contract with the USA. But he won't **succeed in getting** his partners to change some of the clauses.

2. Déplacement de la préposition

Nous allons traduire la phrase « L'actrice qu'il attend est de renommée mondiale. » :

- Traduction n° 1 (partiellement calquée sur le français car, en français, contrairement à l'anglais, le verbe « attendre » n'est pas suivi d'une préposition) :

  The actress **for** whom he is waiting is world-famous.

Notez, au passage, que le pronom relatif who prend un « m » final lorsqu'il est complément. C'est notamment le cas lorsqu'il est introduit par une préposition. Nous reviendrons sur ce point dans la **fiche 20, « Les relatives »**.

- Traduction n° 2 (plus usuelle) :

  The actress **he is waiting for** is world-famous.

La préposition trouve sa place directement après le verbe. C'est aussi le cas dans cet exemple :

BAFTA nominees are voted **for** by their peers.

Comme on peut le voir dans l'exemple précédent, ce phénomène est systématique **dans le passage de la voix active à la voix passive** :

The press **has widely commented on** Ridley Scott's latest film. (voix active)

Ridley Scott's latest film **has been widely commented on**. (voix passive)

3. Quelques constructions particulières

▶ Certains verbes ne sont pas à proprement parler des verbes prépositionnels, mais ils sont néanmoins suivis d'une préposition quand on leur ajoute un complément d'objet.

Parmi eux, il existe des verbes particuliers qui peuvent être assortis de deux compléments : un complément d'objet **et** un complément prépositionnel introduit par la préposition to, tels que to lend, to give, to write, to send, to read, to grant, etc.

He **sent a letter to his father** to say he knew he would make it in the entertainment industry. (a letter : COD ; to his father : complément prépositionnel)

▶ La structure suivante est cependant tout à fait acceptable et très usuelle : He **sent his father a letter** to say he knew he would make it in the entertainment industry.

▶ Cette manipulation, en revanche, est difficilement acceptable lorsque le COD est pronominal :

He sent his father a letter. He **sent it to him** to say sorry. (It, pronom complément, reprend « a letter ».)

He sent his father a letter. * He **sent him it** to say sorry. (L'énoncé est peu usuel.)

4. Les prépositions « spatiales »

Les prépositions dites « spatiales » désignent, comme leur nom l'indique, un type de mouvement ou un état (sans mouvement donc) dans l'espace :

to	We got **to** the theatre before curtain time.	Déplacement : on vise un lieu
in/at	The opera was staged **in/at** the Scala in Milan.	Localisation sans mouvement
into	You can't get **into** the singer's dressing-room.	Mouvement : entrer
on	Artists used to travel the world **on** board ships.	Position : immobilité
onto	Fans in the pit lifted him back **onto** the stage.	Mouvement, changement de niveau (ici, du sol à la scène)
out of	She saw Lady Gaga get **out of** her private jet.	Mouvement : sortir, s'extraire
off	The King was the last character to come **off** stage.	Mouvement : quitter, descendre
along	Go **along** the Strand till you see the Savoy on your left.	Déplacement : longer, suivre
over	She sang her hit song on a platform high **over** the stage.	Couvrir, surplomber (parfois : de l'autre côté de)
across	It's a town where talent can be found **across** the street.	De l'autre côté de
through	I travelled **through** Europe and found my inspiration.	Traverser, aller de bout en bout

5. Like et as

▶ **Like**, préposition, introduit une comparaison et peut être suivi d'un nom, d'un pronom ou d'un gérondif :

She sings **like** an angel.

Be **like** him: learn how to dance to that salsa beat!

This story is so graphic! It's **like** being caught up in a game of cops and robbers!

▶ **As**, conjonction, introduit aussi une comparaison, mais elle est nécessairement suivi d'une structure verbale :

Why doesn't she go to the theatre **as** we do?

Remarque. En anglais courant, **like** tend à remplacer **as** dans ce type de structure (Go to the cinema once a week **like** we do.)

▶ Quelle différence existe-t-il entre **like** + nom et **as** + nom ?

Her voice is incredible: she sings **like** a soprano! (On la compare à une soprane.)

Her voice is incredible when she sings **as** a soprano! (« en tant que soprane », valeur qualitative : she is a soprano indeed!)

Demandez-vous pourquoi Madonna chante « **Like** a virgin, touched for the very first time », et non « **As** a virgin, touched for the very first time »...

Applications

1. Exercice lacunaire

Choisissez la ou les réponses qui conviennent parmi celles proposées.

1. You're out of work! How will you find the money to pay a professional singing teacher ... singing lessons?

a. for **b.** Ø **c.** to **d.** in

2. You should obey ... your father when he says that you won't attend ... the concert of your favourite band.

a. at / to **b.** Ø / at **c.** to / Ø **d.** Ø / Ø

3. Every artist, deep down inside, aims ... both recognition and success and dreams ... being brought into the limelight.

a. at / of **b.** Ø / to **c.** for / about **d.** at / in

4. He may be a film buff but his taste ... films always depends ... the quality of the screenplay.

a. of / of **b.** in / on **c.** in / upon **d.** for / for

5. She was searching ... a funny programme when she eventually decided to tune the TV ... a soap opera.

a. Ø / Ø **b.** for / on **c.** at / to **d.** for / to

6. Having listened ... music alone all day, he eventually agreed ... going to the theatre with friends.

a. to / to **b.** Ø / with **c.** at / in **d.** to / Ø

7. Smoking in movie theatres was commonly allowed up to the 1970s. Can you imagine a stuffy cinema room smelling ... cigarette smoke?

a. in **b.** Ø **c.** of **d.** for

8. "Summer festivals can account … a substantial proportion of a town's annual profits.", he said … the mayor.

a. in / to **b.** of / Ø **c.** for / to **d.** at / at

9. He has some talent, but he has yet to emerge. I hope … a bit of help from music producers, which is what he is actually looking … .

a. in / at **b.** Ø / on **c.** for / for **d.** Ø / into

10. I loved performing and putting on plays. That was the thing I always wished … as a kid.

a. for **b.** to **c.** Ø **d.** in

11. I once was an impersonator in a cabaret in New York and occasionally I even had to wait … tables.

a. at **b.** for **c.** Ø **d.** on

12. I need a man of skill and talent to adapt this book … a movie. And I can't think … anyone else but you!

a. for / at **b.** into / to **c.** in / about **d.** into / of

13. When she suffers … stage fright before a show, we always send … her mother. No one else can give her solace.

a. from / for **b.** Ø / Ø **c.** of / to **d.** in / out

14. You can always rely … the unfailing enthusiasm of some fans even when your show is a flop and doesn't draw people … the box-office.

a. for / from **b.** upon / at **c.** on / to **d.** on / into

15. She couldn't sing … tune, which resulted … people booing her off stage.

a. in / from **b.** in / in **c.** Ø / at **d.** a / with

2. Phrases de thème

Traduisez les phrases suivantes en anglais.

1. Ils lui ont **reproché** son manque de talent et **lui ont dit** qu'ils **se passeraient** désormais **de** lui.

2. J'ai **comparé** ce film à la pièce que j'ai vue hier et je peux t'assurer que je **préfère** la version théâtrale à la version cinématographique.

3. Je **refuse** que cet homme reçoive un prix **parce qu'il a écrit** un roman pitoyable que tout le monde, ou presque, a descendu en flammes.

4. Les seuls livres que j'ai lus sont ceux que **l'on m'a fait lire** ; je les **empruntais** toujours à la bibliothèque de l'école et m'en **séparais** ensuite sans mal.

5. Le film sera **projeté dans** une salle de concert désaffectée, dans la banlieue de Londres. Si vous **souhaitez** davantage d'informations, merci de nous contacter.

6. Il faut **se méfier des** choix du gouvernement qui **visent à** réduire le financement des lieux de divertissement. Les réductions budgétaires ne sont pas la seule **solution au** problème !

7. Il **m'a regardé** droit **dans** les yeux et **m'a dit** : « Je **tiens à** toi, mais je ne veux plus écouter tes conseils. C'est du théâtre que je veux faire et rien d'autre ! »

8. On **a sillonné** la ville ensemble à la recherche de places pour le concert de Justin Timberlake. Je vais **continuer à** chercher !

9. Je voudrais **aller à** Hollywood et **postuler** ce poste **de** metteur en scène, mais ils **demandent de** nombreuses références.
10. Il m'**a rappelé** l'époque où nous faisions des tournées dans le monde entier. Nous **avons** vraiment **tiré profit de** cette expérience !

3. Version

Traduisez le texte suivant en français.

The budget reductions for the arts (1) amount to several million dollars across the US being transferred to other fields (2), which **will inevitably result in fewer grants (3) provided to students to attend art schools (4)** and **a further reduction in the workforce (5)** pursuing careers in performing arts companies and fine arts institutions. **To justify (6)** their action, **the Federal government told the press (7) that these students benefit from (8)** high-quality teaching **resulting from (9)** the implementation of costly practices **in schools (10)**. The thing is that the State is **suspected of applying censorship to artists (11)** that **object to complying with (12)** a strict moral code of conduct **borrowed from (13)** the Christian Right. **Do we have to remind them of the role of artists (14)** in society? The arts **are a way of confronting (15)** social or political issues **through (16)** criticism of the world as it is. **It is a way of having us dream about the society (17)** we would like **to live in (18)**. Have **these women and men in power (19)** already **experienced the pleasure of seeing (20) a play by Shakespeare (21)**?

4. Thème suivi

Traduisez le texte suivant en anglais.

Trop **absorbé par (1)** son livre, il n'avait pas vu le temps passer. Il savait qu'il allait devoir **s'excuser pour son retard (2)** encore une fois et qu'il n'était pas **doué en (3)** excuses. Elle l'avait pourtant **supplié de** sortir **(4)** avec elle un de ces soirs car il y avait un film qu'elle **mourrait d'envie de voir (5) au** Savoy **(6) à** Nottingham **(7)**, mais elle savait aussi que ce n'était pas **quelqu'un sur qui compter (8)**. Il **remit le livre à sa place sur l'étagère (9)** et **sortit à la hâte (10)**. Allaient-ils **se quereller à propos de (11)** son **manque de (12)** ponctualité habituel ? **S'était-elle enfin habituée à (13)** ce qui n'était qu'une petite maladresse ? Il **craignait (14)** quand même ses réactions. Malgré tout, il **se préparait à passer une soirée amusante (15)** avec une amie, **au (16)** cinéma et ensuite **devant (17)** un verre ou deux **en** ville **(18)**. Elle **pouvait analyser (19)** les films avec recul, surtout les films réalistes qu'elle **aimait (20)** plus que tout, tout **comme (21)** lui.

Vocabulaire. Thème : Arts and entertainment

a stage : une scène
to go on [come off] stage : monter sur [sortir de] scène
an actor, an actress : un acteur, une actrice
to have a keen interest in painting : être un grand amateur de peinture
to sign a juicy contract : signer un contrat juteux

his latest film : son tout dernier film
the film was released in cinemas : le film est sorti dans les salles de cinéma
the film was shown [screened]… : le film a été projeté…
to make it in the movie industry : percer dans le cinéma
curtain time : la levée du rideau
a performance : une représentation
to stage a play : mettre en scène une pièce de théâtre
a dressing-room : une loge (d'artiste)
to travel the world on board a ship : voyager dans le monde entier à bord d'un navire
a character : un personnage (de roman, de film…)
to have talent, to be talented : avoir du talent
to find (one's) inspiration : trouver l'inspiration
to draw one's inspiration from : s'inspirer de
to take singing lessons : prendre des cours de chant
to attend (a concert, a play…) : assister à (un concert, une pièce…)
a band : un groupe (de musiciens)
to be in the limelight : être sous le feu des projecteurs
to keep out of the limelight : rester discret
a film buff : un passionné de cinéma
one's taste in films : ses goûts cinématographiques
a screenplay : un script (de film)
a (TV) programme (UK) / program (US) : une émission (de télévision)
to tune the TV [radio] to … (a channel, a station) : régler la télé [radio] sur … (une chaîne, une station)
to go to the theatre : aller au théâtre
he has yet to emerge : il n'a pas encore percé
a producer : un producteur
to perform (a part) : interpréter un rôle
to perform on the violin : jouer du [un morceau de] violon
to perform : donner une représentation
he performed as Othello : il a interprété le rôle d'Othello
to put on (a play, a film, a show…) : monter (une pièce), projeter (un film), organiser (un spectacle)
an impersonator : un imitateur
to impersonate s.o. : imiter qqn
to adapt a book into a movie [for the cinema] : adapter un roman à l'écran
to have stage fright : avoir le trac
to give s.o. solace : consoler qqn
a flop : un flop [un four]
the box-office : le bureau de location, le guichet
the show was a good box-office hit : le spectacle a été un succès (au box-office)
to sing in [out of] tune : chanter juste [faux]
to boo : siffler, huer
to be booed off the stage : sortir de scène sous les sifflets
to cheer, to acclaim : acclamer

Corrigés des applications

La plupart des réponses qui suivent ne sont pas commentées car il n'y a pas d'explication à apporter au choix de telle ou telle préposition. Il ne vous reste plus qu'à apprendre une liste de verbes et de leurs prépositions (voir « Plus d'outils », p. 323). Votre anglais gagnera ainsi en richesse et en authenticité !

1. Exercice lacunaire

1. a. to pay **for** sth (que l'on a acheté), contrairement à to pay a bill

2. d. to obey Ø s.o., to attend Ø a concert

3. c. to aim **for** [**at**] sth, to dream **about/of** + V–ing

4. b. taste **in** films, to depend **on** sth

5. d. to search **for** sth (chercher), to tune one's TV **to** a channel

6. a. to listen **to** ..., to agree **to** sth [do**ing** sth] (to prépositionnel + V–ing)

7. c. to smell **of** sth

8. c. to account **for** sth (représenter, constituer), to say sth **to** s.o. (to tell s.o. sth)

9. c. to hope **for** sth, to look **for** sth

10. a. to wish **for** sth

11. d. to wait **on** tables (servir au restaurant...)

12. d. to adapt sth **into** ... (passage d'un état à un autre, avec des verbes tels que to turn sth into ..., to transform into ...), to think **of** s.o. (à ne pas confondre avec to think about sth : réfléchir à ...)

13. a. to suffer **from** sth, to send **for** s.o. (envoyer chercher qqn, convoquer)

14. c. to rely **on** s.o. (compter sur qqn), to draw s.o. **to** sth (attirer vers/à)

15. b. to sing **in** tune (chanter juste), to result **in** something [do**ing** sth] (entraîner ; à ne pas confondre avec to result **from** something : résulter de quelque chose)

2. Phrases de thème

1. They **blamed** him **for** [They **reproached** him **for** (ou parfois **with**)] his lack of talent and **told him** [**said to him**] they would **dispense with** him in the future.

2. I've **compared** this film **with** the play I saw yesterday, and I can say that I **prefer** the theatre version **to** the film version.

3. I **object to** this man gett**ing** a prize **for** writ**ing** a pathetic novel almost everybody has panned.

4. The only books I('ve) read are the ones **I was made to read**; I **borrowed** them **from** the school library and I then **parted with** them very easily. [La préposition to apparaît après le verbe make à la voix passive uniquement.]

5. The film will be shown **in** a disused concert hall outside London. If you **wish for** further information, please contact us.

6. We have to **beware of** the government's choices that **aim to** cut the funding of entertainment venues. Budget cuts are not the only **solutions to** the issue!

7. He **looked into** my [He looked me **in** the] eyes and **said to** [**told**] me: "I **care for** you but I won't **listen** to your advice anymore. I want to go **on** the stage and nowhere else!"

8. We **cruised across** the town together, **looking for** tickets for Justin Timberlake's concert. I will **persist in** [**carry on**] search**ing** for some!

9. I'd like **to go to** Hollywood and **apply for** this position **as** stage director, but they **ask for** many references.

10. He **reminded** me **of** the time when we used to tour the world. We really **benefited from** that experience!

3. Version

(1) « Les coupes budgétaires **dans le domaine des arts** » **(2)** « équivalent **[se montent] à** plusieurs millions de dollars **dans tous les** États-Unis qui sont ensuite **transférés à** d'autres domaines » **(3)** « **entraîneront** inévitablement la réduction du nombre de bourses » **(4)** « **accordées aux** étudiants désireux d'entrer en école d'art » : to introduit une idée de projection, de visée. **(5)** « **(et entraîneront)** une **réduction** supplémentaire **de** la main-d'œuvre » **(6)** « **Pour** justifier » **(7)** « le gouvernement fédéral **a déclaré à** la presse » **(8)** « que ces étudiants **jouissent [bénéficient] d'**un enseignement » **(9)** « **qui est le résultat de** » **(10)** « **au sein des** écoles » **(11)** « On **suspecte** l'État **de censurer** les artistes » : la présence du pronom « on » dans la traduction s'explique par l'utilisation de la voix passive dans la phrase de départ. **(12)** « qui **refusent de se conformer à** » **(13)** « un code moral strict **emprunté à [inspiré de]** » **(14)** « Faut-il leur **rappeler le rôle** des artistes » **(15)** « de l'implémentation de pratiques coûteuses » « dans la société ? Les arts sont **une manière de** se confronter » **(16)** « aux problèmes sociaux ou politiques **au travers [par le biais] de** » **(17)** « la critique du monde tel qu'il est c'est une **manière de** nous faire rêver de [**de** nous inviter **à imaginer**] la société » **(18)** « **dans laquelle nous aimerions vivre** » **(19)** « Ces hommes et ces femmes **au** pouvoir » **(20)** « ont-ils goûté au plaisir **d'**aller voir » **(21)** « une pièce **de** Shakespeare ».

4. Thème suivi

Being too **engrossed in (1)** his book, he had not seen the time pass. He knew that he would have to **apologize for his delay** [**for being late**] **(2)** once again and that he **was not good at** (3) excuses. And yet **she had begged him for (4)** a night out together because there was **a film she was dying for** [**dying to see**] **(5) at (6)** the Savoy **in (7)** Nottingham, but she was aware too that he was not **the kind of person to rely on (8)**. He put **the book back on** [**in**] **the shelf (it belonged**[1]**) (9)** and **rushed out (of the room) (10)**. Would they **be quarrelling (with one another) about (11)** his usual **lack of (12)** punctuality? Had she **got used** at last **to (13)** what was just a small mishap? He **was afraid of (14)** her reactions though. In spite of it all, he **was ready for a fun night out (15)** with a girlfriend **in (16)** a cinema and then **over (17)** a couple of drinks **in** [**down**] **(18)** town. She **was capable of looking into (19)** movies with detachment, especially realistic movies **she was mostly fond of** [**ou** especially realistic movies **of which she was mostly fond**] **(20)**, just **like** him.

1. Il s'agit d'un emploi du verbe to belong que vous pourriez ne pas connaître :
The book **belongs on** [**in**] the top shelf. [La place de ce livre est sur l'étagère du haut.]

9. Le présent
Thème : Religion

Ce qu'il faut savoir

1. Généralités

En anglais, il existe quatre conjugaisons du présent permettant de traduire le présent français :

- le présent simple (simple present) : **V** ;
- le présent continu (present continuous) : **be** + **V–ing** (auxiliaire **be** au présent + participe présent) ;
- le present perfect simple : **have** + **V–en** (auxiliaire **have** au présent + participe passé) ;
- le present perfect continu (present perfect continuous) : **have been** + **V–ing** (auxiliaire **be** au present perfect + participe présent).

2. Cas spécifiques

Comme souvent, les formes verbales anglaises associent valeurs temporelle et aspectuelle (c'est-à-dire la façon dont la situation est envisagée par le locuteur). Toutes les conjugaisons véhiculent donc de la modalité (nuance, subjectivité et jugement) :

▶ **Cas n° 1.** Comme son nom l'indique, le présent simple renvoie à un événement ou une situation du présent sans autre forme de procès. Sans marque de subjectivité manifeste, l'énonciateur s'en tient au factuel pour décrire une situation générale, une caractéristique permanente ou répétée. On le considère souvent comme le temps de la fréquence, de l'habitude, de la caractérisation et de la vérité générale. Veillez à ajouter un « s » à la troisième personne du singulier :

a. Heaven helps those who **help** themselves.
b. Churchgoers **come** to mass in fewer numbers these days.
c. The parish health ministry committee **convenes** every three weeks.
d. If you **read** your Bible, you'll realise why some people **make** it a handbook to life.

En **a.** la phrase fait office de vérité générale indiscutable. En **b.** la phrase constate et décrit une situation globale et actuelle, comme indiquée par these days. En **c.** la phrase évoque la répétition d'une action et en fait donc une caractéristique générale. En **d.** la phrase part du principe que la lecture de la bible doit être « actée » pour que la suite le soit.

On trouvera le présent simple associé aux éléments suivants : always, (n)ever, hardly ever, usually, rarely, seldom, generally, as a general rule, normally, often, frequently, sometimes, occasionally, now, on Sunday(s), once/twice/three times a day/week/month/year, etc., every day/week/month/year, etc.

▶ **Cas n° 2.** Les actions décrites par le présent continu sont envisagées dans leur déroulement. L'activité prime sur l'action. Aussi, la situation est « en cours de réalisation » et revêt un caractère ponctuel, ce qui distingue le présent continu du présent simple. Il peut également avoir une valeur d'intention, de futurité quand la situation envisagée est considérée comme « psychologiquement » acquise.

Enfin, la construction **sujet + be (auxiliaire) + V–ing** peut être assimilée à **sujet + be (verbe) + adjectif** : le fait de caractériser/qualifier le sujet grammatical permet alors de porter un jugement sur ce même sujet – contrairement au présent simple.

a. They **are building** a new mosque a few yards from the synagogue.

b. I'**m making** the Lourdes pilgrimage this summer.

c. He **is not behaving** like a pagan, he just considers faith is an inner thing.

d. We, the Jewish community, **are not taking** part in this ecumenical meeting.

Qu'il s'agisse d'un moment long, bref, présent ou à venir, **be + V–ing** évoque une situation en cours de réalisation ou actée comme telle. En **d.**, **be + V–ing** revêt sa valeur modale (sous-entendant qu'« il n'en est pas question »).

Remarque. The clergy **is always complaining** about empty pews sera teinté d'irritation comparé à la simple constatation contenue dans The clergy **always complains** about empty pews. Remplacer mentalement **be + V–ing** par « être en train de » dans ce genre de situation peut permettre de bien saisir la nuance d'une forme qui semblerait paradoxale de prime abord : **be + V–ing** associé à un adverbe de fréquence.

▶ **Cas n° 3.** Le present perfect simple est un **temps du présent** (à ne pas confondre avec le passé composé français) et sert à établir un lien entre un fait passé et son incidence sur le présent. Il permet à l'énonciateur de tisser un lien cause-conséquence (plus ou moins évident) ou de dresser un bilan :

a. The Muslim community has condemned yesterday's killing of a priest.

b. Too many wars have been waged in the name of God.

En **a.** non seulement la nouvelle de la condamnation vient de tomber, mais elle apporte de plus une réponse à une question en suspens : « Qu'en pense la communauté ? ». En **b.**, le bilan, non définitif, est manifeste.

▶ **Cas n° 4.** En s'appuyant sur les cas n° 2 et n° 3, on comprend que l'énonciateur fait un bilan dans le présent d'une action passée plus ou moins proche, tout en insistant sur l'activité, comme pour rendre plus concrets ou commenter les effets de la situation décrite. L'interprétation subjective dépendra grandement du contexte.

a. Most Syrian Christians have been considering leaving everything behind.

b. Obviously, you've been reading the Quran lately.

En **a.**, la constatation porte sur un fait passé, toujours vrai, et sous-entend que le sujet a certainement déjà étudié plusieurs options.

En **b.**, on insiste sur le fait que la lecture dure depuis un moment, que le livre ouvert sur la table de nuit a pu permettre d'arriver à cette conclusion, qu'on est soit surpris, heureux, triste, méfiant, curieux, etc.

Applications

1. Exercice lacunaire

Choisissez la ou les réponses qui conviennent parmi celles proposées.

1. This .... too kosher to me.
   a. isn't sounding **b.** doesn't sound **c.** hasn't sounded
   d. hasn't been sounding
2. It's the first time I .... foot in a typical Sicilian cemetery.
   a. have been setting **b.** set **c.** have set **d.** am setting
3. Theologians and historians .... about the shroud of Turin.
   a. have long been disagreeing **b.** long disagree **c.** are long disagreeing
   d. have long disagreed
4. Father Ted .... mass today
   a. is saying **b.** says **c.** has said **d.** has been saying
5. Please make sure you .... in the presence of the sisters.
   a. don't swear **b.** haven't sworn **c.** ever swear **d.** are swearing
6. Don't tell me you .... about taking Holy orders.
   a. are thinking **b.** think **c.** has thought **d.** have been thinking
7. He .... preaching the Gospel in very poor areas for ten years now.
   a. has been **b.** is being **c.** is **d.** will be
8. Stop it, will you! You .... devil's advocate again!
   a. have played **b.** have been playing **c.** are playing **d.** play
9. All major Christian denominations .... the Second Coming of the Lord.
   a. await **b.** have awaited **c.** have been awaiting **d.** are awaiting
10. The term Torah ......"instruction" and offers guidance in the life of followers.
    a. is meaning **b.** means **c.** has meant **d.** has been meaning

2. Phrases de thème

Traduisez les phrases suivantes en anglais.

1. La crise de la foi **se fait** même sentir aux États-Unis aujourd'hui.
2. Les croyances **évoluent** en permanence et beaucoup **finissent** par se tourner vers d'autres religions.
3. Mais que **cherchent** les intégristes en appelant à la décapitation des infidèles ?
4. Les origines de l'Église d'Angleterre **remontent** à Henri VIII.
5. C'est la troisième fois ce mois-ci qu'un sanctuaire **est** profané en Terre Sainte.
6. Les trois grandes religions monothéistes **représentent** encore plus des deux tiers des croyants sur terre.
7. Je **ne suis pas en train** de faire du prosélytisme, j'**essaye** de t'expliquer les fondements du protestantisme.
8. Il y **a** déjà plus de mille ans que Chiites et Sunnites **se déchirent**.

9. Des sept péchés capitaux, les hommes **confessent** surtout la luxure et les femmes l'orgueil.
10. Il **étudie** les Saintes Écritures sur son temps libre depuis des années.

3. Version

Traduisez le texte suivant en français.

For decades now, the Vatican **has sought (1)** to meet with the Russian patriarch. Pope Francis **is said to be trying (2)** to deepen ecumenical ties as he **wishes (3)** to make a rapprochement between the Orthodox Church and the Catholics, a cornerstone of his papacy. The meeting that **is taking (4)** place in Cuba today **is (5)** further proof that the Pontiff **has been laying (6)** the foundations for better relations between religions, ever since he was elected – and both leaders **are expected (7)** to make a joint statement later tonight. It is the first time a Pope **has agreed (8)** to such a promising move.

4. Thème suivi

Traduisez le texte suivant en anglais.

Nombreux **sont** ceux en Israël qui, aujourd'hui, **mettent (1)** en garde contre les risques d'une « guerre de religion », si rien n'**est fait (2)** dans les plus brefs délais. Les incidents **(3)** autour de l'esplanade des Mosquées à Jérusalem, troisième lieu saint de l'islam et site le plus sacré du judaïsme, se **multiplient (4)** sans qu'aucune mesure concrète ne **soit** pour l'instant **envisagée (5)**. Les plus virulents à la Knesset **accusent (6)** depuis longtemps certains Imams radicaux de prêcher la haine et la violence sur le site même. Au moment où je vous **parle (7)**, d'importantes forces armées **quadrillent (8)** encore le quartier.

Vocabulaire. Thème : Religion

Heaven helps those who help themselves : Aide-toi, le ciel t'aidera.
a churchgoer : un fidèle, un pratiquant
mass : la messe
a parish : une paroisse
a pilgrimage : un pèlerinage
ecumenical (adj.) : œcuménique
a pagan, a heathen (n., adj.) : un païen (n., adj.)
Jewish (adj.), a Jew : un Juif, juif (adj.)
a pew : un banc d'église
a Muslim (n., adj.) : un musulman (n., adj.)
a priest : un prêtre
a Christian (n., adj.) : un chrétien (n., adj.)
the Quran, Q'ran, Koran : le Coran
kosher (adj.) : cachère
It's not quite kosher (exp.) : Ce n'est pas très catholique
the shroud of Turin : le suaire de Turin
to say mass : dire la messe
to take the holy orders : entrer dans les ordres
the Gospel : l'Évangile
It's Gospel truth (expression) : C'est parole d'évangile
to preach : prêcher
to play (the) devil's advocate : se faire l'avocat du diable
a Christian denomination [usually Am. Protestantism] : une confession / dénomination chrétienne
the Second Coming of the Lord : le second avènement / retour du seigneur

the Torah : la Torah
faith : la foi, la croyance
beliefs : les croyances, la conviction
a fundamentalist (n., adj.) : un fondamentaliste, un intégriste (n., adj.)
an infidel : un infidèle, mécréant
faithful (adj.) : fidèle
decapitation : la décapitation
a shrine : un lieu de culte, sanctuaire
to desecrate : profaner
to proselyte : faire du prosélytisme
a Shiite (n., adj.) : un chiite (n., adj.)
a Sunni, Sunnite (adj.) : un sunnite (n., adj.)
the seven deadly sins / cardinal sins / capital vices : les sept péchés capitaux
papacy : la papauté
the pontiff : le (souverain) pontife
a war of religion : une guerre de religion
a holy war : une guerre sainte
Islam : l'islam
Judaism : le judaïsme

Corrigés des applications

1. Exercice lacunaire

1. b. Sound s'apparente à think/believe et caractérise un comportement jugé (en général) comme inapproprié.

2. c. It's the first/second/… time invite au bilan (provisoire), d'où le present perfect simple.

3. d. Le bilan prime sur la durée. Les experts sont en désaccord depuis toujours. Have been + V–ing est impossible car agree traduit l'opinion plus que l'activité ou le comportement.

4. a. Cette phrase annonce une situation prévue, anticipée et quasi présente : « C'est le Père Ted qui officie aujourd'hui. »

5. a. Make sure invite à l'anticipation et à la notion plus qu'à la mise en situation. On met en garde : be + V–ing aurait impliqué que le destinataire des paroles s'assure de ne pas être « en train de jurer ».

6. a. On fait référence à l'activité ponctuelle qui consiste à réfléchir, à envisager. Le procès est en cours.

7. a. For ten years now évoque la durée et le bilan. La situation a commencé dans le passé et se poursuit ; has preached ne l'implique pas *de facto*.

8. c. Avec l'impératif ancré dans le présent, le locuteur commente le comportement ponctuel d'autrui.

9. a. La phrase évoque une caractéristique, un fondement de la croyance chrétienne.

10. b. Cette situation est similaire à celle de la phrase 9. On déclare une vérité générale, un fait avéré.

2. Phrases de thème

1. The crisis of faith **is being felt** even in America these days. [Is felt aurait été possible, mais ne traduit pas le même sentiment de nouveauté et de surprise que be + V–ing.]

2. Beliefs **change** all the time and many are those who **end up** turning to other religions. [All the time invite à la répétition et à la continuité : description d'un phénomène commun et avéré.]

3. What on earth **are the Jihadists aiming** [looking] for when **calling** for the decapitation of the Infidels? [Si la question d'ordre général est légitime, ce genre d'interrogation vise davantage à exprimer une surprise ou un désarroi : afin de faire ressortir le ressenti, on se place dans la situation où « la chose est en train de se faire ».]

4. The origins of the Church of England **date** back to Henry VIII. [Il s'agit d'une situation historique admise par tous.]

5. It's the third time a shrine **has been desecrated** in the Holy Land this month. [It's the third time invite au bilan.] [Voir la phrase 2 de l'Exercice lacunaire]

6. The three major monotheistic faiths still **make** up more than two thirds of (the) believers on earth. [Il s'agit d'une constatation et d'un fait confirmé par les enquêtes.]

7. I'**m not proselyting**, I'**m** just **trying** to explain to you what the core tenets of Protestantism are. [La situation est en cours de développement. On reproche peut-être au locuteur de faire du prosélytisme d'habitude, d'où sa réaction et sa tentative d'explication sur le moment.]

8. Shiites and Sunnis **have been tearing** each other apart for more than a thousand years now. [La durée implique non seulement un bilan, mais le recours au présent en français sous-entend que la situation perdure.]

9. Of the Seven Deadly Sins, men (**tend** to) **confess** lust mostly, and women pride. [Voir la phrase 6 des Phrases de thème]

10. He **has been studying** the Holy Scriptures during his free time for years. [Voir la phrase 8 des Phrases de thème]

3. Version

(1) « **cherche/a cherché** » : plus que la durée, c'est le bilan qui prime. Le français peut opter pour l'un ou l'autre des temps, selon la structure. **(2)** « **essayerait/on dit qu'il essaye** » : to be said **to** permet d'évoquer une rumeur, d'où le « on » français. En style journalistique, on peut opter pour « on dit que » ou pour un conditionnel à valeur de prudence. **(3)** « **cherche/souhaite** » : il y a simultanéité et causalité entre les deux verbes, le premier étant au service du second, « is said » peut être traduit par une périphrase impersonnelle comme « on dit que le pape » tandis que « be trying » indique bien que l'action « try » est en train de se faire. **(4)** « **se tient** » : l'action est ponctuelle et en cours de réalisation ou imminente. **(5)** « **est** » : la preuve est actée et ne changera pas de nature. **(6)** « **pose les fondations** » : la situation s'inscrit dans la longueur et se développe encore. **(7)** « **sont censés/devraient** » : réponse similaire à la 2. **(8)** « **donne son accord** » : it's the first time invite au bilan. [Voir la phrase 2 de l'Exercice lacunaire et la phrase 5 des Phrases de thème]

4. Thème suivi

These days many in Israel **are** those **warning (1)** against the risk of a"war of religion", if nothing **is done (2)** any time soon. The incidents that **have taken** [**have been taking**] **(3)** place on Jerusalem's Temple Mount [Sacred Esplanade], the third holiest site in Islam and most sacred one in Judaism, **have been** [**are**] **multiplying (4)** without anyone **taking (5)** emergency measures. The bitterest [most bitter] Knesset members **have already been accusing (6)** a few extremist Imams of preaching hatred and violence on the site itself [right there on the site] for a long time. As we **speak (7)**, a large contingent of military police **are** still **patrolling (8)** the area.

(1) Le présent de situation est associé à un participe présent du fait de la structure introduite par **those**. On aurait pu avoir many are warning, qui renforce le sentiment d'urgence par rapport à many warn. **(2)** L'hypothèse est réalisable et l'on part du principe qu'il s'agit d'une condition *sine qua non*. **(3)** Dans les deux cas, on se penche sur les conséquences, même si le second insiste sur la poursuite de la situation. **(4)** Le premier cas insiste sur le fait que la situation dure depuis un moment, le second sur le moment présent. **(5)** Without est une préposition. La construction qui suit nécessite un gérondif ou un participe présent. **(6)** Cas similaire à la seconde proposition de la phrase 3. **(7)** Expression idiomatique dépourvue de modalité, équivalente à at this very moment. **(8)** L'action est en cours de déroulement.

L'expression du passé

Thème : **Sport**

Ce qu'il faut savoir

1. Les temps pouvant exprimer le passé en anglais

Si, en français, nous utilisons essentiellement **quatre temps** pour faire référence au passé (le passé composé, l'imparfait, le passé simple et le plus-que-parfait), en anglais, il existe **six conjugaisons** que vous devez apprendre à repérer, à distinguer et à utiliser :

- **1.** le **prétérit/simple past** :

  He **fought** again in what was just a tune-up match.
- **2.** le **prétérit be + V–ing (continu ou progressif)** :

  When you **were fighting** with him, did you think of how dangerous heavy blows can be?
- **3.** Le **present perfect (simple)**, appelé aussi **present have + V–en** :

  You **have fought** again! And you've lost a front tooth!
- **4.** le **present perfect continu**, appelé aussi **present perfect continuous be + V–ing** :

  You **have been** fighting again! Shame on you!
- **5.** le **past perfect** (simple), appelé aussi **plu-perfect** :

  He **had fought** many fights in several championships for years.
- **6.** le **past perfect/plu-perfect**, appelé aussi **past perfect continuous be + V–ing** :

  She **had been fighting** competitively for a few years before the Olympic Games when all of a sudden she decided to stop competition.

Essayons de comprendre ce que dit l'énonciateur (« celui qui prend la parole ») dans chacun des énoncés ci-dessus :

1. Le recours au prétérit souligne un **simple renvoi au passé**, à ce qui est révolu, **sans aucune marque de subjectivité**. L'énonciateur ne porte donc aucun jugement et reste factuel.

2. L'action **were fighting** est envisagée dans son déroulement. L'énonciateur demande à son interlocuteur si, pendant qu'il était **en train** de se battre, il ne s'est pas demandé soudainement, ponctuellement, si les coups qu'il portait n'étaient pas dangereux. Plus simplement, le verbe au prétérit simple (did you think) est une **action brève et soudaine** qui vient interrompre une **action en cours de réalisation** (ici, you were fighting).

3. Le present perfect est un **temps du présent** (à ne pas confondre avec le passé composé français qui, à première vue, lui ressemble à s'y méprendre). L'énonciateur fait mentalement le bilan de ce qui est arrivé par le passé à son interlocuteur (ce passé peut être proche) à partir de ce qu'il perçoit dans le présent, par exemple l'œil au beurre noir de l'ami en question, ou, comme ici, une dent en moins, **indices** de combat. Ce travail d'**interprétation** ou d'**évaluation** de l'énonciateur, ce **calcul**, est **nécessairement subjectif**. L'énoncé n'est donc pas neutre, contrairement au cas n° 1. Nous pourrions proposer la traduction suivante : « Toi, tu t'es encore battu ! D'ailleurs, tu as perdu une dent de devant ! »

4. Tout comme dans le cas n° 3, l'énonciateur fait un bilan dans le présent d'une action (le combat) qui a eu lieu dans un passé plus ou moins proche, mais dans l'énoncé You've been fighting again!, son agacement, sa déception sont manifestes : « Non, mais c'est pas vrai ? Tu t'es encore battu ! »

Avec la double forme composée « **have** + **V–en** » associé à « **be** + **V–ing** » soit « **have been** + **V–ing** » , il porte un **jugement** sur le sujet de l'énoncé you. La valeur modale, appréciative est forte. Mais gardons-nous de généraliser. **C'est le contexte qui fait la différence**. Dans le cas où je rentrerais dans une chambre où des enfants se seraient battus, avec ce même énoncé, je pourrais tout simplement faire le constat qu'il y a eu à nouveau *bataille* en montrant du doigt les indices visuels de désordre : « Tiens, j'en connais qui se sont encore battus ! »

Il faut bien noter que, dans cet exemple, **rien n'indique que l'action est encore en cours**. En revanche, dans l'énoncé suivant, le complément for the last three years nous indique que cela continue ; l'énonciateur met l'accent sur la durée :

> You have been fighting for the gold medal and the national banner for the last three years.

5. Le past perfect he had fought renvoie à une action antérieure, « plus que passée ». On peut éclaircir le contexte en étoffant la phrase de départ :

> He won the tournament after defeating Novak Djokovic in the final. He had fought many fights in several championships for years.

Il apparaît aussi que la forme had fought est à la fois une constation, un bilan et un commentaire de l'énonciateur que l'on peut traduire ainsi :

Il faut dire aussi qu'il avait mené de nombreux combats pendant des années.

ou Il faut dire aussi qu'il menait de nombreux combats depuis bien des années.

6. Le complément for a few years nous indique que l'action had been fighting **a duré dans le passé** pendant quelques années, jusqu'à ce que cette action soit interrompue soudainement par une autre « action », ici le choix d'arrêter la compétition. Nous noterons aussi que **be** + **V–ing** (qui n'apparaissait pas dans le cas n° 5) marque la subjectivité de l'énonciateur qui commente l'investissement du sujet she dans le combat, sa détermination, ce qu'indique aussi l'adjectif competitively.

2. Le verbe wish : exprimer le regret ou le souhait

- **L'action n'est pas réalisable.** Le regret porte sur le **présent**. On parle d'irréel du présent :

  I wish he were on my team. (Je regrette qu'il ne soit pas dans mon équipe. / Si seulement il était dans mon équipe.)

  I wish you could play tennis. We could play as a duo. (Je regrette que tu ne saches pas jouer au tennis. On pourrait jouer ensemble.)

- **L'action n'est pas réalisable.** Le regret porte sur le **passé**. On parle d'irréel du passé :

  I wish he hadn't signed a three-year contract with Spain. (Je regrette qu'il ait signé un contrat de trois ans avec l'Espagne.)

  I wish you could have seen him score the winning-goal. (Je regrette que tu ne l'aies pas vu marquer le but de la victoire.)

- **L'action est encore réalisable.** Il s'agit d'un **souhait** et non d'un regret :

I wish he would resume competition. [Si seulement il reprenait la compétition. / Si seulement il **acceptait** de reprendre la compétition. (Le modal **would** indique que la reprise de la compétition dépend de la volonté du sujet I.)]

I wish he could resume competition. [Le modal **could** indique que la reprise de la compétition dépend de circonstances extérieures et non de la simple volonté du sujet I.]

I wish you would stop hazardous sports like scuba diving or parachuting! [Si seulement tu arrêtais les sports à haut risque tels que la plongée sous-marine ou le parachutisme.] (L'expression I wish you would est souvent teintée de reproche. On peut comprendre que l'énonciateur accuse le co-énonciateur de faire preuve de mauvaise volonté.)]

Applications

1. Exercice lacunaire

Choisissez la ou les réponses qui conviennent parmi celles proposées.

1. Which contestant .... first in the semifinal in 2015?
a. has ranked **b.** ranked **c.** was ranking **d.** has been ranking

2. I .... good at sports.
a. have always been **b.** always have been **c.** have ever been
d. always was

3. We .... a game of tennis when all of a sudden a violent storm .... out.
a. had / was breaking **b.** were having / broke **c.** were having / had broken
d. were having / was breaking

4. It's two months since I .... judo.
a. have taken up **b.** had taken up **c.** was taking up **d.** took up

5. None of the tournament favourites .... the day during the qualifying rounds.
a. carried **b.** have carried **c.** had carried
d. les réponses a, b et c sont possibles

6. The final result was better than what the bookies .... for Philadelphia.
a. predict **b.** have predicted **c.** had predicted **d.** had been predicting

7. It's the fourth time he .... the field, which makes him the most red-carded player in the history of soccer.
a. was sent off **b.** had been sent off **c.** has been sent off **d.** sent off

8. These fellow athletes .... the podium once when they were in the same team.
a. never shared **b.** have never shared **c.** have never been sharing
d. were never sharing

9. It was the first time he .... his own record by eight seconds.
a. has broken **b.** broke **c.** had broken **d.** had been breaking

10. He is so fit and muscular. How long .... out?
a. has he worked **b.** has he been working **c.** did he work
d. was he working

11. How long .... the title-holder when he lost to his Italian rival?
a. has he been **b.** was he **c.** had he been
d. les réponses a, b et c sont possibles

12. It .... four years since France .... Wales in a friendly match.
a. is / last defeated **b.** has been / has last defeated
c. has been / last defeated **d.** is / has been defeating

13. No sooner .... scored in the opening twenty minutes than the referee .... to cancel the match due to bad weather conditions.
a. have they / has decided **b.** they had / decided
c. had they / had decided **d.** had they / decided

14. Look at that! Ronaldo .... a thundering own-goal!
a. just scored **b.** has just scored **c.** has been scoring
d. les réponses a, b et c sont possibles

15. They .... on a playing field for years on end.
a. have not competed **b.** did not compete **c.** had not competed
d. had not been competing

16. I woke up this morning with a very stiff back and could barely move. The thing is I .... prior to cycling ... weeks.
a. had not been stretching / for **b.** had not been stretching / since
c. did not stretch / since **d.** have not been stretching / for

17. Over the last ten years, they .... to Wimbledon twice every single year.
a. went **b.** have been going **c.** were going **d.** have gone

18. He .... the national football team for seventeen years when he was appointed Minister of Youth and Sports.
a. coached **b.** was coaching **c.** had coached **d.** had been coaching

19. Tony and Pete .... close friends since they .... at the gym five years ago.
a. are / have met **b.** were / met **c.** have been / have met
d. have been / met

20. Mary and Oliver .... much better since they .... volleyball after a two-year break doing sport or exercise.
a. feel / play **b.** are feeling / played **c.** have been feeling / started playing
d. felt / played

2. Phrases de thème

Traduisez les phrases suivantes en anglais.

1. Depuis combien de temps **est-il** passionné de sport ?
2. Ont-ils déjà **marqué** ? Je **viens de rentrer** et j'**ai manqué** le début du match.
3. L'an dernier, il **a été suspendu** pendant deux mois pour avoir insulté l'arbitre.
4. Je le **connais** depuis que j'**ai** dix ans. Nous **nous sommes rencontrés** sur les gradins de Wembley.
5. Nous **espérions** encore un but décisif quand l'arbitre **siffla** la fin du match.
6. En quelle année l'Angleterre **a-t-elle remporté** le Tournoi des Six Nations pour la dernière fois ?

7. La date des jeux Paralympiques **avait été fixée** quelques semaines plus tôt et elle **a pu être respectée** malgré un climat de tension internationale.

8. Je suis prêt à parier que c'est la première fois qu'il se **dope**.

9. Il **s'échauffait** depuis dix minutes quand il **a eu** une crampe douloureuse.

10. Depuis combien de temps **faisait**-il de l'équitation quand il **décida** de se mettre à la musculation ?

3. Version

Traduisez le texte suivant en français.

Just a few years back, after being laid off and living a life of stress, **he began (1)** to return to sport with a view to letting off steam. He **hadn't exercised for ages (2)** so, on the first day of practice, he **had hardly lifted (3)** the dumbbell when **he felt (4)** as if his whole body **was being broken apart (5)**. People who **had known him since childhood could hardly recognise (6)** him at all: he **could be seen practising (7)** for hours every morning and eating healthily. He **hoped (8)** his relatives and friends would follow suit and set aside video games and fatty food to attain and maintain a life of healthy eating and regular physical activity. **It had been years since he had felt (9)** so self-assured, so confident. Every now and then **he would look (10)** at his brawny body in the mirror with an air of triumph.

4. Thème suivi

Traduisez le texte suivant en anglais.

Difficile de promouvoir l'esprit du sport et ses valeurs telles que le respect des règles, le franc-jeu ou le civisme, alors que bon nombre de scandales **font rage depuis quelques années (1)** dans le monde du sport : dopage, corruption, triche, mensonges, affaires de mœurs. Aucun sport **n'est à ce jour épargné (2)**. En matière de dopage, c'est surtout le cyclisme qui **est montré du doigt depuis des années (3)** ; même le judo, qui **autrefois incarnait (4)** courage, sincérité et contrôle de soi, **est dans la tourmente (5)** après des scandales de harcèlement sexuel, de détournement de fonds et de violence. L'association japonaise de sumo **a même décidé (6)** en 2011, pour la première fois depuis un demi-siècle, d'annuler son tournoi de printemps après avoir appris que trois lutteurs **avaient truqué (7)** des combats. **Si seulement le sport était (8)** à nouveau porteur de hautes valeurs morales !

Vocabulaire. Thème : Sport

a tune-up match : un match d'entraînement, hors-concours
a tune-up : un réglage, une mise au point
a heavy blow : un coup sévère, un coup dur
to deal a blow : porter un coup
to fight a fight / a battle : se battre, mener un combat
to put up a fight against s.o. : combattre contre qqn
a championship : un championnat

the Olympic Games / the Olympics : les jeux Olympiques
to stop competition / playing competitively : arrêter la compétition
to fight for the gold medal / for gold : chercher à décrocher la médaille d'or
a gold medalist : un médaillé d'or
a contestant : un concurrent, un adversaire
a semifinal : une demi-finale
a semifinalist : un demi-finaliste
to rank first : arriver premier
to have a game of tennis : faire une partie de tennis
to take up judo : se mettre au judo
a tournament : un tournoi
the favourites (UK) / favorites (US) : les favoris
the USA's favorite son : l'enfant chéri de l'Amérique
the qualifying rounds / heats : les épreuves de qualification
a bookie / a bookmaker : un bookmaker
to be sent off the field : être expulsé du terrain
a sending off : une expulsion
to be red-carded : être exclu, recevoir un carton rouge
soccer : le football
an athlete : un sportif, un athlète
the podium, the platform : le podium
to be standing on the top step of the podium : être sur la première marche du podium
a team : une équipe
to team up with s.o. : faire équipe avec qqn
to break a record : battre un record
to smash a record : pulvériser un record
to set a record : établir un record
to be fit : être en forme
muscular : musclé
to work out : s'entraîner
a workout : une séance d'entraînement
to be the title-holder : être le tenant du titre
to lose to s.o. : perdre face à qqn
to defeat s.o. : vaincre, battre qqn
a friendly match : un match amical
to score (a goal) : marquer (un but)
the referee : un arbitre (de boxe, football et basket-ball)
an umpire /ˈʌmpaɪə(r)/ **:** un arbitre (de tennis, baseball, cricket et hockey)
to cancel / call off a match : annuler un match
an own-goal : un but contre son propre camp
to compete (against s.o.) : concourir (avec qqn)
to compete for sth : concourir pour obtenir qqch
the playing-field : le terrain de jeu, de sport
to stretch : étirer, s'étirer
to be appointed Minister of Youth and Sports : être nommé ministre de la Jeunesse et des Sports
to coach a team : entraîner une équipe
the gym(asium) : le gymnase

Corrigés des applications

1. Exercice lacunaire

1. b. Prétérit : renvoi à un passé « daté », sans commentaire.

2. a., b. et **d.** Always peut être placé avant ou après l'auxiliaire. Le present perfect indique qu'il s'agit d'un bilan, d'un constat dans le présent de quelque chose qui est vrai depuis toujours. **d.** est possible aussi : l'énonciateur fait référence à ce qui est révolu. **c.** n'est pas possible : **ever** a le sens de « déjà » dans des questions.

3. b. L'action en cours we were having est interrompue par une action brève (broke out).

4. a. et **d.** Pour **a.**, avec have + V–en, l'énonciateur dit qu'il a commencé le judo il y a deux mois et précise qu'il en fait encore. **d.** Avec le prétérit, l'énonciateur dit surtout qu'il s'est mis au judo il y a deux mois (mais il en fait certainement toujours) : l'accent est mis sur le point de départ de l'action.

5. a. et **c.** Le complément during the qualifying rounds renvoie à du révolu et nous conduit à utiliser un temps du passé : le prétérit (**a.**, simple renvoi au passé) ou le plu perfect (**c.**, bilan dans le passé).

6. c. et **d.** Les pronostics des bookmakers étant antérieurs au résultat, le plu-perfect (simple ou progressif) traduit cette antériorité. En **d.**, be + V–ing a valeur d'insistance (essentiellement sur la durée).

7. c. Le simple present (it'**s**) sert de repère et exclut **a.**, **b.** et **d.** qui renvoient au passé. En **c.**, d'une part, il s'agit d'un temps du présent (le **present** perfect : has been sent off) et, d'autre part, on a « c'est la quatrième fois que », qui implique l'idée de bilan : il faut donc du perfect.

8. a. When they were in the same team introduit un repère passé et doit donc être associé à un verbe au prétérit simple.

9. c. Il s'agit d'un bilan (d'où le choix du perfect), portant sur ce qui est révolu (it **was** the first time), d'où le choix du **past** perfect : il y a concordance des temps.

10. a., **b.** et **c.** Pour **a.** : « Depuis combien de temps s'entraîne-t-il ? ». Avec le present perfect, l'énonciateur pose la question du point de départ de l'action dans le passé après avoir constaté, dans le présent, les conséquences de cet entraînement : le corps musclé. **b.** Avec be + V–ing, l'énonciateur est plus insistant qu'en **a. c.** Avec le prétérit, l'énonciateur s'intéresse à la durée de cet entraînement à un moment du passé, « à l'époque » ; au prétérit, sa question est donc neutre et factuelle.

11. c. On a un past perfect. D'une part, how long invite à un bilan temporel (bilan, d'où le choix du **perfect**). D'autre part, when he **lost** to his Italian rival, au prétérit, sert de repère et impose un temps du **passé** dans la première partie de la question.

12. a. et **c.** « Cela fait quatre ans » peut être traduit soit par It'**s** four years ou It's **been** four years. Last nous contraint d'utiliser un prétérit. **d.** Avec le present perfect progressif (has been defeating), il y aurait continuité de l'idée de défaite, ce qui n'est pas pertinent.

13. d. La réponse **b.** est impossible. L'énoncé commence par un adverbe (no sooner), ce qui implique qu'il faut inverser sujet et auxiliaire. On nous raconte le déroulement d'un match qui **a eu lieu** : il faut recourir à un temps du passé compatible avec l'idée d'antériorité introduite par no sooner. **d.** C'est la seule réponse possible (verbe conjugué au plu-perfect), le but marqué étant antérieur à la décision d'annuler le match.

14. a. et **b.** « Ronaldo **vient de** marquer ». En anglais américain, on préfère utiliser l'adverbe just suivi d'un prétérit (**a.**), alors qu'en anglais britannique, just est plutôt associé à un present perfect (**b.**).

15. a., **b.**, **c.** et **d.** sont possibles. **a.** Il s'agit d'un simple bilan (« Cela fait des années qu'ils ne se sont pas affrontés sur un terrain. ») **b.** L'énonciateur fait référence à une époque révolue. For prend le sens de « pendant » [« (À l'époque), ils ne se sont pas affrontés […] **pendant** des années. »] **c.** Le plu-perfect crée une antériorité [« (Quand ils se sont revus), ils ne s'étaient pas affrontés […] depuis des années ».] **d.** be + V–ing introduit un jugement de l'énonciateur, moins prononcé en **c.** [« (Il faut dire aussi) qu'ils ne s'étaient affrontés […] depuis des années. »]

16. a. et **d.** Les réponses **b.** et **c.** sont impossibles car weeks doit être précédé de for, voire de in, mais uniquement dans les tournures négatives : She had not trained in weeks. (Rappel : **for** introduit une durée et **since** un point de départ.) **a.** Ici, l'énonciateur se justifie en faisant référence à un passé antérieur : « il **faut dire aussi que** je ne m'étais pas entraîné depuis des semaines. » **d.** Constat/Bilan dans le présent (« je ne me suis pas étiré depuis des semaines »). Le present perfect peut aussi traduire la durée, le prolongement d'une action (l'action de ne pas s'étirer) qui a commencé dans le passé et se poursuit dans le présent.

17. b. et **d.** Avec over the last ten years, on comprend que l'énonciateur fait un bilan dans le présent et pose un regard rétrospectif sur « ces dix dernières années ». **b.** Il s'agit de la réponse la plus **probable** : commentaire sur une action qui ne cesse de se répéter depuis dix ans. Have + V–en suggère qu'il y a bilan. Be + V–ing renforce l'idée de commentaire (surprise, lassitude, etc.) En **d.**, le bilan de l'énonciateur est plus neutre. Avec **a.**, l'énonciateur ne fait qu'un simple constat sur une activité révolue, passée : il n'y a aucune appréciation.

18. c. et **d.** Deux remarques : (1) for seventeen years traduit une durée (le réflexe est donc d'avoir recours à du perfect) ; (2) when he was appointed Minister of Youth and Sports renvoie au passé. Le perfect devra donc être un **past** perfect, ce que nous trouvons en **c.** et **d.** En **d.** : be + V–ing a valeur d'insistance ; commentaire de l'énonciateur, peut-être sur la durée de l'engagement de l'entraîneur. En **c.**, l'accent est mis principalement sur le bilan.

19. d. Pete et Tony sont amis (point de départ de cette amitié dans le passé et prolongement dans le temps : d'où le choix du *present perfect*). Ago ne peut s'employer qu'avec du prétérit.

20. c. Mary et Oliver **se sentent mieux** maintenant (bilan dans le présent de leur condition physique) et cela dure **depuis** qu'ils ont se sont mis au volley (ils ont repris le sport, à un moment ponctuel dans le passé : « started »). « They have been feeling » indique surtout que le mieux-être ressenti perdure.

2. Phrases de thème

1. How long **has** he **had** a passion for sports? / How long **has** he **been** a sports enthusiast? [Present perfect : bilan + continuité temporelle.]

2. Have they **scored** yet? [Present perfect : bilan dans le présent.] **I've just been** back [Present perfect + just : l'action vient de se faire.] and I **missed** the beginning of the match [Prétérit : le sujet I souligne juste son absence à un moment précis, sans faire de commentaire.] **ou I've missed** the beginning of the match [Present perfect : I fait le bilan de ce qu'il a loupé.].

3. Last year, he **was suspended** for two months for insulting the referee. [Last year : du fait du repère temporel passé, le verbe renvoie simplement au passé, de manière factuelle.]

4. I'**ve known** [L'action a commencé dans le passé et se poursuit dans le présent.] him since I **was** ten [on recourt au prétérit car le sujet I n'a plus dix ans.]. We **met** on the seats of Wembley stadium [Prétérit : simple renvoi au passé.].

5. We **were still hoping** for a decisive goal when the referee **whistled** the match over. [Action envisagée dans son déroulement dans le passé, en train de se faire, interrompue par une action brève.]

6. In what/What year **did** England **last win** the Six Nations (Tournament)? [Prétérit : la question porte sur une date précise dans le passé.]

7. The date of the Paralympic Games **had been set** a few weeks earlier and it **was met** in spite of a global climate of tension. [Le choix de la date est antérieur à l'événement lui-même qui s'est déroulé dans un passé « plus récent ».]

8. I'm willing to bet that it's the first time he **has taken** drugs. [Present perfect : car l'expression it's the first time implique un bilan dans le présent.]

9. He **had been warming up for** ten minutes when he **got** a painful cramp. [L'action dans le passé warm up est présentée dans son déroulement (durée dans le passé) et est interrompue soudainement par une crampe.]

10. How long **had he been horseback riding** when he **made up** his mind to take up bodybuilding? [Même cas de figure que dans l'énoncé précédent.]

3. Version

(1) « il s'est remis au sport » : le passé composé (qui aurait pu être un passé simple) restitue parfaitement les effets de sens du prétérit he began qui souligne que le sujet s'est remis au sport à un moment ponctuel du passé. **(2) « Cela faisait une éternité qu'il n'avait pas fait d'exercice »** : l'imparfait « faisait » indique qu'une action perçue dans son déroulement trouve son point de départ dans un passé plus lointain, un « plus que passé » (« il n'avait pas fait … »). **(3) « à peine eut-il soulevé les haltères »** : « l'impression » (4) dans le passé trouve son point de départ dans un passé antérieur (« eut-il soulevé »). Ce temps exprime une action passée, achevée, d'une durée brève et s'accorde bien à « à peine ». **(4)** « **qu'il eut l'impression** » : le passé simple souligne que l'impression du personnage (brève et ponctuelle) est postérieure au soulèvement des haltères. **(5)** « **qu'on lui brisait tout le corps** » : on remarque que la voix passive being broken est rendue par le pronom impersonnel sujet « on ». L'action « continue » est restituée par l'imparfait descriptif « brisait ». **(6)** « **C'est à peine si les personnes qui le côtoyaient depuis l'enfance le reconnaissaient** » : had known him since contient une idée de durée, rendue par l'imparfait « côtoyaient ». Pour le verbe suivant, l'accent est mis sur la généralité (et non la ponctualité), d'où le choix d'un imparfait ici aussi. **(7)** « **on le voyait s'entraîner chaque matin** » : la voix passive nous conduit à choisir le pronom impersonnel sujet « on » ; il s'agit d'une description, d'où le recours à un imparfait descriptif. **(8)** « **Il espérait que son entourage, ses amis suivent son exemple…** » : le prétérit à valeur générique hoped trouve son équivalent dans l'imparfait « espérait ». **(9)** « **Cela faisait des années qu'il ne s'était pas senti aussi sûr de lui…** » : voir la phrase 2 des Phrases de thème. Les structures anglaises diffèrent, mais ont un sens équivalent. **(10)** « **De temps en temps, il regardait son corps musculeux…** » : l'imparfait d'habitude « regardait » restitue parfaitement le would d'habitude de l'anglais, dit « fréquentatif ».

4. Thème suivi

It is difficult to promote the spirit of sport and its values such as/ like compliance with the rules, fair-play or civic-mindedness while a good many scandals **have been raging for a few years (1)** in the world of sport – doping, bribery, cheating, lying, and sex scandals. No sport **has been spared so far** [**as yet**] **(2)**. In matters of doping, it is above all cycling that **has been targeted for years (3)**; even judo, which **once incarnated (4)** courage, sincerity and self-control, **has been in turmoil (5)** after (some) sexual harassment scandals, embezzlements and violence. In 2011, the Japan Sumo Association even **decided (6)** to call off its Spring Tournament, for the first time in half a century, after finding out that three wrestlers **had rigged (7)** fights. We all **wish** sport **could convey (8)** high moral values [standards] again!

(1) Bilan dans le présent d'une action qui a commencé dans le passé et se poursuit dans le présent : present perfect. Be + V–ing accentue l'idée de scandale, introduisant un commentaire appuyé. **(2)** Bilan dans le présent, « à ce jour », d'où le choix d'un present perfect. Pas de be + V–ing en raison de la structure passive. **(3)** « Depuis des années » indique qu'il s'agit d'un bilan dans le présent d'une action qui a commencé antérieurement et qui se prolonge dans ce même présent. **(4)** « Autrefois » (traduit par *once*) nous contraint d'utiliser un prétérit, le temps du révolu. **(5)** Bilan dans le présent d'une action qui a commencé dans le passé (« après des scandales ») et se prolonge dans ce même présent : present perfect. **(6)** « En 2011 » souligne que l'action de décision est révolue ; le complément circonstanciel nous oblige à utiliser le prétérit (c'est un cas de passé daté). **(7)** Simple renvoi à une action antérieure, « plus que passée », d'où le choix du plu-perfect. **(8)** Simple expression du regret souvent traduite en anglais par le verbe wish (irréel du présent).

FICHE DE GRAMMAIRE

11. L'expression du futur

Thème : Political life and institutions

Ce qu'il faut savoir

1. Généralités

Contrairement au français, l'anglais n'a pas de futur en tant que tel. On parle de futurité ou de visée guidée par les données d'une situation présente. L'anglais privilégie l'approche aspectuelle et modale (manière indirecte de faire référence au futur, à la « visée ») à la notion temporelle et fait donc aussi bien appel à **will / shall** qu'au présent continu ou à des structures telles que **be going to**, **be to**, **be bound to** ou **be about to**.

2. Will

Considéré comme l'auxiliaire du futur, le modal **will** implique un mélange de volonté et d'anticipation. On l'utilise pour exprimer :

- un avenir, plus ou moins proche, mais certain ou inévitable :

  The mayor **will turn** 70 next month.

  Politicians **will be** politicians!

- une prédiction, une conséquence :

  If they can't secure a majority, they'**ll have** to call an early election.

  When the next General Election takes place, we'**ll know** exactly where mainstream parties stand on such issues.

Remarques :

- Les subordonnées temporelles introduites par **when** et ses équivalents (**as soon as**, **as long as**, **while**, **once**, **until**, **before**, **after**, **by the time**, **the moment**, voire **if**) sont suivies du présent et non de **will** + **V** (**voir fiche 12**). Alors, le futur est exprimé directement dans la principale. En revanche, quand **when** est pronom relatif, il peut être suivi de **will** : I don't know when he **will break** the news.
- **Will** peut être suivi de bases verbales composées : **have** + **V–en**, **be** + **V–ing**, **have been** + **V–ing**, **have been** + **V–en**. La base verbale permet d'apporter des nuances temporelles et aspectuelles :

  At this time of day next week the Prime Minister **will be addressing** the nation. (Exprime une prévision simplement temporelle, une anticipation, envisagée dans son déroulement au moment de référence : le Premier ministre sera en train de s'adresser à la nation.)

  By Christmas, the few rebellious ministers **will have resigned**. (Noël est considéré comme l'époque où la situation sera complète et achevée, d'où le futur antérieur en français : les ministres frondeurs auront démissionné.)

By July 2021 Boris Johnson **will have been serving** as PM for about two years. (Il y a anticipation et bilan temporels : en juillet 2021, cela fera presque deux ans que Boris Johnson officie en tant que Premier ministre.)

The healthcare bill **will have been** vetoed by then. (Le cas est similaire à By Christmas… ci-dessus à la voix passive : le projet de loi sur le système de santé aura été retoqué à ce moment-là.)

- Autrefois utilisé aux premières personnes (du singulier et du pluriel) à la place de **will**, le modal **shall** /ʃæl/ s'emploie rarement aujourd'hui :
- pour une notion implicite de « devoir » : The think-tank shall submit its report within the next two weeks. (Le groupe de réflexion doit [est censé] rendre son rapport dans les deux semaines.)
- dans des documents officiels juridiques, légaux ou religieux : Every Cabinet member shall comply with the moral principles of the constitution. (Il est impératif que les ministres respectent les principes constitutionnels en s'engageant.)

Pour plus d'informations, voir la **fiche 14**.

- **Will** peut traduire une action imminente spontanée :

  Don't worry, **I'll call** the chief of staff myself. (Ne t'inquiète pas, je vais appeler le directeur de cabinet moi-même. [la réaction est spontanée et délibérée])

- Il peut aussi être employé pour une action future clairement liée à la volonté :

  The Chancellor of the Exchequer **won't heed** calls to resign. (Il ne tiendra pas compte des appels ou exhortations à démissionner ; il refusera de démissionner).

3. Les temps et périphrases

Comme en français, beaucoup d'expressions évoquent l'imminence, l'inéluctabilité ou la simple intention :

- **Be going to** – Proche du français « aller + infinitif », cette expression traduit la proximité d'une situation ou d'une action :
  - la décision est prise (même si le processus de réalisation n'a pas été enclenché) : The House of Representatives **is going to vote** on the Save American Workers Act. (C'est prévu, il manque les conditions [date, contexte…]) ;
  - des éléments concomitants permettent de le prédire : Judging by the latest statements, there'**s going to be** some Cabinet reshuffle. (Les déclarations permettent de conclure à l'imminence d'un remaniement.)
- **Be + V–ing** – Le présent « ponctuel » évoquera un fait planifié, prévu et proche, comme s'il était déjà en cours : The EU Foreign Ministers are meeting this coming Friday. (Le français opte pour la même forme : « se rencontrent ».)
- **Le simple present** – Il évoque un fait futur certain car inscrit dans la répétition (horaires, emplois du temps) : The inaugural address is delivered next January 20.
- **Be about to + V** – On traduit cette expression, qui exprime l'imminence temporelle, par « être sur le point de » : For those about to cast their votes… (À [Pour] ceux qui s'apprêtent à voter…)

- **To be to** + **V** – Plus formelle, cette expression exprime une situation inéluctable, établie à l'avance et revêt souvent un caractère officiel : Donald Trump is to be sworn in on January 20, 2017.
- **To be bound [doomed] to ...** + **V** – Ces expressions sont teintées de fatalisme et sont généralement traduites par « être destiné [voué] à ». On peut aussi utiliser to be meant to + V, to be expected to + V, to be supposed to + V ou to be likely to + V (avoir des chances de) : He is likely to make it to the Oval Office.

4. Le futur dans le passé

L'anglais procède aussi à la « concordance des temps ». Les formes ci-dessus se verront ainsi transposées dans le passé :

A few days later the Prime Minister **would be addressing** the nation.

The House **was going to vote** the Healthcare reform, when the Speaker died.

Applications

1. Exercice lacunaire

Choisissez la ou les réponses qui conviennent parmi celles proposées.

1. A dictatorship ...... its people.
a. gags **b.** will gag **c.** is gagging **d.** is supposed to gag

2. When the Queen ...... from India, she ...... probably spend a few days in Balmoral Castle.
a. will return / will **b.** returns / Ø **c.** returns / will **d.** will return / Ø

3. I ...... to a policy meeting tomorrow.
a. am going **b.** will go **c.** shall go **d.** am going to go

4. Unlike Europeans, American people ...... for a candidate from the civil society.
a. will vote **b.** vote **c.** are voting **d.** are supposed to vote

5. The president-elect ...... meet with the labor unions next Thursday.
a. will **b.** is to **c.** is meant to **d.** is going to

6. Most council houses built in the 1960s ...... be knocked down sooner or later.
a. will **b.** are to **c.** are going **d.** are supposed to

7. When the justices ...... convene they ...... judge the constitutionality of the new law on fundraising.
a. Ø / will **b.** are convening / will **c.** will / are to **d.** are to / shall

8. In single-party states, human rights ...... be respected.
a. shall not **b.** may not **c.** are not going to **d.** are likely not to

9. They can't join us, they ...... a meeting with the City council.
a. have **b.** are having **c.** will have **d.** are to have

10. I am afraid the government ...... the new Benetton ad.
a. will censor **b.** is censoring **c.** is to censor **d.** is going to censor

2. Phrases de thème

Traduisez les phrases suivantes en anglais.

1. Le prochain président **devra** réconcilier un pays déchiré.
2. Les élections de mi-mandat **auront** lieu dans deux ans.
3. Pour 10 euros de supplément, votre passeport vous **sera envoyé** directement.
4. Ne croyez-vous pas qu'il **va** encore **falloir** augmenter les impôts locaux ?
5. Sa popularité est au plus bas, il est peu probable qu'il **se présente** à la présidentielle.
6. Une fois l'hommage aux victimes **rendu**, le Premier ministre **s'envolera** pour l'Australie.
7. Le nouveau président américain **doit prêter serment** le 20 janvier prochain.
8. Quand nos dirigeants **seront tombés** d'accord, les choses **iront** vite.
9. On dirait que les élections **vont** encore **être** truquées.
10. Le gouvernement **envisage de revaloriser** les allocations familiales dès qu'il le **pourra**.

3. Version

Traduisez le texte suivant en français.

As the next conference on economic cooperation **is to take (1)** place next month, Arab leaders **are likely to boycott (2)** it. Indeed, until sanctions **are taken (3)** against Iran, the Gulf countries **will ignore (4)** all calls for lower oil prices. If Iran **won't open (5)** its nuclear facilities to inspectors, the GCC **may decide (6)** on a production freeze. Obviously, the world **is about to be caught (7)** in yet another regional tug of war.

4. Thème suivi

Traduisez le texte suivant en anglais.

Fin mai, les ministres européens de l'Éducation **se réunissent (1)** à Bruxelles où ils **élaboreront (2)** un plan concerté d'apprentissage des langues. Certains États-membres s'apprêtent à enclencher leurs propres réformes nationales et on ne sait pas si tous les représentants prendront part aux débats. Il faudra être très persuasif, mais certains se montrent optimistes : « Je suis convaincu qu'ils **vont venir (3)**. On ne **commencera (4)** pas **sans eux (5)** de toute façon », dit le ministre allemand.

Vocabulaire. Thème : Political life and institutions

a mayor : un maire
a politician : un homme politique
to secure a majority : s'assurer une majorité
to call an early election : déclencher des élections anticipées
a / the general election : une (les) élection(s) législative(s) (UK) / présidentielle(s) (US)
mainstream parties : les grands partis
the Prime Minister : le Premier ministre
a rebellious minister : un ministre « frondeur »
to resign, step down : démissionner
to serve as : officier (en tant que)
to veto sth : opposer son veto à, retoquer
a bill : un projet de loi
a think-tank : un groupe de réflexion
a Cabinet member (UK) : un ministre
a chief of staff : un directeur de cabinet

the Chancellor of the Exchequer (UK) : le ministre de l'Économie et des Finances
a Cabinet reshuffle : un remaniement ministériel
a Foreign Minister : un ministre des Affaires étrangères
to deliver a speech : prononcer un discours
the speaker : le président de chambre (des Communes, des Représentants, etc.)
a dictatorship : une dictature
to gag : museler, bâillonner
civil society : la société civile
trade (UK) / labor (US) unions : les syndicats
council houses (UK) : des HLM
justice (US) : un juge de la Cour suprême
the city council : le conseil municipal
the mid-term elections : les élections de mi-mandat
local taxes : les impôts locaux
approval ratings : une cote de popularité
to run for election [office] : se présenter à une élection
to take the oath, be sworn in : prêter serment
to pay tribute to s.o. : rendre hommage à qqn
a political leader : un dirigeant
a rigged election : une élection truquée
social benefits : les allocations
to scale up, raise, increase : revaloriser
the family allowance : l'allocation familiale
the production freeze : le gel de la production
a tug of war : un bras de fer, une lutte acharnée

Corrigés des applications

1. Exercice lacunaire

1. b. On fait référence à une caractéristique intrinsèque : il faut s'y attendre. Gags tiendrait de l'accusation, et supposed to impliquerait que c'était le but.
2. c. When introduit une condition préalable à la réalisation de la principale : **when + sujet + V au présent**, **will + V** intervient dans la proposition suivante, la « principale ». Il faut d'abord que **when + sujet + V au présent** se réalise, pour que **will + V** se fasse.
3. a. Le rendez-vous est pris. Le locuteur anticipe.
4. a. Voir la phrase 1 de l'Exercice lacunaire.
5. b. Le rendez-vous a un caractère officiel et inéluctable : il a été annoncé publiquement.
6. a. Sooner or later implique que c'est dans le cours des choses, peu importe quand.
7. a. Voir la phrase 2 de l'Exercice lacunaire.
8. d. Situation proche de la phrase 1 de cet exercice : are likely (not) to renvoie à la caractéristique « intrinsèque » : ... sont susceptibles de ne pas être respectés.
9. b. Voir la phrase 3 de l'Exercice lacunaire.
10. a. et **d.** Les données en « ma » possession m'invitent à formuler une opinion : will censor rapproche la situation des phrases 1 et 4 de l'Exercice lacunaire. Is going to censor se fonde probablement sur des données plus ponctuelles et moins « générales ».

2. Phrases de thème

1. The next President **will have** to reconcile a split country. [Il n'y a pas le choix ; il n'y a pas de précision temporelle.]

2. The mid-term election **is to take** place in two years (from now). [La chose est inscrite dans le processus démocratique : issue inéluctable et officielle.]

3. For an extra €10 fee your passport **will be sent** to you by mail. [For an extra €10 fee équivaut à If/When you pay an extra €10, your passport…]

4. Don't you think we'**ll** have to raise the local taxes again? [Manifestement, il s'agit d'autorités municipales : will semble plus inévitable et spontané que are going.]

5. His approval ratings are at their lowest, he **is unlikely to run** for president. [On insiste davantage sur la probabilité que sur l'aspect temporel, la date de la présidentielle étant arrêtée.]

6. Once the ceremony in tribute to the victims **is** over, the Prime Minister **will fly** to Australia. [Voir la phrase 3 des Phrases de thème et la phrase 2 de l'Exercice lacunaire]

7. The new American president **is to be sworn in** next January 20. [On fait référence à une procédure officielle et préétablie.]

8. When [Once] the party leaders **have come** to an agreement, things **will go** fast. [Voir la phrase 6 des Phrases de thème. La charge lexicale de come to, associée à once, invite à choisir la forme au perfect, à savoir le present perfect « have come ».]

9. It seems like the election is **going to be** rigged again. [Proche de la phrase 10 de l'Exercice lacunaire : ici, le locuteur porte un jugement quasi spontané.]

10. The government **contemplates** scaling up family allowances **as soon as possible**. [As soon as (comme when) nous amène à utiliser le présent. Le verbe étant to be, on l'omet : as soon as (it is) possible.]

3. Version

(1) « **est prévue pour [doit se tenir]** » : on se rend compte que le français fait appel au « devoir » de précision. **(2)** « **sont susceptibles de [vont probablement boycotter]** » : l'adverbe/adjectif likely a pour équivalent probably/probable. **(3)** « **tant que des sanctions ne seront pas prises** » : si l'on opte pour « tant que », le futur est de rigueur en français. On peut reformuler : « jusqu'à ce que soient prises… » **(4)** « **ignoreront** » : cas similaire à when (until ici) + V au présent, suivi de will + V dans la principale. **(5)** « **refuse d'ouvrir [ne daigne pas ouvrir]** » : on n'utilise pas will après when et if, sauf s'il revêt un sens fort de volonté. **(6)** « **pourrait décider [décidera peut-être]** » : may/might peuvent avoir une valeur future quand ils sont associés à une probabilité. **(7)** « **est sur le point de [ne saurait tarder à être]** » : be about to + V exprime l'imminence.

4. Thème suivi

Late next May, the EU Ministers of Education **are to meet** [**will meet**] **(1)** in Brussels where they **will work out** [**be working out**] **(2)** a joint plan for language learning. As a few member states **are about to** launch their own school reforms at national level, it is not sure whether all representatives **will participate [be participating]** in the debates. It will take a lot of convincing, but some are quite optimistic: "I'm sure they'**ll come (3)**. We **won't** [**are not to**] **get (4)** started until they **join (5)** us anyway," the German Minister declared.

(1) La traduction dépendra du degré de précision (date fixée ?) et du caractère officiel souhaités. **(2)** Sans grande différence, la seconde proposition est plus neutre car elle se concentre sur l'activité, plus que sur l'intention (« are about to launch »). Les décisions ont été prises, la mise en pratique est imminente (« will participate [be participating] »). La première proposition insiste davantage sur la volonté (ou le refus) de participer, et peut être préférée ici. La neutralité factuelle irait vers la seconde proposition (« It will take »). Manifestement, il s'agit autant d'une évidence que d'une déclaration d'intention. **(3)** Le locuteur semble jouer sur la volonté du sujet, et pas seulement sur un fait envisagé et imposé au sujet. **(4)** Entre le refus et l'approche formelle qui sous-entend qu'une telle option n'est pas prévue par le règlement, le locuteur a le choix. **(5)** Until est un équivalent de when et sera suivi d'un présent simple.

FICHE DE GRAMMAIRE

12. Les subordonnées circonstancielles de temps

Thème : **Rich and poor**

Ce qu'il faut savoir

Il existe un grand nombre de subordonnées circonstancielles : temps, lieu, concession, but, résultat, condition, hypothèse, cause, conséquence et opposition.

Il convient cependant d'étudier en détail les subordonnées circonstancielles de temps car elles peuvent être source d'erreurs pour un francophone.

1. Remarques générales

▸ Les subordonnées circonstancielles de temps sont essentiellement introduites par une conjonction de subordination (when, while, once, as soon as, as long as, before, after, until, till), mais parfois aussi par une préposition (on). Il arrive cependant que l'on n'ait ni l'un ni l'autre, et donc directement une forme en –ing :

She fell in the river **trying** to help him out of the water.

▸ Les subordonnées, de manière générale, ont la même fonction qu'un adverbe. On peut donc remplacer une subordonnée de temps par un adverbe de temps ou une locution adverbiale de temps :

They sold their house **when he lost his job**. = yesterday / last month

▸ Elles peuvent être à un mode personnel ou impersonnel, ce qui signifie qu'elles peuvent contenir un verbe conjugué ou non conjugué :

They already lived below the poverty line when their third child **was born**.

Once arrived, we will have to try and make friends in moneyed circles. (Il s'agit en fait d'une ellipse du pronom sujet et de l'auxiliaire : **once we have arrived**.)

▸ Elles peuvent être sans verbe :

When in need, the poor should not hesitate to turn to charities. (équivaut à when [if] they are in need)

▸ Il est possible de déplacer la subordonnée avant ou après la proposition principale.

2. La spécificité de la subordonnée circonstancielle de temps au futur

La subordonnée circonstancielle de temps peut poser un problème aux francophones lorsqu'elle est au futur, le calque du français étant impossible. On ne peut en effet utiliser will ou would dans les subordonnées de temps commençant par when ou toute autre conjonction introduisant une subordonnée de temps (voir la liste du 1. dans « Ce qu'il faut savoir »). Il faut donc opérer une concordance des temps bien spécifique :

Futur		Present simple
Elle le lui **dira** quand il **téléphonera**.	→	She **will tell** him <u>**when**</u> he **calls**.
Je **partirai** quand elle **arrivera**.	→	I **will leave** <u>**when**</u> she **arrives**.
Conditionnel présent		**Past**
Elle a dit qu'elle le lui **dirait** quand il **téléphonerait**.	→	She said she **would tell** him <u>**when**</u> he **called**.
J'ai dit que je **partirais** quand elle **arriverait**.	→	I said I **would leave** <u>**when**</u> she **arrived**. (et non * **when she would arrive**, qui serait l'équivalent passé de * **when she will arrive** au présent)
Futur antérieur		**Present perfect**
Elle le lui **dira** quand il **aura téléphoné**.	→	She **will tell** him <u>**when**</u> he **has called**.
Je **partirai** quand elle **sera arrivée**.	→	I **will leave** <u>**when**</u> she **has arrived**.
Conditionnel passé		**Past perfect**
Elle a dit qu'elle le lui **dirait** quand il **aurait téléphoné**.	→	She said she **would tell** him <u>**when**</u> he **had called**.
J'ai dit que je **partirais** quand elle **serait arrivée**.	→	I said I **would leave** <u>**when**</u> she **had arrived**.

Remarque. Contrairement au français qui fait appel aux auxiliaires « être » et « avoir » pour construire le passé composé et le plus-que-parfait, l'anglais n'utilise que l'auxiliaire have pour le Present perfect et le Past perfect (Have + V–en). Be + V–en est la construction du passif.

3. Distinguer la subordonnée de temps au futur de l'interrogative indirecte et de la proposition relative introduites par when

▶ Si, dans une subordonnée de temps au futur, il n'est pas possible d'avoir will après la conjonction de subordination (when et autres), cet enchaînement est tout à fait possible dans l'**interrogative indirecte**. Il suffit d'opérer des tests très simples pour les identifier :

- la subordonnée de temps pourra, elle, toujours être remplacée par un adverbe de temps comme tomorrow :

  When they find out their neighbours live on benefits, they will probably offer to help them. **Tomorrow**, they will probably offer to help them ;

- l'interrogative indirecte ne peut pas, quant à elle, être remplacée par un adverbe ; on peut également retrouver la question directe sous-jacente :

  I wonder when they will realise we qualify as a low-income household!

  * I wonder tomorrow… : la phrase n'a pas de sens.

La question directe est : When will they realise that we qualify as …?

Notez que, dans l'interrogative indirecte, le verbe introducteur indique en principe qu'il existe un manque informationnel : wonder, know, etc.

▶ De même, il est tout à fait possible de trouver **will** après **when** dans le cas où il s'agit d'un pronom relatif :

I can't wait for the day when they will try to bridge the social gap.

When (traduit en français par « où » et non par « quand ») est ici pronom relatif et peut donc être suivi de **will**.

Applications

1. Exercice lacunaire

Choisissez la ou les réponses qui conviennent parmi celles proposées.

1. Let me know .... available to talk about her financial situation.
a. when she will be **b.** when will she be **c.** when is she
d. when she will have been

2. He will live a precarious existence as long as he ...... to work.
a. will refuse **b.** would refuse **c.** refuses **d.** has refused

3. .... , she lived in a deprived area.
a. When she was a child **b.** When a child **c.** When she is a child
d. When she were a child

4. She is constantly strapped for cash and I don't know when she ...... complaining about it.
a. stops **b.** will stop **c.** would stop **d.** is stopping

5. The Prime Minister said that they ...... something about tax avoidance when all the billionaires ...... out of the country.
a. would do / have moved **b.** will do / moved **c.** will do / had moved
d. would do / had moved

6. When ......, please remember to lock the safe as it contains my personal belongings.
a. you are leaving **b.** you leave **c.** leaving **d.** you will leave

7. ...... their mansion, he immediately noticed the gold frames on the walls.
a. By entering **b.** On entering **c.** As entering **d.** Once entering

8. The more you ...... about sinking into poverty, the more stressed out you ... .
a. will worry / will be **b.** would worry / would be **c.** will worry / are
d. worry / will be

9. She will call the social services the moment she .... the eviction notice.
a. will receive **b.** would receive **c.** receives **d.** is receiving

10. I am looking forward to the day when we .... from hand to mouth.
a. will no longer live **b.** will have no longer lived **c.** are no longer living
d. would no longer live

2. Phrases de thème

Traduisez les phrases suivantes en anglais.

1. **Une fois partagées**, les richesses pourront bénéficier à tout le monde.
2. Le fossé entre les riches et les pauvres ne sera comblé que **quand nos dirigeants auront pris** les bonnes décisions.
3. **Le jour viendra où** de tels écarts de revenus au sein d'une même entreprise n'**existeront** plus.
4. Ils sont tombés dans la misère **quand leur père a commencé à dépenser** sans compter.
5. **Quand elle voudra** améliorer son pouvoir d'achat, elle prendra un second travail à mi-temps.
6. **Quand ils auront acheté** cette immense maison, ils auront du mal à s'en sortir.
7. Le président a déclaré qu'il se battrait pour une société plus égalitaire **une fois que le chômage aurait baissé**.
8. Ils vivront dans un taudis **tant qu'ils ne seront pas relogés** par la mairie.
9. Elle leur montrait des photos de ses multiples voyages, **tandis qu'elle racontait** son histoire de réussite sociale fulgurante.
10. Ils se vanteront de leur statut social **avant** même **qu'elle ne leur pose** des questions.

3. Version

Traduisez le texte suivant en français.

What Trump will do to help poor countries **if he is re-elected one day (1)** remains unknown. Back in November 2017, **soon after Trump was elected, Obama voiced his worries (2)** as to how humanitarian aid would be carried out in the future, **while commenting on the situation of Haiti (3)**. In many parts of the world, it is feared that relations will increasingly be determined by wealth and poverty and that humanity will be left aside. The wider the gap becomes, **the more problematic the situation will be (4)**. **When campaigning (5)**, Trump kept saying it would be *America First*. But **when – if ever – people like Mr. Trump realise they cannot overlook the plight of the poorest countries (6)**, the situation will probably have gone out of control. Let us pin our hopes on President Biden, though.

4. Thème suivi

Traduisez le texte suivant en anglais.

Quand Paul, âgé de huit ans, découvrit (1) qu'il était d'un milieu social auquel tous ses camarades auraient aimé appartenir, il décida de leur donner des conseils pour les aider à réussir dans la vie. **Une fois tous ses petits copains rassemblés (2)**, il demanda à l'un d'eux :
« Que veux-tu faire plus tard ?
– Tu veux dire… **quand je serai grand (3) ?** Eh bien, je serai médecin.
– **Tant que tu refuseras de travailler (4)** davantage à l'école, ce ne sera pas chose aisée. **Quand tu auras réussi ton bac (5)**, on en reparlera. **Plus tu étudieras, meilleur tu seras (6)**. »

Vocabulaire. Thème : Rich and poor

to live below the poverty line : vivre en dessous du seuil de pauvreté
in moneyed circles : parmi les nantis
a charity : une association caritative
to be in need : être dans le besoin
the poor : les pauvres
the rich : les riches
to live on housing benefits : vivre des allocations logement
a low-income household : un foyer aux revenus faibles
to bridge the gap : combler le fossé
to live a precarious existence : vivre une existence précaire
deprived : défavorisé
to be deprived of sth : être privé de qqch
strapped for cash : être à court d'argent
tax avoidance : l'évasion fiscale
a billionaire : un milliardaire
a safe : un coffre (-fort)
personal belongings : les effets personnels
a mansion : une demeure, un hôtel particulier
a gold frame : un cadre en or
to sink into poverty : sombrer dans la pauvreté
the social services : les services sociaux
an eviction notice : un avis d'expulsion
to live from hand to mouth : vivre au jour le jour

Corrigés des applications

1. Exercice lacunaire

1. a. Il s'agit ici d'une interrogative indirecte : let me know when she will be … When peut donc être suivi de will dans ce cas. La question sous-jacente est : When will she be available?

2. c. As long as introduit la subordonnée de temps. Là où, en français, on aurait un futur dans la principale et la subordonnée, en anglais, on n'a de futur que dans la principale.

3. a. La proposition introduite par when est une subordonnée de temps. Le verbe de la principale est au prétérit, donc la subordonnée de temps doit également être au prétérit. Notez qu'il n'y a de concordance particulière que lorsque la subordonnée est au futur.

4. b. Ici, will est possible car when n'introduit pas une subordonnée de temps au futur, mais une interrogative indirecte (+ présence de I don't know). On voit d'ailleurs que le test du remplacement de la proposition en when par tomorrow n'aboutit pas à une phrase cohérente : * I don't know tomorrow.

5. d. La concordance des temps implique que, après said (au prétérit), on ait it would + BV dans la principale et had –en (le plu-perfect) dans la subordonnée de temps (voir le tableau du 2. dans « Ce qu'il faut savoir »).

6. b. et **c.** When introduit bien une subordonnée de temps à sens futur (on peut la remplacer par **tomorrow** please remember…). La principale contient un subjonctif présent renvoyant au futur. Dans la subordonnée, le présent simple et la forme en –ing sont possibles. Notez cependant que la forme en –ing ne correspond pas à une ellipse de « are » ici (en effet, **a.**, (when) you are leaving est faux).

7. b. La subordonnée de temps est ici introduite par la préposition on. By + –ing introduit une subordonnée circonstancielle de manière. As entering n'est pas possible (il faudrait un sujet et un verbe conjugué : as he was entering their mansion…) et Once entering est incorrect (il faudrait once he entered = une fois entré).

8. d. Dans les structures d'accroissements parallèles (the more … the more … / the less … the less …), si la seconde partie est au futur, la première se met au présent simple. Autre exemple : the less money you spend, the more you will have on your savings account.

9. c. The moment est ici l'équivalent de when (= on peut le remplacer par when) et est donc bien la conjonction introduisant la subordonnée de temps à sens futur. Le temps dans celle-ci est donc le présent simple.

10. a. When est un pronom relatif dont l'antécédent est the day. Il ne s'agit donc pas d'une subordonnée de temps au futur ; le recours au modal will est possible.

Fiche de grammaire

2. Phrases de thème

1. Once distributed [**shared out**]**,** the wealth will benefit everyone. [On a une subordonnée de temps à sens futur avec ellipse du pronom personnel et de l'auxiliaire, ainsi que de la voix passive : once it has been distributed. Will apparaît présent dans la principale.]

2. The gap between the rich and the poor [the haves and the have-nots] will only be bridged **when our leaders make** the right [appropriate] decisions. [On a une subordonnée de temps à sens futur, qui ne peut contenir will, que l'on trouve alors dans la principale.]

3. The day will come when such huge wage discrepancies **will** no longer exist within a company. [Ici, bien que when soit précédé d'un groupe verbal, il est pronom relatif et son antécédent est the day. On pourrait reformuler ainsi : The day when such huge wage discrepancies will no longer exist within a company will come. Cette proposition, bien que grammaticalement recevable, est moins idiomatique que celle proposée car la proposition est trop longue pour rejeter will come en fin de phrase.]

4. They sank into poverty [fell on hard times] **when their father started spending** his money lavishly. [On a une subordonnée de temps au passé, avec du prétérit dans la principale et dans la subordonnée.]

5. When she wants to improve her purchasing power, she will take on a second part-time job. [Voir la phrase 2 dans les Phrases de thème]

6. When they have bought this huge house, they will have trouble getting by [will struggle to get by]. [Le futur antérieur français est rendu par du present perfect en anglais dans la subordonnée de temps, qui, encore une fois, ne peut contenir will, que l'on trouve en revanche dans la principale. Voir le 2. dans « Ce qu'il faut savoir », le tableau de concordance.]

7. The President declared that he would fight for a more egalitarian society **once the unemployment rate had decreased**. [Le conditionnel passé en français est rendu par un plu-perfect en anglais dans la subordonnée. Voir le 2. dans « Ce qu'il faut savoir », le tableau de concordance.]

8. They will live in a slum [a hovel] **as long as they are not rehoused** by the municipality. [Voir les phrases 2 et 5 dans les Phrases de thème]

9. She was showing them pictures of her countless trips **while telling** them her rags-to-riches story. [On a une subordonnée de temps à un mode impersonnel, introduite par la conjonction while et suivie de V–ing, qui correspond ici à une ellipse du pronom et de l'auxiliaire was. L'ancrage passé est exprimé par le groupe verbal was showing. While indique que les actions was showing et telling sont simultanées.]

10. They will boast about their social status even **before she asks** them questions. [Voir les phrases 2, 5 et 8 dans les Phrases de thème]

3. Version

(1) « Ce que Trump fera pour aider les pays pauvres s'il est réélu demeure inconnu. » : l'anglais et le français fonctionnent de la même manière dans les hypothétiques introduites par « si / if », d'où le présent dans la subordonnée. **(2) « peu de temps après l'élection de Trump, Obama a exprimé ses inquiétudes quant à la façon dont l'aide humanitaire serait menée à l'avenir »** : on a une subordonnée de temps au passé, introduite par after ; le temps utilisé est le prétérit dans les deux propositions. Pour traduire le groupe verbal was elected, on a choisi une structure nominale en français (voir le chapitre sur les procédés de traduction : la transposition). **(3)** « **lorsqu'il a commenté la situation en Haïti** » : la subordonnée à un mode impersonnel en anglais devient une proposition conjuguée en français. Notez qu'ici, while commenting n'est pas une ellipse de he was car, à un mode personnel, on aurait eu while he commented. **(4)** « **Plus le fossé se creusera, plus la situation sera problématique.** » : dans l'accroissement parallèle exprimant une futurité, la première proposition est au présent simple et la seconde au futur. **(5)** « **Lorsqu'il a fait campagne, Trump n'a eu de cesse de dire que ce serait l'Amérique d'abord.** » : voir la phrase 3 de la Version. **(6)** « **Mais quand les personnes comme M. Trump se rendront compte (si cela arrive) qu'elles ne peuvent pas négliger la détresse des pays les plus pauvres, la situation sera probablement devenue ingérable.** » : on a une subordonnée de temps à sens futur introduite par when et comportant un présent simple en anglais ; will have gone dans la principale est logiquement traduit par un futur antérieur.

4. Thème suivi

When Paul, aged 8, discovered (1) that he was from a social background all his classmates would have liked to belong to, he decided to give them advice to help them succeed in life. **Once all his mates had gathered (2)**, he asked one of them:
"What do you want to become later?"
"You mean… **when I grow up (3)**? Well, I will be a doctor."
"**As long as you refuse to work harder at school (4)**, that will be no easy task. **When you have passed your A-level (5)** [have obtained your high school diploma], we will talk about it again. **The harder you study, the better you'll get. (6)**"

(1) On a une subordonnée de temps au passé, d'où le prétérit dans la subordonnée et dans la principale (discovered et decided). **(2)** On est en présence d'une subordonnée de temps au passé, avec antériorité de l'action de se rassembler par rapport à l'action de demander, d'où le verbe gather au plu-perfect et le verbe ask au prétérit simple. **(3)** On a une subordonnée de temps à sens futur : will est donc proscrit. La principale apparaît ensuite : I will be a doctor. **(4)** As long as est la conjonction introduisant la subordonnée de temps à sens futur qui ne peut contenir will ; celui-ci apparaît en revanche dans la principale that will be no easy task. **(5)** On a une subordonnée de temps à sens futur, comportant un present perfect pour traduire le futur antérieur exprimé en français ; encore une fois, will ne peut donc figurer que dans la principale. **(6)** Exemple d'un accroissement parallèle : voir la phrase 4 de la Version.

FICHE DE GRAMMAIRE

13. Durée et relations temporelles

Thème : **The economy**

Ce qu'il faut savoir

1. Généralités

▶ Il faut distinguer **espace-temps délimité** (pendant, durant, depuis, Ø), continuité ([pas] encore, toujours [pas]), **répétition** (toujours, encore, à/de nouveau) et occurrence au cours d'une durée (déjà, jamais, durant, pendant).

▶ En français, « **depuis** » et « **pendant** » n'ont pas le même sens selon qu'ils sont suivis d'un repère temporel ou d'une durée : depuis **hier** ≠ depuis **deux jours**.

▶ La durée n'a pas de valeur temporelle en soi. Elle répond à la question **How long ...?** (depuis combien de temps... ?), voire **Since when?** (depuis quand ?).

▶ Il faut maîtriser temps anglais et approches françaises pour éviter les calques malheureux :

Bernard Madoff **est** en prison **depuis douze ans**. / Bernard Madoff **est** en prison **pour plus de cent ans**. En effet, le calque du verbe est (traduit par is dans ces deux cas) est irrecevable.

Résumons :

- Bernard Madoff **est** en prison **depuis douze ans/ depuis 2009**. : Bernard Madoff **has been** in prison **for twelve years / since 2009**. (*is in prison for twelve years/ since 2009 est impossible).
- Bernard Madoff **a été [fut] envoyé** en prison **en 2009/ il y a douze ans**. : Bernard Madoff **was sent** to prison **in 2009/ twelve years ago**. (l'adverbe ago /ə'gəʊ/ impose le recours au prétérit was sent).
- Bernard Madoff **est** en prison **actuellement**. : Bernard Madoff **is currently** in prison.
- Bernard Madoff **est** en prison **pour plus de cent ans**. : Bernard Madoff **will be** in prison **for more than a hundred years**. (*is in prison for more than a hundred years est impossible).

2. Durée : for, since et ago

En termes de durée, ces adverbes sont souvent complémentaires.

▶ For, traduit par « **pendant** », « **durant** », « **pour** » ou « **depuis** », indique vraiment la notion de durée :

The market has been changing **for a good ten years now**, and it's not over yet. (Le marché évolue **depuis** une bonne dizaine d'années. / **Ça fait** maintenant [déjà] une bonne dizaine d'années que le marché évolue.)

He'll be in charge of the sales department **for the next five years**. (Pour une durée à venir, le français a recours à « **pour** ».)

When we set up business the economy was slack **for a couple a months**, but then the company just kept thriving. (La période évoquée est passée, terminée et les événements se suivent. Le français opte pour « **pendant** » ou « **durant** ».)

His publishing house had been second on the market **for decades** when the leader launched a takeover bid and eventually bought it out. (Le cas est similaire au premier exemple, dont le repère butoir n'est plus **now**, mais un équivalent passé introduit par **when**.)

Remarques :

- Quand l'aspect résultatif prime sur la durée, on peut faire appel à la préposition **over** ou Ø :
  They have laid people off by the dozen **over the past ten years**.
- Si le verbe est à la forme négative, on préfère utiliser la préposition **in** :
  This nuclear plant has not been inspected **in years**.
- **During** est un faux ami : il répond à la question **when** et non **how long**. La durée évoquée sert de repère temporel :
  The dry cleaner closed up shop **during** the summer as the bank would not loan him any more money.

Dans certains cas, **during** équivaut à **within** ou **by** (« au cours de », « à l'occasion de » ou « d'ici à »).

▶ Préposition, conjonction ou adverbe, on traduit since par « **depuis [que]** ». Since peut être suivi d'un complément marquant une date ou un point de départ (ancré(e)s dans le passé), voire d'un verbe au prétérit, au past ou au present perfect :

a. Since the government's decision to crack down on tax evasion, some energy tycoons have released their tax returns.
b. Since the tariffs were removed, business has picked up.
c. Since we've been dealing with new suppliers, I must admit we haven't had any client complain about any defect.

Les exemples **a.** et **b.** introduisent un point de départ. Dans l'exemple **c.**, les situations évoquées par la proposition principale et la subordonnée se superposent. De façon à retrouver la situation de l'exemple **b.**, on pourrait reformuler **c.** comme suit :

Since we started dealing with new suppliers…

Remarques :

- Ces phrases peuvent être envisagées dans un contexte passé comme dans l'exemple **a.** :
  Since the tariffs had been dropped, business had picked up.
- Il ne faut pas confondre since avec la conjonction à valeur causale [**puisque**].

▶ Ago renvoie au début de la durée dont il est suivi. Sa traduction est « **il y a** » et ne peut être associée qu'au prétérit :

The whole sector was bailed out by the government **three years ago**.

Il y a peu de lien direct avec la durée, sauf par déduction ou choix lexical :

Since the government started bailing out the ailing automobile companies **a few years ago**, the US economy has done pretty good.

3. Continuité : still, yet, anymore et any longer

▶ On entend par continuité ou attente, la notion de durée « inachevée » :

The Fed is **still** hesitating about lowering interest rates.
The ECB has **yet** to react to the latest downgrading of France's credit rating by Standard and Poor's.

Still porte sur une situation existante, alors que **yet** évoque une situation qui n'a pas eu lieu.

▶ À la forme négative, les deux sont très proches :

He hasn't **yet** realised [hasn't realised **yet**] he was born with a silver spoon in his mouth.

According to the latest reports, battery farming **still** hasn't changed its way of treating poultry.

Yet traduit un événement attendu mais non réalisé, **still** une chose souhaitée mais que rien ne laisse présager.

▶ La **discontinuité** est exprimée par la forme négative associée à **anymore**, **any longer**, voire **no longer** seul.

Jobs around here are**n't** like gold dust **anymore**.

He is **not** on the company's payroll **any longer**.

The underground economy **no longer** caters to local gang leaders.

Les nuances entre ces formes sont minimes et tiennent de l'insistance et du registre linguistique.

4. Répétition et itération : again et always

▶ On entend par itération une situation ou action qui se répète, et considérée dans son unicité multiple :

The company is in the red **again**.

This ad is aimed at the youth **again**.

Ici, **again** fait référence à une situation qui se reproduit ou à une situation similaire qui en rappelle une autre – proche de **once more / again**, **anew**.

▶ La répétition prise dans son ensemble s'apparente à la fréquence :

Employers **always** refuse to raise wages these days.

A merger will **always** lead to redundancies.

L'itération des situations est considérée dans son ensemble. Alors, **always** équivaut à **all the time**, **at all times**, **each time**, **regularly**...

5. Occurrence et expérience : (n)ever, already (et yet)

Adverbes très proches quand employés à la forme interrogative, on les distingue en contexte.

▶ **Ever** et **(n)ever** s'apparentent à « depuis toujours », « jamais » (dans son sens positif) :

a. Have you **ever** asked a boss for a pay raise? (As-tu jamais [déjà]...)

b. If the subcontractor **ever** fails us, that'll be tantamount to a breach of contract.

c. The overall debt of the company is at its highest **ever** [is higher than ever].

Ever couvre une période indéfinie dont l'amplitude est le maximum envisageable pour une situation en contexte : « depuis que tu travailles [es en âge de travailler] » en **a.** et **c.** **So far** et **to this day** peuvent aussi convenir. L'exemple **b.** couvre quant à lui le vaste avenir.

▶ **Already** est plus précis, il fait référence à l'occurrence de la situation plutôt qu'à la période. Il a un sens positif et se trouve donc rarement à la forme négative :

Have you **already** told the customer we might soon run out of stock?

They have **already** hired a full-time salesperson.

Already porte sur une tâche ou une situation que l'on s'attend à faire ou à voir réaliser. Dans les deux exemples, on comprend que la chose est prévue.

▸ Proche d'**already** dans les phrases négatives, **yet** apporte une nuance d'urgence/impatience dans les interrogatives :

Have they changed all the price tags on these **yet**?

Applications

1. Exercice lacunaire

Choisissez la ou les réponses qui conviennent parmi celles proposées.

1. It's the first time ...... they've built such a big mall.
a. already **b.** yet **c.** ever **d.** ago

2. Never ... trust an insurance broker when he is smiling. It means he has ...... scammed two other people right before you.
a. ever / yet **b.** ever / already **c.** never / yet **d.** never / again

3. The government has taken drastic measures ...... the last downturn.
a. since **b.** in **c.** for **d.** over

4. The strikers have not ...... decided on going back to work.
a. yet **b.** still **c.** again **d.** always

5. His company went bankrupt three years ...... and he's never found a new position ... .
a. ago / for **b.** since / again **c.** already / yet **d.** ago / since

6. Offshoring has been considered a plague ... a long time.
a. since **b.** for **c.** in **d.** within

7. ... the past few months no agreement on the minimum wage has been reached.
a. For **b.** Over **c.** Since **d.** Ø

8. Rogue capitalists have been taking advantage of cheap labour ... too long.
a. since **b.** for **c.** over **d.** in

9. ... I was born I've supported strengthening collective bargaining.
a. For **b.** Since **c.** Never **d.** Ago

10. She occupied a few menial jobs ... a couple of years and then got married.
a. for **b.** over **c.** since **d.** still

2. Phrases de thème

Traduisez les phrases suivantes en anglais.

1. Ça fait bien une vingtaine d'années que le niveau de vie stagne.

2. C'est **toujours** difficile de maintenir la croissance **pendant** plusieurs années.

3. Depuis quelques années, les banques ont changé de politique concernant les prêts à la consommation.

4. L'Alena a **toujours** servi les intérêts américains plus que ceux des Mexicains.

5. C'est la **toute première fois** que les saisonniers sont si peu nombreux.

6. Depuis plus de trois ans, sa société est le fer de lance du secteur.

7. Les cols bleus américains en veulent aux grands pontes de Wall Street **depuis** la crise des subprimes.

8. Jamais l'UE n'avait été aussi déchirée que **depuis** le référendum sur le Brexit.
9. Au cours de l'été, Angela Merkel a déclaré que l'Allemagne devait continuer à accueillir des demandeurs d'asile.
10. Cette entreprise a **toujours** mis un point d'honneur à promouvoir le travail d'équipe.

3. Version

Traduisez le texte suivant en français.

The rise of populist, anti-establishment parties **these past few years (1)** has frequently been attributed to the idea that globalisation has **always (2)** helped the rich and wealthy. For the first time **in (3)** years the UK electorate voted for Brexit out of a discontent that had been brewing **since (4)** the Thatcher years.
Yet, experience has long proved that being merely critical has **always (5)** been counterproductive and politicians have been rubbing up voters the right way **for (6)** too many years now.
Anyways, growth has not picked up **yet (7)**, and we **still (8)** need to find a way to ensure viable solutions **for (9)** the years to come.

4. Thème suivi

Traduisez le texte suivant en anglais.

Il y a (1) 15 ans, le monde commençait à prendre conscience des effets probables de la mondialisation pour les années à venir. **Depuis (2)**, les pays émergents en ont tiré profit, tandis que les pays riches attendent **encore et toujours (3)** des jours meilleurs. **Pendant (4)** longtemps, les pays riches ont cru pouvoir abuser des pays pauvres, mais ces temps-ci sont finis. **Durant (5)** l'été, un groupe de pays asiatiques a décidé de revoir à la baisse leur coopération avec les Européens et les Américains **pendant (6)** deux ans. La Maison Blanche a **déjà (7)** mis en garde contre un excès de protectionnisme, tandis que les candidats à la présidence n'ont **toujours pas (8)** pris position.

Vocabulaire. Thème : The economy

the sales department : le service des ventes
to set up business : créer son entreprise, se mettre à son compte
slack (adjectif) : calme, creux
to thrive : prospérer
a takeover bid : une offre publique d'achat
to buy out : racheter, reprendre
the steel (and iron) industry : la métallurgie (la sidérurgie)
to lay off : licencier
to close up shop : mettre la clef sous la porte
to loan : prêter
a HR (human resources) manager : un directeur des ressources humaines
a CEO (Chief Executive Officer) : un P-DG
tax evasion : l'évasion [la fraude] fiscale
a tax return : une déclaration d'impôt
a tycoon : un magnat
a tariff : un tarif douanier, une barrière douanière
to pick up : reprendre, repartir à la hausse
a supplier : un fournisseur
to bail out : renflouer, remettre à flot
ailing (adjectif) : en difficulté, mal en point

to outsource : délocaliser, sous-traiter
the FED (Federal Reserve) : la Réserve fédérale
the ECB (European Central Bank) : la BCE (Banque centrale européenne)
to downgrade : dégrader la note de, rétrograder
the underground economy : l'économie souterraine
a payroll : le registre du personnel, la masse salariale, les effectifs
to be in the red : être dans le rouge
to raise wages : augmenter les salaires
a merger : une fusion
a refund : un remboursement
a mall : un centre commercial
an insurance broker : un courtier en assurances
to scam : arnaquer
a downturn : une récession
to go bankrupt : faire faillite
offshoring : les délocalisations
a rogue capitalist : un capitaliste voyou
labour : la main-d'œuvre
a menial job : un emploi subalterne, petit métier
collective bargaining : la convention collective
the living standard(s), standard(s) of living : le niveau de vie
to stagnate : stagner
the / – growth : la croissance
a consumer loan : un prêt à la consommation
NAFTA (North Atlantic Free Trade Agreement) : l'Alena (Accord de libre-échange nord-américain), voir également USMCA (Accord Canada-États-Unis-Mexique)
blue collars : les cols bleus
an asylum seeker : un demandeur d'asile
team work : le travail d'équipe
emerging, developing (adjectif) : émergeant, en voie de développement

Corrigés des applications

1. Exercice lacunaire

1. c. Ever a une valeur emphatique signifiant « depuis toujours ». On pourrait aussi dire the very first time.
2. b. Ever équivaut à une répétition de Never. Already fait référence aux deux arnaques précédentes.
3. a. La situation a commencé au moment de la crise, qui constitue le point de départ.
4. a. La situation est en attente de réalisation, qui est une forme de continuité de l'absence. Still eût été possible, mais avant le verbe.
5. d. Le premier verbe marque une action passée et terminée : ago nous ramène à cet instant. Since est adverbe ici et marque le début de la situation has never found.
6. b. For introduit la durée d'une situation encore vraie.
7. b. Ce n'est pas la durée qui prime, mais le bilan au terme de celle-ci.
8. b. Voir la phrase 6 de l'Exercice lacunaire.
9. b. Voir la phrase 3 de l'Exercice lacunaire. Since est suivi d'un prétérit plutôt que d'un nom, mais marque le point de départ également.
10. a. Voir les phrases 6 et 8 de l'Exercice lacunaire.

2. Phrases de thème

1. Living standards have been stagnating **for** a good twenty years now. [La situation dure depuis vingt ans et est toujours vraie. On insiste sur l'immobilisme complet.]

2. It's **always** difficult to keep growth up **for** several years. [« Toujours » traduit une permanence, une vérité générale. Avec **for**, le cas est similaire à la phrase 1 des Phrases de thème, mais la durée est moins précise.]

3. Banks changed their policy regarding consumer loans a few years **ago**. [Banks have had a different consumer loan policy **for** a few years.] [Soit on fait référence au moment où la politique a changé (**ago**), soit on insiste sur la différence visible depuis ce changement (**for**).]

4. NAFTA has **always** served American interests rather than Mexican ones. [Voir la phrase 2 des Phrases de thème]

5. It's the first time **ever** [the **very** first time] there's [have] been so few seasonal workers. [Voir la phrase 1 de l'Exercice lacunaire. On recourt au present perfect simple, temps du bilan.]

6. For more than three years now, his company has been the leader on the market. [Voir la phrase 1 des Phrases de thème]

7. American blue collars have borne a grudge against Wall Street moguls [gurus] **since** the subprime crisis. [Le cas est similaire au précédent, si ce n'est que l'on mentionne le point de départ, non la durée.]

8. Never had the EU been as divided as it has been **since** the Brexit vote. [Voir la phrase 7 des Phrases de thème]

9. During the summer, Angela Merkel declared Germany should keep taking asylum seekers. [Il ne s'agit pas de durée, mais d'un repère temporel. La déclaration a été ponctuelle.]

10. This company has **always** made it a point to promote teamwork. [Voir les phrases 2 et 4 des Phrases de thème]

3. Version

(1) « **ces trois dernières années** » : les expressions introduites par **this/these** sont parfois précédées d'une préposition : « over / for these past three years. » **(2)** « **Toujours** » : voir les phrases 2, 4 et 10 des Phrases de thème. **(3)** « **Depuis/En** » : à l'instar de **during**, **in (years)** est plutôt un repère temporel long et vague ; l'occurrence est ponctuelle en revanche. **(4)** « **Depuis** » : cas similaire à la phrase 7 des Phrases de thème. **(5)** « **Toujours** » : cas similaire à la phrase 2 de la Version. **(6)** « **Depuis** » : cas similaire à la phrase 2 des Phrases de thème. **(7)** « **(Pas) encore** » : associé à **not**, yet marque l'absence et l'attente (**still** eût été possible avec un changement syntaxique). **(8)** « **Encore [Toujours]** » : version positive de **yet**. La situation de « besoin » perdure. **(9)** « **Pour** » : la durée étant dans le futur, le français opte pour « pour » et non « depuis ».

4. Thème suivi

Fifteen years **ago (1)**, the world was slowly getting aware of the likely impact of globalisation for the years to come. (Ever) **since** [**Since** then] **(2)**, it has benefited emerging countries, while richer countries are **still (3)** waiting for better days. **For (4)** a long time, rich countries thought they could take advantage of the poorer ones, but those days are over now. **During (5)** the summer a group of Asian countries decided to reduce cooperation with Americans and Europeans **for (6)** two years. The White House has **already (7)** warned against too much protectionism, while the presidential candidates haven't commented [made a stand] **yet (8)**.

(1) On nous ramène à une situation telle qu'elle était il y a 15 ans. **(2)** Adverbe ou préposition suivi de **then**, il marque le point de départ passé d'une situation qui perdure – ou le bilan de celle-ci. **(3)** La situation est toujours vraie au moment où l'on s'exprime. **(4)** Durée imprécise d'une situation aujourd'hui considérée comme terminée. **(5)** Il s'agit d'un repère temporel. La décision a été prise ou annoncée « ponctuellement ». **(6)** Voir la phrase 4 du Thème suivi. **(7)** La réaction était attendue, et ne s'est visiblement pas fait attendre. **(8)** Forme presque opposée à la précédente : une réaction est attendue et ne vient pas (**still** est possible, bien qu'il marque moins le sentiment d'impatience).

FICHE DE GRAMMAIRE

14. Les auxiliaires de modalité

Thème : Education

Ce qu'il faut savoir

Un **auxiliaire de modalité** (un **modal**) exprime le jugement ou le commentaire de l'énonciateur sur l'idée qu'il souhaite véhiculer ou la probabilité (les **chances**) qu'une action ait lieu ou ait eu lieu. En d'autres termes, par le biais du **modal**, l'énonciateur prend position par rapport à l'action évoquée.

1. Forme simple : modal + base verbale

Modal	VALEURS	EXEMPLES
Can / Could	capacité / incapacité	*She* ***can*** *count to ten. / When they were young, they* ***could*** *speak Chinese.* *She* ***can't*** *understand why her pupils always get this exercise wrong.*
	possibilité / impossibilité	*Students* ***can*** *be rude sometimes.* *They were so tired that they* ***couldn't*** *work harder.* (impossibilité dans le passé → ne pouvaient pas). *She* ***could*** *be ill today.* (possibilité logique, déduction).
	permission*	***Can / could*** *Julia borrow your pen?* (*could* se traduit ici par *pourrait*, un conditionnel employé pour une demande polie).
	requête	***Can / could*** *you help Julia with her math exercise?* (*could* se traduit ici par *pourrait*, un conditionnel employé pour une demande polie).
	Remarque : COULD peut donc renvoyer au **passé** (il se traduit alors par un **imparfait**) ou à **l'irréel** (il se traduit alors par un **conditionnel**).	
May / Might	probabilité	*If she does not study enough, she* ***may*** *fail her exam.* *She* ***might*** *repeat a class if she does not get down to work.*
	permission*	*You* ***may*** *leave the class.* ***Might*** *I use your eraser?* *I asked if I might go out.* → La demande est très polie lorsque **might** est utilisé.
	concession	*She* ***may*** *be a good academic, but she is a poor teacher* = elle a beau être bonne universitaire, c'est un piètre professeur.
	souhait (avec MAY)	***May*** *you succeed in whatever field you choose.* → *May* doit être placé en tête de phrase.
	suggestion polie (avec MIGHT)	*You* ***might*** *call your teacher to apologize for your impolite remarks.* *If you're taking English classes, you* ***might*** *want to revise your grammar first.*

Modal		VALEURS	EXEMPLES
Must		obligation	*They **must** turn in this paper by the end of the week.*
		forte probabilité	*Sandy is not in class today. She **must** be ill.* → La forte probabilité porte sur un événement présent.
		interdiction (MUST + not)	*You **mustn't** chat in class.*
Need		absence d'obligation (NEED + not)	*They **needn't** learn this part of the lesson.* → L'absence d'obligation peut également s'exprimer sans recours au modal NEED NOT = *They **do not have to** learn this part of the lesson.*
Will / Would		futur / renvoi à l'avenir	*Megan **will** substitute for your physics teacher for a month.*
		volonté / refus	***Will** you call the headmaster for me?* *If he **will** stay, I'll stay with him.* *You'll help her with her homework, **won't** you?* *She knows what she did was wrong, but she **won't** apologize.* → L'idée de renvoi à l'avenir se double d'une notion de volonté ou de refus. *Yesterday, the teacher's computer **wouldn't** start.* → Idée de volonté au passé.
		caractéristique du sujet	*Boys **will** be boys.* *She **will** read books for hours on end.*
		ordre (quand le sujet = you)	*You'**ll** stay here until I come back.* ***Will** you please stop talking?*
		certitude	*A boy is sleeping at the back of the classroom. That **will** be Martin!*
		discours indirect (avec WOULD)	Discours direct : *The teacher said : "you **will** be grounded if you don't do your homework."* Discours indirect : *The teacher said they **would** be grounded if they didn't do their homework.*
		habitude passée (WOULD)	*As a student, she **would** complain about the workload.* → Ce *WOULD* est parfois qualifié de « fréquentatif ».
Shall / Should	**SHALL**	futur / renvoi à l'avenir	*I **shall** be 18 next month.*
		promesse / engagement	*I **shall** tell you about the intricacies of the English language.* *Wait for me. I **shan't** (=shall not) be long.* → La valeur de future est toujours présente mais elle se double d'une valeur d'engagement de la part de l'énonciateur.
		suggestion / proposition / demande de l'avis de l'interlocuteur	***Shall** I open the window?* *Let's ask the teacher for advice, **shall** we?*
		contrainte / ordre	*Students **shall** obey all campus regulations.* (emploi fréquent dans les règlements). *You **shall** do that piece of work, young man!* (injonction forte = « vous ferez ce travail, jeune homme, je vous le garantis ! »).

Modal		VALEURS	EXEMPLES
Shall / Should	**SHOULD**	conseil	*You **should** work harder.* *You **shouldn't** worry too much about your grades.*
		probabilité logique (aussi appelée "nécessité logique »)	*He **should** be home by now.* *From what I understood, the biology assessment **should** be rescheduled next week.* → Cet emploi de ***should*** permet d'exprimer « ce qui devrait être le cas » logiquement.
		emploi appréciatif	*It is strange that she **should** accept such an offer.* *It is unacceptable that they **should** spend the whole day in detention.* → Avec des expressions véhiculant un jugement ou une opinion (*strange, unacceptable*), on trouve ***should*** dans la subordonnée, en anglais britannique. Cet emploi correspond à un subjonctif, que l'on retrouve dans la traduction.

Remarque concernant la permission : si CAN et MAY entrent en concurrence pour exprimer la permission, notez que MAY est plus subjectif que CAN : avec MAY, on insiste sur le pouvoir détenu par celui qui accorde la permission.

2. Forme simple : modal + have + participe passé

Modal	VALEURS	EXEMPLES
Can / Could	possibilité / impossibilité	*She **could have skipped** class.* *She **can't have played** truant! It doesn't look like her at all!*
	contrefactuel	*She **could have passed** her exam if she had studied.* → Le contrefactuel indique que ce qui est dit est "contraire aux faits", c'est-à-dire que cela aurait pu avoir lieu mais que cela n'a pas eu lieu.
May / Might	probabilité	*She **may have done** well.* → il se peut qu'il ait bien réussi. *She **might have left** her bag at home.* → il se pourrait qu'elle ait laissé son sac chez elle.
	reproche poli (avec MIGHT)	*You **might have told** me she had set some homework.*
Must	forte probabilité	*The students **must have thought** there was no need to provide a doctor's note.* → La forte probabilité porte sur un événement passé.
Need	absence d'obligation (avec NOT)	*They **needn't have worried** about their children's future. All of them are now doctors.* → L'absence d'obligation peut également s'exprimer sans recours au modal NEED NOT = *They **did not have to** (worry ?) about their children's future.*
Will / Would	futur antérieur (WILL)	*Her parents **will have spent** so much money on private tuition by the time she graduates!* → On se place à la fin de l'action. Il y a donc une idée d'accompli : l'action sera terminée dans le futur et on s'y projette mentalement pour la commenter.
	hypothèse dans le passé (WOULD)	*They **would have called** the headmaster if they had known their daughter was bullied.*

Modal	VALEURS	EXEMPLES
Should	reproche	*You **should have let** your teacher know that you had reading difficulties.*
	probabilité logique	*He **should have arrived** by now.* → Cet emploi de ***should*** permet d'exprimer « ce qui devrait être le cas » logiquement

3. Formes verbales périphrastiques et semi-modaux

Il existe d'autres formes que vous rencontrerez dans les applications de ce chapitre. Il s'agit :

- des formes verbales dites « périphrastiques » : **have to, be able to, be to, be going to, be about to, be bound to, had better, would rather / would sooner ;**
- des semi-modaux : **need, dare, ought to.**

Ces formes sont utiles quand on est tenté de mettre deux modaux à la suite, **ce que l'anglais interdit :**

*I will can catch up the lesson I missed → I will **be able to** catch up the lesson I missed.

Elles peuvent également apporter une nuance par rapport à l'emploi modal. Comparez :

a. You **should** tell your teacher what happened. → valeur plus subjective, exprime un conseil.
You **ought to** tell your teacher what happened. → valeur plus objective : ought to est une sorte de rappel de ce qui doit être fait, conformément à l'usage, à la norme, à la morale.

b. I **must** study. → l'énonciateur est l'origine de la contrainte : il se l'impose à lui-même.
I **have to** study. → la contrainte est extérieure à l'énonciateur (les règles, la loi, etc.)

4. Cas particulier de need

Need peut fonctionner de deux façons :

- verbe lexical (verbe ordinaire) :
  You **need** to call the headmaster.
  This desk **needs** painting. = a besoin d'être peint (Need + un gérondif donne un sens passif) ;
- auxiliaire de modalité, principalement aux formes interrogative et négative.

a. la forme négative exprime l'absence de nécessité (il n'est pas nécessaire que…).
You **needn't call** her if you don't want to. → Il n'est pas nécessaire que vous lui téléphoniez si vous n'en avez pas envie (mustn't exprimerait une interdiction).
You **needn't have worried.** → Tu n'aurais pas dû t'inquiéter.
She said that you **needn't go.** → Elle a dit qu'il n'était pas nécessaire que tu y ailles (Need, de même que must, exprime un passé au discours indirect).

b. à la forme interrogative need a un sens proche de must.
Need I learn this part of the lesson? → Dois-je apprendre cette partie du cours ?
Notez que cet emploi exprime plutôt l'espoir d'une réponse négative (No, you needn't).

Remarque : au passé, veillez à ne pas confondre le sens des tournures suivantes :
You **didn't need** to do it → ce n'était pas nécessaire donc tu ne l'as pas fait.
You **needn't have done** it → ce n'était pas nécessaire mais tu l'as fait (idée de reproche possible).

5. Cas particulier de dare

Dare peut également fonctionner de deux façons :

- verbe lexical (verbe ordinaire) :

  He **dared** to say that she had lied to her students. → Il a osé dire qu'elle avait menti à ses étudiants.

- auxiliaire de modalité, aux formes interrogative et négative (souvent contracté : **daren't**).

She **daren't** speak to her teacher. → Elle n'ose pas adresser la parole à son professeur.

How **dare** you talk to me like that? → Comment oses-tu me parler ainsi ?

I would have liked to tell him the truth, but I **daren't**. → J'aurais aimé lui dire la vérité, mais je n'ai pas osé (comme avec **needn't, daren't** exprime ici un passé).

Applications

1. Exercice lacunaire

Choisissez la ou les réponses qui conviennent parmi celles proposées.

1. A school inspector ... come tomorrow in order to assess the effectiveness of the primary school curriculum.

a. will **b.** might **c.** may **d.** can

2. Even undergraduates .... be unruly and unmanageable at times.

a. may **b.** can **c.** are able to **d.** should

3. Had he not [If he had not] dashed off his homework, he .... a better mark for sure.

a. could have got **b.** would get **c.** would have got **d.** could get

4. You .... over your neighbour's paper. You .... reported to the headmaster.

a. may not eye / could be **b.** could eye / should be
c. shouldn't have eyed / could have been **d.** shouldn't eye / could be

5. Only a gifted pupil like James ...... pass the test with flying colours.

a. ought to **b.** is able to **c.** can **d.** could

6. "All pupils .... introduced to scientific subjects but this ...... be coupled with artistic culture", the report read.

a. should be / must **b.** should be / has to **c.** can't be / must
d. needn't be / will

7. It is imperative that a young learner .... a twenty-minute break every three teaching hours.

a. will have **b.** may have **c.** should have **d.** have

8. One of my classmates asked if he ...... leave class ten minutes early for him to .... catch the 4.30 pm bus.

a. can / Ø **b.** was able to / can **c.** could / be able to
d. might / be able to

9. He ...... pass to the next grade but I ...... bet my life on it!

a. may / wouldn't **b.** might / won't **c.** will / can't **d.** should / wouldn't

10. We are not aware of the amount of paperwork teachers ...... comply with.
a. must **b.** have to **c.** shall **d.** need to

11. He has done well all year. There's no reason why he .... succeed at the mock exam.
a. can't **b.** will not **c.** isn't able to **d.** shouldn't

12. I've not seen Peter for weeks now and he has not bothered to phone. He .... his exam, but I'm not sure.
a. must be preparing for **b.** may prepare for **c.** may be preparing for
d. ought to prepare for

13. He looked gloomy when he left. They .... him.
a. must have flunked **b.** may be flunking him **c.** may have flunked
d. had to flunk

14. She sailed through the exam last year and passed with an 80 per cent distinction. She .... out of college.
a. mustn't drop **b.** may have dropped **c.** can't have dropped
d. cannot have dropped

15. If he had won a scholarship, he .... to medical school.
a. could have got **b.** would have got **c.** should have got **d.** would get

16. If it ...... rain tomorrow, the school trip will be put off.
a. would **b.** will **c.** could **d.** should

17. I'd [would] rather you .... have the students do research on the topic on the Internet.
a. shouldn't **b.** wouldn't **c.** didn't **d.** don't

18. – There's someone whistling in the schoolyard: it ...... be the principal!
– No, it ...... be him! He is having a meeting with the sixth-formers at the moment.
a. will / can't **b.** must / will not **c.** should / shouldn't **d.** will / mustn't

19. She was so painstaking that she ...... skip lessons when she was provided with the opportunity to do so.
a. had to **b.** was able to **c.** wouldn't **d.** could not

20. Cheaters will be expelled as soon as they .... discovered.
a. will be **b.** are **c.** have been **d.** would be

2. Phrases de thème

Traduisez les phrases suivantes en anglais. Les éléments en gras doivent impérativement contenir, une fois traduits, un auxiliaire de modalité ou un modal « périphrastique ».

1. Il ne parlait pas anglais avant de suivre un cours intensif aux États-Unis pendant les grandes vacances.

2. J'aurais mieux fait de faire des études scientifiques au lieu de croire que je **pourrais** m'en sortir dans la vie sans diplôme.

3. Il **se peut qu'il soit arrivé** premier de sa promotion, mais j'en doute un peu.

4. Souvent, il a la réponse aux questions posées par ses professeurs, mais **il n'ose pas** prendre la parole devant la classe entière.

5. Il n'était finalement pas nécessaire que tu t'inquiètes pour cet examen d'entrée que tu as réussi haut la main.
6. – Figure toi qu'il n'a même pas daigné lire les livres au programme !
– Ça, ça ne m'étonne pas de lui !
7. Notre professeur de mathématiques **risque de nous donner** du travail à la maison, qu'on devra lui rendre dans une quinzaine de jours.
8. À deux jours du concours, elle se prélasse au soleil alors qu'elle **devrait être plongée dans ses révisions**.
9. Si j'avais été meilleur en physique, **j'aurais pu postuler** la prestigieuse université de Yale.
10. J'aurais préféré que tu fasses de l'informatique plutôt que du grec classique. Tu **aurais probablement trouvé** un emploi plus vite.

3. Version

Traduisez le texte suivant en français.

Were he rich, he wouldn't spend his time (1) reading books all day in an unheated room. And yet his father had once told him he **mustn't wear himself out (2)** in an effort to surpass himself in his studies – if not he **would see (3)** his finest years pass him by.
He added his son **would eventually understand him when he got older (4)**. "You **should travel (5)** and learn from the school of life, and then you **may find happiness and wisdom (6)**", he had said too. "**You'd better have listened to me (7)** when I said you **must consider taking a year off (8)** before taking up further education in too specific and technical a field." Deep down inside he knew **he should have taken his father's word for it (9)**. What comforted him though was that his Department had given him the go-ahead so that **he might go on a sabbatical (10)** for a period of six months in the coming year. In his younger years, **he would go pub crawling (11)** with his mates every weekend and **he would laze around in bed (12)** days on end. That was the life! And now **he was bound to work (13)** all day through waiting for any change **that may come or not (14)**.

4. Thème suivi

Traduisez le texte suivant en anglais.

Lycéen, rien ne laissait présager **qu'il allait être (1)** le grand scientifique que nous connaissons aujourd'hui. Ses professeurs, à l'époque, **se sont sûrement dits (2)** qu'il n'était qu'un cancre, sans imaginer un seul instant **qu'il arrive aussi que des écoliers sans motivation deviennent (3)** ensuite des personnages illustres à l'âge adulte. Quant à lui, la simple idée **qu'il pourrait bien ne jamais percer (4)** lui sembla très vite insupportable. « **Quoi qu'il arrive (5)**, s'était-il dit, **je pourrai (6)** toujours faire des maths et m'en sortir dans la vie ! À **trente ans (7)**, tout le monde parlera de moi ! » **Il aura suffi d'une rencontre (8)** pour que sa vie bascule. **S'il n'avait pas rencontré (9)** ce scientifique de renom, **il ne se serait peut-être jamais mis (10)** au travail. **Il va bientôt (11)** publier un livre **qui fera grand bruit (12)** dans le milieu scientifique, mais c'est toutefois dommage **qu'on ne reconnaisse pas (13)** son talent. Cependant, **les choses vont changer (14)**, je vous le garantis ! Je regrette juste que la presse **préfère publier les critiques plutôt que de mettre en avant (15)** les qualités d'un grand homme.

Vocabulaire. Thème : Education

to do well at school : bien réussir à l'école
to read English fluently : lire l'anglais couramment
to be good at sports : être bon en sport
to play truant : faire l'école buissonnière
truancy : l'absentéisme, une absence injustifiée
to take a class in English : prendre / suivre un cours d'anglais
to set homework : donner du travail à la maison
to hand in a piece of work : rendre un travail (à son professeur)
the intricacies of the English language : les subtilités de la langue anglaise
to get started : se lancer, s'y mettre
to obey a rule : se conformer à une règle
to obey s.o. : obéir à qqn
to have difficulty with maths : avoir des difficultés en maths
to give s.o. a hand : donner un coup de main à qqn
to graduate : obtenir un diplôme
a classroom : une salle de classe
a class : un cours, une leçon
to catch up a lesson you missed : rattraper un cours que vous avez loupé
to assess, to appraise, to evaluate : évaluer
the school curriculum : le programme scolaire
an undergraduate : un étudiant de premier cycle (pas encore diplômé)
to be unruly : être indiscipliné
to be unmanageable : être incontrôlable
to dash off one's homework : bâcler ses devoirs
to get a good mark (out of 20) : obtenir une bonne note (sur 20)
to eye over one's neighbour's work : tricher sur son voisin
The incident will be reported to the headmaster [principal] : l'incident sera porté à la connaissance du principal
a gifted pupil : un élève doué
to pass a test with flying colours : réussir un examen haut la main
a (school) subject : une matière (scolaire)
a 20-minute break : une pause [récréation] de 20 minutes
a teaching-hour : une heure de cours
a classmate : un camarade de classe
to pass to the next grade : passer dans la classe supérieure
to do paperwork : faire du travail de paperasse
to take a mock exam : passer un examen blanc
to prepare for an exam : se préparer à un examen
to flunk s.o. [a test] : recaler qqn [échouer à un examen]
to sail through an exam : réussir un examen haut la main
to pass a degree with distinction : être reçu à un examen avec mention
to drop out of school : abandonner l'école
a dropout : un élève démissionnaire, décrocheur
to get [win] a scholarship : obtenir une bourse
to go [get] to a medical school : entrer en faculté de médecine
to study medicine : faire des études de médecine
to put off a school trip : remettre une sortie scolaire à plus tard
to do (some) research (on, in, into, about ...) : faire des recherches (sur ...)
the schoolyard : la cour de l'école
a sixth-former (UK) : un(e) élève de terminale
to be painstaking : être consciencieux, acharné, méticuleux
to skip a lesson : sécher un cours
to be provided with an opportunity to ... : se voir accorder la possibilité de ...
to cheat : tricher, tromper, frauder
a cheater : un tricheur, un fraudeur
It's a cheat! : C'est de la triche !
to be expelled : être renvoyé, exclu

Corrigés des applications

1. Exercice lacunaire

1. a., **b.** ou **c.** en fonction du degré de probabilité.

2. b. On affirme une possibilité et/ou une capacité du sujet.

3. a. et **c.** On a ici des irréels du passé. Could have got affirme une **possibilité** : « il aurait pu avoir » ; (emploi contrefactuel) would have got affirme que l'obtention d'une bonne note (celle qu'il « aurait eue ») était soumise à une **condition**, à savoir « si le travail n'avait pas été bâclé ».

4. c. You shouldn't have eyed : valeur de reproche (l'action a eu lieu). Avec could, on a une simple éventualité (emploi contrefactuel, c'est-à-dire dans le domaine du possible) : cela **aurait pu être** le cas, mais cela ne s'est pas produit.

5. b. et **c.** On a l'affirmation d'une possibilité, de la capacité intellectuelle du sujet. La réponse **d.** est possible, elle correspond à une simple éventualité ou hypothèse.

6. b. Il s'agit de la réponse la plus probable : on a un should de conseil (« on devrait »), suivi d'un have to d'obligation dite **extérieure** (loi ou règlement). Avec la réponse **a.** (must), le concepteur du rapport imposerait son choix personnel.

7. c. Should (subjonctif anglais) renforce la contrainte exprimée par It is imperative.

8. c. et **d.** Ask**ed** appelle un modal « passé » : could ou might. Il s'agit d'une simple demande de permission. Might, plus hypothétique, est plus poli que could.

9. a. et **d.** Avec la réponse **a.**, on a un may (chances de réalisations évaluées à 50 %) + wouldn't (conditionnel). Avec la réponse **d.**, on a un should de nécessité logique ou probabilité logique (« [nécessairement] il *devrait* ... ») + wouldn't (conditionnel). La réponse **b.** est grammaticalement possible, mais semble peu probable.

10. b. (obligation **extérieure**). Must (de contrainte) et need to (nécessité) sont envisageables.

11. d. C'est la seule réponse cohérente. Shouldn't : appréciation négative et catégorique de l'énonciateur en réaction à une remarque du co-énonciateur. Avec **a.**, l'énonciateur nie une impossibilité ou une incapacité du sujet. Avec **b.**, l'énonciateur conteste l'idée selon laquelle le sujet he ne réussira pas son examen blanc à l'avenir.

12. a. et **c.** La réponse **a.** implique une forte probabilité qu'il soit « en train de » préparer son examen. Avec **c.**, on a 50 % de chance que ce soit le cas.

13. a. Il est très probable qu'ils l'**aient recalé**. La réponse **c.** est une simple hypothèse (50 %/50 %).

14. c. et **d.** Can't ou cannot nient la possibilité qu'elle ait abandonné ses études. La réponse **a.** est envisageable (mustn't a toujours une valeur d'interdiction).

15. a. et **b.** Ce sont des irréels du passé. Il s'agit du même cas de figure que pour la phrase 3 de cet exercice.

16. d. If it should signifie « dans l'éventualité où », « au cas où ».

17. c. I'd rather you + prétérit « modal ». Je préférerais que tu **partes** demain = I'd rather you **left** tomorrow (voir chapitre 15 Les hypothétiques).

18. a. Will (100 % de chance : l'énonciateur connaît les habitudes du principal) / can't : le co-énonciateur nie cette affirmation.

19. c. Avec wouldn't, on a une absence de volonté dans le passé (« elle refusait »).

20. b. As soon as they are ... : subordonnée de temps à sens futur. L'anglais utilise un présent simple là où le français utilise un futur.

2. Phrases de thème

1. He **couldn't speak** English until he did a crash course in the States during the summer holidays. [Could renvoie à une propriété du sujet he susceptible d'être acquise : parler anglais.]

2. I **should have studied** science instead of thinking I **would be able to** [**could**] get along without a diploma. [Avec should + have + V–en, l'action ne peut plus être validée : il y a regret ou reproche que I se fait à lui-même. Would a une valeur hypothétique, tout comme could. Il s'agit d'une prédiction que l'énonciateur a faite par le passé : **il pensait qu'il pourrait** ...]

3. He **may have graduated** with top honours but I somehow doubt it. [L'énonciateur est dans l'incertitude quant à ce qui s'est produit par le passé (d'où have + V–en). May indique qu'il envisage deux options sans choisir : échec **et** réussite ; il y a donc équipossibilité.]

4. He often knows the answers to the teacher's questions but **he dares not** [he **doesn't dare (to)**] speak before the whole class. [Dare peut être utilisé comme un modal (he dares not ou he daren't) ou comme un verbe (he doesn't dare).]

5. You actually **needn't** have worried about that entrance exam you eventually passed with flying colours. [On considère que « l'action » de s'inquiéter par le passé (have + V–en) ne fut **pas nécessaire** : le sujet you s'est donc inquiété **pour rien**.]

6. – Mind you, he didn't even bother to read the set books!
– He **wouldn't**! [Would a ici une valeur appréciative. L'énonciateur juge le sujet he en fonction de ce qu'il sait de lui. Ce would indique que l'énonciateur pouvait prédire le comportement du sujet he.]

7. Our math teacher **might** set homework to be handed in in a couple of weeks or so. [Might a ici une valeur de probabilité (plus faible que may) : ce modal indique que l'action est envisageable, **fictivement** possible.]

8. It's two days from the exam and she's still basking in the sun while she **should be engrossed** in her revisions. [Avec should : l'énonciateur porte un jugement personnel qui s'apparente à un conseil teinté de reproche.]

9. If I had [Had I] been better at physics, I **could have** applied to the prestigious University of Yale. [Could est ici hypothétique ; irréel du passé : l'action ne peut plus être validée. Sa validation dépendait d'une condition indispensable : be better at physics.]

10. I'd rather you **had studied** computer science instead of classical Greek. You **would have found** a job more quickly. [I'd rather exprime une préférence de l'énonciateur, mais avec un effet de politesse, et introduit, ici, un irréel du passé : (if only) you had studied. La validation de you would have found dépendait de la réalisation de la condition (if only) you had studied.]

3. Version

(1) « **S'il était riche, il ne passerait pas son temps à** » : on a ici un « irréel du présent » car l'action est encore réalisable. Were he équivaut à If he were. Were est un prétérit modal (mais was est possible) utilisé quand on envisage un présent ou un avenir imaginaire(s). **(2)** « **ne devait pas s'épuiser à** » : must a ici une valeur de contrainte, d'interdiction ; à noter que must n'a pas de prétérit. **(3)** « **il verrait** » : hypothèse ou supposition ; irréel du présent dont la validation dépend de la condition if not. **(4)** « **il finirait par le comprendre quand il prendrait de l'âge** » : par le passé, l'énonciateur envisageait la validation de l'action understand him dans un avenir dépendant de la réalisation de la proposition en when. Dans cette proposition temporelle à sens futur, l'anglais utilise toujours un temps « simple », ici le prétérit simple car le contexte est clairement passé. Vous avez un exemple d'une subordonnée à sens futur dans un contexte présent dans l'exercice lacunaire (voir la phrase 20). **(5)** « **Tu devrais voyager** » : jugement de l'énonciateur, valeur de conseil donné au sujet you. **(6)** « **il se peut que tu trouves le bonheur et la sagesse** » : may, équipossible, l'énonciateur envisageant toutes les options. **(7)** « **Tu aurais mieux fait de m'écouter** » : 'd better / **had** better est un modal périphrastique. Le conseil de l'énonciateur, teinté de reproche, porte sur une action qui a eu lieu, d'où la forme have listened. **(8)** « **que tu devais envisager de prendre une année sabbatique** » : must exprime ici une contrainte forte exercée sur le sujet you. **(9)** « **il aurait dû croire son père sur parole** » : le sujet you se fait le reproche de ne pas avoir écouté son père par le passé. **(10)** « **afin qu'il prenne [puisse prendre] une année sabbatique** » : might, forme passée de may, a une valeur de permission. **(11)** « **il faisait souvent la tournée des pubs** » : would d'habitude (dans le passé), dit fréquentatif. **(12)** « **il paressait au lit** » : would d'habitude (dans le passé), dit fréquentatif, comme dans le cas précédent. **(13)** « **il devait [était forcé de] travailler** » : be bound to est une forme périphrastique utilisée pour décrire une forte probabilité, une fatalité. **(14)** « **qui pourrait survenir ou pas** » : may traduit une probabilité (situation équipossible, c'est-à-dire qu'il y a 50 % de chances que cela arrive).

4. Thème suivi

Nothing when he was a high school boy suggested that he **was to be** [**was going to be**] **(1)** that great scientist. In his younger years, his teachers **must have told themselves (2)** that he was nothing but a dunce without thinking for a moment that **poor achievers can sometimes become (3)** well-known figures in adulthood. As for him, the very idea that he **might well never make a name for himself (4)** became intolerable soon enough. "**Whatever may come,**" **(5)** he had thought once, "I **can (6)** always study mathematics in order to get by in life. **When I am thirty (7)**, everybody will talk about me!" **One encounter is all it will have taken (8)** to put his life right off track. **If he had** [**Had he**] **not met (9)** that renowned scientist, **he would perhaps never have got (10)** to work. **He is soon to (11)** publish a book that **will** make a difference **(12)** in the scientific community; however, it is a pity people **don't** [**should not**] **acknowledge (13)** his talent. But I assure you – **things shall change (14)**!

(1) La valeur de « destinée » véhiculée par « il allait être » peut être rendue par le modal périphrastique be to. Be going to, quant à lui, indique que la validation de l'action be that great scientist était pourtant proche. **(2)** On a ici un must de forte probabilité : il y a « 90 % de chance » que ses professeurs **aient douté** de lui (must **have told** …). **(3)** Can affirme une propriété du sujet poor achievers que l'on peut gloser par : It is possible for poor achievers to become … **(4)** might + well : l'énonciateur désigne une action probable dont la validation semble plus certaine que la non-validation. **(5)** May laisse ouvertes les alternatives inverses. Cet emploi est fréquent dans les énoncés introduits par les composés en –ever. **(6)** Avec can, l'énonciateur affirme une possibilité, voire un ensemble de possibilités qui s'offrent soudainement à lui. **(7)** *When I will be calque maladroitement le français. En anglais, il faut utiliser le présent simple dans une subordonnée de temps à sens futur. **(8)** will + have + V–en : on a ici un futur antérieur qui exprime un récapitulatif, un bilan (d'où have + V–en). **(9)** Hypothèse irréelle au passé ou « irréel du passé » : if he had not met [had he not met] ont le même sens. **(10)** would + have + –en : choix évident dans une hypothèse irréelle au passé. L'action n'est plus réalisable. **(11)** be to + BV peut être retenu ici : il y a un projet établi et une visée (portée future). Be going to est aussi envisageable (prévisions basées sur des observations présentes ou passées, concernant un futur très proche). **(12)** will : c'est la valeur de visée qui est exprimée ici. Il y a 100 % de chances que l'action se réalise. **(13)** Si le présent simple est acceptable, dans cette structure (de type it is … that), on peut avoir recours au modal should dit déontique (c'est-à-dire qu'il exprime une obligation morale) : regret, voire critique à peine déguisée, qui fait écho au nom pity. **(14)** Shall est un mélange des valeurs de visée (futur, prédiction) et de promesse ou d'engagement de l'énonciateur quant à la réalisation de l'action à l'avenir.

FICHE DE GRAMMAIRE

15. Les hypothétiques

Thème : Work and industry

Fiche de grammaire

Ce qu'il faut savoir

1. Généralités

On entend par « hypothétique » toute proposition qui introduit une condition, « irréelle » ou « potentielle », et est suivie en français du présent ou futur de l'indicatif, du conditionnel ou du subjonctif selon les cas. Souvent subordonnées, ces propositions sont généralement introduites par « si » ou ses équivalents (« au cas où », « à moins que », « pourvu que », « supposé que », « supposons/admettons que », « tant que » ou « quand »).

Le fonctionnement général avec **if** est similaire à celui de **si** en français.

2. La proposition hypothétique générale, zero conditional ou condition 0

Elle se construit comme suit : **If + présent simple, présent simple.**

Elle traduit une condition d'ordre général du type « subordonnée = principale » (d'où le présent simple dans la principale) :

If you **push** the green button, the assembly line starts rolling.

If you **don't pay** cash, you don't get a discount.

On considère la conséquence de ces conditions comme vraie en toutes circonstances. **When** et **whenever** sont possibles dans ces phrases. On peut aussi reformuler la seconde phrase comme suit : Unless you **pay** cash… (À moins que vous…)

Whether peut entrer dans cette catégorie dans la mesure où il pose une condition duale qui a valeur de vérité générale.

(Whether there is) labor shortage or not, we need to step up productivity. (Que l'on manque de main-d'œuvre ou non…)

3. La proposition hypothétique « potentielle », first conditional ou condition 1

Elle se construit comme suit : **If + présent simple, will / won't + V**.

Proche de la précédente, la conséquence de l'hypothèse se plaçant dans le présent ou le futur proche, elle porte sur une condition précise et ponctuelle encore réalisable, d'où la futurité exprimée dans la principale :

If you **apply**, you'll certainly get the job.

In case they **don't buy out** the company, we'll have to reconsider our options.

On voit que les deux conditions évoquées ci-dessus peuvent encore se réaliser.

On utilise cette structure aussi bien pour exprimer une promesse, un accord, un échange ou une menace. Comme ces situations sont liées à un contexte, on peut avoir recours à un autre « modal » que **will** :

If business doesn't pick up, we **might [may]** have to lay people off.

En style soutenu ou formel, il arrive que l'on trouve **should** + **sujet** + **V** à la place de **if** + **V**.

Should the workers **threaten** to go on strike again, it is a good idea to inform the headquarters.

Should you **need** further information regarding our product, please contact our customer service.

Selon les cas, on pourra traduire le second exemple par : « Si jamais vous aviez davantage de questions… ».

4. La proposition hypothétique « irréelle » présente, second conditional ou condition 2

Elle se construit comme suit : **If** + **prétérit modal, would** + **V**.

Cette structure permet d'exprimer une condition non réalisable, voire très improbable, dans le présent ou le futur. Aussi permettra-t-elle d'exprimer un regret ou un vœu (pieu) présent :

If small shopkeepers **could** compete with hypermarkets, city centres would be livelier.

Si **was** est plus que toléré, la forme correcte de **be** au prétérit modal est **were** à toutes les personnes :

If it **weren't** so expensive, we'd have a brand-new computer system installed.

Certaines expressions nécessitent le recours à un prétérit modal :

I wish it **weren't** so expensive. / If only it **weren't** so expensive / It's about time / it's high time he left the company. / I would rather he **resigned**. / I would sooner he **hired** more women.

N.B. : ces deux dernières expressions sont souvent contractées (I'd rather / I'd sooner).

On trouve également une forme idiomatique soutenue, **were it not**, souvent associée à **for**. Elle revêt alors le sens de « si ce n'était », voire « sans » :

Were it not for the union representatives, you would have been fired. (Sans l'intervention des représentants syndicaux, tu aurais été licencié.)

5. La proposition hypothétique « irréelle » passée ou third conditional

Elle se construit comme suit : **if** + **had V–en, would** + **have V–en**.

Cette structure permet d'exprimer une condition non réalisée dans le passé. Elle permet donc d'exprimer un regret par rapport à une situation passée :

If she **hadn't set** up her own business last year, she **would** probably have resigned anyway.

Remarques :

- Comme en 3, le style formel fait appel à l'inversion du sujet : **Had** growth **not revived**, the company would have had to reconsider its strategy.
- On trouvera également : If it ≈ If only it ≈ I wish it ≈ It's about [high] time it, I'd rather, I'd sooner it had not been so expensive.

Applications

1. Exercice lacunaire

Choisissez la ou les réponses qui conviennent parmi celles proposées.

1. If the company ...... overstaffed, it could invest in new machines.
a. are not **b.** were not **c.** had not been **d.** should not be

2. In case you ...... a permanent contract, make sure you also get a decent salary.
a. got **b.** should get **c.** had got **d.** are getting

3. I wish he ...... thwarting all our projects.
a. stopped **b.** stop **c.** had stopped **d.** should stop

4. ...... to discontinue working with them, harder times may lie ahead.
a. Should we have **b.** Had we had **c.** May we have **d.** Have we had

5. If I ...... on night shift, I would have been home when it happened.
a. am not **b.** were not **c.** was not **d.** had not been

6. Unless the whole department ...... revamped, there's no reason why it should be more productive.
a. is **b.** is not **c.** were **d.** were not

7. It is about time there ... more transparency regarding multinationals' results.
a. is **b.** was **c.** were **d.** should be

8. The whole stock would have gone up in smoke, ... removed the week before.
a. were it not **b.** had it not been **c.** should it not be **d.** has it not to be

9. When you ...... with competitors, you make concessions.
a. had dealt **b.** dealt **c.** deal **d.** should deal

10. If banks ... to keep interest rates low, they would do so.
a. had wanted **b.** wanted **c.** want **d.** should want

2. Phrases de thème

Traduisez les phrases suivantes en anglais.

1. Si la fusion **avait eu lieu** plus tôt, nous n'aurions pas fait faillite.
2. En baissant les quotas de production, on augmente *de facto* les prix.
3. Publions une annonce dès maintenant, au cas où il **faudrait** embaucher pour Noël.
4. S'il y **a eu** une retenue sur salaire, tu le verras sur ta fiche de paie.
5. Je **regrette d'avoir fait** tant d'heures supplémentaires le mois dernier.
6. Si seulement il **pouvait réussir** dans le monde de la mode !
7. On ne parviendra à aucun accord, sauf si les syndicats **lâchent** un peu **de lest**.
8. À moins de **trouver** un repreneur, il nous faudra mettre la clef sous la porte.
9. Il serait quand même temps qu'ils **réparent** la machine à café du couloir.
10. En cas de besoin d'une avance sur salaire pour les fêtes, adressez-vous au service comptabilité.

3. Version

Traduisez le texte suivant en français.

If people **produce (1)** goods that are handmade, they are considered artisans or craftsmen – skilled workers in a particular trade. And if people **will** honestly **consider (2)** those small businesses' predicament, they will realise how hard it has become for them to find a niche for themselves. When **engaged (3)** in the craft trade, whether art galleries or culinary products, you wish you **got (4)** more financial help from the state. Indeed, it is high time our political leaders **stopped (5)** indulging in doublespeak: if they **want (6)** independent entrepreneurs to survive, they need to back them up. If **so (7)**, small shops might simply refrain from fleeing city centres. Now, **should** the craft industry **disappear (8)**, pure and simple, we might all end up buying the same mass products.

4. Thème suivi

Traduisez le texte suivant en anglais.

Si la crise de 2009 **a** bien **affaibli (1)** l'industrie manufacturière dans les pays riches, certains ont mieux résisté que d'autres. En y **regardant (2)** de plus près, on voit que la France a moins souffert que la Grande-Bretagne par exemple. Mais il faut s'y attendre, si votre économie **est (3)** plus « protectrice ». Toutefois, beaucoup regrettent que l'hémorragie **ne soit pas stoppée (4)** une bonne fois pour toutes. Et à moins que l'industrie automobile **ne reparte (5)** de l'avant, il y a peu de chance qu'on y parvienne. Si seulement l'aéronautique **pouvait compenser (6)** le reste ! Et **en cas de (7)** récession dans ce secteur, la France pourrait avoir du souci à se faire. Qu'on le **veuille (8)** ou non, le plein-emploi n'est pas pour demain.

Vocabulaire. Thème : Work and industry

an assembly line : une chaîne de montage
to pay cash : payer comptant
a discount : un rabais, une réduction, une ristourne
labo(u)r shortage : une pénurie [un manque] de main-d'œuvre
productivity : la productivité
to step up : intensifier, augmenter
to apply : soumettre sa candidature
to buy out : racheter, reprendre
to pick up : reprendre, se redresser
to lay off : licencier
to go on strike : se mettre en grève
the headquarters : le siège, la direction générale
the customer service : le service consommateur
a union representative : un représentant syndical
to fire : virer, mettre à la porte
a shopkeeper : un commerçant
to set up one's business : se mettre à son compte, créer son entreprise
to resign : démissionner
overstaffed : en sureffectif
a permanent contract : un contrat à durée indéterminée
the night shift : l'équipe de nuit
a department : un service, un département
to revamp : refondre, réorganiser
a multinational : une multinationale

stock : le stock, les marchandises

a competitor : un concurrent

interest rates : les taux d'intérêt

a merger : une fusion

to go bankrupt [bust] : faire faillite

production quotas : les quotas de production

a job ad : une annonce

to hire, to take on : embaucher

a deduction from wages [one's salary] : une retenue sur salaire

a pay slip : une fiche de paie

to work overtime [extra time] : faire des heures supplémentaires

trade union (UK), labor union (US) : le syndicat

to go out of business, to close up shop : mettre la clef sous la porte

a rescuer, a buyer : un repreneur

an advance on one's salary, a salary advance : une avance sur salaire

the accounting department : le service comptabilité

handmade : fait main

a craftsman : un artisan

a skilled worker : un ouvrier qualifié

a trade : un secteur, domaine, commerce

a business : une entreprise, une exploitation, une affaire

the manufacturing [car] [aircraft] industry : l'industrie manufacturière [automobile] [aéronautique]

full employment : le plein-emploi

Corrigés des applications

1. Exercice lacunaire

1. b. Could est la forme « désactualisée » de **can** (**can–ed**) à valeur conditionnelle ici et appelle un imparfait « modal » en français pour évoquer une éventualité qui n'existe pas. Le fonctionnement est le même qu'en français : irréel présent (**if + V–ed = si + imparfait**) + conditionnel présent (**could + V**).

2. b. Make sure est un impératif et nous place dans le potentiel et non dans l'irréel. If you get est possible, mais should get, bien que formel, renforce l'aspect improbable. Are getting aurait une connotation ouvertement temporelle.

3. a. I wish est suivi du prétérit modal ou du past perfect modal et exprime le regret. Il n'y a aucune raison d'opter, dans cette phrase « hors contexte », pour un regret lié à une situation passée. À noter que I wish est suivi d'une forme affirmative. Ainsi, si on le traduit par « j'aurais souhaité », on garde cette forme. En revanche, en passant par « je regrette », il faut introduire une négation.

4. a. Voir la phrase 2 de cet exercice. If we have est possible.

5. d. Voir la phrase 1 de cet exercice. Would have been a une valeur conditionnelle passée. L'irréel de la condition doit donc être au past perfect modal.

6. a. Condition de type 1 (potentiel) : unless ≈ if … not. Le présent dans la principale appelle une condition encore envisageable.

7. c. Regret quant à une situation présente (donc **V–ed**), auquel s'ajoute une urgence temporelle. La forme de **be** au past modal est **were** à toutes les personnes.

8. b. Voir la phrase 5 de l'Exercice lacunaire, avec inversion du sujet au lieu de **if + had + V–en**.

9. c. Condition de type 0 à valeur de vérité générale.

10. b. Voir la phrase 1 de l'Exercice lacunaire.

2. Phrases de thème

1. If the merger **had happened** earlier, we wouldn't have gone bankrupt. [Voir les phrases 1 et 10 de l'Exercice lacunaire]

2. If production quotas **are lowered**, prices go up in fact. [Voir la phrase 9 de l'Exercice lacunaire]

3. Let's post an ad just now, just in case we **need** to hire people during the Christmas period. [**In case** peut être remplacé par **if** : le besoin de main-d'œuvre est encore du domaine du possible.]

4. If there'**s been** some deduction from your salary, you'll see it on your payslip. [Voir les phrases 2 et 4 de l'Exercice lacunaire et la phrase 2 des Phrases de thème]

5. I wish I **had not put** in so many extra hours last month. [Voir la phrase 3 de l'Exercice lacunaire]

6. If only he **could succeed** in the fashion world! [**If only** évoque le même sentiment que **I wish**, **if** ou **it's about time**.]

7. No agreement will be reached, except if unions **ease off** a little. [Voir la phrase 6 de l'Exercice lacunaire : **except if ≈ unless**.]

8. Unless we **find** a buyer we'll have to close up shop. [Voir la phrase 6 de l'Exercice lacunaire et la phrase 7 des Phrases de thème]

9. It's about time they, at last, **repaired** the coffee vending machine in the corridor. [Voir la phrase 6 de l'Exercice lacunaire]

10. Should you **need** a salary advance for the holiday [Christmas] season, (will you) please contact the accounting department. [Voir la phrase 4 de l'Exercice lacunaire]

3. Version

(1) « **fabriquent** » : voir la phrase 9 de l'Exercice lacunaire et la 2 des Phrases de thème. **(2)** « **daignent s'intéresser à** » : condition de type 1, mais **will + V** s'est substitué à **V** ; dans ce type de subordonnée, **will** n'est acceptable que s'il revêt son sens lexical (valeur radicale) de volonté. **(3)** « **(Quand vous êtes) dans l'artisanat** » : voir la phrase 9 de l'Exercice lacunaire, la 2 des Phrases de thème et la 1 de la Version ; **when** remplace **if** et la forme est elliptique, en lieu et place de **when one [you] is [are] engaged...** Le verbe de la principale est bien au présent (**I wish**). **(4)** « **vous souhaiteriez [regrettez de ne pas] avoir** » : voir la phrase 3 de l'Exercice lacunaire et la 5 des Phrases de thème. **(5)** « **arrêtent** » : voir les phrases 6 et 9 des Phrases de thème. **(6)** « **veulent [souhaitent]** » : condition de type 1 (**if + V, will + V**). **(7)** « **continuent** » : similaire à la phrase 3 de la Version ; so reprend toute la proposition précédente et **if so** est la forme elliptique de **if it is so**. **(8)** « **devait [était amenée à] disparaître** » : voir la phrase 4 des Phrases de thème.

4. Thème suivi

If the 2009 crisis **has** indeed **weakened (1)** the manufacturing industry in rich countries, some have been holding out better than others. When **taking** [if one **takes**] **(2)** a closer look, one understands that France has been less afflicted than Britain for example. But this is something to be expected when [if] the economy **is (3)** more "protective". Yet, many wish the economic h(a)emorrhage **were stopped (4)** once and for all. But, unless the car industry **picks up (5)**, there's little chance of it happening. If only the aircraft industry **could make up (6)** for the rest! And **should** this sector **go (7)** into recession, France might be heading for trouble. (Whether you) **like (8)** it or not, full employment won't happen any time soon [will be a long time coming].

(1) Il s'agit d'une « fausse » condition, proche de la concession (ici, « si » = « même si »). **(2)** Le sujet des deux verbes est le même (**one**) ; on fait appel à une participiale (à l'aide du participe présent **V–ing**). **(3)** Condition de type 0, voir la phrase 9 de l'Exercice lacunaire, la 2 des Phrases de thème et la 1 de la Version. **(4)** Voir la phrase 3 de l'Exercice lacunaire, la 5 des Phrases de thème et la 4 de la Version. **(5)** Voir la phrase 6 de l'Exercice lacunaire. **(6)** Voir la phrase 6 des Phrases de thème. **(7)** Voir la phrase 9 de l'Exercice lacunaire, la 2 des Phrases de thème, la 1 de la Version et la 3 du Thème suivi. If it goes est possible. En français, la traduction à l'aide d'une structure nominale est plus heureuse. **(8)** Voir le 2. dans « Ce qu'il faut savoir ».

FICHE DE GRAMMAIRE

16. L'ordre de la phrase et les adverbes

Thème : **The media and communication**

Ce qu'il faut savoir

1. L'ordre des mots dans la phrase anglaise

Le schéma syntaxique de la phrase anglaise tend à suivre un ordre assez strict correspondant à l'acronyme SVO (Sujet, Verbe, Objet) dans les phrases simples, qui devient SVOMPT (en anglais) lorsque sont présents des compléments (Manière, Lieu [Place], Temps). Ces indications sont valables pour les phrases affirmatives et négatives.

Au-delà de la règle de l'ordre d'apparition des segments dans la phrase, il convient d'être attentif à un certain nombre d'éléments supplémentaires :

- Il ne faut généralement pas séparer le verbe de son objet, ce qui est fréquent en français (en traduction, il faudra donc éviter le calque) :

  J'ai appris cette semaine que les articles contenant de fausses informations avaient envahi les réseaux sociaux. = **This week** I learnt that fake news articles had flooded social networks.

- Il faut éviter de séparer le sujet et le verbe (une tendance du français également) :

  Les journalistes, debout derrière la grille, attendaient avec impatience la communication des premières estimations. = **Standing behind the fence**, the journalists were eagerly waiting for the first estimates to be released.

- Notez que l'on entend par « sujet » soit un pronom personnel (they), soit un groupe nominal (the young reporter), et ses expansions potentielles comme par exemple une relative (**The journalist who had interviewed him** agreed to bear witness to his innocence).

- En présence d'une phrase complexe, il convient de faire apparaître le plus tôt possible le sujet grammatical de la phrase. On évitera de retarder son apparition comme il est possible de le faire en français :

  Comme il est coutume de dire dans le jargon journalistique, la semaine dernière, le présentateur du journal a utilisé le terme « listicle ». = Last week, the newscaster used the word "listicle", as commonly used in journalese.

- À la différence du français, il n'est pas possible d'inverser sujet et verbe en anglais :

  Il a expliqué comment était apparu le **clickbait**. = He explained how **clickbait had appeared**.

  Notez qu'il ne faut pas confondre inversion sujet/verbe, impossible en anglais, et inversion sujet/auxiliaire, possible elle, voire obligatoire dans certains cas :

  - avec les adverbes négatifs (never, not only, no sooner, nobody, etc.) :

  Never did she write an opinion column on such a touchy issue.

  - avec les adverbes restrictifs (hardly, barely, rarely, scarcely, etc.)

  Barely had we introduced the next topic when the news anchor fainted.

- dans les hypothétiques sans **if** :

  Should the mainstream media keep disseminating so-called fake news once again, Trump will consider suing them for libel.

  Had their readership been clear-sighted, they would have noticed it was sheer satire!

- Certains emplois ou constructions propres à la langue française, appelés gallicismes, sont à bannir :

  Les abonnés, eux, avaient accès à la version en ligne du journal. = As for the subscribers, they had access to the online version of the newspaper. (et non *The subscribers, them …)

  La recherche du sensationnel, c'est ce qui attise la curiosité des lecteurs. = Sensationalism is what arouses readers' curiosity. (et non * Sensationalism, it is what …)

  Les titres, je les ai vus au flash info. = I saw the headlines in the newsflash. (et non *The headlines, I saw them …)

- Les compléments circonstanciels peuvent être placés en début ou, plus souvent, en fin de phrase, mais ne peuvent en aucun cas venir perturber la cohésion SVO. En présence de plusieurs compléments, l'ordre le plus souvent suivi est **manière, lieu, temps** :

  The media outlets hit by the journalism crisis have been forced to close shop without any notice across the US over the past ten years.

2. Les différents types d'adverbes et leur place dans la phrase

Il n'est pas possible de fournir ici une liste exhaustive de tous les adverbes. Les exemples proposés sont une indication visant à permettre de faire des parallèles et à identifier les catégories d'adverbes. Notez également que, selon les cas, il existe des exceptions à ces règles, et que seul l'énonciateur peut justifier cette prise de liberté quant à la place de l'adverbe dans la phrase.

Types d'adverbes	Exemples	Place dans la phrase
Appréciation	obviously, actually, honestly, frankly	En position initiale dans la majorité des cas. Ils permettent d'exprimer un jugement sur l'ensemble d'un énoncé : **Frankly**, the new editor is incompetent.
Probabilité	maybe, perhaps, surely, certainly	Position variable selon les adverbes : – initiale (maybe, perhaps) : **Perhaps** she will apply for a PR position. – médiane (probably, certainly, really, surely) : If the boss resigned, she would **surely** do so too.
Temps	yesterday, today, tomorrow, early, late	Position variable selon l'effet recherché par l'énonciateur : – initiale (ils permettent de poser le repère temporel dès le début de la phrase) : **Tomorrow**, he'll hold a press conference; – finale (c'est la règle par défaut ; cette position est obligatoire pour early et late) : They arrived **yesterday**. They went to bed **early**.
Lieu	here, there, over there, somewhere	Même règle que pour les adverbes de temps : She has lived **there** for years. / **Here** lies my wife.
Fréquence	often, sometimes, always, never, again, already	Ils portent sur un verbe et se placent devant celui-ci, mais après un auxiliaire : She **never** sponsored the company. / She has **already** done it.

Types d'adverbes	Exemples	Place dans la phrase
Manière	quickly, carelessly, carefully, noisily, politely	Position variable selon l'effet recherché : – généralement placé devant le verbe, pour décrire la façon dont s'est réalisée l'action : She **reluctantly** left ; – initiale, pour mettre encore davantage l'accent sur la manière dont s'est réalisée l'action : **Reluctantly**, she left ; – finale pour apporter une précision sans mise en relief : She left **reluctantly**.
Degré	quite, extremely, highly, absolutely, almost, totally, far	Ils peuvent porter sur un verbe, un adjectif ou un adverbe. L'adverbe de degré se place devant le mot qu'il modifie : – devant un verbe : I **totally** understand your point of view ; – devant un adjectif : She is **highly** critical of the decision ; – devant un adverbe : She is **far** too tired to get anything done.
Restriction	only, alone, just, even	Ils peuvent porter sur plusieurs catégories grammaticales : – un nom : **Even** my sister applied for the job ; – un adjectif : She is **just** worried ; – un pronom personnel : He **alone** knows what to expect ; – un verbe : She was **only** trying to help.

Remarques :

- L'adverbe se place toujours après le ou les auxiliaires et avant le verbe :
  They haven't **fully** understood how serious the situation is. (haven't est l'auxiliaire affecté de la négation ; understood est le verbe au participe passé)
  She may have **totally** forgotten about it. (may et have sont des auxiliaires ; forgotten est le verbe au participe passé)
- On place l'adverbe après be, sauf lorsque l'on veut insister sur un élément :
  She was hardworking when I first met her and **still** is.

Applications

1. Exercice lacunaire

Choisissez la ou les réponses qui conviennent parmi celles proposées.

1. She …… to talk to the public relations officer and he asked what …… .
a. almost got / were her qualifications **b.** almost got / her qualifications were
c. got almost / were her qualifications **d.** got almost / her qualifications were

2. Although … can be easily identified by experts, …… keeps tricking readers.
a. misleading information / it **b.** it / misleading information

3. No sooner …… of the latest news …… she rushed to her office.
a. had she heard / that **b.** she had heard / that **c.** had she heard / than
d. she had heard / than

4. She .... across the room ....

a. threw violently / a leaflet **b.** threw violently a leaflet / Ø
c. violently threw / a leaflet **d.** violently threw a leaflet / Ø

5. .... is causing the journalism crisis ... .

a. A new trend, clickbait, / Ø **b.** Clickbait, a new trend, / Ø
c. A new trend /, clickbait

6. .... since she got hired on the next day.

a. They probably got along well at the party last Tuesday
b. Probably they got along well last Tuesday at the party
c. Probably they got along well at the party last Tuesday
d. They probably got along well last Tuesday at the party

7. Our correspondents took to the streets ...... the boss refused to give them a pay rise.

a. , **b.** although **c.** as **d.** since

8. .... , despite being easy to spot, ... is widespread.

a. Fake news / it **b.** Ø / fake news **c.** Fake news / Ø

9. The fear experienced by the employees ...... due to the spate of layoffs.

a. partly is **b.** is partly

10. .... agreed to host the show.

a. The radio presenter, even if he was on strike,
b. Even if he was on strike, the radio presenter
c. Even if the radio presenter was on strike, he

2. Phrases de thème

Traduisez les phrases suivantes en anglais.

1. La nuit dernière, il a entendu les reporters sortir dans l'affolement.

2. Comme tous les jeunes de son âge, les émissions abrutissantes, **c'est** vraiment ce qu'elle préfère.

3. De toute évidence, certaines scènes, en raison de leur violence, peuvent ne pas convenir aux jeunes téléspectateurs.

4. La chaîne de télévision a annoncé **mercredi** que, **dans les prochains mois**, elle ne diffuserait **probablement** plus de bulletin météo.

5. Le président sortant, **devant la foule émue**, livra **solennellement** son discours.

6. Franchement, malgré tout le battage médiatique à son sujet, je ne pense pas que cette émission télévisée fera de l'audimat.

7. Il aura **peut-être** la possibilité de choisir le spot publicitaire le mieux adapté.

8. La journaliste freelance a déjà contacté les témoins oculaires, **sans même prévenir la rédactrice en chef**.

9. Elle **seule** pourra te dire quand sortira le prochain numéro de cet hebdomadaire.

10. Non seulement la rédaction donnera des consignes claires, mais elle préviendra **aussi** ses confrères de se méfier des sites d'information trompeurs.

3. Version

Traduisez le texte suivant en français.

Slowly but surely (1), Twitter is becoming a key platform in the field of public relations. The success of this social media platform is nothing new. **Unsurprisingly (2)**, more than 400,000 million posts are sent over Twitter **each day (3)**. The latter is **widely (4)** used by journalists but also by public relations professionals who need to keep up with the latest news but who **mainly (5)** try to promote their companies. But some minor changes might **soon (6)** occur as Twitter is **desperately (7)** looking for a buyer. **So far (8)**, it has not been sold but it will **probably (9)** impact the way PR is done **greatly (10)**.

4. Thème suivi

Traduisez le texte suivant en anglais.

Jamais (1) je n'aurais pensé que Trump, étant donné l'avalanche de protestations, serait allé **aussi loin (2)** ! Après avoir accusé mercredi, **avec agressivité (3)**, les journalistes de menteurs, **le voilà (4)** qui leur reproche d'inciter la population à l'émeute. Je ne savais pas, à vrai dire **(5)**, quelle serait la réaction du président lorsque les journalistes, outrés par **ce nouvel affront (6)**, exprimeraient leur mécontentement. J'aurais peine à dire, alors que j'étais **tout à fait (7)** apte à assumer ma nouvelle fonction de chargée de communication, pourquoi j'étais **si (8)** stressée par la conjoncture politique actuelle. Mes collègues étaient aimables comme **jamais (9)** ; **(10)** elles savaient que le moindre faux pas pouvait avoir d'importantes conséquences.

Vocabulaire. Thème : The media and communication

fake news : fausses informations
to flood : envahir, inonder
a social network : un réseau social
eagerly : impatiemment
to release : publier
the newscaster, the news anchor : le présentateur du journal
journalese : le jargon journalistique
Ø clickbait : piège à clics (**bait :** appât)
an opinion column : un éditorial
a touchy issue : un problème délicat, épineux
the mainstream media : les médias traditionnels
to disseminate : diffuser, répandre
to sue : poursuivre en justice
libel : la diffamation
the readership : le lectorat
a subscriber : un abonné
sensationalism : le sensationnalisme, la recherche du sensationnel
the headlines : les (gros) titres
a newsflash : un flash info, un bulletin d'informations
a media outlet : un organe de presse
an editor : un(e) rédacteur(-trice)
a public relations (PR) officer : un responsable des relations publiques
misleading : trompeur, mensonger
a leaflet : un prospectus
to take to the streets : manifester, descendre dans la rue
a radio presenter : un présentateur radio
to host a show : présenter une émission (TV, radio)

Corrigés des applications

1. Exercice lacunaire

1. b. L'adverbe almost vient modifier le verbe et doit donc le précéder. L'ordre des segments ne peut être calqué sur le français : le sujet est toujours devant le verbe, donc what her qualifications were (what were her qualifications correspond à l'ordre interrogatif, or il ne s'agit pas d'une question ici).

2. a. Bien que la réponse **b.** soit recevable, on choisit la réponse **a.** car celle-ci fait apparaître le sujet de façon claire et précise dès le début de la phrase, à la différence de la réponse **b.** qui utilise le pronom it, dont le référent (misleading information) n'est donné qu'ensuite, dans la principale.

3. c. No sooner, locution à sens négatif, placé en tête de phrase, implique d'effectuer une inversion sujet-auxiliaire. Cette expression fonctionne toujours avec than.

4. d. L'adverbe violently modifie le verbe et doit figurer devant celui-ci. Il ne faut pas séparer verbe et objet, ce qui rend les réponses **a.** et **c.** impossibles puisque, dans ces phrases, le circonstanciel de lieu est placé entre le verbe et l'objet.

5. b. On fait figurer le sujet (clickbait) en tête de phrase, puis son expansion (a new trend) sous la forme d'une incise, entre virgules.

6. a. Probably se place avant le verbe. Les circonstanciels doivent en principe apparaître dans l'ordre manière, lieu, temps.

7. c. et **d.** La juxtaposition de deux propositions par une virgule, acceptable en français, ne l'est pas en anglais, ce qui exclut la réponse **a.** Il s'agit d'un comma splice (= la juxtaposition au moyen d'une virgule). Il faut rendre explicite le lien entre les deux propositions grâce à une conjonction de coordination (and par exemple) ou de subordination (as, since, after, etc.).

8. b. On ne peut pas avoir de doublons en anglais au sein d'une même proposition (c'est-à-dire l'utilisation du pronom sujet it qui renverrait à fake news), ce qui exclut la réponse **a.** On évite de séparer le sujet du verbe en insérant une subordonnée, comme ce serait le cas avec la réponse **c.**

9. b. Sauf cas particulier d'emphase, l'adverbe se place après be.

10. c. Comme dans la phrase 2 de l'Exercice lacunaire, on fait figurer le sujet réel (the radio presenter) puis, dans un second temps, le pronom he auquel il renvoie. Néanmoins, la réponse **b.** est elle aussi recevable. Notez que l'on évite de séparer le sujet de son verbe (voir la phrase 8 de l'Exercice lacunaire).

2. Phrases de thème

1. (Last night) he heard the reporters leave in a panic **(last night)**. [On peut déplacer le circonstanciel de temps en début ou fin de phrase.]

2. Just like all youngsters her age, stultifying TV shows **are really what** she likes best. [En anglais, il n'est pas possible de calquer la structure avec « c'est » : * stultifying TV shows, it is what she likes best est ainsi irrecevable. Notez que l'on peut déplacer le premier segment en gras en fin de phrase.]

3. Some scenes may **obviously** be unsuitable for young viewers **due to their violent content**. [L'adverbe se place entre le modal et la base verbale, mais il pourrait également être placé en tête de phrase comme c'est le cas en français. Le second segment en gras ne peut venir séparer le sujet et le verbe comme c'est le cas en français, mais il pourrait être placé devant some scenes.]

4. On Wednesday, the television channel announced that it would **probably** no longer broadcast the weather forecast **in the months to come**. [On Wednesday ne peut pas être placé entre le verbe et son COD comme c'est le cas en français : on le place donc en début ou en fin de phrase. Probably se place après would. Le circonstanciel de temps se place avant ou après la suite SVO.]

5. Facing [As he was facing] the crowd overwhelmed by emotion, the outgoing President **solemnly** delivered his speech. [On ne sépare pas le sujet du groupe verbal comme c'est le cas en français. L'adverbe se place devant le verbe.]

6. In spite of [Despite] all the media hype about this TV show, I **frankly** do not think that it will have good ratings. [Souvent placés en tête de phrase, les adverbes d'appréciation peuvent aussi, comme la plupart des adverbes, figurer devant les verbes qu'ils modifient.]

7. Perhaps he will have the possibility of choosing the most appropriate commercial. [On place les adverbes de probabilité en tête de phrase.]

8. The freelance journalist has **already** got in touch with the eye witnesses, **without even telling the chief editor**. [Avec les temps composés, on place l'adverbe entre l'auxiliaire et le participe passé. On ne sépare pas le verbe de son objet en anglais.]

9. Only she will be able to tell you when the next issue of this weekly (newspaper) is released. [Adverbe de restriction qui porte sur le pronom she.]

10. Not only will the editorial board give clear instructions, but they will **also** warn their fellow journalists against misleading news websites. [L'emploi de tournures restrictives en tête de phrase implique une inversion auxiliaire (will ici)/sujet. L'adverbe se place entre l'auxiliaire et le verbe.]

3. Version

(1) « **Lentement mais sûrement, Twitter devient ...** » : on a deux adverbes de manière coordonnés. Placés en position initiale, ils mettent en relief la façon dont se déroule l'action. On peut aussi les placer après « devient », mais sans cet effet. **(2)** « **Il n'est pas surprenant que** » : on a un adverbe d'appréciation en position initiale car il porte sur tout l'énoncé. **(3)** « **par jour** » : on peut le déplacer en français mais, en anglais, il occupe la place du circonstanciel de temps, donc en fin de phrase. **(4)** « **largement** » : l'adverbe se place entre l'auxiliaire et le participe passé. **(5)** « **principalement** » : l'adverbe se place obligatoirement devant le verbe en anglais, mais plutôt derrière lui en français. **(6)** « **bientôt** » : soon (adverbe de temps) se place entre l'auxiliaire et la base verbale. Il peut occuper plusieurs places en français. En anglais, il peut aussi être placé en tête de phrase, avec un effet de mise en relief du repère temporel. **(7)** « **désespérément** » : on a un adverbe de manière, placé entre l'auxiliaire et V–ing. **(8)** « **Jusque-là** » : so far, placé en tête de phrase, donne un repère temporel, qui n'est pas mis au premier plan si on le place en fin de phrase. **(9) et (10)** « **probablement fortement** » : on place probably entre would et la BV mais, à la différence du français, on ne peut pas avoir en anglais probably et greatly à la suite l'un de l'autre. On ne sépare pas non plus, en anglais, le verbe would impact de son objet, donc greatly apparaît à la fin de l'énoncé.

4. Thème suivi

Never (1) would I have thought that Trump would have gone **that far (2)**, given the spate of protests! After he **aggressively (3)** accused journalists of being liars last Wednesday, he is **now (4)** blaming them for inciting the population to riot. **To tell the truth (5)**, I did not know what the reaction of the president would be when journalists, who were outraged at **yet (6)** another insult, would voice their discontent. I would be at a loss to say why I was **so (8)** stressed out by the current political context while I was **perfectly (7)** fit to take on my newly-acquired position as a communications manager. My colleagues [coworkers] had **never** been **that nice (9) as (10)** they knew the slightest slip-up could have far-reaching consequences.

(1) Adverbe négatif placé en tête de phrase, impliquant l'inversion auxiliaire-sujet. **(2) Far** est un adverbe de lieu exprimant la distance, utilisé ici au sens figuré. **That**, adverbe ici, exprime le haut degré. **(3)** L'adverbe modifie le verbe et il se place donc devant celui-ci. On évite le calque de structure **with aggressiveness**, ainsi que le calque de l'ordre des mots sur le français. **(4)** Expression idiomatique, ne pouvant être traduite telle quelle. On opte pour l'adverbe de temps **now** en anglais. **(5)** On place **to tell the truth** en tête de phrase en anglais pour ne pas séparer le groupe verbal (**did not know**) de son objet (**what the reaction of the president would be**), ce qui serait le cas si l'on calquait l'ordre des segments. Cette expression agit comme l'adverbe appréciatif (voir le tableau du 2. dans « Ce qu'il faut savoir »), qui se place en position initiale. **(6)** Cet emploi de **yet** correspond à l'expression d'une itération (**yet another insult** = encore un affront), exprimée en français par l'adjectif « nouvel ». **(7) Perfectly** est un adverbe de degré portant sur l'adjectif **fit**. Il se place donc devant lui. Notez que la proposition dans laquelle s'insère cet adverbe ne peut figurer entre **I would be at a loss to say** et **why I was so stressed out by the current political context** car cela reviendrait à séparer le verbe de son objet (ce qui est possible en français comme c'est le cas ici). **(8) So** est un adverbe de degré qui se place devant l'adjectif **stressed out**, qu'il modifie. **(9) Never** est un adverbe de fréquence. Avec les temps composés, il se place entre l'auxiliaire et le verbe au participe passé. La traduction proposée correspondrait au français « n'avaient jamais été aussi aimables », d'où la présence de **that** (adverbe, ici) marquant le haut degré. **(10)** Ce genre de juxtaposition, acceptable et relativement fréquente en français, est impossible en anglais. On a recours à une conjonction de subordination explicative telle que **as** ou **since** (étant donné que, vu que, parce que) ou à une conjonction de coordination, en fonction du sens que l'on donne à cette virgule.

FICHE DE GRAMMAIRE

17. Interrogatives et exclamatives

Thème : **Immigration**

Ce qu'il faut savoir

1. Les interrogatives

▶ Dans les questions fermées (appelant une réponse par oui ou par non), **on inverse** :

- **sujet et verbe** :
  - to be : **Is she** alien?
  - to have : **Have you** relatives here? (peu usité et remplacé par have you got / do you have)
- **sujet et auxiliaire** (be, have, do, auxiliaires de modalité périphrastiques [had better, would rather, ought to]) :

  He has been deported. → **Has he** been deported?

  He should claim benefits. → **Should he** claim benefits?

▶ Dans les questions ouvertes, l'**auxiliaire** se place entre le **mot interrogatif** et le **sujet** :

Where **can** they find shelter?

Why **do** they usually flee from their home countries?

▶ Les **question-tags** (« n'est-ce pas ? ») sont composés d'un auxiliaire et d'un pronom personnel sujet reprenant le sujet de l'énoncé.

- **Cas 1.** Si l'énoncé est à la forme affirmative, le tag sera à la forme interro-négative :

  Many fail to integrate with the local community, **don't they / do they not**?

  The local authorities had them deported, **didn't they / did they not**?

  They were granted British citizenship, **weren't they / were they not**?
- **Cas 2.** Si l'énoncé est à la forme négative, le tag sera à la forme interro-affirmative :

  They hardly ever[1] make a decent living, **do they**?

  Asylum-seekers won't be offered employment, **will they**?
- **Cas 3.** Si l'énoncé est à la forme affirmative, le tag peut aussi être à la forme interro-affirmative :

  You've given them a warm welcome, **have you**? (Dis-moi, tu leur as bien réservé un accueil chaleureux ? = expression d'un doute, avec un soupçon d'ironie)

Le tag peut également exprimer la surprise :

She is hosting migrants, **is she**? (Tiens donc, elle héberge des migrants ?)

- **Cas particuliers :**

  Let's put an end to quotas, **shall we**?

  Somebody will help them get valid documents, **won't they**?

  This is a life below human decency, **isn't it**?

1. Ou toute autre expression à sens négatif : l'auxiliaire *don't*, l'adverbe *never*, etc.

▶ Les formes **interro-négatives** :

Don't they provide a boost to the economy?

Couldn't they be given better prospects for the future? (= **Could** they **not** be given …?)

▶ Les **interrogations indirectes** : l'interrogative est intégrée dans une phrase affirmative (sans « ? » ni « ! »), mais elle est malgré tout introduite par un pronom ou un adverbe en wh– :

How Australia will manage this flux of immigrants is a mystery.

It all depends on **what** the country's immigration policy states.

▶ Les **interrogatifs** : wh– signale qu'il existe un déficit d'information à propos :

- de l'identité : who/which (quel, lequel…) / what (que, quel…) / what (did you do that) for (dans quel but) ;
- du lieu : where ;
- du temps : when ;
- de la raison : why [Why (not) **apply** for a Green Card? → et non * why apply**ing**] ;
- de l'identité du possesseur : **Whose** ID card is this? ;
- de la manière, avec how et ses dérivés : la question peut porter sur le nombre (how much + nom indénombrable/how many + nom dénombrable), la taille (how tall), la profondeur (how deep), l'âge (how old), la durée (how long), le moment où l'action a eu lieu (how long ago + prétérit).

▶ Pour traduire « ah oui ? », « vraiment ? », on reprend l'auxiliaire et le temps de l'énoncé de départ :

– They eventually made it to Dover.

– **Did they?**

2. Les exclamatives

▶ L'exclamation peut porter sur :

- un **adjectif**, un **participe passé** ou un **adverbe** :

  How inhumane some immigration policies can be!

  How disgraceful! (It is est sous-entendu après disgraceful.)

  The working conditions in sweatshops are **so/ever so** squalid! (Ever **renforce l'exclamation**.) It breaks my heart to see **how** exploited those people are!

  The Red Cross has played **so** important **a** role in helping migrants come to terms with their host country! (Attention à la place de l'article a.)

  Didn't she sound adamant about not legalising the status of illegal aliens! (Elle avait l'air sacrément intransigeante… !). On emprunte ici la structure interro-négative, non pas pour interroger, mais pour affirmer une vérité sur un mode exclamatif.

  How dutifully did he promise to help them!

- un **verbe** :

  How they suffered and persevered to get to the coastline!

  They suffered and persevered **so much** to get to the coastline!

  Haven't they suffered and persevered to get to the coastline! (plus familière ; bilan qui nécessite un present perfect)

- un **nom** :
  - What + a + nom dénombrable au singulier :
    What a safe **haven** this foreign country is! / **What a pain** (it is) for migrants to leave everything behind!
  - What + Ø + nom dénombrable au pluriel :
    What Ø safe **havens** these foreign countries are!
  - What + Ø + nom indénombrable :
    What contempt British-born people have shown to undocumented people!

  Cependant, les indénombrables pity et relief fonctionnent comme des dénombrables dans les expressions **What a pity! What a relief!**
- Such + a + nom dénombrable au singulier **ou** such + Ø + nom dénombrable au pluriel : They took **such a long trip** from North Africa! / Australia's skilled migration programme is (ever) **such a disgrace**!
- **Some** (accentué) : This is **some** welcome! (Quel accueil !) / Helping them "make a fresh start"? He is **some** liar! (Tu parles d'un menteur !)

▶ L'**exclamation** peut **aussi** être indirecte :

I know **what a** relief it can be to be welcomed with open arms!

I can't get over **how** humiliating it is to be escorted back to the border!

Dans ces exemples, les interrogatifs what et how ne signalent pas un déficit d'information, mais affirment plutôt un savoir.

Applications

1. Exercice lacunaire

Choisissez la ou les réponses qui conviennent parmi celles proposées.

1. .... help them set down new roots instead of stigmatizing them?
a. Should not we **b.** Should we not **c.** Shouldn't we
d. les réponses a, b et c sont possibles

2. How .... to see them torn between two cultures!
a. is it heart-breaking **b.** heartbreaking is it **c.** heartbreaking Ø
d. heartbreaking it is

3. Have them shipped out? What .... to say!
a. a horrendous thing **b.** Ø horrendous thing **c.** horrendous a thing
d. an horrendous thing

4. You've applied for British citizenship, ... ?
a. have you? **b.** did you? **c.** haven't you? **d.** didn't you?

5. Someone suggested we should talk about brain gain instead of brain drain, ...?
a. didn't he **b.** didn't they **c.** didn't one **d.** did they not

6. He is ...... inspiration to me! He managed to rise from rags to riches within a few years.
a. so much an **b.** so an **c.** such an **d.** ever such an

7. President Obama has played .... role in undocumented immigrant children's enrolment in US schools!

a. such an important **b.** so important a **c.** some **d.** a so important

8. I can't get over how .... the shortage of unskilled labour!

a. fastly migrant workers addressed **b.** did migrant workers fast address
c. fast did migrant workers address **d.** fast migrant workers addressed

9."He got a work permit at last!"
–"............?"

a. Ah yes **b.** He got one **c.** Did he **d.** Didn't he

10. Many of them pay smugglers .... money to end up working undeclared menial jobs in the US!

a. so much **b.** so many **c.** such **d.** such a

2. Phrases de thème

Traduisez les phrases suivantes en anglais.

1. Quelle idée de vouloir repartir de zéro sans savoir si tu pourras subvenir aux besoins de ta famille !

2. Ne crois-tu pas que la crise des migrants est insurmontable ?

3. Qu'est-ce qu'il est borné à vouloir s'accrocher à ses coutumes !

4. Qu'on lui tamponne ses papiers pour qu'il puisse enfin commencer une nouvelle vie !

5. Vous n'allez **quand même pas** jeter ces réfugiés dehors ?

6. C'est terrible le nombre d'étrangers en situation irrégulière qu'il peut y avoir en France !

7. Tout dépend de la manière dont on envisage une politique d'immigration commune, à la fois ferme et humaine.

8. Quelle arrogance et **quel mépris** de la part d'une institution censée porter les valeurs fondamentales de la démocratie !

9. Que c'est triste de pratiquer la politique de l'autruche quand des milliers de réfugiés politiques attendent aux portes de l'Europe !

10. Si l'on veut faciliter l'intégration des jeunes d'origine étrangère, il faut commencer par les scolariser, **non** ?

3. Version

Traduisez le texte suivant en français.

Hasn't the US President-elect said (1) he would have as many as three million undocumented migrants deported? **What a statistic**! **(2) It's incredible how far he could go (3)** during his election campaign, stopping at nothing to stay in the lead! At least, it's been an opportunity to address an issue that's been blighting the country for decades, **hasn't it**? **(4)** And **how wrong he was (5)** when commenting on NATO's inability to deal with migration flows! **This is some wrong thinking! (6)**

4. Thème suivi

Traduisez le texte suivant en anglais.

Quelle terrible défaite (1) pour les défenseurs des droits de l'homme qui ont vécu le débat en faveur du Brexit comme une incitation à la haine raciale. Mais **comme ils se sont battus (2)** pour faire entendre leur voix et expliquer que les étrangers sont souvent « bons » pour l'économie du pays. L'annonce des résultats du référendum a été **un tel choc (3)** que certains Anglais ont dû se demander s'ils n'allaient pas quitter leur île natale, **non** ? **(4) Quant à savoir comment cela se passera (5)** sur le plan juridique pour les ressortissants étrangers, il est trop tôt pour le dire.

Vocabulaire. Thème : Immigration

to be deported : être expulsé
to claim benefits : demander des prestations
to find shelter : trouver un toit
to flee from one's home country : fuir son pays d'origine
to make a decent living : vivre décemment
an asylum-seeker : un demandeur d'asile
to be granted citizenship : obtenir la citoyenneté
valid documents : des papiers en règle
human decency : la dignité humaine
better prospects for the future : des perspectives d'avenir meilleures
a flux of immigrants : un flux migratoire
an immigration policy : une politique d'immigration
to apply for a Green Card : faire une demande de carte verte
an ID card : une carte d'identité
inhumane : inhumain, cruel
working conditions : des conditions de travail
a sweatshop : un atelier clandestin
a host country : un pays d'accueil
to legalise the status of illegal aliens : légaliser le statut des étrangers en situation irrégulière
a safe haven : un havre de paix, un lieu sûr
to leave everything behind : tout quitter
to be British-born : être britannique de naissance
undocumented people : les sans-papiers
to make a fresh start : prendre un nouveau départ
to be escorted back to the border : être reconduit à la frontière
to ship s.o. out : expulser qqn
to apply for British citizenship : demander la citoyenneté britannique
the brain drain : la fuite des cerveaux
to rise from rags to riches : passer de la misère à la richesse
the shortage of unskilled labour : la pénurie de main-d'œuvre non qualifiée
a work permit : un permis de travail
a smuggler : un passeur
an undeclared menial job : un emploi subalterne non déclaré

Corrigés des applications

1. Exercice lacunaire

1. b. Not, forme pleine, ne peut être collé directement à l'auxiliaire, et réponse **c.**
2. c. et **d.** Voir 2. dans « Ce qu'il faut savoir », un adjectif, un participe passé ou un adverbe.

3. a. et **c.** La réponse **c.** est plus rare et plus recherchée.

4. a. « Rassure-moi, tu as bien … ? » : mise en cause ou demande de confirmation ; **c.** simple question dite tag (voir 1. dans « Ce qu'il faut savoir », cas 1 ou 3).

5. b. et **d.** Question tag : énoncé à la forme affirmative ; le tag est donc à la forme interro-négative (contractée ou pleine). Le pronom personnel correspondant à someone est bien they.

6. a., c. et **d.** L'exclamation porte sur un nom (voir 2. dans « Ce qu'il faut savoir »).

7. a., b. et **c.** Voir 2. dans « Ce qu'il faut savoir », un adjectif, un participe passé ou un adverbe et 2. dans « Ce qu'il faut savoir », un nom.

8. d. How + fast et rejet du verbe en fin d'énoncé : exclamation indirecte.

9. c. « Vraiment ? » (voir 1. dans « Ce qu'il faut savoir », « ah oui ? », « vraiment ? »).

10. a. Money est un nom indénombrable ; il n'y a donc qu'une seule réponse possible.

2. Phrases de thème

1. What a strange idea to want to start from scratch without knowing for sure that you'll be able to support your family [to meet your family's needs]! [L'exclamation porte sur un nom dénombrable. Le schéma est donc : What + a + nom dénombrable.]

2. Don't you believe that the migrant crisis is insurmountable [insuperable]? [Forme interro-négative (voir 1. dans « Ce qu'il faut savoir »).]

3. How stubborn he is, always wanting to cling to his customs by hook and by crook! [L'exclamation porte sur un adjectif : il faut retenir le schéma how + adjectif + sujet + verbe.]

4. Let them stamp his documents so he can start a new life at last! [Exclamation introduite par un impératif selon le schéma syntaxique : let + pronom personnel complément + verbe.]

5. You're not going to ship these refugees out, **are you**? [Question tag : énoncé à la forme négative ; tag à la forme affirmative]

6. It's terrible how many illegal aliens [foreigners] there are in France! [Exclamative indirecte : how many + nom dénombrable au pluriel → l'exclamation porte sur le **nombre** d'étrangers.]

7. It all depends on how you consider a common immigration policy that is both firm and humane! [Exclamative indirecte : l'exclamation porte sur la **manière** dont on considère une politique d'immigration commune.]

8. What arrogance and **what contempt** on the part of an institution that is supposed to embody the core values of democracy! [Arrogance et contempt sont des noms indénombrables ; l'exclamation suit le schéma : what + Ø + nom indénombrable.]

9. How sad (it is) to put [bury] one's head in the sand while thousands of political refugees are on Europe's doorstep! [L'exclamation porte sur un adjectif (sad) ; it is peut être dit ou seulement sous-entendu.]

10. If they want to make it easier for foreign-born young people to become integrated, the authorities should begin by giving them schooling, **shouldn't they** [**should they not**]? [Question tag : énoncé à la forme affirmative ; le tag est donc à la forme interro-négative, contractée (shouldn't they) ou pleine (should they not).]

3. Version

(1) « **Le Président américain élu n'a-t-il pas dit qu'il** » : forme interro-négative mais notez qu'en français la question interro-négative doit commencer par le sujet. **(2)** « **Quel chiffre !** » : l'exclamation porte sur le nom commun « chiffre » et l'adjectif exclamatif « quel » s'accorde avec lui en genre et en nombre en français. **(3)** « **Il est incroyable de constater jusqu'où il a pu aller** » : exclamative indirecte. **(4)** « **…, non ?** » : cette traduction calque un peu trop l'anglais. On préférera une tournure interro-négative : « **Est-ce que ça n'a pas été** l'occasion, du moins, d'aborder le problème… ? ». Il s'agit d'étoffer un question tag.

(5) « **Et combien il était dans l'erreur lorsqu'il** » ou « **Comme il a eu tort de** » : l'exclamation porte sur un adjectif (wrong) en anglais ; le calque est impossible. « Erreur » et « tort » sont des équivalents nominaux acceptables. **(6)** « **Quel raisonnement erroné !** » : comme en anglais, l'exclamation porte sur le nom commun ; some serait accentué à l'oral.

4. Thème suivi

What a terrible defeat (1) for human rights defenders who experienced the pro-Brexit debate as an incitement to religious hatred. But **how they struggled (2)** to make their voices heard and (to) make it clear that foreign-born people often are « good » for the country's economy. The announcement of the results of the referendum/ public consultation was **such a shock (3)** that some English people probably considered leaving their native island for good, **didn't they** [**did they not**]**? (4) How things will go (5)** for foreign nationals from a legal point of view is too soon to tell.

(1) Defeat est un nom dénombrable assorti de l'adjectif épithète terrible. Le schéma exclamatif doit être what + a + nom dénombrable. **(2)** L'exclamation porte sur un verbe (voir 2. dans « Ce qu'il faut savoir »). **(3)** L'exclamation porte sur shock, nom dénombrable, attribut du sujet de was. On retiendra donc le schéma : such + a + nom dénombrable au singulier. **(4)** « **..., non ?** » nous conduit à avoir recours à un question tag en anglais à la forme interro-négative car l'énoncé est à la forme affirmative (considered leaving). **(5)** Exclamation indirecte en position sujet qui porte sur la manière (how) dont cela se passera pour les ressortissants étrangers.

FICHE DE GRAMMAIRE

18. Passif et traduction de « on »

Thème : **Crime**

Ce qu'il faut savoir

1. Généralités

Si elle est historiquement plus fréquemment utilisée dans la langue de Shakespeare que dans celle de Molière, la voix passive anglaise est très proche de son équivalent français. Ainsi, la phrase passive :

- a pour sujet un élément qui ne fait pas l'action, mais la subit;
- fait appel à un complément d'agent (élément qui fait l'action) introduit par la préposition **by**. **With** est généralement utilisé pour introduire le complément de moyen;
- se construit à l'aide de l'auxiliaire « être » conjugué au temps souhaité et suivi du participe passé : **be** + **V–en**.

Remarque. En français, seul un COD peut devenir sujet d'une phrase au passif, alors que l'anglais peut tout mettre à la voix passive (voir 3. et 4.).

2. Construction

Le passage de la voix active à la voix passive s'opère comme suit :

- Présent continu : Someone **is holding** them hostage. → They'**re being** held hostage.

L'auxiliaire **be** est au présent continu car c'est le temps du verbe à la voix active.

- Prétérit : A hooded man **robbed** the bank yesterday. → The bank **was robbed** yesterday by a hooded man.

L'auxiliaire **be** est donc conjugué au prétérit.

- Present perfect : The police **have just arrested** the fugitive. → The fugitive **has just been arrested** by the police.
- Auxiliaires de modalité ou périphrases équivalentes : They **must [will] [are likely to] sentence** the serial rapist to life imprisonment. → The serial rapist **must [will] [is likely to] be sentenced** to life imprisonment.

L'auxiliaire **be** est précédé d'un modal ou équivalent et est sous forme de base verbale ou d'infinitif.

Remarque. On trouve parfois **get** à la place de **be**. Si cet usage peut être considéré comme un peu moins formel, on le retrouve dans certaines expressions usuelles qui traduisent, pour l'essentiel, un changement d'état et qui décrivent souvent un événement étant inattendu et désagréable (to get killed, to get lost, to get caught, to get divorced, to get fired, etc.). Néanmoins, on le trouve aussi dans des expressions plus neutres comme to get dressed, to get divorced, get lost, get dressed. Cette construction se fait généralement avec un verbe d'action : He **got caught** thanks to a DNA match.

Si l'on y associe un pronom réfléchi, on sous-entend que le sujet est partie prenante de l'action :

The burglar **got himself injured** while trying to open the safe.

3. Construction avec « double accusatif »

L'anglais tend à préférer les sujets grammaticaux animés/humains. S'il y a un COD et un COI, ce dernier est plus susceptible d'être « humain » :

The jury **gave** him [COI] sixteen years in jail [COD]. / He **was given** sixteen years in jail [COD].

4. Constructions complexes

Avec les verbes à particules/postpositions (**phrasal verbs**), que la postposition soit séparable ou non, elle reste indispensable au verbe :

Police **never tracked down** the gang. → The gang **was never tracked down**… .

Someone knocked him out in a drunken brawl. → He **was knocked out** in… .

Il en est de même pour les prépositions qui accompagnent un verbe :

Someone has **hacked into** the Pentagon's computer system. → The Pentagon's computer system **has been hacked into**.

Employers still **discriminate against** ex-convicts. → Ex-convicts **are** still **discriminated against** by employers.

5. Constructions causatives

▶ Les constructions de type causatif (« faire + infinitif + GN ») ont pour équivalent **to make s.o. do sth** ou **to have s.o. do sth** lorsque le COD du premier verbe (**make** ou **have**) est sujet actif du second verbe (c'est-à-dire qu'il fait l'action) :

The cop **made the suspect read** his Miranda rights aloud. (Le policier a contraint le suspect à lire lui-même ses droits à haute voix.)

Le verbe make peut, lui aussi, être au passif. On trouve alors la structure to be made to do sth :

He was made to read his rights out loud.

The judge **had the accused leave** the room. (Le juge a demandé à ce que le prévenu quitte le tribunal. L'auxiliaire **have** laisse entendre que la façon importe peu et que l'accusé a pu être aidé, voire forcé par un tiers).

▶ Si le sujet subit l'action, on fait appel à **have** + **s.o./sth V–en** :

He **had his hair cut** before being executed.

The judge will **have the accused expelled** from the courtroom if he keeps yelling like that.

6. Complément d'agent et complément de moyen

Un même verbe peut être associé à un complément d'agent ou un complément de moyen.

The terrorist **<u>was</u>** eventually **<u>killed</u>** **with** a flick knife **by** one of the hostages.

The gangsters' hideout **<u>was</u>** **<u>opened</u>** **with** a knife **by** the escapee.

With introduit le complément de moyen et **by** introduit le complément d'agent. Notez que l'agent n'est pas toujours mentionné.

7. Traduction du « on » français

Le passif est utilisé quand l'auteur de l'action n'est pas clairement identifiable ou que l'on ne souhaite pas le révéler pour quelque raison que ce soit. Il se traduit souvent par « on » en français :

I **was told** he'd been charged with second degree murder. (Je ne veux pas dire qui m'a fait la confidence.)

Citizens **are expected** to abide by the law. (Ici, on s'adresse à tous les citoyens en général, mais à aucun en particulier.)

The bank **has been** robbed. (Les cambrioleurs ne sont pas connus/n'ont pas été appréhendés.)

As **provided for** in the law… (forme elliptique de **as it is provided for …** : « comme le prévoit [prévu par] la loi. »)

On retrouve souvent les expressions suivantes : be supposed, be expected, be asked, be scheduled, be told, be said, be allowed, be meant, etc.

Applications

1. Exercice lacunaire

Choisissez la ou les réponses qui conviennent parmi celles proposées.

1. The artist …… of all his paintings.
a. was robbed **b.** was stolen **c.** had been robbing
d. should not be stolen

2. A juvenile delinquent ……… more gently than a recidivist, say.
a. will always be treated **b.** always got treated **c.** is always being told
d. has always be told

3. I wish their heads had not … .
a. been chop-offed **b.** be offchopped **c.** been chop off
d. been chopped off

4. I was …… to refrain from indulging in any kind of insider dealing scams.
a. advised **b.** said **c.** told **d.** remembered

5. The lawyer …… free due to a legal irregularity.
a. makes him set **b.** made him setted **c.** had him set
d. has him setted

6. They had not been …… about the stalker, so they ventured out into the streets in the middle of the night.
a. said **b.** told **c.** informed **d.** warned

7. Oh him? That's "Mr Powder", the drug dealer Gary had …… .
a. been mistaken with **b.** been mistook with **c.** been mistaken for
d. been mistook for

8. He is … to have embezzled about $2 million in company funds.
a. believed **b.** told **c.** said **d.** suggested

9. My boss had just had his car …… when it was stolen.
a. repair **b.** repairs **c.** repairing **d.** repaired

10. The suspect …… a second chance to make a full confession.
a. was given to **b.** was given **c.** gave **d.** was giving

2. Phrases de thème

Traduisez les phrases suivantes en anglais.

1. Si l'on m'avait dit que le taux de criminalité avait autant augmenté en l'espace de six mois !
2. Les tueurs ne se sont pas réfugiés ici. Regarde, le seul lit **n'est** même **pas défait**.
3. Il se fera extrader à la moindre nouvelle incartade.
4. Selon le rapport, **elle a été blessée** à l'arme blanche.
5. Il est vivement **conseillé** à tous les voyageurs de faire attention à leurs bagages.
6. L'évasion fiscale **est un crime qui est sévèrement puni** dans ce pays.
7. Dans la plupart des affaires, **il est difficile de se passer** d'un avocat.
8. Le meurtrier **a finalement été reconnu** coupable.
9. Après son forfait, **le cambrioleur a été appréhendé** alors qu'il prenait la fuite dans une voiture volée.
10. La peine capitale **fut suspendue** par la Cour suprême des États-Unis en 1972.

3. Version

Traduisez le texte suivant en français.

It is doubtless **to be considered (1)** one comfortable mattress: the Massachusetts authorities **are said to (2)** have found $20 million in cash – which **were hidden (3)** inside a box in a Boston apartment.

A Brazilian man **got arrested (4)** a few days later as he had come to pick up the money. Already on parole, he **was easily talked (5)** into admitting to setting up some kind of pyramid scheme – and **was (6)** immediately **ordered held (7)** without bail. He **is** currently **being held (8)** on a charge of conspiring to commit money laundering.

4. Thème suivi

Traduisez le texte suivant en anglais.

Il **est connu (1)** de tous que ces multinationales aiment s'adonner à que l'**on appelle (2)** l'optimisation fiscale. Apple et consorts **ont déjà été rappelés à l'ordre (3)** plusieurs fois pour avoir transféré des fonds dans des paradis fiscaux, comme l'Irlande. Peu enclines à coopérer, elles ne **peuvent être poursuivies (4)** que dans le pays où l'essentiel de leurs unités de production (ainsi que le siège social) **a été délocalisé (5)**. Il est donc très difficile pour un gouvernement de **les faire condamner (6)**. Et **on s'attend (7)** à ce que la bataille juridique, **entamée (8)** l'an dernier, s'éternise.

Vocabulaire. Thème : Crime

to hold s.o. hostage : retenir qqn en otage
to rob : voler, dévaliser, braquer
a serial rapist : un violeur en série
Ø life imprisonment, a life-jail sentence : la prison à vie
a DNA match : une compatibilité ADN
a burglar : un cambrioleur
to track down : retrouver, arrêter, attraper
a drunken brawl : une bagarre d'ivrognes
to knock out : assommer
to hack into sth : pirater qqch, s'introduire dans (illégalement)
to discriminate against s.o. : pratiquer une discrimination envers qqn
to read s.o. their rights : lire ses droits à qqn
the accused : l'accusé, le prévenu
a flick knife : un (couteau à) cran d'arrêt
a hideout : une planque, une cachette
an escapee : un évadé
a drug lord : un baron de la drogue
to be charged with sth : être accusé de qqch
to abide by the law : respecter la loi
insider dealing : un délit d'initié
a legal irregularity : un vice de procédure
to embezzle money : détourner de l'argent
to make a full confession : passer aux aveux
criminality, crime : la criminalité
to extradite : extrader
a bladed [edged] weapon : une arme blanche
tax evasion : l'évasion [la fraude] fiscale
to find s.o. guilty : reconnaître [déclarer] qqn coupable
an infamy, a crime : un forfait (litt.)
the capital punishment : la peine capitale
to be on bail : être en liberté provisoire [sous caution]
laundering : le blanchiment d'argent
to catch, to nab, to frame : épingler
a legal battle : une bataille juridique

Corrigés des applications

1. Exercice lacunaire

1. a. Steal est utilisé ce que l'on emporte, rob pour l'élément qui est dépossédé (to rob s.o. of sth).

2. a. La réponse **d.** est agrammaticale. La réponse **c.** a besoin d'un COD correspondant à ce qui est dit. En **b.**, le passé rend la phrase irrecevable. En **a.** le futur a une valeur de vérité générale, quasi inéluctable.

3. d. Les réponses **a.**, **b.** et **c.** sont agrammaticales. Il ne faut pas oublier la particule off.

4. a. et **c.** Avec advise et tell, le sujet de la phrase est le destinataire des paroles (« on m'a dit/conseillé d'éviter … »). Avec say et remember, I en est l'objet (« on dit de moi que/on se souvient de moi comme étant … »).

5. c. Set free signifie « libérer » : il s'agit d'une forme causative passive (have s.o. V–en). Set est un participe passé. Pour ce qui est de la réponse **a.**, make ne se trouve que dans les phrases actives. Les réponses **b.** et **d.** sont agrammaticales.

6. b. Voir la phrase 4. Les réponses **c.** et **d.** seraient possibles avec la préposition of au lieu de about.

7. c. Mistake se construit avec la préposition for. Les propositions **b.** et **d.** sont agrammaticales.

8. a. et **c.** Voir les phrases 4 et 6 de cet exercice.

9. d. Voir la phrase 5 de cet exercice : une voiture « est réparée », elle ne « répare » pas.

10. b. Reformulation passive de they gave him a second chance. Le COI (complément humain) devient sujet au passif; chance reste COD.

2. Phrases de thème

1. If only I had been told the crime rate had gone up so dramatically [had risen so sharply] over the past six months! [Voir les phrases 4 et 6 de l'Exercice lacunaire]

2. The murderers didn't find refuge here. Look, the only bed around **has not** even **been slept in**. [Structure complexe : il faut garder la préposition. L'expression est idiomatique et se concentre sur le lit.]

3. He'll be [get] extradited at the slightest digression [misbehaviour]. [Voir la phrase 2 de cet exercice. Ici aussi, be est plus neutre que get (le sujet est peut-être en train de prendre des risques)]

4. According to the police report, **she was stabbed** [she suffered stab wounds]. [Il s'agit d'un passif classique. L'actif est possible.]

5. Travelers [Passengers] are strongly advised to keep an eye on their luggage. [Voir les phrases 4 et 6 de l'Exercice lacunaire et la phrase 1 de cet exercice]

6. Tax evasion **is a crime that is severly punished** ou Tax evasion **is a highly punishable crime** in this country. [Cet exemple prouve que le passif est aussi une façon de « caractériser » le sujet (be + adjectif).]

7. In most cases, lawyers **can hardly be dispensed with**. [Voir la phrase 7 de l'Exercice lacunaire et la phrase 2 des Phrases de thème]

8. The murderer **was** eventually **found guilty**. [Voir la phrase 4 des Phrases de thème]

9. After robbing the place [house], **the burglar was arrested** as he was driving away in a stolen car. [Voir les phrases 4 et 8 des Phrases de thème]

10. Capital punishment **was suspended** by the Supreme Court in 1972. [Passif suivi d'un complément d'agent.]

3. Version

(1) « **c'est ce qu'on peut appeler** » : l'expression **be to + V** exprime un fait ou une situation considérée comme inéluctable. Le passif valide le fait que le sujet est inconnu car il signifie « la multitude ». Le passif en français est moins idiomatique. **(2)** « **on dit que …** » : voir la phrase 8 de l'Exercice lacunaire. **(3)** « **étaient cachés** » : passif proche de la forme **be + adj. (4)** « **s'est fait arrêté** » : voir la phrase 3 des Phrases de thème. Comme get en anglais, « se faire » suggère que le sujet n'est pas étranger à sa propre arrestation. **(5)** « **on l'a facilement convaincu de reconnaître** » : voir les phrases 4 et 6 de l'Exercice lacunaire et 1 et 5 des Phrases de thème ; to talk s.o. into doing sth signifie « convaincre/amener qqn à faire qqch ». Au passif, il faut conserver into. **(6)** « **a été déclaré [on l'a déclaré]** » : voir les phrases 4 et 6 de l'Exercice lacunaire, avec un caractère officiel. **(7)** « **détenu en préventive** » : forme elliptique de to be held without bail, similaire à I want him dead [jailed]. Was ordered held constitue un « double passif ». **(8)** « **est détenu** » : passif de is holding. Le présent continu est employé parce qu'il s'agit sans doute d'une détention encore « provisoire ».

4. Thème suivi

All these multinational companies **are well known (1)** for developing what **is called (2)** tax optimisation strategies [It is a well-known fact that …]. Apple and the like [and company] **have already been called to order (3)** several times for transferring funds to tax havens, such as Ireland. They are most reluctant to cooperate and **can only be sued (4)** in the country to which most of their production units (as well as their headquarters) **have been outsourced (5)**. So it is quite difficult for governments to **have [get] them fined (6)**. Now, the legal battle (that was) **initiated (7)** last year **is expected to last (8)** forever [for ages].

(1) Usage quasi adjectival suivi de **for + V–ing** à valeur causale. On aurait pu dire en français : « On connaît ces multinationales pour leur tendance à mettre en place … ». **(2)** Le sujet est anonyme et générique : l'anglais préfère le passif. **(3)** Passif de have called to order. **(4)** Voir la phrase 2 de l'Exercice lacunaire. **(5)** Voir la phrase 3 de cet exercice. **(6)** Voir la phrase 5 de l'Exercice lacunaire. **(7)** Relative elliptique : forme passive de was initiated. **(8)** Voir la phrase 8 de l'Exercice lacunaire : on peut reformuler en people expect …

FICHE DE GRAMMAIRE

19. Les propositions causatives-résultatives

Thème : **History**

Ce qu'il faut savoir

Les propositions causatives-résultatives, comme leur nom l'indique, servent à exprimer la cause et le résultat. Certains énoncés mettent en valeur la cause plus que le résultat et *vice versa*, mais on ne peut concevoir l'un sans l'autre.

1. Les énoncés qui mettent en valeur la cause

La première difficulté consiste à distinguer les verbes qui se construisent avec to de ceux qui se construisent sans to (Ø).

Structures et exemples	Explications
To CAUSE s.o. TO BV a. The Watergate Scandal **caused** Nixon **to** step down.	**Expression d'une causalité dite neutre, sans notion de volonté.** Le sujet causateur (the Watergate Scandal) n'est pas humain ; il l'est d'ailleurs rarement dans ce type de structure. Le verbe cause, que l'on peut traduire par « inciter », ne contient donc pas de notion de volonté.
To FORCE / ORDER s.o. TO BV b. They **forced/ordered** Napoleon **to** abdicate the throne and go into exile on St. Helena.	**Expression d'une contrainte forte.** Les verbes force et order incluent la causalité dans leur sémantisme. La contrainte exercée sur le complément Napoleon est forte.
To GET s.o. TO BV c. The ministers **got** Queen Victoria **to** ratify the treaty.	**Expression d'une idée de difficulté et / ou d'effort.** Le sujet causateur (the ministers) est animé, humain, et donc doué de volonté. Il est aussi bénéficiaire du résultat (ratify the treaty) obtenu (l'idée d'obtention est incluse dans le sémantisme du verbe get).
To HAVE s.o. BV d. The rebels **had** the President **Ø** leave the country. Notez la structure à sens passif : **to HAVE sth + participe passé (by s.o.)**	**Expression d'une contrainte faible.** Le sujet causateur (the rebels) est animé, humain et capable de volonté. Have indique que le complément (the President) est affecté par l'action-résultat (leave the country) : The President left the country.
To MAKE s.o. BV e. What **made** King George III finally Ø give the US colonies independence? Notez la structure passive : **to BE MADE to BV (by s.o.)**	**Expression d'une contrainte, d'une coercition.** Le sujet causateur (dont on ignore l'identité ; la question What souligne un déficit d'information) humain ou non, doué de volonté ou non. Make indique qu'une **contrainte** fut exercée sur le complément (King George III) et que celle-ci a abouti à un résultat : He gave the US colonies independence.
To BRING s.o. TO BV f. His ambition **brought** him **to** declare war on Britain in 1812. Notez que la forme négative de cette construction exprime souvent l'idée d'obstacle : He couldn't bring himself to declare war on Britain in 1812. (= Il n'a pas pu se résoudre à…)	**Élément(s) qui pousse(nt) un sujet à accomplir une action.** Le sujet causateur (his ambition) [dans cette structure, ce peut-être humain ou non, doué de volonté ou non] a déclenché un processus (la notion de processus est incluse dans le sémantisme du verbe bring) qui a conduit à un résultat : He declared war on Britain.

Dans certaines structures synthétiques, dites « elliptiques », le second verbe sera omis :

g. The revolutionaries eventually **brought** him Ø back to the throne.
Cet énoncé pourrait être interprété comme suit : The revolutionaries eventually brought him **to be** back to the throne. (voir l'exemple **f.**).

h. The King **made** him Ø Knight of the Garter.
Même constat que ci-dessus : The King made him (* be) Knight of the Garter.

Remarque. Toute langue est un phénomène évolutif, ce qui implique qu'il vous arrivera de rencontrer les variantes suivantes :
He had me **do** it again. → He had me do**ing** it again.
He got me **to do** it again. → He got me do**ing** it again.
He has me **do** it again. → He has (got) me do**ing** it again.

2. Les énoncés qui mettent en valeur le résultat

a. Edward VIII **was made to** abdicate on December 11th 1936.
C'est une voix passive : le sujet causateur n'est pas mentionné ; il est secondaire. C'est le résultat qui prime. Vous noterez qu'à la voix passive make est suivi de to + V.

b. They **had** him **impeached** and out of office in just a few days.
They est **causateur** et **agent**. Le sujet agit sur le complément him : He was impeached by them. Cet énoncé est doublement intéressant car il contient la structure elliptique : They had him [...] out of office. C'est They had him **(go)** out of office qui est sous-entendu (voir l'exemple **d.** ci-dessus).

c. Every citizen should **get** their rights **defended**.
Le participe passé defended est la marque du passif. L'agent n'est pas précisé. Il peut s'agir de by someone ou de by themselves.

3. Les énoncés qui mettent en valeur la cause et le résultat

Dans les exemples suivants, le sujet agit sur autrui d'une certaine manière afin d'obtenir un résultat.

a. Le sujet peut chercher à convaincre ou à dissuader autrui

▶ Pour **convaincre** quiconque de mener une action, on suivra le schéma syntaxique suivant :
sujet + **V** + groupe nominal + **into** + **V–ing**
(moyen) (résultat)

They **talked** him **into lowering** the flag to half-mast. (Ils l'ont convaincu de mettre le drapeau en berne.)

▶ Pour **dissuader** quiconque de mener une action, on suivra le schéma syntaxique suivant :
sujet + **V** + groupe nominal + **out of** + **V–ing**
(moyen) (résultat)

She wanted to write an essay on the Middle-Ages but they **talked** her **out of doing** so. (Elle voulait écrire un essai sur le Moyen Âge, mais ils l'ont dissuadée de le faire.)

Différents verbes peuvent remplacer le verbe talk utilisé ci-dessus pour dire la manière d'influencer autrui :

- **Influencer autrui par la menace :** to threaten, to scare, to bully, etc.
  They **threatened** him **out of testifying**. (Ils l'ont convaincu de ne pas témoigner par la menace.)
- **Influencer autrui par la duperie :** to coax, to lure, to trick, to wheedle, etc.
  Members of Parliament were **coaxed into voting** for the resolution. (À force de cajoleries, ils ont convaincu les députés de voter la résolution.)
- **Influencer autrui par la moquerie :** to mock, to laugh, to shame, etc.
  They **shamed** the government **out of rewriting** history. (Ils ont dissuadé le gouvernement de réécrire l'histoire en lui faisant honte.)
- **Influencer autrui par le ton de la voix :** to shout, to whisper, to hush, etc.
  The mob **shouted** the Queen **into having** the traitor beheaded. (La foule, par ses cris, persuada la reine de faire décapiter le traître.)

Remarque. Il est fréquent de rencontrer après into ou out of un simple nom et non V–ing :
The mob was shouted **into silence** (= into falling silent).
The Crown Prince was hushed **into sleep** (= into falling asleep).

b. Le résultat recherché par le causateur est un changement de lieu

They **fired** the assailants **out**.

Le verbe fired indique par quelle manière le résultat out (= go out) a été atteint.

The Queen was **shouted out of** Buckingham Palace.

c. Le résultat recherché par le sujet causateur est un changement d'état

Quatre schémas syntaxiques retiendront notre attention :

- sujet + **V** + groupe nominal + **adjectif**
  moyen / résultat
  The demonstrators **shouted** themselves **hoarse**. (= they shouted and their voices became hoarse)
  They **painted** the museum **blue and green**. (= they painted the museum which became blue and green)
  The anarchists were **shot dead**. (= Somebody shot the anarchists. They are dead now.)
- sujet + **V** + groupe nominal + **to** + **groupe nominal**
  moyen / résultat
  The looters were **knifed to death**. (Les pilleurs furent assassinés à l'arme blanche.)
  The heir apparent to the throne was **lulled to sleep**. (On endormit l'héritier du trône en le berçant.)
- sujet + **V** + groupe nominal + **particule adverbiale**
  moyen / résultat
  Great men never **drink** their problems **away**. (Les grands hommes ne noient jamais leurs problèmes dans l'alcool.)

Dans ce dernier cas, away n'indique pas un changement de lieu physique, mais évoque l'idée de **disparition** des problèmes mentionnés, résultat de l'action drink.

Voici deux autres exemples sur le même schéma :

The outgoing President's wife **cried** her eyes **out**. (La femme du Président sortant a pleuré toutes les larmes de son corps.)

The President-elect **laughed** his head **off**. (Le Président élu a ri à s'en décrocher la machoire.)

La traduction de ces phrases idiomatiques nécessite d'avoir recours à l'équivalence (voir Section 8 de « Apprendre à traduire »).

- Sujet + **V** + **groupe prépositionnel**

The children **ran across** the street to acclaim the new King.

On parle de « **chassé-croisé** ».

Les enfants **traversèrent** la rue **en courant** pour acclamer le nouveau roi.

Applications

1. Exercice lacunaire

Choisissez la ou les réponses qui conviennent parmi celles proposées.

1. The Glorious Revolution of 1688 ...... William of Orange to go down in history.
a. caused **b.** made **c.** had **d.** got

2. The Wetbacks are Mexicans who .... the Rio Grande to illegally enter the USA.
a. swim or wade through **b.** cross by swimming or wading
c. swim or wade across **d.** swim or wade out of

3. This dictator is known for having .... his way to power.
a. fought **b.** purged **c.** tortured **d.** bribed

4. The Prime Minister .... the slate .... in his shadow cabinet reshuffle.
a. had / cleaned **b.** made/ clean **c.** wiped / clean
d. got / to be cleaned

5. The dissenters who dreamt of crossing over to the New Continent ...... many young Englishmen ...... joining them.
a. forced / to **b.** had / Ø **c.** talked / out of **d.** tricked/ into

6. Until slavery was abolished in the USA, black men and women were .... work incessantly from the age of three.
a. made to **b.** forced to **c.** threatened into **d.** made Ø

7. That day, King Louis XVI dreamt the morning ...., unaware of what the near future held.
a. out **b.** away **c.** along **d.** about

8. In mid-January, the next President will be sworn ....
a. into office **b.** in **c.** in the White House **d.** out

9. The soldiers won a historic victory and then .... to celebrate that milestone!
a. drank themselves under the table **b.** drank under the table
c. were brought to drink under the table **d.** had themselves drink under the table

10. Hitler, in order to legitimise what he wished to do, ... the law rewritten.
a. made **b.** got **c.** wanted **d.** had

2. Phrases de thème

Traduisez les phrases suivantes en anglais.

1. Son dernier film, sur fond de Guerre de Sécession, **m'a ému aux larmes**.

2. Pour améliorer les relations entre l'Autriche et la Hongrie, l'impératrice **a œuvré à s'en rendre** littéralement **malade**.

3. Ils **rampèrent** à même le sol pour **sortir du palais en flammes**. Celui-ci fut presque entièrement **brûlé**.

4. Le 25 juillet 1909, Louis Blériot **traversa** la Manche en avion à bord de son Blériot XI.

5. Lord Melbourne **ouvrit la porte brutalement** et annonça que le roi Guillaume IV était mort.

6. Au passage des militaires, la foule **s'écarta à reculons**.

7. Le chien du Consul, en vrai Cerbère, **faisait fuir** les passants un peu trop curieux.

8. Leur professeur particulier **leur fit réciter** leur leçon d'histoire médiévale à tour de rôle.

9. Leur précepteur **se moqua de leur méconnaissance** de l'histoire de France et ainsi **obtint d'eux le silence**.

10. Usant de ses charmes, elle **dissuada** le roi tyrannique de la répudier.

3. Version

Traduisez le texte suivant en français.

His qualities of chivalry, courage, courtesy, and bravery **caused King Arthur to go down in history (1)**. The latter **had many an assailant surrender (2)** thanks to Excalibur, his magic sword. Let us be reminded that he **brought the Saxons and the Picts into such an obedience (3)** that he soon became known as the Lord of Britain. One of the legends **has Arthur tricked by an evil knight**, Sir Gromer, **into having to solve (4)** an impossible riddle. Arthur had hardly **blurted out (5)** the answer when Gromer **dashed off (6)**, spitting hateful remarks. After Arthur's death, Merlin could find no joy in the world and often found himself in a tavern **drinking himself into oblivion (7)**.

4. Thème suivi

Traduisez le texte suivant en anglais.

De récentes critiques **ont conduit les historiens à aborder (1)** différemment la question des sources légitimes. Certains d'entre eux **ont été amenés à révéler leurs sources sous la menace (2)**. Accablé de honte, un chercheur de l'université de Dallas **a même quitté un amphithéâtre sous les huées et les sifflets (3)** après que l'on **a réussi à lui faire dire (4)** que ses sources étaient insuffisamment vérifiées. Mais assurons-nous que, **sous l'effet de la pression, la communauté des historiens et historiographes ne néglige pas (5)** certains pans de l'histoire. Mais avant tout, ils devraient **faire connaître leur profession (6) !**

Vocabulaire. Thème : History

to step down : démissionner
to abdicate the throne : abdiquer
to go into exile : s'exiler, être condamné à l'exil
to ratify a treaty : ratifier un traité
to declare war on a country : déclarer la guerre à un pays

to be brought back to the throne : retrouver son trône
to be made knight : être fait chevalier
to impeach s.o. : inculper, mettre en cause pénalement
to have s.o. out of office : écarter qqn du pouvoir
to get one's rights defended : défendre ses droits
the mob : la foule, les masses
the Crown Prince : le Prince héritier
an assailant : un agresseur, un assaillant
a museum : un musée
a looter : un pilleur
the heir apparent : l'héritier (présomptif)
the great men : les grands hommes
the outgoing president : le président sortant
the president-elect : le président élu
to go down in history : entrer dans l'histoire
to purge : purger, éliminer
to bribe : corrompre, soudoyer
the Shadow Cabinet : le cabinet fantôme
a reshuffle : un remaniement
to be sworn in : être assermenté
a milestone : un événement marquant, un tournant
to legitimise : légitimer

Corrigés des applications

1. Exercice lacunaire

1. a. To nous contraint à utiliser le verbe caused (inciter à).

2. c. Across (pour traduire « traverser », et non through) ; **b.** calque le français et est impropre.

3. a., b., c. et **d.** Le dictateur a pu accéder au pouvoir de différentes manières : **a.** le combat, **b.** la purge, **c.** la torture et **d.** la corruption.

4. c. C'est la seule réponse possible car il s'agit d'une expression idiomatique (to wipe the state clean ≈ faire table rase). Clean dit le résultat (voir le point c. de la partie 3 dans « Ce qu'il faut savoir »).

5. La désinence –ing du verbe join nous conduit à opter pour une structure avec préposition : **c.** s'ils les **dissuadent** ; **d.** s'ils les **persuadent** par la tromperie, ou alors **b.** qui tend à remplacer de nos jours la structure had them join. **a.** est impossible car le verbe force est suivi d'une structure infinitive (to force sb to do sth).

6. a. et **b.** ont le même sens et se construisent de la même manière (notez que made à la voix passive est suivi de la préposition to) ; **c.** est impossible car into, préposition, doit être suivi de V–ing.

7. b. Away dit le résultat (seule préposition possible ici) : il a **passé** la matinée à rêver.

8. a. et **b.** ; en **c.** il faudrait utiliser la préposition into car elle est suivie d'un complément (comme en **a.**) ; **d.** est très invraisemblable : le président peut-il être invalidé avant son investiture ?

9. Seul **a.** est sensé. « Rouler sous la table » est le résultat de l'action de (trop) boire. C'est une expression idiomatique. **b.** et **c.** disent autre chose et sont hautement improbables. **d.** ne veut rien dire.

10. b. et **d.** ont le même sens ; **c.** est possible mais avec le verbe wanted, on ne sait pas s'il l'a fait ou non. Dans ces trois cas, le participe passé rewritten dit le résultat obtenu ou escompté. **a.** est impossible.

2. Phrases de thème

1. His latest film, against the backdrop of the Civil War, **moved me to tears**. [Tears : résultat de l'émotion suscitée.]

2. The Empress **worked herself sick** literally in order to improve the relationships between Austria and Hungary. [Sick, adjectif, est le résultat de l'action worked.]

3. They **crawled** on their hands and knees **out of the burning Palace** [the Palace in flames]. It was almost entirely **burnt** [**burned**] **down**. [La structure « crawled (le moyen) … out of … (le résultat) » nous permet de ne pas calquer le français qui utilise deux verbes.]

4. On July 25th 1909, Louis Blériot **flew** his Blériot XI **across** the English Channel. [Exemple de chassé-croisé : flew dit la manière et across introduit le résultat.]

5. Lord Melbourne **flung** the door **open** and announced that King William IV was dead [**announced** King William IV **dead**]. (flung … open : chassé-croisé ; announced … dead : l'adjectif dead dit le résultat)

6. As the soldiers **walked down the street**, the crowd **backed away**. [Deux verbes à particule (les particules down et away) indiquent quelles actions sont menées, alors que walk et back, deux verbes, indiquent la manière dont elles sont conduites.]

7. The Consul's dog, as a real behemoth, **scared off** the all-too-curious passers-by. [Voir la phrase 6 de cet exercice]

8. Their private tutor **had them recite** their medieval history lesson in turn. [Voir la phrase 1 de la partie 1 dans « Ce qu'il faut savoir »]

9. Their tutor **mocked** [**laughed**] **them into silence** due to their ignorance of [their lack of knowledge of] the history of France. [Voir le point a. de la partie 3 dans « Ce qu'il faut savoir »]

10. She **charmed** the tyrannical King **out of repudiating** her. [Voir le point a. de la partie 3 dans « Ce qu'il faut savoir »]

3. Version

(1) « ont permis au Roi Arthur d'entrer dans l'histoire » : ont eu pour résultat de faire entrer le Roi Arthur dans l'histoire. **(2) « Ce dernier les a forcés [conduits] à se rendre »** : l'action menée par Arthur a conduit les assaillants à se rendre (résultat). **(3) « il a placé [mis] les Saxons et les Pictes dans un état d'obéissance tel qu'ils »** : l'action engagée par Arthur a conduit à un résultat, à savoir l'état d'obéissance des Saxons et des Pictes. **(4) « D'après une des légendes, c'est par la duperie qu'un chevalier maléfique, Sir Gromer, l'aurait obligé à résoudre »** : tricked indique la manière de persuader Arthur, alors que into having to solve dit le résultat. **(5) « Arthur avait à peine laissé échapper la réponse »** : chassé-croisé, blurt indiquant la manière et out le résultat. **(6) « que Gromer partit précipitamment »** : chassé-croisé, comme précédemment. **(7) « il se retrouvait souvent dans une taverne où il buvait pour oublier »** : dans l'expression drinking into oblivion, la préposition into introduit le résultat (l'oubli) de l'action de boire.

4. Thème suivi

Recent criticisms **caused historians to** [= **led historians to**] **differently address (1)** the issue of legitimate sources. Some of them **were threatened into revealing their (own) sources (2)**. A researcher from the University of Dallas **was booed and whistled out of the lecture hall** [**amphitheatre**] **(3)** after **he was talked into admitting (4)** that his sources were insufficiently verified. But let us make sure that **the community of historians and historiographers will not be pressured into overlooking (5)** some chapters of history. Above all [(But) most of all], **they should make their profession (better) known (6)**.

(1) Voir l'exemple a. de la partie 1 dans « Ce qu'il faut savoir ». **(2)** Voir le point a. de la partie 3 dans « Ce qu'il faut savoir ». **(3)** was booed and whistled (les verbes disent la manière) out of the lecture hall (out of introduit le résultat, à savoir l'action de quitter l'amphithéâtre). **(4)** Cas semblable au premier exemple du cours, voir le point a. de la partie 3 dans « Ce qu'il faut savoir » (convaincre autrui). **(5)** will be pressured (le verbe dit la manière) into overlooking (into + V–ing introduit le résultat de la pression exercée). **(6)** Il faut comprendre « faire en sorte que leur profession soit (mieux) connue ». Le participe passé known dit le résultat obtenu ou escompté. Sur le même schéma, « Je veux me faire entendre ! » sera traduit par I want to make myself heard!

FICHE DE GRAMMAIRE

20. Les relatives

Thème : The environment and climate change

Ce qu'il faut savoir

1. La relative

▶ Phrase dépendante (subordonnée) d'une proposition dite « principale », elle s'y imbrique grâce aux pronoms relatifs : **qui**, **que**, **quoi**, **dont**, **où**, **lequel**, **quiconque**. Ceux-ci peuvent être précédés d'une préposition et reprennent un élément antécédent de la principale, lui-même complété par la subordonnée.

▶ Les pronoms anglais diffèrent selon leur genre (humain ou non), leur fonction (sujet ou complément) et le type de relatives. Il en existe deux : les appositives (ou « non-définissantes ») et les déterminatives (ou « restrictives », « définissantes »).

2. Les pronoms relatifs

▶ Les pronoms applicables aux antécédents animés, en accord avec leur fonction dans la phrase, se présentent comme suit :

Sujet (nominatif)	who, that
Complément (accusatif/datif)	that, who, whom, Ø
Possession (génitif)	whose + nom

Al Gore is the one **who / that** released the movie *An Inconvenient Truth.*

Who/that reprend Al Gore et est sujet de la relative qu'il introduit.

Obama is the president **that / whom / Ø** the media have praised for his environmentalist approach.

That / whom / Ø reprend Obama et est COD de la relative dont le sujet est the media. L'usage de **whom** dans cette phrase est des plus rares.

Trump, **whose** denialist rhetoric has appalled many, says he will boost the energy industry.

Whose reprend Donald Trump (élément « possesseur ») et est suivi de rhetoric (élément « possédé »). On emploie une forme similaire en français : « dont la rhétorique … » (« dont + article + nom »).

▶ Les pronoms relatifs applicables aux antécédents inanimés sont les suivants :

Sujet	which, that
Complément	which, that
Possession	– whose + nom – the + nom + of which

Coal is said to be one of the energies **which / that** pollute most.

Which / that reprend energies et est sujet de pollute.

We need to protect the environment in **which** we live. [**that / Ø** we live in].

Which / that / Ø reprend environment et est complément.

Greenhouse gases, **whose impact / the impact of which** has been dreadful, trap sun heat and reflect it back to Earth.

Whose / of which reprend Greenhouse gases et est complément du nom. En l'absence de pronom « génitif » propre aux inanimés, l'anglais recourt à **nom** + **of** + **which** [soit « nom + duquel/de laquelle/desquel(le)s »] ou accepte la forme **whose** + **nom**.

Remarque. Le « dont » français (littéralement « duquel/de laquelle …, de qui, de quoi ») peut être possessif (**whose** + nom) ou complément ; on le traduit alors par la préposition suivie du pronom :

The organic farm **to which** I am referring **that** I am referring **to** …

▶ Le pronom relatif français « où » sert à reprendre un antécédent spatial ou temporel. Ses équivalents sont respectivement where et when :

The Arctic region is **where** ecosystems have been suffering most.

Hurricane Sandy was the moment **when** New Yorkers realised what global warming could mean.

▶ Le pronom relatif/interrogatif « ce que/ce qui » et les conjonctions de subordination « si » et « quand » sont proches du pronom relatif malgré leur valeur cataphorique (ils annoncent) :

ce que/ce qui	what/which
Interrogative indirecte	if, whether
Temporel	when
Spatial	where

What we need to do is really improve energy efficiency standards.

What annonce we need to do.

I have no idea **where, when and if / whether** the COP 26 is to take place.

En quelque sorte, **where**, **when** et **if / whether** répondent à la question **what** do/don't I know et font office de COD de have no idea.

Remarques :

- **Which** est anaphorique (il reprend tout ce qui précède), alors que **what** est cataphorique :
  Households have got used to recycling, **which** is a good sign.
  What is a good sign is that households now recycle much more than they used to.
- Les pronoms sont dérivables à l'aide de **–ever** (**whoever**, **whenever**, **whatever**, **wherever**, etc.) et sont proches de **no matter who / where**, etc.

3. Appositives et déterminatives

▶ L'appositive est cernée de deux virgules. Considérée comme facultative, elle précise un élément déjà identifié. L'anglais, dans ce cas de figure, ne fait appel qu'aux pronoms en **wh–** :

Greenpeace, **which** was founded in 1971, has long taken controversial actions.
Hollywood actors, most of **whom** are known to be "green", promote alternative energies.
The president of Austria, **who** is an ecologist, can't really implement environment-friendly measures.

Supprimer les trois relatives n'entame en rien le sens des phrases.

▶ La déterminative est vitale : elle définit l'antécédent comme le ferait un complément du nom. Elle fait souvent appel à **that**, voire Ø :

The species **that / which** is most endangered is the black rhino.
Schwarzenegger is one of the politicians **who / that** have done a lot for the environment.

Si l'anglais préfère utiliser **who** pour les animés (quand il est sujet), la différence entre **wh–** et **that** tient du registre de langue, les pronoms en **wh–** étant considérés comme plus soutenu en l'occurrence :

The campaign **Ø / that / which** they're launching aims to sensitise the public.
The candidate **Ø / that / who(m)** people will vote for is the one **promising** to maintain purchasing power while implementing green policies.

Le pronom complément peut être omis et la préposition (for) envoyée en fin de relative. Enfin, promising peut être reformulé en that/who promises.

Remarques :

- La seconde phrase peut adopter une structure plus proche du français :
  The candidate for whom people will vote… (précédé de la préposition « for », **whom** est obligatoire)
- Dans that + be + V–ing ou that + be + V–en, l'ellipse (c'est-à-dire l'omission de l'auxiliaire be) en V–ing ou V–en est possible (voir promising ci-dessus).

Pour résumer :

- Appositive : The few participants, who worked all night, will be offered hybrid cars.
- Déterminative : The few participants who worked all night will be offered hybrid cars.

Dans la première, tous ont travaillé toute la nuit. Dans la seconde, seuls ceux qui ont travaillé toute la nuit seront récompensés.

Applications

1. Exercice lacunaire

Choisissez la ou les réponses qui conviennent parmi celles proposées.

1. Google, …… has been on all fronts these past few years, is to develop its own green strategy.
a. that **b.** which **c.** who **d.** Ø

2. The drivers …… do not comply with the ban will be fined.
a. that **b.** which **c.** who **d.** Ø

3. Soil moisture is the amount of water ...... is contained in the soil.
a. whose **b.** which **c.** Ø **d.** that

4. The Antarctic is the only region for ...... the Intergovernmental Panel on Climate Change expressed significant doubt on human-caused warming.
a. whose **b.** which **c.** Ø **d.** that

5. Earth has many processes ...... regulate carbon.
a. whose **b.** whom **c.** Ø **d.** that

6. He's trying to figure out ...... high lead levels in rivers mean for us.
a. what **b.** that **c.** which **d.** whose

7. Marco Lambertini of WWF, with ...... I spoke last week, says there's trouble looming.
a. whose **b.** whom **c.** who **d.** Ø

8. Punitive measures must be taken against illegal miners ...... activities pollute our water bodies.
a. whose **b.** whom **c.** which **d.** Ø

9. The air ...... we breathe these days is full of fine particles.
a. who **b.** which **c.** that **d.** Ø

10. Sea levels keep rising, ... is cause for concern.
a. who **b.** which **c.** that **d.** Ø

2. Phrases de thème

Traduisez les phrases suivantes en anglais.

1. Que ceux **qui** polluent en payent enfin les conséquences.

2. Les organisations environnementales, **dont** les intentions sont louables, apportent peu de solutions viables.

3. Ce qui importe avant tout, c'est de sauver certaines espèces en voie d'extinction.

4. Nos responsables politiques, **qui** respirent le même air que nous, ne font pas de l'écologie une priorité.

5. Le réchauffement climatique, **que** certains considèrent encore comme une supercherie, semble s'accélérer.

6. La fonte des glaciers : voilà un sujet **qui** devrait intéresser l'homme de montagne que tu es.

7. À l'heure du recyclage, trop de villes ne sont pas équipées, **ce qui** nuit à l'efficacité du tri.

8. Il faut développer les biocarburants, **qui** restent illégaux dans de nombreux pays.

9. La catastrophe **dont** je te parle a eu lieu au Japon en 2011.

10. Ce que les gens veulent, c'est continuer à consommer comme bon leur semble.

3. Version

Traduisez le texte suivant en français.

This is the life of a so-called bobo **who (1)** has been running a wine company. Kathleen is one of those people **Ø (2)** we refer to as "bohemian bourgeois", a group of people **whose (3)** standard of living **Ø (4)** we tend to envy. Not only does she live on the organic vegetables and fruit **Ø (5)** she grows in her garden, but she also works as an organic wine retailer – **which (6)** prompted her friends to call her "all-green". And to complete a picture **that (7)** dwarfs all clichés, she says it'll be even better the minute **when (8)** she finds some remote place **where (9)** she can live and operate from.

4. Thème suivi

Traduisez le texte suivant en anglais.

L'activité humaine est à l'origine de phénomènes graves, **dont (1)** le réchauffement climatique. Et **ce qui (2)** nous attend, ce sont des températures toujours plus élevées – fait **sur lequel (3)** les scientifiques s'entendent. **Où (4)** que l'on aille, les symptômes sont visibles avec les catastrophes naturelles **qui se multiplient jour après jour (5)**. Outre ces modifications, **dont (6)** beaucoup prennent conscience aujourd'hui, ce sont d'autres périls **qui guettent (7)** : déforestation ou déchets nucléaires, les défis **que (8)** l'Homme doit relever sont immenses.

Vocabulaire. Thème : The environment and climate change

denialist (nom, adjectif) : négationniste (nom, adjectif)
the energy industry : l'industrie de l'énergie
coal : le charbon
to pollute : polluer
a greenhouse gas : un gaz à effet de serre
heat : la chaleur
an organic farm : une ferme biologique
the Arctic (region) : l'Arctique
an ecosystem : un écosystème
global warming : le réchauffement climatique
recycling : le recyclage
alternative energy/-ies : les énergies alternatives
environment-friendly : écologique, respectueux de l'environnement
endangered : menacé, en danger, en voie d'extinction
to sensitise : sensibiliser
a hybrid car : une voiture hybride
soil moisture : l'humidité du/des sol(s)
carbon : le carbone
the lead level : le taux de plomb
a miner : un mineur
a water body : un plan / une étendue d'eau
to breathe : respirer
fine particles : les particules fines
sea levels : le niveau de la mer
facing extinction : en voie d'extinction
a hoax : une supercherie, un canular
melting glaciers : la fonte des glaciers
the mountains : la montagne
a biofuel : un biocarburant
a natural disaster : une catastrophe naturelle
deforestation : la déforestation
nuclear waste : les déchets nucléaires

Corrigés des applications

1. Exercice lacunaire

1. b. La relative est appositive et n'apporte pas d'information indispensable, d'où l'usage de **which**.

2. c. et **a.** La relative est déterminative car elle précise un type de drivers parmi tous (valeur « monstrative » de la relative déterminative). Si **that** est possible, l'anglais préfère **who** pour les sujets humains.

3. b. et **d.** Explication identique à la précédente, mais appliquée aux inanimés.

4. b. La déterminative adopte la structure « préposition + pronom » ; l'anglais fait alors appel aux pronoms en **wh–**.

5. d. Le pronom de la déterminative est sujet et reprend un antécédent inanimé ; seul **that** répond à ces critères, ici.

6. a. What est ici pronom relatif/interrogatif, COD de figure out et annonce la suite (qui le définit).

7. b. Il s'agit d'une appositive dont le pronom relatif est précédé d'une préposition ; « préposition + pronom relatif » est de rigueur, donc **whom** pour les humains.

8. a. La complémentation du nom se fait par le génitif. Le pronom relatif est suivi d'un substantif, donc seul **whose** convient.

9. d., c. et **b.** Le cas est similaire à la phrase 3 de cet exercice ; le pronom est COD, donc Ø est possible et même préférable. La différence entre les trois est une question de focalisation, d'interprétation et de registre.

10. b. Dans l'appositive, **which** reprend tout le début (« ce qui »), c'est-à-dire le fait que le niveau des mers continue à augmenter.

2. Phrases de thème

1. Let those **who** pollute pay for the damage at last [pay the price] [suffer the consequences]. [Dans la déterminative, **who** reprend **those** (référence à des humains), lui-même défini par who pollute.]

2. Environmental organisations, **whose** objectives are commendable, provide few viable solutions. [Voir la phrase 8 de l'Exercice lacunaire]

3. What matters most is that we save some of the endangered species [is the protection of the endangered species]. [**What** est pronom relatif et annonce le reste de la phrase. What matters est sujet de is.]

4. Our political leaders, **who** breathe the same air as us [as we do], don't make ecology their number one [top] priority. [Voir la phrase 1 de l'Exercice lacunaire]

5. Global warming, **which** some still consider a hoax, seems to be speeding up. [Voir la phrase 1 de l'Exercice lacunaire et la phrase 4 des Phrases de thème]

6. Melting glaciers: here's a subject **Ø** [**that which**] a man of the mountains like you should be interested in [in **which** a man…]. [Le pronom est complément de be interested in. La postposition (Ø/that … in) et la forme plus soutenue (in which) sont possibles.]

7. In this day and age of recycling [In the recycling society], too many cities are still under-equipped, **which** is a hindrance to more effective waste sorting. [Voir la phrase 10 de l'Exercice lacunaire]

8. Biofuels, **which** are still banned in many countries, should [must] be developed [The ban on biofuels, which is still in force in many countries, should be lifted]. [Voir la phrase 1 de l'Exercice lacunaire et les phrases 4 et 5 des Phrases de thème]

9. The disaster **Ø/that** I'm telling you about occurred in Japan in 2011. [Voir la phrase 6 des Phrases de thème]

10. What people want is to keep consuming as they wish [as they think fit to (do)]. What annonce. [Voir 2. Les pronoms relatifs dans « Ce qu'il faut savoir »]

3. Version

(1) « **qui** » : le pronom est sujet et permet de définir la « bobo » en question. **(2)** « **que/auxquels** » : le pronom de la déterminative, associé à la préposition to, est complément. En français, le choix dépend de la traduction de refer to (« que l'on appelle/auxquels on fait référence… »). **(3)** « **dont** » : complément du nom (génitif), il est suivi d'un autre nom (standard of living). **(4)** « **que** » : cas similaire au (1) de la Version, mais Ø est COD ici. **(5)** « **que** » : voir la phrase 9 de l'Exercice lacunaire. **(6)** « **ce qui** » : which reprend toute la description précédente [voir la phrase 10 de l'Exercice lacunaire et la phrase 7 des Phrases de thème].

(7) « qui » : that est sujet d'une déterminative qui définit picture [voir la phrase 5 de l'Exercice lacunaire]. **(8)** « **où** » : when reprend the minute. Le français fait appel à « où ». **(9)** « **où** » : where reprend some remote place. On remarque que le français recourt à « où » pour le temporel et le spatial.

4. Thème suivi

Human activity is the cause of serious phenomena, **among which** [**including**] **(1)** global warming. And **what (2)**'s in store for us [what awaits us] is ever higher temperatures – **which (3)** scientists agree on [a fact Ø scientists agree on]. **Wherever (4)** you go, the symptoms are there [the effects are clear] for everyone to see with natural disasters **multiplying (5)** by the day. Besides those changes, the extent **of which (6)** many are becoming aware of these days [**which** many are awaking to these days], there are other dangers **looming (7)**: be it deforestation or the treatment of nuclear waste, the challenges Ø **(8)** man is facing are tremendous.

(1) « dont » signifie « parmi » ici. **(2)** Voir la phrase 6 de l'Exercice lacunaire et les phrases 3 et 10 des Phrases de thème. **(3) which** : voir la phrase 10 de l'Exercice lacunaire, la phrase 7 des Phrases de thème et le (6) de la Version ; ou **Ø/that** : restrictive qui définit fact. **(4)** Il a une valeur cataphorique et annonce you go. **(5)** Il s'agit d'un cas similaire à la phrase avec promising (voir 3. Appositives et determinatives dans « Ce qu'il faut savoir »). Cette forme elliptique est fréquente en complément du nom. **(6)** Il s'agit d'un complément du nom soutenu, mais plus spontané que whose extent. **(7)** Voir le (5) de cet exercice. **(8)** Voir le (7) de cet exercice.

FICHE DE GRAMMAIRE

21. Exprimer le but, la cause, la conséquence, la concession et le contraste

Thème : Health and medicine

Ce qu'il faut savoir

1. L'expression du but

▶ Dans les structures infinitives :

What do you take vitamins **for**? (Pour quelle raison prends-tu des vitamines ?)

Réponse affirmative : I was prescribed some **to** gain strength. [**in order to** feel better.] [**so as to** ease my anxiety.]

Réponse négative : I was prescribed some **not to [in order not to] [so as not to]** catch the flu in this terrible weather.

Il arrive parfois que le sujet du verbe conjugué soit différent du sujet du verbe à l'infinitif qui, alors, sera introduit par **for** :

The doctor prescribed her a sick leave **for** her **to [in order for** her **to] [so as for** her **to]** recover from a workplace injury.

Dans les énoncés à la forme négative, **not** se glisse avant to :

She was diagnosed with pneumonia and was hospitalised **for** her **not to** be [**in order for** her **not to** be] [**so as for** her **not to** be] further infected.

▶ Dans les structures « modales » :

He has undergone plastic surgery **so that** he **will** look like his idol. (Il a subi une opération esthétique afin de ressembler à son idole.)

They have admitted him to hospital **in order that** he **may [will] [can]** get operated on. (Ils l'ont hospitalisé afin qu'il puisse subir une opération.)

On choisira tel ou tel modal en fonction du degré de certitude quant à la réalisation de l'action (he – get operated on).

Remarques :

- In order that appartient à un registre soutenu. On trouve plus fréquemment so that.
- Il arrive fréquemment que so soit utilisé sans that, mais il conserve toutefois le sens de so that : She took medication **so** she **could** sleep at night.
- **So that** peut ne pas être suivi d'un modal :
  Let him zip up his coat before he goes out **so (that)** he **doesn't** catch a cold.

L'énonciateur, en préférant le **simple present** à un modal, s'en tient au factuel, sans interférer plus que cela.

▶ With a view to + V–ing **ou** with the aim of + V–ing :

She went to an ear, nose and throat specialist the other day **with a view to [with the aim of]** hav**ing** her cold cured.

2. L'expression de la cause

- **As / since + sujet + GV** :
  As [Since] he was ill with bronchitis over Christmas, he could not join us. (Puisque ...)
- **Because of + GN, due to + GN** :
  Because of [Due to] his bad back, he had trouble walking. (À cause de ...)
- **Owing to + GN, on account of + GN** :
  He couldn't take part in the Olympics **owing to** a sprained ankle. (... en raison de ...)
- **Out of + GN** :
  He killed his old crippled dog **out of** pity. (... par pitié.)
- **That's why, that's the reason why** :
  He was still contagious, **that's why [that's the reason why]** he was quarantined from his team-mates.
- **For + V–ing** :
  He should be penalised **for** ly**ing** about his health condition.

Fiche de grammaire

3. L'expression de la conséquence

- **As a result, as a consequence, consequently** (par conséquent) :
  She fainted and I had to give her mouth to mouth. **As a result** she came to immediately.
- **If ... then** (si ... alors) :
  If the doctor is all booked this month, **then** I'll try to find openings next month.
- **It implies, it means, it entails** (cela signifie que) :
  You want to take up medicine, **it implies** you will only be able to start a career after years of studying.
- **Therefore, thus, so, then, accordingly** (donc, par conséquent) :
  She was unwell, **therefore** she made an appointment with her doctor to get a physical.
- **Given the fact that** (étant donné que) :
  Given the fact that he is off life support, he will pull through.
- **Given + GN, by reason of + GN, on account of + GN, in view of + GN** (étant donné, en raison de) :
  By reason of his having had a bad fall, the nurse needed to bandage his forearm.
- **So that, such ... that, so** [much] [many] [little] [few] **... that** :
  She couldn't get over a nervous breakdown **so that** she was committed to a mental institution. (... si bien que ...)
  He is **such** a force of nature **that** he hardly ever takes medicine. (C'est une telle ... que ...)
  He was **so** weak **that** he was prescribed bed rest. (... si faible que ...)
  There was **so much** inflammation **that** her wound couldn't heal. (... tant d'inflammation ...)
  He had **so little** strength left **that** he couldn't even sit up. (... si peu ...)

Remarque. Much et little sont suivis par des noms indénombrables, et many et few par des noms dénombrables.

4. L'expression de la concession

▶ **Although**, **though**, **even though**, **even if** (bien que, même si) :
I've been feeling depressed **even though** everything goes well in my life.

▶ **But** (mais), **(and) yet**, **still**, **however**, **though** [en fin d'énoncé] (pourtant, cependant) :
Apparently your health is good. We need to run some tests, **though**.
I find you in good health. **(And) yet** you should go to the doctor for a blood test.

▶ **Nevertheless**, **nonetheless**, **notwithstanding** (néanmoins) :
There were setbacks, but our team of researchers **nevertheless** made progress.

▶ **Despite** + **GN**, **in spite of** + **GN**, **for all** + **GN** (malgré) :
Despite all his work, he took a day off.
In spite of being warned, he was suspended for carrying out unethical experiments.
For all his courage, he died from his injuries.

▶ Les composés en **–ever** :
- **whoever** : qui que, peu importe qui (no matter who) ;
- **wherever** : où que, peu importe où (no matter where) ;
- **whatever** : quoi que, peu importe quel, n'importe quel (no matter what) ;
- **whichever** : peu importe quel, n'importe quel : l'énonciateur opère un choix parmi une sélection d'articles (no matter which) :
  Whichever treatment you choose, you'll see an immediate benefit ;
- **whenever** : peu importe quand, chaque fois que (no matter when) ;
- **however** : peu importe qu'(il soit ...), aussi (... soit-il) :
  However strong and healthy he may be, he should take medication to keep his illness in check! [= **No matter how** strong and healthy he is,...].

▶ **Adverbe/Adjectif** + **though** [ou as] (aussi [... soit-il]) :
Efficient **though [as]** this cure may be, my whole body aches.

▶ **No matter how much I ...**, **however much I ...** (j'ai beau ...) :
No matter how much the physicians tried, they couldn't reduce his pain.

▶ L'emploi concessif du modal **may** : He **may** be a good doctor but he is a bad father.

5. L'expression du contraste

▶ Traduire « contrairement à », « par rapport à » :
As opposed to [Contrary to] [Unlike] [In comparison with] [By comparison with] [By contrast to / with] [In contrast to / with] [In contradistinction to] his sister, he has an iron constitution.

▶ Traduire « au contraire », « en revanche » :
Joan hurt her leg in the accident. **By contrast [In contrast] [On the contrary]**, Peter came through without a scratch.

▶ Traduire « alors que », « tandis que » :
She came down with the chicken pox **while [whereas] [whilst]** the virus didn't reach me.

Applications

1. Exercice lacunaire

Choisissez la ou les réponses qui conviennent parmi celles proposées.

1. I'm feeling a little under the weather .... I won't be able to attend the party.
a. so that **b.** despite the fact that **c.** so **d.** in spite of it all

2. According to my GP, I've fully recovered from surgery. I'm feeling a little dizzy, ...
a. however **b.** yet **c.** and yet **d.** though

3. My nose is still stopped up ...... I missed taking medications as prescribed.
a. even though **b.** since **c.** because **d.** because of

4. An appointment will be made to ...... clinic will be most convenient to your treatment needs.
a. wherever **b.** whichever **c.** however **d.** whatever

5. .... his brother who got food poisoning, Brian had no trouble digesting the meal.
a. Despite **b.** Just like **c.** Unlike **d.** Contrary to

6. AIDS patients have .... immune cells left that they often die from rather common diseases.
a. so little **b.** so many **c.** so much **d.** so few

7. .... his wealth, he could not save the life of his friend.
a. Despite of **b.** For all **c.** In spite of **d.** Unlike

8. .... health complications in her pregnancy, the surgeons decided to perform a caesarean section.
a. Due to **b.** Owing to **c.** Because of **d.** Given

9. ...... respect for her deceased husband, she couldn't bring herself to donate his organs.
a. By **b.** Out of **c.** For **d.** Due to the

10. Patients are being sent home from hospitals earlier and earlier .... cost too much.
a. for them not to **b.** for them to not **c.** for they don't **d.** given the fact that they

2. Phrases de thème

Traduisez les phrases suivantes en anglais.

1. Nous allons vous faire une prise de sang **pour** voir si vous n'avez pas de carence en vitamine D.
2. Les heures de visite sont terminées. Je vous invite **donc** à repasser demain.
3. Elle a été admise à l'hôpital dans un état critique. **Et pourtant**, elle ne perd pas espoir.
4. Elle a postulé à la faculté de médecine **dans le but de** devenir pédiatre.
5. **Bien que** ce médecin soit un charlatan, il n'a pas une seule disponibilité cette semaine !
6. **Aussi** puissant soit-il, ce médicament ne fait toujours pas effet !
7. Elle lui a donné un calmant **afin qu'**il passe une nuit réparatrice.
8. **Malgré** de nombreuses directives, on continue à pratiquer l'acharnement thérapeutique.
9. Le vide juridique **est tel** que le débat éthique tourne en rond.
10. Ce médicament est en vente libre, **ce qui signifie qu'**il n'est pas remboursé.

3. Version

Traduisez le texte suivant en français.

In order for his daughter to (1) soon be back on her feet, he sent her abroad to have her medical needs met. **Whatever (2)** the cost of treatment, he would bear the brunt of it. **And yet (3)**, Americans, **contrary to French people (4)**, don't have access to a quality healthcare system. Obamacare, a healthcare reform law, will make a difference**, though (5)**. **But no matter how determined Obama's administration is (6)**, the law will sure be called into question by President Trump who thinks it is too big an economic burden to bear.

4. Thème suivi

Traduisez le texte suivant en anglais.

En raison d'une mauvaise chute (1), elle a décidé de garder le lit, **contrairement à (2)** l'avis du médecin qui lui a conseillé de marcher un peu tous les jours **pour qu'elle se remette (3)** plus vite. **Il a eu beau lui répéter (4)** combien l'activité physique était bénéfique dans son état, elle s'est obstinée à ne pas l'écouter. **En conséquence (5)**, il lui a fallu trois semaines **pour (6)** recouvrer sa belle santé. Elle a **cependant (7)** conservé un léger boitement quand elle marche.

Vocabulaire. Thème : Health and medicine

to gain strength : prendre des forces
to feel better : se sentir mieux
to ease : calmer, apaiser
to catch flu : attraper la grippe
to prescribe sth : prescrire qqch
a sick leave : un arrêt maladie
to recover (from) : se remettre (de)
a workplace injury : un accident du travail
to be diagnosed with pneumonia : une pneumonie a été diagnostiquée
to be infected (with) : être atteint (de)
to be hospitalised : être hospitalisé
to be [get] operated on ... : se faire opérer de ...
to catch a cold : attraper un rhume
an ear, nose and throat specialist : un ORL
to be ill with bronchitis : avoir une bronchite
a sprained ankle : une cheville foulée
crippled : infirme, estropié
to be contagious : être contagieux
to be quarantined (from) : être mis en quarantaine
a health condition : un état de santé
to give s.o. mouth to mouth : faire du bouche à bouche
to come to : revenir à soi
to have openings : avoir des disponibilités (de rendez-vous)
to take up medicine : faire médecine
to be unwell : être malade
to make an appointment with : prendre un rendez-vous avec
to get a physical : faire un bilan de santé
to be off life support : ne plus être sous assistance respiratoire
to pull through : s'en remettre, être tiré d'affaire
to bandage a forearm : bander un avant-bras
to have a nervous breakdown : faire une dépression nerveuse
to be committed to a mental institution : être interné
to prescribe bed rest : prescrire du repos
a wound : une blessure

to take medicine [medication(s)] : prendre des médicaments
to run some tests : faire des examens
to be healthy [in good health] : être en bonne santé
a blood test : une prise de sang
to carry out an experiment : faire une expérience
to keep an illness in check : trouver un remède à une maladie
a cure : un traitement, un remède
to ache : faire [avoir] mal
a physician : un médecin
a pain : une douleur
to come through with a scratch : s'en sortir avec une égratignure
to come down with the chicken pox : attraper la varicelle
to feel under the weather : se sentir patraque
a GP (a general practitioner) : un médecin généraliste
to feel dizzy : avoir des vertiges
my nose is stopped up : j'ai le nez bouché
to get food poisoning : être victime d'une intoxication alimentaire
a pregnancy : une grossesse
a surgeon : un chirurgien
to donate one's organs : faire un don d'organes
to perform a caesarean section : pratiquer une césarienne

Corrigés des applications

1. Exercice lacunaire

1. c. On a un rapport de cause à effet.

2. d. Seul though, placé en fin d'énoncé (précédé d'une virgule), peut avoir le sens de « cependant ».

3. b. et **c.** Since (puisque) et because (parce que) introduisent la cause ; because (parce que) ≠ because of (à cause de).

4. b. Il s'agit d'une clinique, « quelle qu'elle soit ». Il convient de faire un choix parmi quelques cliniques.

5. c. et **d.** On a ici une idée de contraste : « à la différence de », « contrairement à ».

6. d. « si peu de » (au pluriel / nom dénombrable). **Rappel** : so much (« tant de » + dénombrable singulier) ; so many (« tant de » + dénombrable pluriel) ; so little (« si peu de » + nom indénombrable : little water).

7. b. et **c.** Malgré : despite ne peut être suivi de of.

8. a., **b.**, **c.** et **d.** « à cause de », « en raison de ».

9. b. On ne peut totalement rejeter **d.**, mais **b.** (« **par** respect ») est plus usuel.

10. a. et **d.** Deux sens possibles : **a.** (pour qu'ils ne coûtent pas trop cher : notez la place de la négation, avant to) ou **d.** (étant donné qu'ils coûtent trop cher).

2. Phrases de thème

1. We are going to take a blood sample **to see if** [**in order to see if**] [to make sure that] you are not deficient in vitamin D. [Expression du **but** dans une structure infinitive.]

2. Visiting hours are over. **So** [**Accordingly**], I suggest (that) you come back tomorrow. [I **therefore** suggest (that)…] [Expression de la **conséquence** : les possibilités sont multiples.]

3. She was admitted to hospital in critical condition [in a critical state]. **However** [**And yet**], she doesn't lose hope. [She doesn't lose hope**, though.**] [Expression de la **concession** : si plusieurs adverbes sont possibles, though se place en fin d'énoncé.]

4. She applied to medical school **in order to** become [**with the aim of** becom**ing**] a pediatrician. [Expression du **but** dans une structure infinitive : to + BV **ou** with the aim of / with a view to +V–ing.]

5. Even though [**Though**] [**Although**] this doctor is a quack, he has no availability this week! [Il faut utiliser une locution conjonctive ayant le sens de « bien que », introduisant une subordonnée concessive : expression de la **concession**.]

6. However potent [Potent **though/as**] this medicine is, it still doesn't take effect! [However + adjectif **ou** adjectif + though (ou + as) : voir 4. L'expression de la concession dans « Ce qu'il faut savoir », « composés en –ever ».]

7. She gave him a painkiller **for** him **to** be able to have [**so that** he <u>**could**</u> have] a good night's sleep. [Expression du **but** : le sujet du verbe conjugué (she) est différent de celui du verbe à l'infinitif (him / he) ; ce dernier est donc introduit par **for**. Une structure modale est possible : so that + sujet + modal + verbe à l'infinitif.]

8. In spite of [**Despite**] many directives, therapeutic obstinacy [the (overzealous) medical prolongation of life] is still (a) common practice. [Expression de la **concession** : préposition (malgré) + GN (in spite of + GN / despite + GN).]

9. The legal vacuum **is such that** the ethical debate is going round in circles [seems to be stalling.] [**Due to**] the legal vacuum, the ethical debate doesn't seem to be going anywhere.] [Expression de la **conséquence** : such that (sous-entendu : such a thing that) **ou** expression de la **cause** (due to ou toute préposition suivie d'un GN : because of, owing to ...).]

10. This is an over-the-counter medication [medicine], **which means (that)** it is not reimbursed. [Expression de la **conséquence** : to mean (ou to imply) précédé ici d'un pronom relatif de reprise – which reprend l'ensemble de la proposition qui précède, dite « antécédente ».]

3. Version

(1) « **Afin que sa fille puisse à nouveau marcher** » : expression du but. **(2)** « **Quoi qu'il en coûte** » : expression de la concession (voir 4. L'expression de la concession dans « Ce qu'il faut savoir », « composés en –ever ») **(3)** « (Et) pourtant, les Américains » : concession ; l'adverbe d'opposition « pourtant » peut être précédé de « et » ou de « mais ». **(4)** « contrairement aux **Français** » : expression du contraste. **(5)** « fera **cependant toute la différence** » : expression de la concession (la place de l'adverbe « cependant » est variable). **(6)** « Mais **aussi déterminée le gouvernement d'Obama soit-il [Malgré la détermination du gouvernement d'Obama]** » : expression de la concession (voir 4. L'expression de la concession dans « Ce qu'il faut savoir », « composés en –ever »).

4. Thème suivi

Owing to [**Due to**] **(1)** a bad fall (she had), she made up her mind to stay in bed, **contrary to (2)** the advice of the doctor who had recommended she (should) walk a little every day **for her to recover (3)** more quickly. **No matter how much** [**many times**] **(4)** he repeated that physical activity was [is] beneficial for people in her state, she persisted in not listening to him. **Accordingly** [**As a result**] **(5)**, it took her three weeks **to (6)** return to good health. She has kept [still has] a slight limp, **though, (7)** when she walks.

(1) Expression de la **cause** : owing to [due to, because of, ...] + GN. **(2)** Expression du **contraste** : contrary to [ou expression de la concession : in spite of] + GN. **(3)** Expression du **but** : « pour qu'elle ... », c'est-à-dire **for** her **to** [in order **for** her **to** ; so as **for** her **to**] **ou** structure modale [so that she (may)]. **(4)** Expression de la **concession** : voir 4. L'expression de la concession dans « Ce qu'il faut savoir », « composés en –ever ». **(5)** Expression de la **conséquence** : accordingly ou tout autre adverbe de conséquence. **(6)** Expression du **but** : to [in order to; so as to] + BV (= verbe à l'infinitif). Ne calquez jamais le français : * for return. **(7)** Expression de la **concession** : ne confondez pas though conjonction (« bien que ») et though adverbe (« cependant ») que l'on place en toute fin de proposition (normalement précédé d'une virgule).

FICHE DE GRAMMAIRE

22. Les particules adverbiales

Thème : Science and progress

Ce qu'il faut savoir

▶ Les particules adverbiales, comme tous les adverbes, modifient le sens des verbes auxquels elles sont associées. Le verbe et sa particule postposée forment **un tout sémantique indivisible** :

The breakthrough **brought about** by his work is massive.

Assorti de la particule about, le verbe bring prend le sens de « provoquer », « susciter ».

▶ Les particules adverbiales peuvent être placées à **deux endroits différents dans la phrase** :

- immédiatement **après le verbe transitif**[1] :

  The scientist **took out** the report.

- **après le complément d'objet direct** si le verbe est transitif, à condition que ce COD ne soit pas trop long :

  The scientist **took** the report **out**.

  *The scientist **took** <u>the report on the results of last year's research</u> **out**. (La longueur du COD souligné rend peu probable le rejet de la particule en fin d'énoncé.)

▶ C'est en contexte que ces verbes à particule prennent leur sens, ce qui les rend plus complexes, mais certainement plus authentiques, que leurs équivalents à racine latine (par exemple, to accelerate est moins courant que to speed up).

Ainsi, le verbe to stand, assorti d'une certaine particule, en contexte, aura des sens bien différents (les traductions de ce verbe en fonction de la particule associée figurent dans l'encart « Vocabulaire » de cette fiche) :

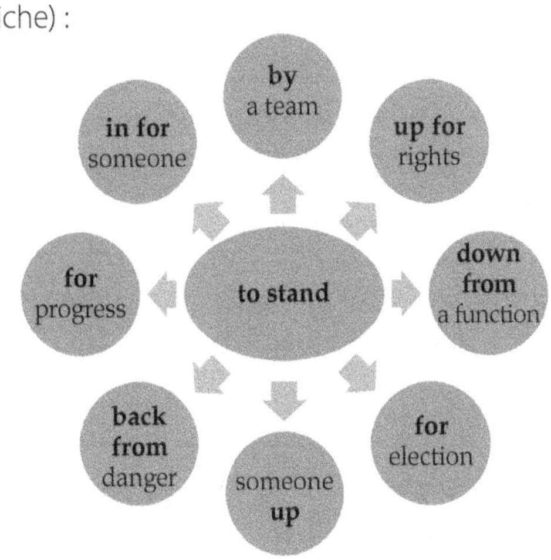

1. Un verbe **transitif** est un verbe nécessitant un complément d'objet, comme **Take off** your coat. Take off est ainsi transitif, c'est-à-dire qu'il doit être suivi d'un complément d'objet. Le verbe à particule **Speak up!** s'emploie, quant à lui, sans complément d'objet : il est **intransitif**.

▶ Les particules adverbiales peuvent plus ou moins modifier les verbes qui les précèdent (la traduction des verbes à particules employés ci-dessous figurent dans l'encart « Vocabulaire ») :

- Ces particules peuvent radicalement changer le sens du verbe :

  China is to **call off** animal testing.

  He **carried out** cutting-edge experiments on orbital robotics.

  Her latest findings **stirred up** public concern.

- Elles peuvent apporter une simple nuance au verbe :

  Nasa's project is well **thought out**.

  Researchers should **pay up** their debts instead of looking for further subsidies!

- Elles peuvent être utilisées pour exprimer le résultat d'une action :

  Never **blow out** the gas flame from a Bunsen burner! (Le verbe blow indique de quelle manière le résultat out est atteint.)

▶ Certains verbes sont naturellement assortis de **deux particules :**

Experiments on humans should be **done away with**.

France needs to **catch up with** state-of-the-art technology.

There can be no headway if you **fall out with** your colleagues at every turn.

Remarque :

Il convient de ne pas confondre les verbes à particules et les verbes suivis d'un adverbe directionnel, qui annonce, comme son nom l'indique, une direction ou un mouvement :

He **stood up** and hailed Doctor Attwood's stroke of genius.

He **went over** to the lab at 11pm.

He expected her to **come along** with the results of the experiment.

He presented his experiments and **off** he **went**!

L'adverbe off est placé en tête de proposition à des fins purement stylistiques et emphatiques.

He **fell down** after he heard the name of the Nobel prize for medicine.

Ici, down peut sembler superflu, se faisant l'écho de ce que le verbe dit déjà.

▶ Il existe des différences entre un **verbe à particule** et un **verbe prépositionnel** (**voir fiche 8**, ainsi que « Les principaux verbes prépositionnels », p. 331 :

- La préposition, contrairement à la particule, ne forme pas avec le verbe un tout indivisible, c'est-à-dire que la préposition suit le verbe pour introduire un complément :

  He was sent **to** Silicon Valley to pursue ground-breaking research. (La préposition to introduit un complément circonstanciel de lieu.)

  The astronaut **sent out** a distress signal.

- À l'oral, la particule adverbiale est **accentuée** alors que la préposition ne l'est pas.
- Send out est un verbe à particules. Out peut donc être déplacé à la fin de la phrase : The astronaut **sent** it **out**.
- Un tableau des principaux verbes à particules figure page 328.

Applications

1. Exercice lacunaire

Choisissez la ou les réponses qui conviennent parmi celles proposées.

1. Our physicists have been snowed ...... / ...... work lately.
a. out / by **b.** under / with **c.** off / at **d.** down / of

2. In your field of research, experts proceed slowly, by trial and error. Don't get so worked ... about it!
a. out **b.** off **c.** up **d.** down

3. I was bubbling ...... / ...... excitement at the thought of disproving age-old theses about optics.
a. over / with **b.** up / of **c.** off / in **d.** about / into

4. He got so carried ...... by his ground-breaking discovery that you should wait until he has simmered ....
a. off / up **b.** out / out **c.** through / in **d.** away / down

5. Few technologies have had a greater influence on mankind than the computer. People shouldn't take it ...... / ...... computer scientists as they so often do.
a. out / on **b.** up / with **c.** in / for **d.** off / about

6. My field of research boils ...... / ...... two core areas: physics and chemistry of minerals.
a. over / of **b.** up / to **c.** down / to **d.** in / for

7. The pace of change in the computer industry means that hardware can become outdated and obsolete and engineers can be laid ....
a. off **b.** out **c.** down **d.** back

8. Astronautics isn't everything! Could you please chill ...... a bit?
a. off **b.** out **c.** in **d.** about

9. Even though science knows no limit, you ought to keep ...... unethical experiments.
a. out **b.** away **c.** off **d.** up

10. The Scientific Board members were so taken ...... by the beneficial effects of such technologies that they made ...... their minds to subsidise their development.
a. up / up **b.** aback / up **c.** out / out **d.** away / up for

2. Phrases de thème

Traduisez les phrases suivantes en anglais (les éléments en caractères gras devront être traduits par un verbe à particule).

1. Il est pratiquement impossible de **distinguer** les échantillons prélevés hier de ceux prélevés l'an dernier.

2. Ces photos de la planète Mars prises par le robot Curiosity sont à couper le souffle. J'aimerais les faire **agrandir**.

3. Alors que nous **traversons** une crise économique sans précédent, les scientifiques doivent chercher à **compenser** des coupes importantes dans le financement de la recherche fondamentale.

4. Après des années de recherche infructueuse, il savait qu'il ne pourrait **tenir bon** que quelques mois de plus.
5. Je savais qu'il pourrait réfuter la théorie du chaos lors de la conférence, mais il **s'est désisté** au dernier moment.
6. Ils ont refusé de **faire équipe** avec lui. Son projet **tombe à l'eau**. Que peut-on donc faire pour lui **remonter le moral ?**
7. Un satellite de télécommunication et un satellite météorologique sont deux choses bien différentes. Tu **confonds** vraiment tout !
8. La fusée **a décollé** de Cap Canaveral à 13 h 51 et a survolé l'océan Atlantique en direction du sud-est.
9. Si certains climatologues **relèvent** le défi du réchauffement climatique, d'autres experts persistent à **refuser** l'évidence scientifique.
10. On l'**a** vite **catalogué** comme le père de la physique nucléaire.

3. Version

Traduisez le texte suivant en français.

Knowing full well I wouldn't tell anyone else, he **opened up (1)** to me about the research into stem cells he had **carried out (2)**. He had been meaning to tell the media about it for ages but he just never **got round to (3)** it – yet there's so much to **get across (4)** that could stir hope. The reason for that is the bad patch his lab **went through (5)** last year, but things seem to **be picking up (6)** after **bottoming out (7)** a couple of months ago.

4. Thème suivi

Traduisez le texte suivant en anglais (les éléments en caractères gras devront être traduits par un verbe à particule).

Je n'ai jamais eu la bosse des mathématiques, elles **ne m'ont jamais fait rêver (1)**, mais je suis **stupéfait (2)** de voir que les maths, et les sciences exactes en général, continuent de **faire de plus en plus d'adeptes (3)** parmi les jeunes, comme le montre une étude **menée (4)** à l'automne 2016. Mais **ne soyons pas dupes (5)** : ce qui est « scientifiquement prouvé » peut **s'avérer (6)** ne pas être éternellement « exact », le terme ne s'appliquant, d'après certains experts, qu'aux mathématiques pures et à la physique théorique.

Vocabulaire. Thème : Science and progress

1. Vocabulaire scientifique

a breakthrough : une découverte capitale
a scientist : un scientifique
to carry out an experiment : faire une expérience
animal testing : l'expérimentation animale
cutting-edge : de pointe
robotics : la robotique
his latest findings : ses dernières découvertes
a researcher : un chercheur
a subsidy : une subvention
the Nobel Prize for medicine : le prix Nobel de médecine
a Bunsen burner : un bec Bunsen
a stroke of genius : un trait de génie

a lab(oratory) : un labo(ratoire)
state-of-the-art technology : la technologie de pointe
to make headway / progress : faire des progrès
to do / pursue research on / into sth (to research into sth) : faire des recherches / de la recherche
ground-breaking : révolutionnaire
an astronaut : un astronaute
a distress signal : un signal de détresse
a physicist : un physicien
a field of research : un domaine de recherche
to proceed by trial and error : tâtonner
to disprove : réfuter
optics : l'optique
mankind : le genre humain
a computer scientist : un informaticien
a discovery : une découverte
a core area : un domaine fondamental
physics : la physique
chemistry : la chimie
hardware : le matériel informatique (ici)
an engineer : un ingénieur
astronautics : l'astronautique
Science knows no limit : la science ne connaît pas de frontières
(un)ethical : (im)moral
a scientific board : un comité scientifique
to subsidise : subventionner

2. Verbes à particule et verbes suivis d'adverbes directionnels

to take out : sortir
to stand by s.o. : soutenir qqn
to stand up for rights : défendre ses droits
to stand down from a function : quitter une fonction
to stand for an election : se présenter à une élection
to stand someone up : faire faux bon à qqn
to stand back from : s'éloigner de
to stand for sth : représenter qqch
to stand in for s.o. : remplacer qqn
to call sth off : annuler qqch
to stir up concern : susciter des inquiétudes
to be well thought out : être bien pensé
to pay up one's debts : payer ses dettes jusqu'au dernier centime
to blow out : éteindre en soufflant
to do away with : supprimer
to catch up with : rattraper
to fall out with s.o. : se brouiller avec qqn
to stand up : se lever
to go over to : aller à
to come along with : venir avec
to be snowed under with : crouler sous
to get worked up : s'emporter
to bubble over with : déborder de
to get carried away by : se laisser emporter par
to simmer down : se calmer
to take it out on s.o. : passer ses nerfs sur qqn
to boil down to : se résumer à
to lay s.o. off : licencier qqn
to chill out : se relaxer
to keep off sth : se tenir à distance de
to be taken aback by : être déconcerté par
to make up one's mind to : se décider à

Corrigés des applications

Les réponses qui suivent ne sont pas commentées car il n'y a pas d'explication à apporter au choix de telle ou telle particule. Il ne vous reste plus qu'à apprendre une liste de verbes à particule (p. 328). Votre anglais gagnera ainsi en richesse et en authenticité !

1. Exercice lacunaire

1. b. être débordé / être inondé de
2. c. s'énerver
3. a. déborder de
4. d. s'emballer / se calmer
5. a. passer ses nerfs sur
6. c. se résumer à
7. a. être licencié (de son travail)
8. b. se relaxer
9. c. se tenir à distance de
10. b. être décontenancé / se décider

2. Phrases de thème

1. It is virtually [almost] impossible to **tell between** the samples collected yesterday and those collected last year.
2. These photos [images] from planet Mars taken by *Curiosity* rover are breathtaking. I'd like to have [get] them **blown up**.
3. As we are **go**ing [**pulling**] **through** an unprecedented economic crisis, scientists have to seek [strive] to **make up for** major cutbacks in fundamental research funding.
4. After years of searching and exploring, he was well aware he would only be able to **stick it out** [**keep it up**] for a few more months.
5. I knew he would be able to disprove the chaos theory during the conference, but he **bottle**d **out** at the last moment.
6. They refused to **team up with** him. His project is **petering out**. So what can we do to **cheer** him **up**?
7. A communications satellite and a weather satellite are two very different things. You're **get**ting all **mixed up**!
8. The rocket **blast**ed **off** from Cape Canaveral at 1.51 p.m. and flew southeast over the Atlantic Ocean.
9. If some climatologists [climate scientists] have **taken up** the global warming challenge, other experts persist in **turn**ing **down** scientific evidence.
10. He was soon **set down** as the father of nuclear physics.

3. Version

(1) « il s'est ouvert [confié] à moi » **(2)** « (la recherche) qu'il avait menée » **(3)** « il n'a jamais réussi [il ne s'est jamais décidé] à le faire » **(4)** « à faire passer [communiquer] » **(5)** « (le passage à vide) qu'il a connu » **(6)** « les choses changent [ses activités reprennent] » **(7)** « après avoir touché le fond [atteint leur niveau le plus bas] ».

4. Thème suivi

I've never had a head for mathematics; it never **set** me **off dreaming (1)** but I'm **bowled over (2)** to observe that maths, and exact sciences at large, continue to **catch on (3)** among young people [the young], as showed by a study **carried out** [**through**] **(4)** in autumn [in the fall of] 2016. But let's not be **taken in (5)**: what is « scientifically proven » may well **turn out (6) not to** be forever"exact", the word applying only to [being only applied to] pure mathematics and theoretical physics.

23. La base verbale, l'infinitif, le gérondif

Thème : **Artificial intelligence**

Ce qu'il faut savoir

▶ La **base verbale** (infinitif sans to) ne fait référence à aucune action ou occurrence spécifique, mais à la notion. Elle s'utilise surtout si l'on s'intéresse au sens même du verbe. On la trouve dans des structures bien précises associées à :

- un auxiliaire de modalité : Robotics **will do** a lot for humanity.
- l'auxiliaire do/did dans les formes négatives des temps simples, et dans les formes affirmatives dites « emphatiques », c'est-à-dire qui permettent de marquer une instance : AI does not **hate** you, nor does it **love** you. / Governments do **have** to warn people of the danger of AI.
- des structures causatives avec make, let, have, voire help, et les verbes de perception see ou hear : We shouldn't **let** scientists **rule** our lives.
- des expressions idiomatiques de type « conditionnel » telles que would rather ou would sooner (qui expriment la préférence) ou had better (qui exprime la préférence morale ou le conseil) : I'd rather **have** a robot do this task for me. / Man had better **think** twice about AI.
- Why (not) dans les interrogatives de type elliptique : Why not **do** it? / Why **bother**?

La **base verbale** fait office de forme verbale principale et autonome dans deux cas particuliers :

- l'impératif : **Let**'s **make** sure AI projects do not get out of hand.
- une structure dite « subjonctive » après des tournures exprimant la recommandation :

  a. It is recommended [They suggest] that AI **be** better controlled.

  b. Truth **be** told. – God **forbid**.

Remarque. En **a.**, l'anglais a autrefois eu tendance à utiliser la forme should be. En **b.**, l'auxiliaire may a disparu. On peut donc supposer que ces formes sont davantage des ellipses que de réels subjonctifs.

La **base verbale** accepte une forme have + V–en ou be + V–ing :

The conference on the future of robots must **have been** most interesting.

▶ L'**infinitif** évoque une action spécifique (souvent future), une visée ou une intention. C'est pour cette raison qu'il permet de traduire la notion de but et la structure française « pour + infinitif » :

Startups and tech companies link powerful computers **to create** neural networks.

On le trouve associé :

- aux verbes be (to V) ou have (to V) pour exprimer une forte pression sur le sujet, qu'il s'agisse d'issues inéluctables ou de devoir : Governments the world over **are to hold** a conference on the potential dangers of AI by the end of the year.
- aux tournures exprimant la « futurité » comme be bound, be going, be about : Robots are **bound to replace** humans at some point.

- aux structures adjectivales telles que It is important (for), it was mean : **It is essential** for man **to weigh** the pros and cons of AI.
- aux adjectifs portant sur les caractéristiques du sujet rendant une situation possible, comme be able ou be allowed : Soon, machines will **be able to react** faster than most of us.
- aux verbes exprimant une visée (souhait, vœu, espoir) want, wish, hope, remember : Lee Sedol **hoped to beat** the Google machine.
- aux structures de but introduites par in order, so as : He put on an elaborate ruse **so as to deceive** the machine.
- au verbe use au prétérit (used) pour exprimer une situation passée en rupture avec le présent : We **used to [did not use to] think** that humanoids would remain a pipe dream.
- aux verbes d'injonction aux voix active et passive, comme say, tell, order, advise, etc., be told [said] [believed] : The GO genius **was advised to take** some rest before the final game.
- aux questions indirectes elliptiques en wh– tournées vers l'avenir : They didn't know **what to do**. / They were told **how to proceed**.

Il existe également une forme « passée » de l'infinitif (to have V–en) et « progressive » (to be V–ing) :

He seems **to have been** well informed.

He seems **to be working** on a new prototype.

▶ Le **gérondif** est la forme nominalisée du verbe et s'oppose à l'infinitif puisqu'il renvoie à une action déjà vécue ou à une situation déjà accomplie, voire en cours. Il évoque plus volontiers une notion passée ou générique et peut être remplacé par des expressions telles que the fact of ou le pronom it. On le trouve :

- à la place de l'infinitif français à valeur générique : **Devising** machines that can think abstractly like us is what scientists have been focusing on.
- après les prépositions : I have been thinking **about getting** myself a driverless car.
- après des verbes exprimant un sentiment, une notion, un projet ou une situation vécue ou envisagée dans son déroulement, comme like, contemplate, consider, remember, spend, etc. : They **contemplate developing** home automation products and services even in poorer countries.

Forme hybride, il jouit des qualités du nom en conservant sa syntaxe verbale :

Despite **their trying** hard to strike a deal with other carmakers, the people at Tesla have had to work on their own.

La première partie de phrase équivaut à : Although they tried [have been trying] hard to … Trying a pris la fonction du nom, et le sujet devient their (déterminant possessif) qui permet d'attribuer l'action à son auteur.

Le gérondif a aussi une forme having V–en :

He remembers **having received** several offers from IBM before joining Apple.

Remarques :

- L'association **to + V–ing** n'est autre que la préposition to suivi d'un gérondif (ce qui confirme la qualité nominale du verbe, les prépositions permettant dans la majorité des cas d'introduire un groupe nominal) : Google has already spent billions on AI as it believes it is the key **to ruling** the world.

- Nombreux sont les verbes qui acceptent les deux constructions (to V et V–ing), ce qui implique des nuances ou différences de sens :

Considérez les exemples suivants :

a. Microsoft stopped **supporting** Apple when Bill Gates stepped down.

b. Bill Gates decided to stop all kinds of business activities **to focus** on his charity foundation.

- En **a.**, on comprend bien qu'il a fallu soutenir avant de pouvoir arrêter. Avec verbe + V–ing, on **met fin** à cette situation. En **b.**, il a fallu arrêter une activité avant de se concentrer. Avec verbe + to V, on cesse une chose **pour en faire** une autre.

Considérez maintenant les exemples suivants :

c. Tim Cook **likes talking** in public.

d. Tim Cook **likes to hold** a keynote conference every six months.

- Ici, la nuance est moins évidente. En **c.**, on comprend que Tim Cook prend du plaisir à s'exprimer en public en général. En **d.**, il considère qu'il est judicieux et préférable d'organiser une telle conférence deux fois par an.
- Des verbes comme want et try sont par nature associés à l'infinitif car ils évoquent un souhait ou un but à atteindre. Ils peuvent toutefois être suivis d'un gérondif dans des cas précis :

e. I tried **to have** my new robot do the dishes, but it turned out to be a disaster.

f. I tried **having** my new robot do the dishes. Still, I couldn't get ready in time.

- Ici, la nuance semble évidente : to have (**e.**) traduit l'objectif à atteindre. On comprendra que le robot a probablement failli à sa mission. Having (**f.**), en revanche, a bien été réalisé. Il traduit toutefois un moyen et non un but. L'objectif était pour « I » de gagner du temps et de finir « à temps ». Or, cela n'a pas suffi.
- Certains verbes, hybrides, car considérés comme proches des auxiliaires de modalité (need, dare, help, come, go, etc.), peuvent être suivis de **V** ou de **to V** avec plus ou moins de nuance de sens :

g. I had him **come and geek out** about sci-fi with me all weekend.

h. **Come tell** me about the latest developments.

i. He had come **to explain** to us the ins and outs of AI.

j. Why don't you go **running** with your brand new iWatch.

Les exemples **g.** et **h.** sont quasi identiques, **h.** étant une forme elliptique/orale de **g.** : ils traduisent une simple invitation ou suggestion. L'exemple **i.** insiste sur le but de la venue de **he**. Quant à **j.**, il met l'accent sur une activité que **you** est connu pour pratiquer plus ou moins régulièrement.

▶ Pour **récapituler**, voici une liste non exhaustive des verbes et de leur(s) construction(s) :

Verbes généralement suivis d'un gérondif	Verbes généralement suivis d'un infinitif	Verbes suivis indifféremment des deux
acknowledge	agree, consent	can't bear
admit (to)	appear	can't stand
appreciate	ask	can't afford
avoid	attempt	come
be worth	cease	continue

▶

Verbes généralement suivis d'un gérondif	Verbes généralement suivis d'un infinitif	Verbes suivis indifféremment des deux
can't help	choose, decide	finish
confess	demand	forget
consider	deserve	get, go
discontinue	expect	go on
dread	fail	hate
enjoy	hesitate	like
evade	hope	love
fancy	manage	mean
fear	need	need
feel like	offer	prefer
feign	plan	propose
forgive	pretend	quit
give up	promise	regret
keep, keep on	prove	start
mind (object to)	refuse	stop
omit	seek	try
postpone, put off	seem	want
resent	swear	
resist	tend	
resume	threaten	
risk	want, wish, would like, yearn	

Applications

1. Exercice lacunaire

Choisissez la ou les réponses qui conviennent parmi celles proposées.

1. AI refers to a machine that can ...... and ...... decisions on its own.
a. think / make **b.** to think / making **c.** thinking / make
d. to think / to make

2. We like ...... conferences and meetings on engineering twice a month.
a. attending **b.** be attending **c.** to attend **d.** attend

3. Robots are computer-controlled machines designed ...... specific manual tasks.
a. performing **b.** to perform **c.** to have performing **d.** perform

4. Pattern recognition is the fact of identifying recurring patterns in input data with the goal of .... or .... that input.
a. understanding / categorising **b.** to understand / categorise
c. understand / categorise **d.** to understand / categorising

5. International organisations need ...... a whole range of multilingual resources.
a. providing **b.** to provide **c.** to have providing **d.** be provided

6. …… took a hit after the 2008 subprime crisis.
a. To fundraising **b.** Fundraise **c.** To fundraise **d.** Fundraising

7. Ultimately, Google is …… what is good for humanity.
a. performing **b.** to be deciding **c.** deciding **d.** to decide

8. Our intention is …… awareness for the necessity of a much broader debate on the future of human beings.
a. to raise **b.** raise **c.** raising **d.** to have raised

9. I would love …… an adviser on radical technology and science.
a. to have been **b.** to being **c.** being **d.** to be

10. He remembers …… the project weeks before it was due.
a. he wrapped up **b.** wrapping up **c.** to wrap up **d.** to be wrapping up

11. AI is expected … the job market in the future.
a. harm **b.** to harm **c.** to harming **d.** harming

12. The best part of …… a virtual assistant is …… your friends you have one.
a. have / tell **b.** to having / telling **c.** having / telling **d.** to have / to tell

13. The CEO wants …… with a new team.
a. me coming up **b.** me to come up **c.** me come up **d.** me to coming up

14. An assistant software engineer will participate in …… modifications and enhancements to very large and technically complex software systems.
a. making **b.** to make **c.** the making **d.** make

15. All they meant … was …… our working conditions.
a. to do / optimise **b.** to do / optimising **c.** doing / to optimise **d.** do / optimise

16. It is essential that everyone … aware of the ins and outs of artificial intelligence.
a. being **b.** to be **c.** is **d.** be

17. There's a social cost to … the working class and small businesses.
a. jeopardising **b.** jeopardise **c.** jeopardised **d.** the jeopardising of

18. We are going …… forever and the idea seems …… a little more mainstream.
a. to live / becoming **b.** live / to become **c.** to live / to be becoming
d. living / to become

19. Everything Google is doing these days has so much … with the long-term vision of … the master of the world.
a. doing / ending up **b.** doing / to end up **c.** to do / to end up
d. to do / ending up

20. I'll tell you what it's like … with Tesla's Autopilot and why you'll feel like … it again.
a. to drive / doing **b.** to drive / to do **c.** driving / to doing
d. to driving / to do

2. Phrases de thème

Traduisez les phrases suivantes en anglais.

1. La technologie de l'intelligence artificielle (IA) vise **à créer** et **simuler** une intelligence comparable à celle de l'homme.

2. Les progrès permettent déjà à Google **de développer** des voitures quasi autonomes.

3. Pour écrire le scénario de son film, un réalisateur coréen a fait appel à l'intelligence artificielle.

4. Les start-up de la Silicon Valley s'efforcent de **mettre au point** des ordinateurs qui comprennent mieux le langage humain.

5. Nous ne devons pas faire l'erreur **de croire** que l'approche technologique qui fonctionne aujourd'hui fonctionnera toujours.

6. Le logiciel Alphago a analysé des centaines de millions de données **pour « apprendre » à faire** les choix qui se révèlent payants sur le long terme.

7. Étant donné le grand potentiel de l'intelligence artificielle, il est important que la société **parvienne à** en **identifier** les bienfaits comme les pièges.

8. **Crois**-moi : l'intelligence artificielle aura **surpassé** l'homme avant la fin du siècle. Quand exactement, je ne saurais **le dire**.

9. Nos sociétés ne **peuvent** pas encore **se permettre** de parier sur le tout-robotique ou elles risquent de **faire face** à de grands mouvements populaires.

10. Malheureusement, les nouvelles technologies contribuent **à accroître** le fossé générationnel.

3. Version

Traduisez le texte suivant en français.

There is so much potential for AI development that **it's getting harder to imagine (1)** a future without it. By 2025, AI **will become (2)** commonplace in everyday life. Engineers have long been working on **developing (3)** algorithms that **will be used (4) to prevent (5)** cyber-terrorism and payment fraud, for example. AI is also likely **to have (6)** a strong impact on healthcare advancements due to its ability **to analyse (14)** massive amounts of genomic data.

It seems the best thing **is for humans and machines to live (8)** in harmony, taking advantage of one another's strengths. **Take (9) advertising (10)**, for example: it is now machines that do the bulk of the **purchasing (11)** through programmes **to maximise (12)** profit, making it possible for advertisers **to center (13)** on **creating (14)** more attractive content.

4. Thème suivi

Traduisez le texte suivant en anglais.

Il faut **distinguer (1)** trois types d'intelligence artificielle – bien que l'objectif ultime soit de **créer (2)** un ordinateur plus compétent qu'un humain, qu'il s'agisse de **réaliser (3)** une seule tâche ou plusieurs tâches à la fois. Cela signifie que l'ordinateur **saura (4) exécuter (5)** des tâches telles que **préparer (6)** des pancakes ou **développer (7)** des stratégies militaires.

Alors comment l'humanité doit-elle **se préparer (8)** à une telle perspective ?

Car l'avènement d'une super IA risque bien **de poser (9)** des problèmes à plus ou moins long terme. Si nos sociétés **finiront bien par (10)** s'habituer à **voir (11)** des machines **travailler (12)** à notre place, **on ne pourra empêcher (13)** certains de **vouloir profiter (14)** de ces nouvelles technologies. Il est essentiel que l'homme en **ait (15)** pleinement conscience.

Vocabulaire. Thème : Artificial intelligence

artificial intelligence (AI) : intelligence artificielle
robotics : la robotique
a scientist : un scientifique
a tech company : une entreprise de technologie, une société informatique
a neural network : un réseau neural
a humanoid : un humanoïde
to devise : concevoir, mettre au point
automated (adjectif) : automatisé
a home automation product : un appareil domotique
to geek out : se passionner pour les technologies, « geeker »
engineering : (sciences de) l'ingénierie
computer-controlled (adjectif) : commandé par ordinateur
input data : les données d'entrée
radical technology : la technologie avant-gardiste
a virtual assistant : un assistant (personnel) numérologique
genomic data : les données génomiques
a startup company : une cyber-entreprise, une start-up
systems thinking : la pensée systémique

Corrigés des applications

1. Exercice lacunaire

1. a. Les deux verbes dépendent de can. Il faut une base verbale après un auxiliaire de modalité.

2. c. Après like, on attend un infinitif ou un gérondif. Comme dans l'exemple **d.** plus haut, il s'agit d'une initiative que l'on considère comme préférable, et non d'une activité à laquelle on prend simplement du plaisir. Les propositions **b.** et **d.** sont fausses d'un point de vue grammatical.

3. b. Designed est une forme passive elliptique, quasi adjectivale, exprimant le but.

4. a. Les deux verbes dépendent de la préposition of. Le gérondif est de rigueur.

5. b. Need marque une nécessité qui constitue un objectif. L'infinitif est de rigueur. **Remarque :** need peut être suivi d'un gérondif, alors il revêt une valeur passive (need providing ≈ need to be provided).

6. d. Fundraising est sujet du verbe took. Il fait référence à une action générique et déjà ancrée, d'où l'emploi de V–ing.

7. d. Be to V exprime une visée et un événement quasi inéluctable.

8. a. Intention, comme designed pour la phrase 3 de cet exercice, introduit un but à atteindre.

9. d. Would love est équivalent à want et exprime un souhait non encore réalisé.

10. b. Le sujet se rappelle avoir fait une chose, « accomplie » au moment du « souvenir », d'où remember + V–ing. He wrapped up est peu idiomatique.

11. b. Cas similaire à ceux des phrases 3, 8 et 9 de cet exercice.

12. c. Have dépend de **of** et fait référence à une situation générale. **Tell** dépend de la même approche générique sans visée particulière.

13. b. Me to come up : want est l'archétype du verbe suivi d'un infinitif car il exprime un souhait encore non réalisé. Notons la construction infinitive malgré la présence de deux sujets grammaticaux différents (**he/I** : **he** est sujet de **want**, alors que **me** est COD de **want** mais sujet de **come up**).

14. a. Make est précédé de la préposition **in**, d'où l'emploi de V–ing.

15. a. Mean introduit une situation similaire aux phrases 3, 8, 9 et 11 de l'Exercice lacunaire. Dans ce type de construction (All I want to do is ...), le second verbe revêt une charge plus lexicale qu'aspectuelle et ne sert qu'à décrire la visée exprimée par le premier verbe.

16. d. It is essential that fait partie des périphrases exprimant la recommandation ou le conseil à valeur générique. Cette expression est donc suivie de la BV.

17. a. To est ici une préposition et non la particule infinitive. To est donc suivi de V–ing.

18. c. Be going to exprime la visée, intentionnelle ou prévisible. **Seem**, comme **appear**, est suivi de l'infinitif. On préférera to be becoming à to become afin d'insister sur une situation en évolution et non un simple caractère permanent.

19. d. Have introduit l'objectif ultime de Google, l'idée française d'avoir « à faire ou à voir » avec quelque chose. **End up** est suivi du gérondif.

20. a. Like est prépositionnel : toutefois, le premier exprime une anticipation guidée par des caractéristiques ou une situation générales, d'où l'aspect futur. Le second met en situation l'expression idiomatique **feel like** + **V–ing** qui signifie « avoir envie de ».

2. Phrases de thème

1. Artificial intelligence (AI) technology aims **at creating** and **simulating** [aims **to create** and **to simulate**] human-like intelligence. [**Aim** se construit avec la préposition **at** ou avec de l'infinitif complet.]

2. Progress already enables Google **to develop** semi-automated cars. [**Enable** signifie littéralement « rendre capable de », d'où la notion de visée.]

3. A Korean film director used AI **to write** his scenario [script]. [Le but est clairement énoncé : il s'agit d'écrire un scénario.]

4. Silicon Valley startups strive **to devise** computers that understand human language better. [**Strive** exprime une visée et se construit avec la préposition **for** + **nom** ou de l'infinitif.]

5. It would be wrong for us **to think** that today's current technological approach will **prevail** forever. [It is wrong to think nous place dans le cadre d'un jugement péremptoire d'ordre général et ne fait pas référence à une situation concrète et avérée. **Will** est auxiliaire de modalité.]

6. The Alphago software analysed hundreds of millions of data points **to learn** how **to make** the choices that will **prove** profitable [that will **pay off**] in the long run. [L'objectif était de tirer des enseignements, ce qui explique l'infinitif. **Will** est un auxiliaire de modalité.]

7. Given the tremendous potential of AI, it is important [essential] that society **manage to identify** both its blessings and curses. [Les périphrases it is compulsory [mandatory] [recommended]... à valeur de recommandation « universelle » sont suivies d'une base verbale simple. **Manage** se construit avec l'infinitif.]

8. Trust me: AI will **have outdone** humans by the end of the century. When exactly, I couldn't **tell**. [**Trust** est un impératif. **Will** et **could** sont des auxiliaires de modalité.]

9. Our societies can't **afford to bet** on the full-robotic approach just yet or they risk **facing** huge civil unrest. [**Can** est un auxiliaire de modalité. **Afford** (parfois suivi du gérondif) s'utilise généralement en situation ponctuelle, ce qui explique l'infinitif. **Risk** se construit avec un COD. Il faut « nominaliser » le verbe.]

10. Unfortunately, new technologies contribute **to widening** the generation gap. [**Contribute** est suivi de la préposition **to** au même titre que **admit**, ce qui explique l'emploi du gérondif.]

3. Version

(1) « il est de plus en plus difficile d'imaginer » : traduction quasi littérale de l'adjectif suivi de l'infinitif. **(2) « deviendra [sera] »** : projection dans l'avenir avec l'auxiliaire will. La traduction la plus souvent acceptée est le futur en français. **(3) « à développer »** : develop est à la forme gérondive car il suit une préposition. Le français fait appel à l'infinitif. **(4)** « **seront utilisés** » : même situation que pour le (2). On a recours à la forme passive de la base verbale du verbe use. **(5)** « **pour [afin] [dans le but] d'empêcher** » : il s'agit clairement d'un but à atteindre, comme confirmé par le recours au verbe use ici. **(6)** « **permettra très certainement/ va certainement permettre d'empêcher** » : empêchera probablement » : likely suivi de l'infinitif traduit une action future que le locuteur considère comme (fort) probable. **(7)** « **sa capacité à analyser [son pouvoir d'analyse de]** » : expression à rapprocher de to be able to analyse. La traduction dépendra de l'approche idiomatique. **(8)** « **c'est que les humains et les machines vivent** » : structure anglaise typique for s.o. to V. Il faut généralement procéder à un ajustement syntaxique en français. **(9)** « **prenez** » : invitation faite au lecteur sous forme d'un impératif. **(10)** « **la publicité** » : il s'agit du « fait de faire de la publicité », donc le terme fait référence à l'activité et non au produit. **(11)** « **des achats** » : approche similaire à celle mentionnée pour le (10). **(12)** « **visant à optimiser** » : programmes introduit la notion de visée. **(13)** « **mettre l'accent sur [se concentrer sur]** » : construction anglaise similaire à celles mentionnées pour le (7). **(14)** « **le fait de créer [développer]** » : create est à la forme gérondive car il suit une préposition. Le français fait appel à une association « nom + infinitif ». **Remarque :** ces deux derniers verbes peuvent être traduits différemment si l'on souhaite les associer ; on peut les traduire par « s'attacher à créer ».

4. Thème suivi

One should **distinguish (1)** between three types of artificial intelligence – although the ultimate objective is **to create (2)** a computer that will prove better than humans, **to complete (3)** one single task or several at once. This means that the machine **will be (4)** able **to accomplish (5)** tasks such as **making (6)** pancakes or **developing (7)** military strategies.

So how should humans **get prepared (8)** for such a prospect?

For the advent of almighty AI might well **pose (9)** problems sooner or later. If our societies **are likely to get** [may well get] **(10)** used to **seeing (11)** machines **work (12)** instead of humans, **it will be impossible to prevent (13)** some people from wanting **to take advantage (14)** of these new technologies. It is imperative that humans **be (15)** fully aware of it.

(1) Should ou must appelle une base verbale. **(2)** Comme on a une intention plus haut, objective nous indique qu'il s'agit d'un but à atteindre. **(3)** On se place dans la perspective d'une tâche à accomplir, ce qui explique la visée. **(4)** Be est précédé de l'auxiliaire de modalité will. **(5)** Acccomplish est précédé de l'adjectif able (structure to be able to V). **(6)** Précédé de such as, make fait référence à une action abordée sous son aspect générique – « le fait de » –, d'où le gérondif. **(7)** Develop dépend également de such as. **(8)** Get prepared est précédé de should. **(9)** La situation est similaire à la précédente : pose est précédé de might. **(10)** Be likely to V permet d'évoquer une très forte probabilité. Le recours à may nécessite une base verbale. **(11)** See est précédé de l'expression to be used to (« être habitué ») qui est suivie de la préposition to, d'où le recours au gérondif.* **(12)** S'il est possible de trouver working après des verbes de perception, c'est bien la notion qui nous intéresse et non le fait de voir des machines en action. **(13)** Structure to be + adjectif + to V à valeur de visée. **(14)** Take est précédé d'une forme continue de want et en dépend. **(15)** It is imperative that fait partie des périphrases exprimant l'injonction à valeur générique et impersonnelle.

* Ne pas confondre ces deux formes :

- Our societies **used to see** machines work instead of humans : l'expression idiomatique « figée » **used to V** traduit la constatation d'une situation caractéristique du passé en rupture avec le présent et n'a pas de réel équivalent dans le présent. On la traduit souvent par « **Autrefois**, nos sociétés voyaient des machines travailler… ». Ici, used est un verbe.
- Our societies **are used to seeing** [**are getting used to seeing**] machines work instead of humans : to be [get] used to V–ing exprime une habitude dont les conséquences sont plus concrètes et en contexte. La phrase se traduira probablement par « Nos sociétés sont habituées [s'habituent] à voir des machines remplacer les humains. » Used est adjectival, comme accustomed (to) qui fonctionne de la même manière.

FICHE DE GRAMMAIRE

24. Traduction du subjonctif français

Thème : **Space exploration**

Ce qu'il faut savoir

1. Généralités

Comme c'est le cas pour les autres modes et temps, le français compte davantage de formes au subjonctif que l'anglais. Le subjonctif permet d'exprimer un doute, un fait souhaité ou une action incertaine qui n'ont pas été accomplis au moment où ils sont formulés. Il existe deux formes dites « subjonctives » en anglais.

2. Le subjonctif présent « anglais »

▶ Il consiste en la base verbale (donc pas de « **s** » à la 3e personne du singulier) et se trouve après des verbes ou structures adjectivales à caractère d'urgence et/ou d'importance et de style plutôt soutenu. Il accompagne aussi les expressions du conseil, de la proposition, de la suggestion, de l'exigence, de la requête, de la recommandation ou de l'insistance :

It **is crucial / necessary / important / required / compulsory / vital / essential that** every astronaut candidate **have** a graduate or doctoral degree. Moreover NASA demands that every candidate **be** in good health. (On voit que les deux sujets singuliers sont suivis de **have** et **be** qui sont des bases verbales.)

▶ Si le verbe introducteur est au passé, la forme subjonctive reste inchangée :

It was overtly **suggested** that space research **be** more private-funded in the future.

▶ La négation se forme à la façon d'une infinitive, en plaçant **not** devant la forme verbale :

It was **advised** that each crew member **not drink** any alcohol in the six months prior to the manned mission.

Remarques :

- Les Britanniques ont tendance à préférer **should** + **V** en lieu et place de **V** :

  President Obama insisted that trips to Mars and the Moon **should be** pursued.

- Le gérondif peut également suivre les verbes **suggest**, **recommend**, **advise**, **propose**, **ask**, **demand**, **insist**, **require**, **request**, **order**, etc. Il permet une approche plus générale sans que l'on ne s'adresse à quelqu'un en particulier :

  Engineers recommended **double-checking** the rocket engine before the next test.

3. Le subjonctif passé « anglais »

Il correspond au simple past (sauf pour le verbe **be** qui devient **were** [prétérit dit modal] à toutes les personnes).

On l'emploie après **if**, **suppose**, **imagine**, **as if**, **if only**, **I wish** et autres formes introduisant une situation hypothétique, improbable, un simple souhait, voire le regret. Il permet donc d'exprimer la notion d'irréel et correspond aussi bien au conditionnel, au subjonctif ou à la forme modale (= de l'irréel) de l'imparfait français :

If only we **could get** in touch with an extra-terrestrial civilisation.

Il s'agit de l'expression d'une hypothèse irréelle teintée de regret :

Suppose/Imagine you/he **were exploring** the surface of the Red Planet.

Ici, l'hypothèse « irréelle » prime.

I wish I **had** my own spaceship.

Cette phrase exprime un souhait irréalisable, le regret.

Ces trois exemples traduisent une situation envisagée (et hypothétique), mais non réalisable et sont équivalents à **if** + **V–ed**. La dernière se traduit souvent par « je regrette … ».

4. Le subjonctif français dans les conjonctives

Dans certains cas d'emploi du subjonctif en français, l'anglais a recours à l'indicatif (car le commentaire porte sur un fait réel ou avéré), à un auxiliaire de modalité exprimant un jugement personnel, ou à des structures infinitives à valeur de visée, c'est-à-dire de but à atteindre.

Aussi, l'expression du doute, de la peur, de l'appréhension, de l'appréciation, de la volonté, de la probabilité, de l'obligation, du but, de la condition, voire du superlatif peuvent s'exprimer comme suit :

We **may** never see another moon landing in our lifetime.

Il s'agit d'une simple probabilité. Le français peut faire appel à la périphrase « il se peut que + subjonctif » pour la traduire. L'exemple suivant est un cas similaire, avec un sentiment d'appréhension en plus :

I'm afraid the Chinese **might** soon catch up with our space technology.

Le subjonctif français peut évoquer un but à atteindre, ce qui explique l'infinitif en anglais :

France and Germany would like the other EU countries **to invest** more in space research.

They need to redouble their efforts **so as [in order to make]** space tourism a success.

Le sentiment exprimé porte ici sur un fait réel et avéré :

We highly appreciate that you **opened** your research laboratory to our teams.

Is it normal that the Challenger shuttle **exploded** 74 seconds after liftoff?

L'obligation/interdiction est exprimée par l'auxiliaire :

NASA **mustn't** flunk the next inSight mission launch.

Dans l'exemple suivant, le regret porte bien sur quelque chose qui existe :

It is a pity that/Ø **we spend** so much money on the space race when millions keep starving.

Remarque. L'emploi du subjonctif en français est complexe, comme en témoignent ces exemples (« je pense qu'il n'est pas venu/je doute qu'il soit venu/je ne pense pas qu'il soit/j'envisage qu'il soit là… »). Aussi est-il préférable de comprendre la logique anglaise plutôt que de calquer la traduction sur le français.

Applications

1. Exercice lacunaire

Choisissez la ou les réponses qui conviennent parmi celles proposées.

1. Too bad the Russians .... orbital space tourism in 2010.
a. stopped **b.** would stop **c.** stop **d.** may stop

2. Virgin CEO Richard Branson is glad his company .... a deal with NASA.
a. strike **b.** can strike **c.** struck **d.** will strike

3. Experts say life on Mars is likely .... wishful thinking for years to come.
a. that it remains **b.** remaining **c.** it may remain **d.** to remain

4. Although most people ... of visiting another planet, they .... never have the opportunity to do so.
a. dream / can **b.** dreamt / might **c.** dream / may **d.** dreamt / will

5. Roscosmos has suggested its subcontractors .... their prices for fear it .... seek out new partners.
a. lowers / may **b.** lower / might **c.** must lower / may
d. lowered / might

6. I wish they .... more pictures from the International Space Station on TV.
a. showed **b.** show **c.** should show **d.** will show

7. It is high time experts .... a solution to space junk.
a. will find **b.** find **c.** have found **d.** found

8. I don't think "Baker" .... the first space monkey.
a. to be **b.** being **c.** was **d.** be

9. Some spaceflight participants believe it is important that their spacecraft ... blessed before launch.
a. is **b.** be **c.** will be **d.** were

10. If we want to live on another planet someday it is essential that we .... developing inhabited environments now.
a. are going to start **b.** will start **c.** started **d.** start

2. Phrases de thème

Traduisez les phrases suivantes en anglais.

1. Il **faut que** les États **s'entendent** sur la politique à suivre en matière de débris spatiaux.

2. Je ne me souviens pas que la Grande-Bretagne ait déjà eu un projet aussi ambitieux que celui du British Commercial Spaceport Competition.

3. La NASA craint que Chinois et Russes **ne finissent par rattraper** leur retard technologique.

4. Il est important que la recherche spatiale **ne se fasse pas** au détriment de notre bien-être sur terre.

5. Tous ces passagers de l'espace œuvrent pour que **nous puissions envisager de coloniser** d'autres planètes.

6. Il est dommage que JFK **n'ait pas vécu** assez longtemps pour voir les fruits de son programme spatial.
7. Que Dieu protège ceux qui vont vivre pendant six mois en apesanteur.
8. On ne peut éviter que la recherche spatiale **tombe** aux mains du secteur privé.
9. Il semble bien que les films de science-fiction de notre enfance **aient été rattrapés** par la réalité.
10. Il est impératif de **conquérir** les planètes connues avant que d'autres ne le fassent.

3. Version

Traduisez le texte suivant en français.

It is important that NASA's Curiosity rover **prowl (1)** the red planet and **find (2)** evidence of how ancient lakes and wet underground environments have changed since the dawn of time, so that we **can** better **compare (3)** with the earth.
Although scientists **disagree (4)** about what this may mean exactly, they are right on one thing: whatever the findings **tell (5)** us it is most likely that it **will help (6)** us determine whether life on Mars is possible.
Those in charge of the mission suggest that Curiosity **keep (7)** exploring the area a bit longer than initially planned. Without **being (8)** sure the car-sized engine **can hold out (9)** too long, the engineers count on it **to produce (10)** a few more priceless pictures.

4. Thème suivi

Traduisez le texte suivant en anglais.

Après plusieurs mois de confinement, il est prévu que les occupants de la SSI **se dégourdissent (1)** un peu les jambes. En effet, on attend d'eux qu'ils **installent (2)** une passerelle permettant l'acheminement de leurs remplaçants – et ce afin que les équipes « à terre » **puissent (3)** préparer la relève au mieux. Bien sûr, ces manœuvres coûtent cher, mais il n'est pas question que quiconque **renonce (4)** à la conquête spatiale – quitte à coopérer avec les concurrents, si besoin **est (5)**.
Côté européen, il semble indispensable qu'Arianespace **termine (6)** son nouveau lanceur pour 2020. Sinon, **advienne que pourra (7)** ! Mais avec les Chinois qui souhaitent que la lune **soit colonisée (8)** au plus vite, Richard Branson, pionnier européen du tourisme spatial, ne croit pas qu'il **soit judicieux (9)** de continuer à réduire budget et effectifs. Prions pour que nous **ayons (10)** tous notre part de paysage lunaire.

Vocabulaire. Thème : Space exploration

an astronaut : un astronaute
NASA (National Aeronautics and Space Administration) : la NASA
a crew member : un membre d'équipage
a manned mission : une mission habitée
a rocket : une fusée
an engine : un moteur
an extra-terrestrial (nom, adjectif) : un extraterrestre (nom, adjectif)
to explore : explorer

the Red Planet / Mars : la planète rouge / Mars
a spaceship : un vaisseau spatial
a moon landing : un alunissage
space research : la recherche spatiale
space tourism : tourisme spatial
a liftoff : un décollage
a launch : un lancement
the space race : la course à l'espace
orbital : orbital
the international space station : la station spatiale internationale
space junk : les déchets spatiaux
a space monkey : un singe / chimpanzé de l'espace
a spaceflight : un vol spatial
a spacecraft : un vaisseau / engin spatial
space debris : les débris spatiaux
in weightless conditions / in weightlessness : en apesanteur
a Rover : une Jeep (lunaire / spatiale)
the space conquest : la conquête de l'espace
a launcher : un lanceur
the moon : la lune
a lunar landscape : un paysage lunaire

Corrigés des applications

1. Exercice lacunaire

1. a. Le regret exprimé par too bad porte sur un fait, ce qui explique l'indicatif passé.

2. c. Voir 4. Le subjonctif français dans les conjonctives dans « Ce qu'il faut savoir ». Là où le français utilise un subjonctif après l'expression d'une forme de subjectivité (ici, la joie avec l'adjectif glad), l'anglais considère l'action « struck » comme fait avéré, donc il emploie le prétérit (indicatif passé).

3. d. Sujet + be likely (≈ il est fort probable…) se construit avec l'infinitif.

4. c. La concession porte sur un fait. May traduit la probabilité (**voir fiche 14**).

5. b. to suggest exprime une modalité intersubjective (ordre, conseil, reproche, etc.) et est suivi du subjonctif présent anglais (V). Fear exprime une crainte quant au futur (should est possible en langage plus soutenu).

6. a. Tout comme if (only), I wish porte sur un souhait non réalisé/réalisable, ce qui explique le past modal.

7. d. Voir la phrase 6 de cet exercice. Proche de I wish, It's high/about time introduit regret ou impatience face à la situation.

8. c. Là où le français emploie le subjonctif (je ne pense pas que « Baker » soit …), l'anglais utilise un prétérit (indicatif passé).

9. b. Voir la phrase 5 de cet exercice. It is important appelle un subjonctif (base verbale).

10. d. Voir la phrase 9 de cet exercice : it is essential ≈ it is important

2. Phrases de thème

1. States **must** [It is essential that states] **agree** on what space debris policy to follow. [Must et une forme intersubjective similaire aux phrases 9 et 10 de l'Exercice lacunaire sont possibles.]

2. I don't remember Britain ever having a project as ambitious as the British Commercial Spaceport Competition. [Le souvenir en anglais s'exprime par remember + V–ing, là où le français utilise un subjonctif]

3. NASA fears the Russians and the Chinese **might eventually catch up** in technology. [Voir la phrase 5 de l'Exercice lacunaire]

4. It is important that space research **not be at the expense** of our well-being on earth. [Voir les phrases 9 et 10 de l'Exercice lacunaire]

5. All these spaceflight participants work hard so (that) **humans can eventually colonise** [settle on] other planets. [So that équivaut à « dans le but de ».]

6. It is a pity JFK **didn't live** to see his space programme materialise [come to fruition]. [Voir la phrase 1 de l'Exercice lacunaire (It's a pity ≈ too bad).]

7. May God protect those who are to spend six months in weightlessness. [May + subject + V traduit le subjonctif français « de la 3e personne ». May est souvent supprimé (God bless you!).]

8. We can't avoid space research [It's impossible to prevent space research from] **falling** into the hands of the private sector. [Avoid se construit avec V–ing. Prevent, lui, est associé à from (**voir fiche 23**).]

9. It looks like reality **has caught up** [It looks as if reality had caught up] with the sci-fi movies from our childhood. [Le choix entre like et as if tient du registre de langue, mais aussi du temps – au même titre que le degré de vraisemblance.]

10. It is imperative that we **conquer** [we be first to colonise] already known planets before others do (so). [Voir les phrases 9 et 10 de l'Exercice lacunaire et la phrase 4 des Phrases de thème]

3. Version

(1) « **parcourt/explore** » : voir les phrases 9 et 10 de l'Exercice lacunaire et la phrase 4 des Phrases de thème. **(2)** « **trouve/à la recherche de** » : cas similaire au précédent en cas de traduction verbale. **(3)** « **puissions comparer** » : voir la phrase 4 des Phrases de thème. **(4)** « **diffèrent/ne soient pas d'accord** » : voir la phrase 4 de l'Exercice lacunaire. **(5)** « **apprennent** » : whatever est suivi du subjonctif. **(6)** « **aide** » : subject + be likely est suivi de l'infinitif. L'équivalent it is likely est suivi de will + V. **(7)** « **continuent** » : voir les phrases 9 et 10 de l'Exercice lacunaire, la phrase 4 des Phrases de thème et le (1) de la Version. **(8)** « **soyons/être** » : préposition, without est suivi du gérondif. **(9)** « **puisse tenir/tienne** » : l'anglais choisit l'indicatif car the car-sized engine can hold out too long = sure/not sure. **(10)** « **livre/offre/fasse** » : to count on s.o. + to + V, peut se reformuler par hope it (will) + V.

4. Thème suivi

After several months in a confined space, the ISS occupants are set **to stretch (1)** their legs a bit. Indeed, they're expected to **install (2)** a truss bridge to help the team taking over from them (to) get to the station – so that the personnel operating from Earth **can prepare (3)** the relief the best they can. Of course, such operations are costly, but there's no question of anyone **giving up (4)** the idea of conquering space – should it mean [even if it means] cooperating with competitors, if need **be (5)** [if necessary].

As for the Europeans, it is most important that ArianeEspace **finalise (6)** its new launcher by 2020. (Or) else, **come what may (7)!** But, what with the Chinese who wish **to colonise (8)** the Moon as soon as possible, Richard Branson, a European pioneer in space travel, doesn't think **it fit (9)** [wise] to keep cutting budgets and staff. Let's hope we all **get (10)** a share of the lunar landscape.

(1) To be set to est une expression de visée suivie de to + V. **(2)** Voir cas précédent. **(3)** Voir la phrase 5 des Phrases de thème. **(4)** Le gérondif suit la préposition **of**. **(5)** Expression idiomatique, proche de should you need, should there be need. **(6)** Voir les phrases 9 et 10 de l'Exercice lacunaire, la phrase 4 des Phrases de thème et les (1) et (7) de la Version. **(7)** Voir la phrase 7 des Phrases de thème ; **what** modifie la syntaxe. **(8)** Wish se construit comme want – ici, le passif est peu naturel. **(9)** I think/don't think est suivi de l'indicatif. Comme souvent, **be** disparaît, d'où l'ellipse. **(10)** Voir le (10) de la Version.

RÉUSSIR LE THÈME : MINES-PONTS, AGRO-VÉTO

Présentation de l'épreuve

1. Mines-Ponts

Le thème journalistique ou littéraire constitue un des deux exercices de l'épreuve d'admissibilité, l'autre partie étant constituée de deux questions d'expression écrite en lien avec un article de presse. Il est précisé dans le rapport du jury 2019 que le thème de Mines-Ponts « permet de vérifier que le candidat maîtrise les bases grammaticales, syntaxiques et lexicales et est capable de produire un texte intelligible complet dans la langue cible sans déformer ou interpréter le texte de départ. » Cet exercice compte pour 8 points sur 20.

2. Agro-Véto

Le thème d'Agro-Véto est exclusivement journalistique. L'épreuve de thème est assortie de deux questions d'expression écrite qui font suite et sont étroitement liées à un article de presse. On pouvait lire dans le rapport du jury 2019 que l'épreuve comporte, entre autres, « un thème journalistique de 150 mots permettant de tester les connaissances linguistiques des candidats (lexique et structures grammaticales) et leur capacité à passer d'un système linguistique à un autre. » Cet exercice compte pour 6 points sur 20.

Sujet traité (Mines-Ponts 2019 : thème journalistique)

L'hypothèse extraterrestre ne fait décidément pas l'unanimité. Oumuamua, un bolide[1] en forme de cigare repéré en 2017 pendant sa traversée du système solaire, pourrait avoir été envoyé par des extraterrestres, ont suggéré deux chercheurs d'Harvard dans un article savant. Ils ont été vivement critiqués par la communauté scientifique.

Oumuamua a été repéré à l'automne 2017 par le télescope Pan-STARRS1 à Hawaï, d'où son nom, qui signifie « messager » en Hawaïen. Il mesure environ 400 m de longueur et 40 m de largeur, et a été traqué par plusieurs télescopes, en sa qualité de premier objet détecté venant d'un autre système stellaire. Après avoir été qualifiée d'astéroïde, une équipe de l'Agence spatiale européenne a estimé en juin qu'il s'agissait plus probablement d'une comète.

Un « scénario exotique », selon les propres mots des auteurs du nouvel article, serait que « Oumuamua pourrait être une sonde totalement opérationnelle envoyée volontairement près de la Terre par une civilisation extraterrestre ». L'idée a rapidement enflammé Twitter et la communauté scientifique.

20 Minutes Tech, le 8 novembre 2018

1. Aide à la traduction : bolide = fireball

Corrigé du sujet

Obviously the terrestrial hypothesis is not unanimously approved/ supported [is not unanimous] [has not received unanimous support]. Oumuamua, a cigar-shaped fireball [that was] spotted [noticed] [observed] while [whilst] crossing [as it crossed] the solar system, could [may well] have been sent by extraterrestrials, two Harvard researchers [have suggested] suggested [..., a possibility raised by two Harvard researchers] in an academic article [in a scholarly paper]. They have been [were] harshly criticized by the scientific community.

Oumuamua was spotted by the Pan-STARR1 telescope in Hawaii in the fall of 2017, hence its name, which means "messenger" in Hawaiian. It is about [approximately] 400 meters long and 40 wide, and has been [was] tracked by several telescopes as the first detected object from another star system. After being called [After having been called] [After it was called] an asteroid, last June, a team of researchers from the European Spatial Agency considered [reckoned] it to be most probably a comet.

An "exotic scenario", in the very words of the writers [in the own words of the writers] of the new [latest] study, is that "Oumuamua may be a fully operational probe sent intentionally to Earth('s) vicinity by an alien civilization." The [That] [This] idea [has] rapidly inflamed both Twitter and the scientific community.

Vocabulaire de la proposition de corrigé

Le vocabulaire scientifique

une hypothèse : a hypothe<u>sis</u>. (*pluriel* : hypothe<u>ses</u>)/haɪˈpɒθəsɪs/

le système solaire : the solar system

un extraterrestre : an extraterrestrial, an alien

un chercheur : a researcher

faire des recherches sur … : to do (some) research / to carry out research into …

un travail de recherche : a piece of research

un article savant : an academic paper, a scholarly article

la communauté scientifique : the scientific community

un télescope : a telescope

mesurer 400 mètres de longueur et 40 mètres de largeur : to be 400 metres long and 40 (metres) wide

une route de 400 mètres de long : a 400-met<u>re</u> [a 400-met<u>re</u> long] road. A noter : 400-metre a une valeur adjectivale. Il ne prend donc pas de « s »

la longueur de … : the length of …

la largeur de … : the width of …

venir d'un autre système stellaire : to be / to come from another star system [stellar system]

une équipe : a team

un équipier : a team member

une équipe de chercheurs : a research team / a team of researchers

travailler en équipe(s) : to work in teams / to work as a team

faire équipe avec … : to team up with …

une comète : a comet

une sonde : a probe

sonder : to bore / to drill (pour un terrain) ; to probe (pour un bagage, un éboulis, une avalanche, une plaie) ; to fathom (pour les profondeurs, un mystère, un individu pour mieux le comprendre)

Autre vocabulaire

faire l'unanimité : to be approved unanimously / to receive unanimous support

il fait l'unanimité : everybody approves of him / there is a general agreement about him

être repéré : to be observed / to be spotted / to be located / to be pinpointed (quand il s'agit de repérer la position exacte de quelque chose ou de quelqu'un)/to be detected

l'automne : fall (US)/autumn (UK)

en automne : in (the) autumn / in the fall

à l'automne 2017 : in (the) autumn 2017 / in the autumn of 2017/ in the fall (of) 2017
d'où son nom : hence its [the] name
quelques emplois de hence :
• The museum burnt down, **and hence** so many precious paintings. (… *et par conséquent* …)
• This new method will be available **a few years hence**. (… d'ici quelques années.)
en sa qualité de premier objet : as the first object
en tant de président de la commission d'enquête : as the chairman of the commission of enquiry
être traité de … : to be qualified **as** … / to be called a (+ nom)
être traité de lâche : to be called me a coward
selon les propres mots des auteurs : in the **very** words of the writers (selon les mots **mêmes** des auteurs) / in the **own** words of the writers (selon les **propres** mots des auteurs)
le jour *même* de la sortie du film : on the **very** day of the film's release
envoyé près de la Terre : sent to Earth vicinity / Earth's vicinity
dans les environs : in the vicinity
aux abords de Londres : in the vicinity of London
Paris et ses environs : Paris and its vicinities

Grammaire et choix de traduction

Les temps

L'hypothèse extraterrestre ne fait décidément pas l'unanimité : vérité générale exprimée en français par le présent de l'indicatif. La même idée sera exprimée en anglais par le simple present.

Pour les autres verbes de l'extrait, la difficulté consistera à repérer ce qui dans le contexte vous conduira à choisir **soit le prétérit simple** (simple past) **soit le present perfect** (present have –en). Seuls les verbes évoquant, sans commentaire, des actions appartenant clairement au révolu, au passé **daté** (explicitement ou non) seront conjugués au prétérit simple. En revanche, lorsqu'il vous semble que le verbe exprime un bilan, dans le présent, d'une action qui a eu lieu antérieurement, vous serez autorisé à utiliser le present perfect. Enfin, dans certains cas, plus délicats, où il sera difficile de comprendre s'il s'agit d'un simple renvoi au passé ou d'un bilan dans le présent d'une action passée, vous pourrez utiliser **le prétérit simple ou le present perfect**.

Ont suggéré deux chercheurs d'Harvard dans un article savant : on peut opter soit pour un **prétérit simple** (suggested) car l'article savant en question a été nécessairement écrit avant la publication de ce texte de presse. En revanche, il n'y a pas de date : l'intention est peut-être de faire le bilan de la recherche dans le présent, d'où la possibilité d'utiliser le **present perfect** : have suggested.

Mêmes cas de figure quelques lignes plus bas :

- ils **ont été** vivement **critiqués** par la communauté scientifique : They were/have been harshly criticized… ;
- **a été traqué** par plusieurs télescopes : has been/was tracked ;
- l'idée **a** rapidement **enflammé** Twitter : inflamed/has inflamed.

Cependant, dans les cas suivants, le renvoi factuel au révolu est explicite (notez la présence de compléments circonstanciels qui ancrent ouvertement l'action dans le passé : « à l'automne 2017 », « en juin »). Ces verbes doivent être conjugués au prétérit simple :

- Oumuamua **a été repéré** à l'automne 2017 : Oumuamua **was** spotted.
- une équipe de l'Agence spatiale européenne **a estimé** en juin : a team ... **considered/ reckoned**.

La modalité

(Un bolide) **pourrait avoir été envoyé** par des extraterrestres.

Les repérages

Le conditionnel « pourrait » exprime une hypothèse. L'énonciateur calcule les chances pour que des extraterrestres aient envoyé ce « bolide ». Nous sommes dans le domaine du possible (assorti d'une nuance de doute), du **simplement envisageable**. Les modaux may (ou may well), might et could peuvent véhiculer cet effet de sens.

Cependant, l'énonciateur envisage une action **qui a eu lieu** (car le bolide a bien été *envoyé*... sans que l'on sache par qui !). De ce fait, il faut utiliser la structure suivante : modal + have + participe passé du verbe (à la voix passive ici) → **may well have been sent**. Attention, *may well be sent n'est pas possible. Cette dernière structure sous-entend que le bolide pourrait (encore) être envoyé. C'est en revanche l'idée véhiculée un peu plus bas dans l'extrait : Oumuamua **pourrait être** une sonde : même hypothèse que dans l'exemple précédent à ceci près que dans ce cas présent l'hypothèse porte sur une option (encore) envisageable → Oumuamua **could be/ may be/ may well be** a probe.

La voix passive

Un bolide en forme de cigare **repéré** en 2017 : a fireball **(that was) spotted** in 2017 **pourrait avoir été envoyé par** ... : may well **have been sent by** ... (by introduit ce que les grammairiens appellent un complément d'agent : l'agent de l'action est placé en fin d'énoncé, peut-être pour créer un effet de surprise. Dans d'autres cas, on peut penser que l'agent est relégué en fin d'énoncé car il constitue une information évidente ou de peu d'intérêt) :

Ils **ont été** vivement **critiqués par** ... : They **have been/were** harshly **criticized by** ...

Oumuamua **a été repéré** à l'automne 2017 **par** ... : Oumuamua **was spotted** ... **by**

et **a été traqué par** ... : and **has been/was tracked** by ...

Après **avoir été qualifié** d'astéroide : After **being called**/After **it was called** an asteroid

(une sonde) **envoyée** volontairement près de la Terre **par** ... : (a probe) [that **was**] **sent** intentionally **by** ...

L'impossible *calque* du texte de départ

Cinq segments devaient attirer l'attention du candidat :

- **ne fait décidément pas l'unanimité** : le nom unanimité est rarement calquable. Pensez à changer de catégorie grammaticale. Le nom unanimité peut devenir un adjectif (unanimous → *to receive unanimous support*) ou un adverbe (unanimously → to be approved unanimously) : leur manipulation dans la phrase est certainement plus aisée que celle du nom : l'anglais, contrairement au français, n'est pas une langue nominale;

Réussir le thème

- **un bolide en forme de cigare** : si in the shape of a cigar est envisageable, la transformation du complément du nom « en forme de cigare » en adjectif composé est plus idiomatique : a cigar-shaped fireball (sur le modèle connu de tous de a blue-eyed boy) ;
- **pendant sa traversée du système solaire** : les candidats ont certainement hésité un long moment avant de traduire ce segment. Comment traduire le nom commun traversée ? Comme mentionné plus haut, l'anglais n'est pas une langue nominale. En revanche, elle est verbale : ... while [whilst] crossing [while it crossed] the solar system ;
- **Oumuamua a été repéré à l'automne 2017 par le télescope Pan-STARRS1 à Hawaï** : le traducteur doit sans cesse se demander s'il peut calquer la syntaxe du français. L'anglais a tendance à ordonner les compléments tel que le français ne le fait pas. Ainsi, préférez toujours le schéma syntaxique suivant : **S**ujet + **V**erbe + complément d'**O**bjet + complément (de manière, d'agent, **M**odalité appréciative) et/ou complément circonstanciel de **L**ieu et/ou complément circonstanciel de **T**emps ou « SVO-M-L-T ».

  Oumuamua was spotted by the Pan-STARR1 telescope / in Hawaii / in the fall of 2017.

  complément d'agent CCL CCT
- **une sonde totalement opérationnelle** : « totalement opérationnelle » est un groupe adjectival épithète. De ce fait, le calque est impossible. Les adjectifs épithètes se positionnent avant le nom (sauf dans de rare cas) : a **fully operational** probe.

Sujet traité (Agro-Véto 2019 : thème journalistique)

Ce n'est pas la taille qui compte, c'est le poids. En tout cas, dans l'élevage. Mesurant 1,94 m et pesant 1,4 tonne, Knickers, âgé de 7 ans, détient le titre officieux de plus gros bovin d'Australie. Depuis quelques jours, ce bœuf aux proportions monstrueuses, photographié aux côtés de bovins de petite taille, suscite des commentaires interloqués sur les réseaux sociaux et passionne la presse anglophone.

Geoff Pearson, son propriétaire, à Myalup, sur la côte ouest de l'Australie occidentale, non loin de Perth, explique que la taille de Knickers – due à son âge, pas à l'injection d'hormones – lui a épargné le couteau du boucher. L'éleveur, à la tête de milliers de têtes de bétail, ne verse en effet pas dans le sentimentalisme.

Comme il l'a raconté au *Guardian*, l'animal a failli partir à l'abattoir... qui l'a refusé : il n'entrait pas dans la chaîne d'abattage, sa carcasse aurait trainé par terre et la viande aurait été contaminée. « *Il est devenu trop gros.* [...] *Je crois qu'il va finir ses jours ici.* »

Le Monde, 29 novembre 2018

Corrigé du sujet

It is not size that matters, it is weight, at least (it is) in the livestock industry [sector]. Seven-year-old Knickers, which is 1.94 meter tall and weighs 1.4 tons, holds the unofficial title of Australia's biggest bovine. For a few days [Over the last few days], this steer of [with] monstrous proportions, photographed next to small-sized bovines, has solicited many nonplussed comments on [the] social networks and has aroused great enthusiasm in the anglophone [English-language] press.

Geoff Pearson, its owner, who lives in Myalup, located on the coast in the West region of Western Australia, near Perth, explains that Knickers'(s) size – which is due to its age and not to hormone injections – saved it from the butcher's knife [from the slaughterhouse]. The breeder, who owns [has] thousands of head of cattle [head of livestock], is not prone to sentimentalism indeed [is not one to get sentimental indeed].

As he said to *The Guardian*, the animal came close to being sent to a slaughterhouse [almost ended up in a slaughterhouse], ... which [eventually] rejected it because it did not fit into the slaughter line; its carcass would inevitably have touched the ground and the meat would have been contaminated [would have ended up contaminated]. "It's become too big. [...] I believe it'll end its life here."

Vocabulaire de la proposition de corrigé

Le vocabulaire de la vie à la ferme

l'élevage : the livestock industry / sector ; cattle breeding / cattle rearing
faire de l'élevage : to breed / rear cattle
l'élevage des abeilles : beekeeping
l'élevage intensif (de volaille) : intensive farming (of poultry)
le saumon d'élevage : farmed salmon
un bœuf : an ox (bête), a bullock, a steer (US), beef (viande)
un bœuf de boucherie : beef cattle
un veau : a calf
une génisse : a heifer /'hefər/
bovin (nom et adjectif) : bovine
les bovins : cattle
porcin : porcine (adjectif); piglike (fig.)
les porcins : pigs
ovin : sheep (adjectif, épithète) ; ovine
les ovins : sheep
caprin : goat (adjectif, épithète) ; caprine
les caprins : goats
les équidés : equines
un éleveur (de bétail) : cattle breeder, cattle rearer
un éleveur de chevaux : a horse breeder
un éleveur de volailles : a poultry farmer
quelques têtes de bétail : some head of cattle/ head of livestock
de la viande : some meat
viande rouge/blanche : red/white meat
viande de boucherie : butcher's meat
viande hâchée : minced meat/mince (UK), ground meat, hamburger (US)
viande de porc : pork
viande de mouton : mutton
viande de veau : veal
viande grasse : fatty meat
un abattoir : a slaughterhouse, an abattoir
abattage (d'animaux) : slaughter, slaughtering

Autre vocabulaire

détenir un titre : to hold a title
être titulaire d'un grade : to hold a rank
depuis quelques jours : for a few days (now); over the last [past] few days; during the past [last] few days
être interloqué : to be nonplussed, stunned, dumbfounded, confounded, astounded, taken aback, amazed
passionner : to arouse great enthusiasm, to fascinate, to grip (someone), to be a passion with (someone)
être passionné, exalté : to be impassioned
une personne passionnée : a passionate person
être passionné de biologie : to have a passion for biology
anglophone (nom et adjectif) : anglophone
la presse anglophone : the anglophone press; the English-language press
un pays anglophone : an English-speaking country
dû(e) à : due to; owing to; on account of; because of
ne verse pas dans le sentimentalisme : is not prone to sentimentalism ; is not one to get sentimental; is not given to sentimentalism

il a failli partir à … : it almost left to/ it was almost sent to…; it came close to leaving [to being sent] to …; it very nearly left to …
n'entrait pas dans la chaîne d'abattage : did not fit into the slaughter line (the slaughter chain)
bien s'entendre avec … : to fit in well with
avoir du mal à s'intégrer : to have problems fitting in
ça ne pas correspond à … : it doesn't fit in with…
la salle est trop petite ; on ne va pas tous tenir : the room is too small; we won't all fit in
la clé ne rentre pas dans la serrure : the key doesn't fit into the keyhole

Grammaire et choix de traduction

Les temps

Ce n'**est** pas la taille qui … / **détient** le titre …/ **explique** que la taille …/ ne **verse** pas dans … : le présent de l'indicatif exprime des vérités générales au même titre que le simple present en anglais.

Depuis quelques jours, ce bœuf … **suscite** … et **passionne** : over the last few days, this steer … **has solicited** … and **has aroused** … : le choix du temps est déterminé par la présence du complément circonstanciel « depuis quelques jours ». Les « actions » susciter et passionner, enclenchées dans le passé, sont encore en cours ou « vraies » au moment où le journaliste écrit. L'aspect have-en est donc obligatoire : le français ne peut être calqué.

Comme il l'**a raconté** au Guardian, l'animal **a failli** partir à l'abattoir … qui l'**a refusé** : il n'**entrait** pas dans … : il est pertinent de conjuguer ces quatre verbes au prétérit dans la traduction. L'énonciateur renvoie au révolu, au passé (« daté » implicitement) dans ce récit neutre de simples faits, sans s'intéresser à leur conséquence dans le présent → as he **explained** …, the animal **came** close to …, which **rejected** it : it **did not fit** into …

Sa carcasse **aurait trainé** par terre et la viande **aurait été contaminée** : les verbes « traîner » et « contaminer » (ce dernier est à la voix passive) sont conjugués au conditionnel passé. En anglais, le conditionnel passé est exprimé par le modal would suivi de l'infinitif passé, soit have + participe passé. Il a ici valeur d'hypothèse passée → its carcass **would have touched** the ground and the meat **would have been contaminated**.

L'impossible *calque* du texte de départ

L'article à traduire ne comporte pas de difficultés de traduction particulières, hormis les habituelles difficultés lexicales et celles relevant du choix du temps grammatical approprié. Du point de vue syntaxique, nous avons choisi d'étoffer quelques segments en ayant recours à la subordination :

- **mesurant 1,94 m et pesant 1,4 tonne, Knickers, âgé de 7 ans … :** Seven-year-old Knickers, **which** is 1.94 meter tall and weighs 1.4 tons … ;
- **Geoff Pearson, son propriétaire, à Myalup … :** Geoff Pearson, its owner, **who** lives in Myalup … ;
- **la taille de Knickers – due à son âge :** Knickers'(s) size – **which** is due to its age.

L'étoffement par la subordination peut être un choix raisonnable, qui, par ailleurs, aurait pu être fait par le journaliste français. Les deux langues, le français et l'anglais, recourent à la subordination à l'identique. Vous verrez dans le tableau ci-dessous quels choix syntaxiques sont les plus fréquents dans une langue comme dans l'autre. La subordination est un choix syntaxique commun aux deux langues.

	Anglais	Français
Choix 1	**La coordination :** He came in **and** closed the door behind him, **and** blurted out "Hi!".	**La juxtaposition :** Il est entré, a fermé la porte derrière lui, a lancé un « Salut ! ».
Choix 2	**La subordination**	**La subordination**
Choix 3	**La juxtaposition :** Rare en anglais.	**La coordination :** Le français utilise rarement plusieurs conjonctions de coordination dans un même énoncé.

Sujet traité (Mines-Ponts 2018 : thème littéraire)

Il s'empara du téléphone et commença une série d'appels destinés à des gens dont j'ignorais l'identité. Tout en buvant mon café noir, je décidai de me passer de son approbation et de continuer à aller sur la plage pour profiter au mieux de cette parenthèse. Nager longtemps dans une mer pure et fraîche apaisa momentanément mes craintes. Je remontai à la maison à l'heure du déjeuner et les retrouvai à l'ombre, sur la terrasse. Ils avaient l'air tous les quatre de tenir un conseil de guerre. Quand je le leur dis, Jean-Luc me lança un regard noir.

— C'est pas le moment de plaisanter, dit-il. Cournot me sourit gentiment. Rosier et Bambam me firent un résumé de leurs démarches matinales. Ils étaient allés voir le chauffeur de taxi attitré d'Hélène Lazareff, Émile, qui se disait prêt à nous conduire jusqu'à Paris s'il se procurait suffisamment d'essence. Selon lui, c'était possible mais pas avant deux, trois jours. Jean-Luc en fulminait d'impatience.

Un an après, Anne Wiazemsky, 2015

Proposition du corrigé simple, sans commentaires

He grabbed the phone and (he) started making a series of calls to people whose identities I knew nothing of [of whose identities I knew nothing]. Whilst [While] having [drinking] my (cup of) black coffee, I made up my mind to do without his approval and to continue to go to the beach in order to make the most of this parenthesis [this break] [this temporary situation]. Swimming for long in cool and clean seawater soothed my fears for a moment [momentarily alleviated my fears]. I walked back up to the house at lunchtime [lunch time] and found them sitting on the terrace, in the shade. All four of them looked as if they were holding [had been holding] a war council. When I told them about that [about it], Jean-Luc glared at me.

— This really isn't the time to make silly jokes, he said. Cournot smiled at me kindly. Rosier and Bamban gave me a quick rundown on their morning initiatives [activities]. They had visited [had paid a call on] Émile, Hélène Lazareff's regular taxi driver, who had said he was ready [he was willing] to drive us to Paris if he could get enough [sufficient] petrol [gas]. He believed there was a possibility of that [In his view, it was possible to get some] but only in a couple of days [but not until two or three days had elapsed]. Jean-Luc was just ranting [boiling] with impatience.

RÉUSSIR L'EXPRESSION ÉCRITE : MINES-PONTS, AGRO-VÉTO, BANQUE PT

Présentation de l'épreuve

	Première partie de l'épreuve	Seconde partie de l'épreuve	
Mines-Ponts (filières MP-PC, PSI) Durée : 1 h 30	Thème journalistique ou littéraire – noté sur 8 points	Question de compréhension – réponse en 80 mots (± 10 %) – notée sur 4 points	Essai – réponse en 180 mots (± 10 %) – notée sur 8 points
Agro-Véto (filière A-BCPST et A-TB) Durée : 2 h	Thème journalistique – noté sur 6 points	Question de compréhension – réponse en 100 mots (± 10 %) – notée sur 6 points	Essai – réponse en 200 mots (± 10 %) – notée sur 8 points
Banque PT (LVB) Durée : 3 h	Contraction croisée (texte en français à contracter en anglais)	Essai en 200 à 220 mots	

1. Mines-Ponts et Agro-Véto

L'expression écrite constitue la seconde partie de l'épreuve. À partir d'un article de presse, le candidat doit répondre à une question de compréhension puis rédiger un essai dont le sujet portera sur la thématique de l'article.

2. Banque PT

L'expression écrite consiste en la rédaction d'un essai en rapport avec le sujet abordé dans le texte en français à contracter en anglais, en première partie d'épreuve.

Conseils méthodologiques

1. La question de compréhension (Mines-Ponts et Agro-Véto)

1. Vous devez commencer par cibler toutes les informations de l'article vous permettant de répondre à la question posée. En effet, la réponse à la question doit être exhaustive : tous les éléments de réponse doivent y figurer.

2. Il s'agit d'un exercice de reformulation : vous ne devez donc en aucun cas citer le texte, même entre guillemets. Mais il va de soi que vous pourrez, et même devrez, en conserver les mots clés.

3. Il n'est pas permis d'ajouter des informations non contenues dans l'article, ni d'interpréter son contenu.

4. La structure introduction-développement-conclusion n'est pas nécessaire pour la réponse à la question de compréhension.

5. La contrainte du nombre de mots est parfois telle qu'il faut vous efforcer de faire preuve de concision dans la réponse. Plus votre anglais sera riche, mieux vous réussirez à transmettre un message dans un nombre limité de mots. Privilégiez donc des mots à la charge sémantique forte et évitez les périphrases et autres béquilles qui n'apportent rien, du type according to the journalist, the journalist adds that, the journalist mentions that, we can say that, etc. Il est néanmoins vivement recommandé aux candidats d'essayer d'atteindre la limite haute de la fourchette de mots à disposition.

2. La question d'expression personnelle ou essai

Il s'agit ici de répondre à une question posée en proposant une analyse personnelle, ce qui ne signifie pas pour autant que vous deviez formuler un avis personnel ou votre opinion sur la question. On attend de vous que vous fassiez preuve d'un certain recul et abordiez les différents aspects de la question de manière nuancée, en montrant que vous évaluez ses tenants et ses aboutissants.

a. La structure

La structure introduction-développement-conclusion doit être apparente visuellement ; un alinéa doit ainsi apparaître à chaque début de paragraphe :

- L'introduction doit commencer par une phrase de contextualisation permettant de présenter le sujet. Vous devez vous efforcer de **répondre à la question posée**, et non à une autre question. En effet, certains candidats, désireux de reformuler le sujet, ne semblent pas se rendre compte qu'ils posent alors une question différente ou soulèvent un autre problème. Le nombre de mots imparti ne vous permet de toute façon pas de faire une introduction longue. Notez qu'il n'est pas attendu que vous annonciez un plan, le nombre restreint de mots imparti pour cet exercice ne le permettant pas.
- Le développement doit être dynamique. Il faut ainsi que vous détailliez au moins deux idées complémentaires ou opposées. Cette partie doit comporter autant de paragraphes que d'idées développées.
- La conclusion ne doit en aucun cas récapituler les différents points abordés dans le développement. Vous devez proposer une réponse à la problématique posée et, éventuellement, une ouverture qui ne doit néanmoins pas être artificielle.

Votre production doit être équilibrée : l'introduction et la conclusion ne doivent pas être démesurément longues. Une ou deux phrases devraient suffire pour chacune d'elles.

b. Les exemples

Il est absolument obligatoire de fournir des exemples concrets lorsque vous avancez un argument, en prenant soin d'éviter les lieux communs et donc les exemples trop simplistes. En effet, vous devez à tout prix proscrire les réponses purement abstraites que l'on ne peut rattacher à aucune réalité identifiable dans le monde actuel. Lorsque vous énoncez une idée, vous devez être en mesure de proposer un fait pertinent vous permettant de l'illustrer. Ces exemples seront d'autant plus faciles à trouver que vous lirez la presse avec assiduité !

Le correcteur appréciera que les exemples soient puisés, dans la mesure du possible, dans l'actualité du monde anglophone.

c. Le niveau de langue et la concision

Comme pour la question de compréhension, là encore, un anglais correct, riche et varié vous permettra de vous exprimer de manière claire et concise. Bien que la qualité de la langue ne suffise pas à obtenir une bonne note à cette épreuve, c'est un critère fondamental. Vous devez essayer de faire la différence en optant pour des expressions idiomatiques et en évitant celles qui sont trop communes et dont le jury se lasse (to put it in a nutshell, last but not least, etc.).

De la même manière, nous vous déconseillons d'abuser d'expressions du type in my opinion, I think that, etc., en essayant le plus possible de présenter les faits de façon neutre. Ces expressions peuvent en revanche figurer dans la conclusion, où la formulation d'un avis plus personnel est acceptable.

Sujet traité (Mines-Ponts 2015)

A suburban world

Popular culture and the media convey misconceptions about American suburbs, which is responsible for their poor reputation.

In the West, suburbs could hardly be less fashionable. Singers and film-makers ridicule them as the haunts of bored teenagers and desperate housewives. Ferguson, Missouri, torched by its residents following the police shooting of an unarmed black teenager, epitomizes the failure of many American suburbs.

Suburbs are not the den of racist residents some people often think it is, as it is mass affluence and a desire for more space and privacy that led them to leave for the suburbs.

Until a decade or two ago, the centres of many American cities were emptying while their edges were spreading. This was not for the reasons commonly given. Neither the car nor the motorway caused urban sprawl, though they sped it up: cities were spreading before either came along. Nor was the flight to the suburbs caused by racism. Whites fled inner-city neighbourhoods that were becoming black, but they also fled ones that were not. The real cause was mass affluence. As people grew richer, they demanded more privacy and space. Only a few could afford that in city centres, so the rest moved out.

The planet as a whole is fast becoming suburban. In the emerging world almost every metropolis is growing faster in size than in population. This is welcome, given the squalor and lack of privacy in overcrowded cities like Kinshasa or Mumbai. Many of them are far too dense for dignified living and need to spread out.

Contrary to what critics argue, suburban areas are home to residents from various ethnic backgrounds and are not as much plagued by crime and poverty as city centres.

The suburbs to which so many aspire are healthier than their detractors say. No longer white monocultures, there are many American suburbs that have quietly become Black, Hispanic or Asian, or a blend of everyone. America's suburbs are half as criminal and a little more than half as poor as central cities.

But the West has also made mistakes, from which the rest of the world can learn. The first lesson is that suburban sprawl imposes costs on everyone. Suburbanites tend to use more roads and consume more carbon than urbanites. But this damage can be alleviated by encouraging public transport.

Although suburban sprawl has surely been detrimental to the environment and triggered extra costs for commuters, resorting to an efficient public transportation network has proven key to solving the issue.

The second is that it is foolish to try to stop the spread of suburbs. Green belts push up property prices and encourage long-distance commuting. The cost of living in London is astronomical, reflecting not just the city's strong economy but also the impossibility of building on the surrounding green land. A wiser policy would be to plan for expansion, acquiring some land for roads and railways and some areas for parks before the city sprawls on to them.

Adapted from *The Economist*, 6th December, 2014

a. According to the article, why is the negative image of suburbs unjustified? Answer the question in your own words. 80 words (± 10%)

b. In your opinion, what are the factors that contribute to the quality of life in an urban environment? Illustrate your answer with relevant examples. 180 words (± 10%)

Corrigé du sujet

a. Question de compréhension

▶ **Quelques conseils :**

- Comme indiqué dans les conseils méthodologiques, il s'agit de repérer les **éléments répondant à la question** et de les **reformuler**, en évitant la paraphrase. Celle-ci ne permet en effet pas de faire ressortir les enjeux du texte.
- Vous ne devez pas non plus restituer de détails car ils vous empêchent d'aller à l'essentiel : n'oubliez pas que la réponse doit tenir en 72 à 88 mots (type Mines-Ponts) ! Nous vous proposons ces éléments de réponse dans les encadrés à droite du texte d'énoncé.

▶ **Voici une proposition de réponse rédigée :**

The undeserved, poor reputation of suburbs results from several misconceptions conveyed by popular culture. It is commonly believed that suburbs are stifling, all-white areas while they are ethnically diverse and inclusive. Besides, American suburbanites seem to be less affected by violence and misery than some poverty-stricken residents of crime-ridden centres. Suburbs are mistakenly viewed as hotbeds of racism. Indeed, residents fled cities only because they yearned for more space and intimacy. Although suburban sprawl is held accountable for environmental damage, it can boost the development of public transport.

(88 words)

Vocabulaire de la proposition de corrigé

undeserved : non mérité (= uncalled for : injustifié)
stifling : étouffant
inclusive : ouvert, accueillant
poverty-stricken : en proie à la pauvreté
crime-ridden (always before noun) : où sévit le crime
mistakenly : à tort
a hotbed of : un foyer de (fig.)
to yearn for sth : désirer ardemment qqch
suburban sprawl (also urban sprawl) : l'étalement urban, l'expansion urbaine

b. Question d'expression personnelle ou essai

▶ Quelques conseils :

- Après avoir **délimité le sujet**, faites au brouillon **la liste des idées** qui vous viennent à l'esprit : ici, il s'agit de se concentrer sur les aires urbaines et d'identifier les différents éléments qui jouent un rôle positif dans la qualité de vie des citadins. Mais, **attention**, veillez à éviter le catalogue d'éléments disparates !
- N'oubliez pas de fournir des **exemples concrets** : en effet, trop de copies ont recours à des exemples fictifs, ce que le jury déplore dans les rapports. Vous devez également proposer des arguments-exemples, le nombre de mots imparti ne permettant pas de développer des exemples précis à chaque fois.

▶ Voici une proposition de corrigé commenté :

Contextualisation: the first sentence introduces the wider topic. Then, the essay topic is mentioned.

As the world's population living in urban areas is expected to increase to 66% by 2050, it is worth wondering what makes the urban lifestyle so appealing. What contributes to the quality of life in an urban environment?

1st argument : convenience. Proximity and a well-thought out transportation network allow city-dwellers to save time.
2nd argument : green spaces offer the opportunity to be in contact with nature and get away from city nuisances.

What urbanites often praise is how convenient city life can be: all sorts of services are easy to find and if they are not within walking distance, city-dwellers can rely on well thought-out transportation networks to get anywhere in no time. Access to green spaces is also paramount: Central Park, nicknamed the "lungs" of New York City, provides New Yorkers with a patch of greenery, connecting people with nature and giving them a reprieve from noise and pollution.

"But" introduces the second paragraph in which the stance is being qualified.
3rd argument: to enjoy what the city can offer, one must be in a rather comfortable financial situation. Several examples acting as arguments are put forward and point to the negative aspects associated with city life.

But enjoying the city to the fullest proves hard for those who struggle to make ends meet. Indeed, given property prices and the cost of consumer goods, life can be extremely expensive. Some Londoners are unable to afford decent housing or a transportation fare. Likewise, culture often remains the preserve of affluent residents and tourists.

Although the hustle and bustle of city life can appeal to many, having money will hep if you wish to make the most of what the city has to offer. (198 words)	*In the conclusion, the candidate is NOT expected to recapitulate all the arguments previously exposed in the development. If possible, the starting question must be answered: having enough money seems necessary to live a decent life in an urban environment.*

Sujet d'entraînement

N. B. : Les questions posées et les corrigés proposés correspondent au format Agro-Véto (filières A-BCPST ou TB) mais peuvent être adaptés à l'épreuve Mines-Ponts, la seule différence étant le nombre de mots inférieur requis dans les réponses).

Extinction Rebellion's tactics are working. It has pierced the bubble of denial

Extinction Rebellion is working. A YouGov poll last week showed that the protests by the direct action group, as well as those of millions of children led by Greta Thunberg, have sent public concern about the climate crisis to record levels.

Extinction Rebellion shouldn't have to exist. It only does because most of the media and the government have failed. Despite Nasa warning we faced global disaster as far back as 1988, the media has conveyed what Sir David Attenborough calls "our greatest threat in thousands of years" with a detachment that suggests it doesn't believe what it is saying. For years, it has told us the most you can do is recycle plastic and unplug your phone charger. But this hasn't worked. Last year global emissions were the highest on record. Meanwhile, the scientific warnings have become louder and louder. The world's leading climate scientist has urged parents to take to the streets.

Extinction Rebellion has pierced the bubble of denial. By giving talks to local communities across the country, it has humanised this crisis. Instead of flatly explaining that sea levels will rise, diseases will spread and crops will fail, it has made it clear this is about our children and us. It has expressed grief for our kids, for wildlife, for nature and fear at the degrading of the systems that keep us alive. Paradoxically, by stating the terrible truth, it has created authentic hope for the first time.

With that knowledge, thousands have stepped forward and taken to the streets to cause the peaceful disruption that seems the only way to get the media to focus on a story that should have led the news from the moment they knew the facts until this nightmare is solved. The battle is not yet won. Two weeks ago, when more than a million school kids protested for their lives, the BBC News website gave greater priority to a story about the dangers of dog leads. It seems that the terrifying reality of what we are facing has not yet hit home. There are still too many people in positions of power who believe that if they state that the situation is not dire then that makes it so. These people cannot see that the disruption we face now is nothing compared with the coming fury from a nation of parents realising that the science means that, if the worst-case scenario comes to pass, their children may not live past middle age.

This week Penguin publishes the group's first book, *This Is Not a Drill*. The Penguin logo on the cover is dead and horizontal. It's not Extinction Rebellion or Greta Thunberg it wants us to listen to: it's the scientists who have been yelling at us for the last 30 years. If that message can hit home to people in positions of influence, then it may yet prove to be the movement that saved all of us from ourselves.

The Guardian, Monday 10 June 2019

Répondre en anglais aux questions ci-dessous :

1. According to this article, why is the Extinction Rebellion movement necessary and what has it achieved so far? **Answer the question in your own words. 100 words (± 10%)**

2. In your opinion, who should be held responsible for the current climate crisis? **Illustrate your answer with relevant examples. 200 words (± 10%)**

Proposition de corrigé avec expressions synonymiques et notes de vocabulaire

1. Question de compréhension

Extinction Rebellion is necessary to **compensate for**[1] the **tentative**[2] involvement of both the media and the government in the fight against global warming. Although scientists have **forecast**[3] an **upcoming environmental catastrophe**[4], **the former** have provided scarce coverage of the news while **the latter**[5] has been **reluctant**[6] to take significant steps.

The actions carried out by this activist movement have **raised people's awareness**[7] about the environmental crisis the world **is facing**[8]. It has consisted in meeting people locally to **warn**[9] them **that it would severely affect their children**[10]. All this **contributed to instilling**[11] an unprecedented feeling of hope among youngsters and their parents who have engaged in peaceful protests to **reverse the trend**[12].

(110 words)

1. Remplaçable par to make up for.
2. Timide, hésitant.
3. Prévoir, annoncer.
4. Remplaçable par an environmental disaster in the near future.
5. The former… the latter… : référence aux médias puis au gouvernement.
6. To be reluctant to do something : être reticent à faire quelque chose.
7. Remplaçable par to sensitize someone to something.
8. Remplaçable par is experiencing ou is going through.
9. Mettre en garde, prévenir.
10. Remplaçable par that their children would bear the brunt of climate change / deal with the consequences of the climate situation.
11. To contribute to V–ing : contribuer à.
12. Remplaçable par to turn the tide (= inverser la tendance).

2. Question d'expression personnelle (essai)

According to a study released in 2019, about 1300 climate change **lawsuits**[1] against corporations and governments have spread across 28 countries since 1990. But who is to blame for climate change costs and consequences?

The fossil fuel industry has obviously been severely criticized ever since climate scientists started **issuing**[2] warnings several decades ago. Chevron, Exxon, BP and Shell are among the most polluting corporations and have emitted more than 10% of the world's carbon dioxide since 1965.

Governments can be blamed for failing to take significant action to **address**[3] the crisis. The incentives that politicians have offered to companies to urge them to **green**[4] their businesses have been **scarce**[5]. Besides, climate change denier Donald Trump has **dealt severe blows**[6] to environmental regulations with the Paris Agreement pullout for instance[7].

But consumers must also **strive**[8] to cut back on driving **gas-guzzlers**[9] or flying. Consumerism – which is encouraged by the current economic system – tends to **entice**[10] people to buy **brand new**[11] products instead of re-using and recycling. Actually, all kinds of industrial activities may be criticized for the climate impact of production and packaging. As for services, Amazon's fast delivery causes awful environmental damage, for instance.

Fortunately, governments' inaction, which is overwhelmingly due to powerful lobbies, is being increasingly challenged by environmental activists and movements such as Greta Thunberg or Extinction Rebellion.

(220 words)

1. Un procès.
2. Émettre, publier.
3. S'occuper de, répondre à un problème.
4. To green a business : rendre son entreprise plus écologique.
5. Rare.
6. To deal blows to something / someone : porter des coups à quelque chose ou quelqu'un (sens figuré ou propre).
7. Autre exemple : The Environmental Protection Agency budget cuts.
8. To strive to BV : s'efforcer de faire quelque chose.
9. Un véhicule qui consomme énormément à to guzzle : engloutir.
10. To entice someone to BV : inciter quelqu'un à faire quelque chose.
11. Flambant neuf.

RÉUSSIR LA SYNTHÈSE DE DOCUMENTS

La méthode

Épreuve de prédilection des écoles depuis déjà quelques années pour certaines d'entre elles, on retrouve l'exercice de synthèse à Centrale, CCINP, e3a-Polytech (épreuve commune), X-ENS et dans la Banque PT. La démarche et les exigences sont identiques à quelques détails près.

	Durée de l'épreuve	Nombre de documents	Nombre de mots à rédiger
X-ENS	4 heures(1)	4 documents	de 600 à 675 mots
Centrale	4 heures	3 documents minimum	500 mots (± 10 %)
CCINP, e3a-Polytech	3 heures	3 documents minimum	400 mots (± 10 %)
Banque PT (LVA)	3 heures	5 documents	450-500 mots

(1) Cette épreuve dure 4 heures et comporte deux exercices : une synthèse de documents et un texte d'opinion, exercice que nous présenterons dans le chapitre suivant.

1. Présentation de l'épreuve

Les étudiants doivent rédiger en anglais une synthèse des documents proposés, eux aussi en anglais. Ils ont un thème commun, un axe directeur : vous devez en dégager la problématique (sous forme de question ouverte). Ce travail doit obligatoirement comporter un titre et respecter le nombre de mots ou la fourchette exigés (titre inclus).

2. Critères d'évaluation

Plusieurs éléments permettront au jury de vous évaluer :

- pertinence du titre et de l'axe directeur retenu ;
- restitution des éléments-clefs de **tous les documents du dossier** ;
- cohérence de l'argumentation ;
- richesse et correction linguistiques.

3. Conseils méthodologiques

▸ **Avant de lire le dossier**, n'oubliez pas que votre objectif est de repérer le problème soulevé « par une séquence de documents en raison de leurs convergences et de leurs divergences » (Centrale, rapport 2015). Ces documents forment une séquence **polysémique**.

▶ **Lisez les documents. Vous devez repérer :**

a. la nature de chaque document :
- documents **primaires** : article de presse, prose littéraire, texte polémique, etc., à résumer et analyser ;
- documents **secondaires** : publicité, graphique, photo, etc., à décrire et interpréter.

b. la **source** et la **date de publication** : la confrontation d'un point de vue américain et d'un point de vue britannique, un débat qui a évolué au fil du temps, entre deux époques, etc. ;

c. le **thème principal** et l'**axe directeur** du dossier, la « problématique » à laquelle chaque document devra contribuer à sa façon. Notez bien que vous ne vous intéresserez qu'aux faits évoqués et aux points de vue énoncés **sans jamais chercher à prendre position**.

▶ **Analysez les documents :** concentrez-vous d'abord sur chaque document. Si cette démarche peut vous aider, faites un tableau ou réservez une feuille vierge pour chaque document. **Adoptez la même démarche pour chacun d'entre eux** : **(1)** date, source, auteur et type de document, **(2)** problème général évoqué et **intention** de chaque auteur, **(3)** arguments [**a.** argument 1 (par exemple **politique**), **b.** argument 2 (par exemple **économique**), etc.], **(4)** contre-arguments (**a.** contre-argument 1, etc.), **(5)** solutions et perspectives, **(6)** etc. Dans ces « cases », ne vous contentez pas de recopier les documents, mais faites déjà un effort de **reformulation**. La tâche sera moins aisée pour les photographies, graphiques ou autres documents iconographiques, mais cherchez le moyen de les rattacher aux autres documents en leur appliquant les mêmes critères.

▶ **Confrontez les documents :** comparez les idées contenues dans chaque « rubrique » (par exemple, dans la rubrique (2), quel est « le problème général évoqué » dans chaque document ?) et voyez comment ces idées ou **points de vue** « se complètent, se renforcent, s'opposent, etc. » (Centrale, rapport 2015). En d'autres termes, déterminez comment les documents « dialoguent » **de manière explicite et implicite**. C'est d'ailleurs grâce à cette rubrique (2) que vous construirez votre problématique. **Attention, pour la Banque PT, l'axe directeur est donné aux candidats.**

▶ **Élaborez le plan de la synthèse :** les deux ou trois parties de votre plan (sortez de l'approche binaire, trop systématique) doivent dialoguer entre elles et ainsi **former une démonstration** guidée par la problématique. Ces parties peuvent **s'opposer** sur un mode dialectique [thèse (argument) / antithèse (contre-argument) / synthèse (résolution)] ou **s'enchaîner** harmonieusement [problème évoqué / causes / solutions (bien d'autres types d'enchaînement sont envisageables)].

▶ **Lancez-vous dans la rédaction :**

a. du titre : il est « informatif » (Centrale) ou « accrocheur » (e3a) et « fait partie intégrante de la problématisation du dossier » ; il doit cibler efficacement la synthèse ;

b. de l'introduction : elle ne doit contenir aucun élément extérieur au dossier ; avec finesse et efficacité, par une phrase d'accroche et sans long préambule, introduisez l'axe directeur du dossier (sans trop le délayer), les documents (que vous pouvez rapprocher en fonction du type de source ou de la date de publication) et votre plan ;

c. de la synthèse :
- chaque partie a une fonction bien définie et doit contenir un raisonnement clair,
- vous pouvez opter pour une subdivision de chaque partie en paragraphes, à des fins de clarté,
- idéalement, tous les documents devraient pouvoir figurer dans chaque partie,

- renvoyez explicitement aux auteurs et aux documents (en bannissant « doc. 1 » et les longues citations),
- croisez les documents au lieu de les résumer les uns après les autres, sans trop les fragmenter,
- ménagez, entre deux parties, une transition qui articule votre démonstration,
- faites en sorte que votre plan progresse de l'explicite vers l'implicite ;

d. de la conclusion : pour Centrale, « elle n'est pas obligatoire ». Réduisez-la à une ou deux phrases pour rappeler la problématique du dossier et répondre à la question posée en introduction. Pour e3a, elle doit être courte et efficace. Dans tous les cas, elle ne contient aucune opinion, aucun jugement personnel.

▶ **Relisez votre devoir attentivement et vérifiez :**

- que votre anglais est riche et correct (grammaire, orthographe, ponctuation, etc.) ;
- que tous les documents ont été exploités et que vous n'êtes pas resté à la surface de l'un ou de plusieurs d'entre eux ;
- que votre écriture est lisible et que la copie est propre ;
- que votre lecteur distinguera aisément les parties de votre devoir ;
- que vous avez indiqué le nombre de mots après le point final.

Sujet traité (concours Centrale-Supélec 2016)

Rédiger en anglais et en 500 mots une synthèse des documents proposés, qui devra obligatoirement comporter un titre. Indiquer avec précision, à la fin du travail, le nombre de mots utilisés (titre inclus), un écart de 10 % en plus ou en moins sera accepté.

Ce sujet propose les quatre documents suivants :

- la déclaration *Why photograph war?* de James Nachtwey, écrite en 1985 ;
- un billet du blog *Media Myth Alert* de W. Joseph Campbell, publié le 20 mai 2014 ;
- un article intitulé « Raw, Relevant History » de Victor Davis Hanson, paru dans le *New York Times* le 18 avril 1998 ;
- *History of the airplane*, un poème de Lawrence Ferlinghetti, écrit en réaction aux attentats du 11 septembre 2001 aux États-Unis.

L'ordre dans lequel se présentent les documents est aléatoire.

Nachtwey's credo

In 1985, shortly before becoming a member of the world famous photo agency Magnum, the then 36-year-old James Nachtwey wrote the following text, a credo about the relevance of his work as a war photographer.

Why photograph war?

There has always been war. War is raging throughout the world at the present moment. And there is little reason to believe that war will cease to exist in the future. As man has become increasingly civilized, his means of destroying his fellow man have become ever more efficient, cruel and devastating.

Is it possible to put an end to a form of human behavior which has existed throughout history by means of photography? The proportions of that notion seem ridiculously out of balance. Yet, that very idea has motivated me.

For me, the strength of photography lies in its ability to evoke a sense of humanity. If war is an attempt to negate humanity, then photography can be perceived as the opposite of war and if it is used well it can be a powerful ingredient in the antidote to war.

In a way, if an individual assumes the risk of placing himself in the middle of a war in order to communicate to the rest of the world what is happening, he is trying to negotiate for peace. Perhaps that is the reason why those in charge of perpetuating a war do not like to have photographers around.

It has occurred to me that if everyone could be there just once to see for themselves what white phosphorous does to the face of a child or what unspeakable pain is caused by the impact of a single bullet or how a jagged piece of shrapnel can rip someone's leg off – if everyone could be there to see for themselves the fear and the grief, just one time, then they would understand that nothing is worth letting things get to the point where that happens to even one person, let alone thousands.

But everyone cannot be there, and that is why photographers go there – to show them, to reach out and grab them and make them stop what they are doing and pay attention to what is going on – to create pictures powerful enough to overcome the diluting effects of the mass media and shake people out of their indifference – to protest and by the strength of that protest to make others protest.

The worst thing is to feel that as a photographer I am benefiting from someone else's tragedy. This idea haunts me. It is something I have to reckon with every day because I know that if I ever allow genuine compassion to be overtaken by personal ambition I will have sold my soul. The stakes are simply too high for me to believe otherwise.

James Nachtwey[1]

W. Joseph Campbell[2]

Media Myth Alert[3]
Exaggerating the power of "napalm girl" photo

The famous "napalm girl" photograph of June 1972 undeniably ranks among the most profound and disturbing images of the Vietnam War. Its power, though, is often overstated.

The photograph, taken by Nick Ut of the Associated Press, showed Vietnamese children terror-stricken by a

1. James Nachtwey (March 14, 1948) is an American photojournalist and war photographer. He has been awarded the Overseas Press Club's Robert Capa Gold Medal five times and two World Press Photo awards.

2. W. Joseph Campbell is a tenured full professor in the American University School of Communication's Communication Studies program.

3. The Media Myth Alert blog calls attention to the appearance and publication of media-driven myths – stories about and/or by the news media that are widely believed and often retold but which, under scrutiny, prove to be apocryphal or wildly exaggerated.

misdirected napalm attack on their village by the South Vietnamese Air Force. At the center of image was a 9-year-old girl named Kim Phuc, shown screaming and naked as she fled. The photograph, formally titled "The Terror of War," won a Pulitzer Prize in 1973.

In the years since then, a tendency has developed to attribute to the image effects that are far more powerful and decisive than it projected at the time.

For example, the Guardian newspaper in London asserted in a review the other day of an exhibit in France of the imagery of war that Ut's photo "galvanized" American "public opinion and expedited the end of the Vietnam war." Neither claim is accurate.

By June 1972, American public opinion had long since turned against the war in Vietnam. Nearly 60 percent of respondents to a Gallup poll conducted early in 1971 had said that the United States had made a mistake by sending troops to fight in Vietnam. (Gallup periodically has asked the question since 1965, when just 24 percent of respondents said it was a mistake to have sent troops to Vietnam. By August 1968, a majority of respondents said it had been a mistake.)

Ut's photo can hardly be said to have galvanized opinion against the war: That shift had taken place years before.

Nor can it be said that the photo "expedited" the war's end.

By June 1972, the war was essentially over for American forces in Vietnam. President Richard Nixon had announced in November 1971 that US ground operations had ended in South Vietnam and by June 1972, nearly all US combat units had been removed from the country.

Compelling though it was, the "napalm girl" photo exerted impact far less profound than is now believed.

But so what? Why is it problematic to overstate the image's effects?

To do so is to indulge in a central flaw of a media-driven myth – that of media centrism, of exaggerating the power of the journalism, of attributing to news media greater influence than they really wield. To do so also is to misread and distort the historical record. No single photograph turned public opinion against the war in Vietnam or "expedited" its end: The war's duration, its uncertain policy objectives, and its toll in dead and wounded all were far more decisive factors in the outcome of the conflict.

"Napalm girl" was an unsettling image, undeniably memorable. But it does not follow that it wielded immeasurable or decisive influence.

It did not.

May 29, 2014
https://mediamythalert.com/2014/05/29/

The New York Times
OPINION

Victor Davis Hanson – April 18, 1998

Raw, Relevant History

FRESNO, Calif. – "Thucydides, an Athenian, wrote the history of the war between the Peloponnesians and the Athenians." With those words a disgraced Athenian admiral matter-of-factly opens "The History of the Peloponnesian War," his monumental, though unfinished, narrative of the 27-year war (431-404 B.C.) between Athens and Sparta that left the Athenian empire and the entire culture of the Greek city-state in ruins.

Because he had lived through and participated in the events he described, Thucydides had an advantage over later historians, who have had to dig through unreliable records and consult secondary sources. But even as he set down his record of contemporary events, Thucydides was eyeing posterity. His work, he boasted, was "not an essay to win applause of the moment, but a possession for all time."

If his contemporaries failed to appreciate his true genius, perhaps people like ourselves would fathom it two and a half millenniums in the future. And so we do. Studying how a seafaring democratic Athens fought an insular oligarchy like Sparta teaches us a lot about current world crises and the fickleness of public opinion. Thucydides knew nothing about peace studies, conflict resolution theory, God's will or the United Nations, but could declare for all time that people go to war over "honor, fear and self-interest." Period.

Thousands of paperback translations of Thucydides are sold each year, bearing out his extraordinary boast. But if his book, like other great works, is timeless, it is also very difficult, in places even obscure. […] Then why read him at all?

Yet people do – and in surprising places. I teach classics at the California State University campus in Fresno, in the middle of the agricultural central Valley, home to the wayward Bulldogs basketball team, coached by the much maligned Jerry Tarkanian. There's no reason to think a book by an ancient Greek would interest these students. They are the children of farm workers and the working poor from Tulare, who wait in line for a turn on the university's outmoded computers.

They are not privileged, nor well prepared for college. Their reference points come from television, not ballet, computer camp or prep school. […] At Stanford, where I did graduate work, Thucydides was an entirely different historian from the one I've come to know in Fresno. […] His book is the subject of many pages of high-flown jargon in which, for example, Pericles' funeral oration is discussed as a dry rhetorical exercise that reflects subjective, not absolute, "truth."

I prefer the analysis offered by a Fresno State student I taught in night class. "Sure, he might have lied a little," he said. "Who doesn't? And what do you expect? Thucydides with a tape recorder?"

Scholars and graduate students talk grandly of Thucydides "the realist" whose bleak assessment of human nature was a valuable antithesis to romanticism. But this remote, literary language takes us far from the actual Thucydides, a hard-eyed pragmatist whose judgments derive from first-hand experience. As a working mother at Fresno put it, "Thucydides might like Carter better, but he'd want Reagan dealing with the Russians." Another student, an immigrant, agreed: "Be trusting with someone else's life – not mine."

Students in Fresno savor Thucydides the disgraced admiral. They soak up the street fighting at Plataea, where the women and slaves "yelled from the houses and threw stones and tiles," and root for the blood-hungry Athenians at the slaughter near Delium, who in their fury "fell into confusion in surrounding the enemy and mistook and killed each other."

"I bet he killed a few himself to write like that," observed one student, tattooed and scarred, in a late-evening humanities class. "It gets crazy like that in a free-for-all," another added.

In class when we discussed the slaughter of the Athenians on Sicily, which brought a pathetic end to the greatest generation of the greatest Greek city in its greatest age, one student urged me on: "Check it out. Don't be afraid. Read it to us out aloud." I did:

The Peloponnesians also came down and butchered them, especially those in the water, which was thus immediately spoiled, but which they went on drinking just the same, mud and all, bloody as it was, most fighting to have it.

If we're to keep the ideas of Greece alive, we must first rekindle the Hellenic spirit, for the two are inseparable. That spirit, though it may already be lost in the Ivy League, thrives here among students working at Burger King and among night-school returnees, who, once hooked on Thucydides' blood and guts, then – but only then – begin to appreciate the power of his thought.

Students working off their tuition in places like Fresno, Turlock and Bakersfield don't need the university to tell them how unique their own lives are and how richly diverse their past experiences are. Instead they welcome a tough guy like Thucydides who shows how their brutal experiences are universal, even banal, and thus explicable through abstract canons that exist "for all time."

In an age like ours in which setbacks and disappointments are dealt with through therapy rather than accepted as evidence of the tragic nature of our existence, Thucydides' honesty comes as a welcome touch of realism. With him there is no "feeling your pain," no pretense of cheap compassion, and there are no easy apologies for what we are and what we have done.

Thucydides offers students of all races and classes the reassurance that we are all more alike than we think. And in so doing, he offers wisdom about the present, but relief from it as well.

Victor Davis Hanson, a professor of Greek at California State University, Fresno, is the co-author, with John Heath, of "Who Killed Homer? The Demise of Classical Education and the Recovery of Greek Wisdom."

History of the airplane

And the Wright brothers said they thought they had invented
something that could make peace on earth
(if the wrong brothers didn't get hold of it)
when their wonderful flying machine took off at Kitty Hawk[1]
into the kingdom of birds but the parliament of birds was freaked out
by this man-made bird and fled to heaven

1. Town in North Carolina where the Wright Brothers made the first successful flight in history of a self-propelled aircraft in December 1903.

Réussir la synthèse de documents

And then the famous Spirit of Saint Louis[1] took off eastward and
flew across the Big Pond with Lindy at the controls in his leather
helmet and goggles hoping to sight the doves of peace but he did not
Even though he circled Versailles
And then the famous Yankee Clipper[2] took off in the opposite
direction and flew across the terrific Pacific but the pacific doves
were frighted by this strange amphibious bird and hid in the orient sky
And then the famous Flying Fortress[3] took off bristling with guns
and testosterone to make the world safe for peace and capitalism
but the birds of peace were nowhere to be found before or after Hiroshima
And so then clever men built bigger and faster flying machines and
these great man-made birds with jet plumage flew higher than any
real birds and seemed about to fly into the sun and melt their wings
and like Icarus crash to earth
And the Wright brothers were long forgotten in the high-flying
bombers that now began to visit their blessings on various Third
Worlds all the while claiming they were searching for doves of peace
And they kept flying and flying until they flew right into the 21st
century and then one fine day a Third World struck back and
stormed the great planes and flew them straight into the beating
heart of Skyscraper America where there were no aviaries and no
parliaments of doves and in a blinding flash America became a part
of the scorched earth of the world
And a wind of ashes blows across the land
And for one long moment in eternity
There is chaos and despair
And buried loves and voices
Cries and whispers
Fill the air
Everywhere

Lawrence Ferlinghetti[4]

A Tourist of Revolutions (Speaking Out after 9/11), ed. Maëlstrom, & Le Veilleur, 2004.

---

1. Airplane in which Charles A. Lindbergh made the first nonstop solo flight from New York to Paris in May 1927.
2. One of the largest aircraft of the time, the Boeing 314 Clipper was produced between 1938 and 1941. The Yankee Clipper flew across the Atlantic on a route from Southampton to Port Washington, New York. Its inaugural trip occurred on June 24, 1939. The Clipper fleet was pressed into military service during World War II for ferrying personnel and equipment to the European and Pacific fronts.
3. The Boeing B-17 Flying Fortress, a four-engine heavy bomber aircraft developed in the 1930s for the United States Army Air Corps.
4. A prominent voice of the wide-open poetry movement that began in the 1950s, Lawrence Ferlinghetti (born in 1919) has written poetry, translation, fiction, theater, art criticism, film narration, and essays. Often concerned with politics and social issues, Ferlinghetti's poetry countered the literary elite's definition of art and the artist's role in the world.

Corrigé du sujet

1. Premiers repérages essentiels

Doc. 1	Doc. 2	Doc. 3	Doc. 4
Titre			
Nachtwey's credo	*Exaggerating the power of "napalm girl" photo*	*Raw, Relevant History*	*History of the airplane*
Type de document et date de publication			
Essay, 1985	Analysis published on a blog, 2014	Press article (*New York Times*), 1998: an opinion piece	An ironic and lyrical poem, 2004
Idée centrale			
James Nachtwey: a war photographer. His *credo* (the title of the essay reads like a profession of faith): showing the horrors of war to exert pressure on public opinion and set himself up as a peacemaker.	**W. Joseph Campbell:** an academic. He undertakes to "deconstruct" an iconic photograph known as "Napalm girl", and to "decode" a myth.	**V. D. Hanson**, an academic and a historian. It is an article about: **1.** less-advantaged students' view on the myth of Thucydides, an Athenian general and historian who both witnessed and recounted the war between Sparta and Athens; **2.** Hanson's students' intuitive response to the brutal realities of the very facts the Athenian historian outlined and their immediate understanding of the cyclical rise and fall of an empire.	A poem **Lawrence Ferlinghetti** wrote in response to 9/11. It deals with the chronological history and evolution of aviation. **The guiding idea:** 9/11 is the inevitable tragic outcome of the Wright brothers' invention which could only lead to destruction and chaos.
L'« intention » de chaque auteur : la *singularité* de chaque approche			
J. Nachtwey assumes that photography has an ability to capture *"a sense of humanity"* and can **shock** public opinion into protest and action (*"shake people out of their indifference"*).	W. J. Campbell **questions** people's habitual response to the photo and **challenges** the argument that it sped up the decision to put an end to the war in Vietnam: however *"unsettling"* the photo may have been, it can't have been conducive to peace – and the reasons that brought an end to the Vietnam War are others (*"the war's duration, its uncertain policy objectives, and its toll in dead and wounded"*) = the writer **makes a heavy charge** against the media that create icons and tend to distort the truth about History (*"misread and distort history"*).	V. D. Hanson **takes a keen, emotional interest** in his underprivileged students' **response** to selected readings from Thucydides' account of the Peloponnesian War. His point is to show the relevance today of the Greek historian's raw facts because these very facts are a direct echo of his own students' raw and violent lives. Accordingly, these young people, by connecting experientially to the truth, **are positively affected** by Thucydides.	L. Ferlinghetti gives a **poetic rendering** of an apocalypse of "**chaos** and **despair**": 9/11 is **a human tragedy** whose scope is universal.

À ce stade, on peut procéder à une première confrontation des documents :

Quite **explicitly**, each document pertains to **a way of perceiving war** and its **appalling** dimension; each "author" eventually comes up with **a way of *reading* history**.

More **implicitly**, beyond the strictly historical perspective, one perceives a **philosophical** perspective: the writers do more than just comment upon war, they probe human nature and question its perfectibility.

2. Présentation détaillée du contenu de chaque document

Les grands axes du dossier	Doc. 1	Doc. 2	Doc. 3	Doc. 4
	Nachtwey's credo	*Exaggerating the power of "napalm girl" photo*	*Raw, Relevant History*	*History of the airplane*
Probing the role of the *observer(s)* of war (I)	The photographer (*"placing himself in the middle of a war"*) – can re-instill humanity into the war process; – can *"protest"* and act as a negotiator of peace; – is the *eyes* of the people who *"cannot be there"* and are unable to see war as it really is; – redresses the gap between truth and untruth (often conveyed by the mass media).	The writer plays down the impact of the "Napalm girl" photograph: its power has been over-estimated. No photograph(er) can directly interfere in the course of history. This iconic photo – did not speed up the Vietnam War's end; – did not influence public opinion about the war in Vietnam.	Thucydides was both an eye-witness to the Peloponnesian War and a participant in it. **Consequence:** – a realistic, matter-of-fact and truthful narrative; – insider knowledge from first-hand sources; – his pragmatism is an essential teaching for "any" (his students here) who fail to understand the *"current world crises and the fickleness of public opinion"*.	An antithetic approach pitting the voices of speakers of (pseudo) truth (the Wright brothers and their like) against the poet's bitterly ironic and lyrical voice. Note the repetitious use of the conjunction *"but"*. Those who thought they were making history (*"claiming they were searching for doves of peace"*) have done nothing but cause *"chaos and despair"*.
The fight between representation and historical truth (II)	The photographer's role is **to restore historical truth** (cf. 3 concrete examples in §5): he "shows" the truth, he stymies misinformation (or the "diluted" information disseminated by the mass media) and he raises awareness among the public. **The essential prerequisite:** the photographer's impartiality and selflessness.	The "Napalm girl"'s photographer (and by extension all photographers) should not be lionised for his (non-existent) contribution to history. Campbell lashes out at the (news) media and the journalists who create icons and *"media-driven"* myths, and shut out reality: they *"misread and distort the historical record"*.	V. D. Hanson opposes Thucydides' reliability, matter-of-factness, pragmatism and realism to later historians' *"unreliable records"* and *"secondary sources"*. No purely scholarly approach to history here, but *raw*, truthful facts that **directly inform and enlighten** disadvantaged students **today**. These students *"appreciate the power of his thought"* because they can **relate** to it. = any human experience should be given a **direct, non-intellectual** representation	L. Ferlinghetti points to **the discrepancy between representation(s)** (or *figments* of the mind: *"make peace on earth"* thanks to a *"wonderful flying machine"*; *"sight the doves of peace"*; *"make the world safe for peace and capitalism"*, etc. = *i.e.* to make history) **and historical truth** (the understated truth: *"fled to heaven"*; the metaphors: *"and hid in the orient"* and *"melt their wings..."* [as anticipations of the final chaos in the last three stanzas]). A *poetics of chaos* through final lines that get shorter and shorter, and ironically enough, by departing from the chronological perspective in the last stanza, the poet gives 9/11 an **iconic** and universal dimension.

Les grands axes du dossier	Doc. 1	Doc. 2	Doc. 3	Doc. 4
	Nachtwey's credo	*Exaggerating the power of "napalm girl" photo*	*Raw, Relevant History*	*History of the airplane*
How war is revealing of a universal human behaviour and of the tragedy of existence (III)	The photographer's role is to help the truth come out ("*to communicate to the rest of the world what is happening*") thereby evoking "*a sense of humanity*" by revealing inhumanity/the tragedy of existence, and teaching people the "*tragic sense of existence*" (to use V. D. Hanson's words, column 3). Consequently, these people can wake up to the world out there ("*shake people out of their indifference*"). But Nachtwey is under no illusion. There is something **repetitive and immutable** about human nature: "*There has always been war. [...] And there is little reason to believe that war will cease to exist in the future.*"	W. J. Campbell is engaged in the pursuit of truth: all he does is disclaim a photograph's potency. However "*galvanizing*" it may have been, it did not have the effect it is supposed to have had. Truth lies elsewhere: truth is political and military and not "*media-driven*" nor fictional. W. J. Campbell: a redresser of truth, a **researcher** for **universal** truth and knowledge.	If Thucydides' words still speak to (young) people today and enlighten them about contemporary situations and wars, it is because his narratives state absolute truths about the human condition that have not changed since Antiquity. These truths subvert our faith in the continuous advancement of humanity towards enlightenment: V. D. Hanson concerns himself with Thucydides' capacity to unveil "*the tragic nature of human existence*" thereby offering people "*relief*". Historians and observers have to be out in the field – that is how they can confront people with **universal** human behaviours.	Ferlinghetti dismantles the lie that aviation pioneers, statesmen and warriors only sought "peace". He also revisits the Icarus myth thus giving 9/11 a tragically **universal** dimension. He chooses a historical perspective too: his poem cuts across several periods so as to point out and denounce the **immutability** and **universality** of human nature [war(fare) is an eternal process, and 9/11 will forever be an iconic representation of this very process, of "*chaos and despair*" too]. = Ferlinghetti takes a very critical look at war.

Avant de passer à la rédaction de votre synthèse :

- Il apparaît qu'un plan binaire, en deux parties donc, serait hautement réducteur et ne permettrait pas de rendre compte des subtilités du dossier. **Trois parties/axes** se distinguent clairement dans la colonne la plus à gauche du tableau ci-dessus.
- Votre plan devra refléter une gradation de l'**explicite** vers l'**implicite**.
- L'introduction ne devra pas commencer par un long préambule.
- La problématique, formulée dans l'introduction, ne pourra être une succession de questions divergentes : optez pour une **formule claire et évocatrice**.
- Vous devrez veiller à intégrer l'ensemble des documents dans votre synthèse et à ne surtout pas délaisser le poème de Lawrence Ferlinghetti (même s'il ne s'agit pas de votre genre littéraire de prédilection).
- Vous renverrez clairement aux auteurs et non aux documents (* doc. 1, doc. 2, etc.).
- Le titre que vous retiendrez devra être **informatif** et contenir les mots-clefs de votre synthèse.
- Pour rappel, à Centrale, la conclusion n'est pas obligatoire. Si vous en faites une, elle doit être brève (deux à trois lignes) et peut ne contenir aucune prise de position personnelle.

3. Proposition de synthèse rédigée

Les mots et expressions en caractères gras seront traduits plus bas.

Representing war: truth or artifice?

The dossier **at hand ponders** the relationship between war, history and art. Nachtwey in an essay dated 1985, Campbell in an analysis written in 2014, Hanson in an article published in *The NYT* in 1998, and Lawrence Ferlinghetti in a piece of poetry **entitled** "History of the airplane" written in 2004 **in the wake of** 9/11 explicitly **come up with** a way to perceive war and read history, and raise the following question: do recorders of war accurately and reliably **shape** our view of history? They all reflect upon the role of observers of war and point to a clear gap between the representation of history and historical truth. More implicitly, they all **probe** human nature and denounce the tragedy of existence.

Unlike Campbell who **plays down** the impact of the "Napalm girl" photograph, stating that the picture did not interfere in the course of history, Nachtwey **contends** that a war photographer can contribute to **redress(ing)** the gap between historical truth and the untruth **peddled** by the mass media and can **re-instill** humanity into the war process.

For his part, Hanson **implies** that we today should **let ourselves be enlightened by** Greek historian Thucydides: an **eye-witness to** the Peloponnesian War, he **bequeathed** us a realistic narrative and **insider knowledge** that can help any of us understand contemporary wars.

Similarly, a distant and ironic observer, Ferlinghetti denounces the human hubris that resulted in the "*chaos and despair*" of 9/11. He invites us to **mistrust** the so-called "peacemakers" who see themselves as makers of history while being **merely** "makers of war".

Thus Ferlinghetti points to the **discrepancy** between representation(s) of war (**supposedly** a way to "*make peace on earth*") and historical truth: aerial projects at all times have **proved** destructive of human life, and 9/11 is the most **glaring example** of this. It is the artist's role to restore historical truth, which is not **belied** by Nachtwey: photographers need **to stymie** misinformation and help people **wake up to** the world around them.

For his part, Hanson considers that Thucydides does a good job of **bridging the gap** between biased representations of war and historical truth by using a **non-scholarly** approach to war thus helping people **relate to** the historical events he recounts.

Only Campbell **stands apart**: no photographer should be **lionised** for his so-called contribution to history. He **lashes out at** the media which create icons that **shut out reality**.

Finally, the dossier **assumes** a philosophical dimension. All writers are engaged in a pursuit of absolute truths about the human condition which, according to Hanson, have remained unchanged since Thucydides, and about the tragedy of existence, something photography can capture (Nachtwey's "credo"), an argument **disclaimed** by Campbell for whom truth cannot be "media-driven".

By **dismantling** the lie that aviation pioneers and statesmen have always sought "peace", Ferlinghetti denounces the immutability and universality of human nature: **warfare** is an eternal process and 9/11 will forever be the iconic representation of "*chaos and despair*".

Likewise, Nachtwey is under no illusion: there is something **immutable** about human nature, he writes. And neither is Campbell who **sets himself up as** a researcher of universal truths about human behaviour. These truths subvert our faith in the continuous advancement of humanity towards enlightenment but offer people *"relief"*, Hanson writes, and arouse human consciousness. (550 words)

Vocabulaire de la synthèse rédigée

(the dossier) at hand : (le) présent (dossier)
to ponder : réfléchir à, considérer qqch
entitled : intitulé
in the wake of : dans le sillage de, à la suite de
to come up with : proposer, avancer, formuler (une idée, une solution, etc.)
to shape : former, façonner, modeler
to probe : sonder, explorer, examiner
to play down : minimiser
to contend : prétendre, affirmer (ici)
to redress : réparer, redresser
to peddle : colporter, répandre, propager
to (re-)instill : (ré-)insuffler, (ré-)introduire
to imply : impliquer, sous-entendre
to let oneself be enlightened by : se laisser éclairer [informer] par
the eye-witness to sth : le témoin oculaire de qqch
to bequeath sth : léguer qqch
insider knowledge : des connaissances d'initiés, de qqn qui connaît bien la question
to mistrust sth [s.o.] : se méfier de qqch [qqn]
merely : purement, simplement, seulement
a discrepancy : un décalage, un désaccord, une contradiction
supposedly : soi-disant
to prove (+ adjectif) : se révéler
a glaring example : un exemple flagrant [probant]
to belie : démentir
to stymie sth /ˈstaɪmi/ **:** entraver qqch, mettre un obstacle à qqch
to wake up to sth : s'éveiller, s'ouvrir à qqch
to bridge the gap : combler le fossé
non-scholarly : non savant, non intellectuel
to relate to sth : se sentir concerné par, s'identifier à
to stand apart (from sth) : être à l'écart de, s'écarter de
to lionise /ˈlaɪənaɪz/ **:** honorer, célébrer
to lash out at sth [s.o.] : s'en prendre à qqch [qqn]
to shut out reality : (se) couper de la réalité
to assume (a dimension) : prendre (une dimension)
to disclaim : décliner, rejeter, nier
to dismantle : démanteler, démonter
warfare : la guerre, le combat
immutable : immuable, inaltérable
to set oneself up as sth : s'ériger comme…

Sujet d'entraînement

CENTRALE : Rédiger en anglais et en 500 mots une synthèse des documents proposés, qui devra obligatoirement comporter un titre. Indiquer avec précision, à la fin du travail, le nombre de mots utilisés (titre inclus). Un écart de 10 % en plus ou en moins sera accepté.

X-ENS : La synthèse proposée devra comprendre 600 à 675 mots. Elle sera obligatoirement précédée d'un titre proposé par le candidat.

N. B. : le corrigé proposé est au format X-ENS.

Document 1

Study of poverty-ridden neighborhoods shows gentrification is not ruining enough of America

While Americans worry about gentrification, more neighborhoods become poor, report says

Gentrification is the bete noire of the yuppie: once affluent professionals have settled a previously rundown neighborhood, they get cranky about how others like them are ruining the place. Nashville is the latest in the"gentrification is killing the city's soul" meme.

Gentrifiers, however, are not ruining the US – or at least, not enough of it. An exact opposite of gentrification is playing out. Instead of neighborhoods rebounding, they are getting older, shabbier and the people who live there are falling deeper into poverty.

The number of neighborhoods with a high poverty rate has tripled over the last 40 years, according to Joe Cortright and Dillon Mahmoudi, authors of a new report published by City Observatory. Looking at 51 urban areas from 1970 to 2010, Mahmoudi and Cortright found that over the past 40 years more than 2,000 census tracts went from being a below-poverty neighborhood to a high-poverty neighborhood. Census tracts include about 4,000 residents.

Neighborhoods whose rate of poverty dropped from above 30% to less than 15% were clustered in particular areas. About 15 were in New York, 11 in Chicago and seven in New Orleans. In general, poverty only tended to get deeper and reach into more neighborhoods. The number of high-poverty tracts increased to 3,100 from 1,119 during those 40 years. How many high-poverty areas gentrified? Only about 105.

One of the contributing reasons to this trend was the decline in urban racial segregation. As African Americans gained more income and education and moved away from their communities, the economic diversity of those communities dropped into deeper poverty. In other words, those who could afford to move out of poor neighborhoods did so as soon as they could. That left a concentration of poor residents behind. But the poor areas also lacked diversity. In 2010, "three-fourths of poor people living in urban neighborhoods with concentrated poverty were African-American and Latino," the report says.

Another reason for the increase in poor neighborhoods is their ageing buildings and decline in infrastructure. As buildings get older, their value goes down and they become more affordable for low-income families. This happens slowly, year by year.

"Because the slow decline is more common and less visible, it is seldom remarked upon, while gentrification, when it happens – which is both unusual and dramatic – is far more evident change," explains the report.

"There are more areas of poverty than areas undergoing gentrification, but that doesn't mean that when communities do revitalize that people aren't uprooted," says Harold Simon, executive director of the National Housing Institute. "That kind of thing has happened all over the place."

"It's not a matter of which is worse: gentrification or poverty. Americans should be concerned about both," says Simon.

Often the cities where gentrification occurs are also the cities where poverty slowly spreads across other neighborhoods. Take Brooklyn, for example. Over the last decade, Brooklyn went from having four of New York's poorest neighborhoods to having five. At the same time, it went from having zero of New York's richest neighborhoods to having two and was singled out as having the least affordable housing market.

The thing about urban rebound – call it gentrification if you want – is that it's not always all bad. "I don't think that development should ever be dismissed as a bad thing. Everyone wants better schools, safer streets, and access to jobs. Those are really good things," says Simon. "What you don't want is the displacement of people for the profit of a small handful of apartment building owners and developers. Everyone has a right to make a profit, but when that leads to involuntary displacement, it's time for the public sector to intervene."

The one way the public has attempted to intervene was through providing low-income Americans with low-income housing. The problem? Such housing is rarely found in middle- and upper-income areas. Instead they are often found in neighborhoods that are already struggling with higher than average levels of poverty, further increasing the concentration of poverty.

Concentration of poverty has been linked to higher crime, worse health, and low economic prospects. And isn't that scarier than seeing your neighborhood be overtaken by boutique coffee shops?

The Guardian | Wednesday 10 December 2014

Document 2

Bring on the hipsters: Gentrification is good for the poor

In an old bar on U Street in Washington, DC—a place that was once a centre of black life and is now an inferno of hipsterdom—Jay, the bartender, is talking about how the area has changed over the past decade or so. "They ain't got barmen any more," he says, with a grin. "They got mixologists." What happens in Washington, he explains, is that young white professionals move in, bars open, "and then you know that all the bodegas and liquor stores on every corner, they ain't got long either."

Such gentrification obsesses the *bien-pensants*. In November the *New York Times* instructed its journalists to stop comparing everywhere to gentrified Brooklyn. A *Saturday Night Live* sketch showed a young man in a tough neighbourhood talking about his "bitches"—only to reveal that he runs a dog-walking business, and even knits matching sweaters for his bitches. In Philadelphia and San Francisco, presumed gentrifiers have been the target of protests and attacks. Elsewhere, the term is used as an insult ("I would hate to be a gentrifier," says one young professional in Detroit). Yet the evidence suggests that gentrification is both rare and, on balance, a good thing.

The case against it is simple. Newcomers with more money supposedly crowd out older residents. In Washington, according to a study by *Governing* magazine, 52% of census tracts that were poor in 2000 have since gentrified—more than in any other city bar Portland, Oregon. Young, mostly white singletons have crowded into a district once built for families. Over the same period, housing in Washington has become vastly more expensive. And many black residents have left: between 1990 and 2010, the number of African-Americans in the District declined by almost 100,000, falling from 66% of the population to 51%.

In New York and San Francisco, which both have rent-control rules, soaring property prices create an incentive for property owners to get rid of their tenants. Stories abound of unscrupulous developers buying up rent-controlled properties and then using legal loopholes or trickery to force residents to leave. Letting a building deteriorate so much that it can be knocked down is one tactic; bribing building inspectors to evict tenants illegally is another.

Yet there is little evidence that gentrification is responsible for displacing the poor or minorities. Black people were moving out of Washington in the 1980s, long before most parts of the city began gentrifying. In cities like Detroit, where gentrifiers are few and far between and housing costs almost nothing, they are still leaving. One 2008 study of census data found "no evidence of displacement of low-income non-white households in gentrifying neighbourhoods". They did find, however, that the average income of black people with high- school diplomas in gentrifying areas soared.

Gentrifiers can make life better for locals in plenty of ways, argues Stuart Butler of the Brookings Institution, a think-tank. When professionals move to an area, "they know how to get things done". They put pressure on schools, the police and the city to improve. As property prices increase, rents go up—but that also generates more property-tax revenue, helping to improve local services. In many cities, zoning laws force developers to build subsidised housing for the poor as well as pricey pads for well-off newcomers, which means that rising house prices can help to create more subsidised housing, not less.

The bigger problem for most American cities, says Mr Butler, is not gentrification but the opposite: the concentration of poverty. Of neighbourhoods that were more than 30% poor in 1970, just 9% are now less poor than the national average (see chart), according to the City Observatory, a think-tank. In Chicago, yuppies can easily buy coffee and vinyl records in northern neighbourhoods such as Wicker Park. But the South Side, where racist housing policies created a ghetto in the 1950s and 1960s, remains violent, poor and almost entirely black. In Brooklyn the most famously gentrified district, Williamsburg, was never all that poor or black in the first place.

However annoying they may be, hipsters help the poor. Their vintage shops and craft-beer bars generate jobs and taxes. So if you see a bearded intruder on a fixed-gear bike in your neighbourhood, welcome him.

The Economist | Feb 21st 2015 | Washington, DC | From the print edition

Document 3

A Tale of Two New Orleans

New Orleans — Rows of slender, single-story shotgun houses crowd together along the narrow streets of the neighborhood, with only a few feet separating them. But the Meyers family's massive two-story home on the corner of Dumaine and North White dominates the block. As we approach, Meyers is quick to flash a smile. "We called it the White House," he jokes. His home once felt like the center of his neighborhood. It was here that the up-and-coming MC and community activist used to gather his friends to hang out and hone their rap skills on the corner. No one lives in the White House now.

Though the house still towers above its low-slung neighbors, its split facade has become a symbol of the struggles the neighborhood has faced in rebuilding since Hurricane Katrina hit in August 2005. Like many families in New Orleans, the Meyers heeded the last-minute warnings from city officials to evacuate the day before Katrina hit and decamped to Baton Rouge. When Meyers returned to New Orleans in 2011, he found his neighborhood had changed in more ways than he could have imagined.

In the years since Katrina destroyed much of New Orleans, thousands of people have poured into the city, drawn by economic opportunity and the city's music and food scenes, as well as the laid-back, almost European pace of life in the Crescent City. The transplants, many of whom first fell in love with New Orleans as volunteers in the post-hurricane cleanup process, have brought with them new small businesses and an infusion of private capital, which combined with billions in federal, state, and city spending have begun to transform huge sections of the city.

New bike lanes have been built, massive redevelopment projects are underway, and commercial areas like Broad Street in Mid-City — an area of the city that includes the part of the 5th Ward where Meyers lives — which once were home to liquor stores and check cashing joints, now have boutique tea shops, gourmet restaurants, and upscale grocery stores. Mayor Mitch Landrieu has trumpeted the changing face of New Orleans, saying the city is "ascending" in an interview with BuzzFeed News last month. But is this bright future happening at the expense of the city's rich past?

Tension surrounding gentrification is hardly unique to New Orleans. Over the last two decades, major cities across the country have seen dramatic shifts in their demographics as young, typically white professionals have sought out neighborhoods with cheap housing that are close to their jobs and cultural hubs. City governments hungry for new tax revenues have encouraged these shifts, and areas like Washington, D.C.'s U Street Corridor have seen massive redevelopment efforts tailored specifically for these new young professionals — which, thanks to rising rents and property taxes, force out the existing poorer, minority communities.

But while in most cities gentrification is caused by a simple desire for prime real estate, in New Orleans the draw is the very culture that the resulting changes to the city is eroding. Like many natives of the city, Domonique Meyers thinks New Orleans is already in danger: "It's 'bout to be extinct."

Like many of the black sections of Mid-City, his neighborhood was relatively poor and saw its fair share of violence. But it was also a tight-knit community, he says, as even unrelated neighbors became de facto extended family.

With a mother who was in the church choir and a father who'd once had dreams of an R&B career, music was a natural interest for Meyers. "I was born doing something with music," he says. But it was the sounds of the neighborhood that compelled him to pursue it as a passion. Pride in your neighborhood and ward is also an integral part of being a New Orleanian, and brass bands were often named after their neighborhoods.

After Hurricane Katrina hit the city, there was state and federal assistance to be had, including $150,000 from the Road Home Program, but the program was plagued by corruption and delays, and the family didn't receive the funds until three or four years ago. Then, Meyers' father, who worked in hotels in the city and made the hour-plus commute every day from Baton Rouge, had a heart attack and was subsequently fired from his job in the hotel industry. With his father unable to work and his younger brother still in high school, Meyers — who was in and out of college — and his mother labored to keep the family afloat in Baton Rouge. But while they were away, more changes were happening in the neighborhood than Meyers had anticipated.

As Meyers' family was struggling to come home, city officials were intent on making Mid-City a core part of their reconstruction plans. The centerpiece of those efforts is a 70-acre, multibillion-dollar hospital complex that will begin opening this year and will include a new veterans hospital, a public hospital, medical research facilities, and gleaming new office buildings.

But other changes have come to the area as well, as Mayor Landrieu has used millions in federal transportation dollars to rehabilitate roads, install bike lanes, and build a "greenway" — essentially a park designed to link different neighborhoods together — that will run through the heart of Mid-City. A new charter school has opened, featuring state-of-the-art equipment, and the city has used tax credits and other inducements to lure small businesses into the area.

On the residential side, the redevelopment has attracted hundreds of people. On virtually every block there's construction going on at one house or another.

"I interviewed this neighborhood for two months before I bought this house. Just talking to people, hanging out," says Eddie McDonald, a 45-year-old IT professional who moved to New Orleans a year and a half ago from the Dallas suburbs, initially living in the Garden District section of town before eventually settling into the house across the street from the White House. McDonald, who has roots in New Orleans and went to college here, is like many of the new residents. He has a well-paying job and disposable income, and, when he moved in, he was able to qualify for the type of loans needed to buy — and refurbish — a home. He was drawn not only by the economic opportunities of New Orleans, but also the cultural ones. "I got to handpick a city because I work remotely," he says. "I picked New Orleans because I had the fondest of memories of living here. It's just everything. It's the community, it's the crawfish boils."

But he also chose the neighborhood because he'd like to expose his son to a socioeconomically diverse group of people, which he hopes the 5th Ward will provide. Although his son was in one of the country's best school districts back in Dallas, McDonald worried about the lack of diversity in their suburb. "Where we lived was predominantly white … I couldn't in good conscience raise him in that environment in the world we live in, and set him up for success," he says.

He quickly bristles, however, at mention of the word "gentrification." "The mix in this neighborhood isn't about any one race coming in and another leaving; it's just everyone lifting it collectively," he says. "When you say 'gentrification,' it has a negative overtone."

But the racial makeup of Mid-City has indeed changed since 2000. According to The Data Center, which tracks population information in Southern Louisiana, in 2000 black residents accounted for 64.3% of Mid-City's population, while whites accounted for 23.2%. In 2010, the last year that official census data is available, blacks accounted for 55% of the neighborhood's population, while white residents had risen to 27.3%. And while hard data isn't available for the last five years, residents say the shift has accelerated as the city's efforts to redevelop the neighborhood have ramped up.

McDonald isn't alone in feeling defensive when the word "gentrification" comes up. In his interview, Landrieu also pushed back against the idea that the term is often synonymous with a sense of cultural erosion. "I don't believe you need poverty to make culture. … Lots of people conflate good things and bad things. I'm not obtuse, I can understand, people don't like change. You know, they're comfortable. But it's also life. Life happens," McDonald also says. "It's going to change. The fact that somebody is concerned with the color of skin of somebody moving in? That's their issue. Because that might be an issue in another town, but that's not an issue in New Orleans."

Adapted from *BuzzFeed.com*, posted on August 19, 2015

Document 4

Extinction

My brother and I were part of the first generation of TriBeCan-born children and all my playmates' parents were neighborhood artists. TriBeCa provided these artists with an environment to create successful work but you did not need to be an established artist to live there. As a consequence, we, their children, grew up in an environment of genuine creative struggle, grew up in a very specific, and in some ways, idyllic fashion. We were encouraged in our individuality, progressively schooled, and blissfully unaware of the material culture that so pervaded uptown elementary schools (when I entered the Upper East Side school Spence as a 9th grader, I was shocked to see first graders with highlighted hair, wearing pink UGGS). There were so few of us that we all knew each other, and, in true TriBeCa fashion, I had several multi-racial friends (like me!) at a time when interracial dating was still a social faux-pas.

I wonder if the Banker and Glitterati residents realize that they are not only ruining the open and village-like environment of my youth by formalizing everything, but also sabotaging themselves by moving into high-rises and overcrowding the schools. Locals used to call TriBeCa, "sky country," but the open vistas are quickly disappearing as demand for living space increases. The government does play a significant role in this particular aspect of Tribeca's gentrification – over $800 worth of Liberty Bonds were issued to development companies to build massive residences like the currently underway 24-story, 274-unit Tribeca Green on Warren Street and North End Avenue. The government has a vested interest in developing areas, rehabilitating them and gentrifying them for economic gain. Not only do rich neighborhoods equal lots of tax dollars for the municipal government, but businesses are good for the economy... artists in warehouses are not. So while the influx of business-types (including entertainment industry executives) does contribute to gentrification, the government is partially to blame for gentrification as well. After all, the government paid for the creation of the luxury condos in order to lure a specific kind of resident. In the past eight years, gigantic residences such as, "20 River Terrace – The Solaire" have popped up in Battery Park City, blocking the view from my father's TriBeCa apartment. We used to be able to see the whole river from my father's balcony on Greenwich Street, but now we are left with a tiny sliver peaking between "full-service" buildings with indoor pools, childrens' playrooms and garages. I want my view back! I do suppose there is some consolation to be had: 20 River Terrace is America's first environmentally advanced residential building. And, thanks to multi-level humidification and ventilation systems that supply filtered fresh air to each residential unit, the building residents needn't breathe the neighborhood air. I hope our air is okay because I have been breathing it for eighteen years. My family owns our loft, so I know I won't be pushed out of TriBeCa, but what I wonder is whether I'll even want to live there.

by Katrina Lencek-Inagaki, taken from the collection of essays entitled *The Suburbanization of New York: Is the World's Greatest City Becoming Just Another Town?*, Jerilou Hammett and Kingsley Hammett, 2007

Document 5

Mice, by Calamity Cole, published in *Trigger Magazine*, 2009

Proposition de corrigé (au format X-ENS)

Voici le plan de la synthèse rédigée ci-dessous :

I) Gentrification as a new impulse that will undoubtedly benefit the city

1. Gentrification is at the root of the improvement of cities in many aspects

2. A new category of residents

II) Gentrification is altering the socioeconomic diversity and the social fabric of the city

1. Gentrification entails increasing poverty

2. Gentrification happens at the expense of ethnic minorities

3. Gentrification ruins the soul of a city

III) Political intervention: the responsibility of the local government both in gentrification and in improving the situation for its victims

1. Gentrification is made possible by local governments and their arrangements with developers

2. Solutions to the plight of poor people and minorities are implemented thanks to political will

Gentrification: a double-edged phenomenon

Over the past decade, gentrification has become a fast-growing trend in many American cities. The transformation at work has aroused both admiration and dread, making it a highly controversial topic in some areas. The dossier under scrutiny provides an overview of this phenomenon through the study of five documents – three press articles respectively taken from *The Guardian, The Economist* and the website *Buzzfeed.com*, as well as an extract from a first-person essay entitled *Extinction* written by Katrina Lencek-Inagaki and a political cartoon named *Mice* drawn by Calamity Cole. The main question that arises from this dossier is whether gentrification is causing the demise of racial diversity within cities and their paradoxical pauperization.

Both *the Guardian* and *the Economist* state that gentrified areas have witnessed huge improvements in various domains thanks to the increase in tax-revenue triggered by yuppies settling in the neighborhood. They range from better schools and security to better infrastructures of all sorts, including state-of-the-art urban developments[1]. Both articles claim gentrification undeniably boosts employment. The influx of entrepreneurs looking for new opportunities, together with the subsidies allocated by the federal, state and local governments, have allowed New Orleans to rise from the ashes in the wake of Hurricane Katrina and the resurrection of some neighborhoods thanks to the opening of fancy shops and restaurants. The new population of such areas is best epitomized by Eddie McDonald, a white yuppie who holds down a well-paying job or the Bankers or Glitterati residents hinted at in the essay.

However positive the gentrification process may sound, gentrifiers are often the target of harsh criticism as their arrival is certainly not devoid of consequences. Although *the Guardian* makes no clear link between gentrification and sprawling poverty and *the Economist* journalist claims the two phenomena are unrelated, in many cases gentrification entails a rise in poverty rates. Indeed when young white wealthier residents settle in an area, they force out less well-off residents who cannot afford to pay the increasing rents. This is echoed in *the Guardian* when the journalist mentions unmaintained buildings, thus losing value and becoming affordable for low-income families, which triggers the pauperization of such areas. The victims of gentrification often belong to minorities, especially Blacks who often happen to be poorer than the newcomers, as exemplified by the drawing where the cat, most likely standing for the developers, spares the white mice but chases the black ones out of the city center. Likewise New Orleans is experiencing a decrease in its black population, fostering a decrease in socio-economic and thus racial diversity, contrary to what McDonald expected to find. Social segregation therefore leads to spatial segregation. The cultural richness also suffers from such drastic change and bygone times are nostalgically remembered both by Meyers and the essayist who bemoan the denaturation of the very soul of their respective boroughs and the demise of their multi-racial, close-knit communities.

The blame is put on public policy for making gentrification possible. The essayist fiercely blames local authorities – those who pull the cat's strings in the cartoon – for enticing developers, through tax exemption, to build high-rises that will make the population of gentrifiers increase. In New Orleans, the reconstruction entailed the spending of billions of dollars granted by both the federal and state governments but that era was plagued by corruption. Several documents point to the greed of political leaders and developers who target a specific type of residents with a view to making higher profit. Although some turn a blind eye to the plight of the underprivileged, it cannot be denied that some effort is made to favor them in some areas thanks to zoning laws and means-tested housing benefits, even though such housing is unfortunately nowhere to be found in gentrified areas.

However positive gentrification may appear, even gentrifiers fear the arrival of other yuppies of their kind. Although black people are said to have left before gentrification even started, this trend seems to deal a heavy blow to racial diversity and entails a form of segregation. (673 words)

1. Such as new roads or bike lanes in New Orleans.

RÉUSSIR LE TEXTE D'OPINION

La méthode

1. Présentation de l'épreuve

Le texte d'opinion, qui correspond à la partie B de l'épreuve de langue vivante au concours X-ENS (la partie A étant une synthèse de documents à rédiger en 600 à 675 mots), consiste à proposer un argumentaire personnel en réaction à un éditorial servant de support.

La consigne est la suivante : « *En réagissant aux arguments exprimés dans cet éditorial, le candidat rédigera lui-même dans la langue choisie un texte d'opinion d'une longueur de 500 à 600 mots* ».

Il est obligatoire d'indiquer le nombre de mots employés à la fin de sa production.

2. Conseils méthodologiques

a. Ce qu'il faut faire

- Vous devez impérativement structurer votre production, non pas comme une dissertation mais comme un éditorial. En d'autres termes, votre texte doit respecter les codes journalistiques de l'éditorial : vous devez donc écrire « à la manière » d'un journaliste. Gardez à l'esprit qu'il s'agit avant tout d'un exercice de style. Pour la formulation d'un avis personnel, on recommande l'utilisation de la première personne du singulier, et non l'habituel we, calquant le « nous » français. Dans le cadre d'un texte d'opinion, vous pouvez par ailleurs tout à fait vous mettre en scène.
- L'objectif est de convaincre en élaborant votre propre argumentaire. Celui-ci doit nécessairement faire écho à l'éditorial support : vous ne pouvez pas vous contenter d'en restituer simplement les idées ou de le paraphraser. On attend de vous que vous preniez appui sur les propos du journaliste pour élaborer un point de vue personnel.
- Vous devez utiliser à bon escient des formules rhétoriques permettant de structurer le propos, comme les marqueurs d'opposition (whereas, as opposed to), d'ajout (moreover), de mise en relation (likewise) et de modalité (surely, unsurprisingly, undeniably).
- Pour que le propos soit convaincant, vous devez apporter les exemples nécessaires à une argumentation efficace, sans hésiter à avoir recours aux références scientifiques, littéraires, historiques et philosophiques que vous jugez pertinentes, voire à la culture populaire et à l'actualité.
- Vous ne devez pas craindre d'opter pour une position tranchée et, pour ce faire, d'utiliser le vocabulaire et le ton appropriés pour manifester les sentiments qui vous habitent : humour, ironie, agacement, surprise et/ou passion. La teneur de l'avis exprimé n'a pas d'incidence sur la note, dans la mesure où celui-ci est argumenté. L'expression d'un avis mitigé ne répondrait cependant pas convenablement à l'exercice : vous devez prendre position de façon claire.
- La meilleure préparation à cet exercice reste la lecture assidue de la presse, afin de vous familiariser avec le type d'écrit attendu.

b. Principaux écueils à éviter

Voici les défauts remarqués dans certaines copies et cités dans les rapports de jury :

- Les remarques et réactions à l'article se succèdent mais manquent de cohérence, donnant au tout un semblant de structure.
- La prise de position est confuse, voire absente.
- Le candidat se contente de faire une liste de recommandations moralisantes peu convaincantes.
- Les exemples donnés ne sont pas pertinents et peuvent paraître hors sujet car ils ne sont pas suffisamment développés pour faire avancer la démonstration de manière significative.
- Le candidat se contente de résumer l'éditorial, sans faire apparaître d'argumentaire personnel.
- Le candidat s'éloigne trop du sujet en utilisant des exemples qui n'ont qu'un vague lien avec celui-ci ou s'ancrent dans un autre domaine que celui dont il est question.

c. Comment procéder ?

1. **Lecture-découverte** du texte support pour en saisir le sens général.

2. **Lecture méthodique :** identifiez les différentes parties de l'article (qui ne correspondent pas nécessairement au découpage en paragraphes) et soulignez les mots clés et les connecteurs logiques qui structurent le texte. Dégagez les idées centrales et repérez comment le journaliste a bâti son argumentation (idées, exemples, enchaînements). N'oubliez pas que c'est ce genre d'exercice qui vous est demandé, et que le texte support peut constituer un modèle supplémentaire pour construire votre propre éditorial.

3. **Première étape de la rédaction :** une fois les idées principales repérées, vous devez réfléchir à la façon dont vous allez pouvoir compléter, nuancer ou encore réfuter le propos. Il faut en premier lieu définir **la ligne directrice** que vous allez suivre. En effet, la difficulté de l'exercice réside dans le fait qu'il ne suffit pas de prendre chaque argument de l'éditorial-support pour en parler, mais bien qu'il faut bâtir votre propre argumentation, qui devra être cohérente et articulée, c'est-à-dire ne pas simplement consister en une suite de paragraphes sans lien. Vous l'aurez compris : la liste de remarques est à proscrire ! Il convient donc d'élaborer au brouillon la trame de votre éditorial, en articulant les idées au moyen de liens logiques, tout en notant des exemples pertinents que vous développerez.

4. **Seconde étape de la rédaction :** à ce stade, il est nécessaire de soigner la langue et d'avoir recours aux formules rhétoriques propres à l'exercice : n'oubliez pas qu'il s'agit de convaincre !

5. **Première relecture :** ici, vous vous attacherez à la cohérence du propos et à l'enchaînement des idées.

6. **Seconde relecture :** pour finir, vérifiez la correction de la langue (lexique, grammaire, style, ponctuation).

7. **Comptez le nombre de mots utilisés** et indiquez-le à la fin de votre production. Il est inutile de compter les mots au fur et à mesure de la rédaction : ce serait une perte de temps dans la mesure où les relectures vont très probablement vous amener à opérer des modifications qui affecteront le nombre de mots.

Sujet traité (X-ENS 2015)

Éditorial

Do we need conclusive scientific proof to become concerned about an issue?

A weedkiller study has opened a debate on the merit of research by campaign groups versus peer-reviewed science

By Kara Moses, *The Guardian*, Monday 17 June 2013

Should we wait for conclusive scientific studies before becoming concerned about an issue? A report released last week by Friends of the Earth and GM Freeze poses this exact question.

The title, subtitle and the first sentence of the editorial introduce the guideline: it seems that there is no need for conclusive scientific evidence to raise awareness of an issue, especially when health is at stake.

The campaign groups were reporting the results of their small snapshot study that found traces of glyphosate, one of the most widely used weedkillers in the world, in the urine of 182 volunteers living in urban areas across Europe. Glyphosate is known under the brand name Roundup and produced by biotech giant Monsanto. The study was basic, the sample size was small, the report was unpublished. But could it point to an important issue for further investigation?

Example of a study that lacks scientific rigor but has contributed to shedding light on a potential danger.

Academics denounced the findings as "not scientific", saying the results could not be taken seriously and that campaign groups should submit their work to peer-reviewed journals to provide a "genuine contribution to the debate". Other scientists refused to comment on the study, saying that without it having gone through the review process there was simply no way of commenting on the findings.

Reactions of some members of the scientific community, who highlight the lack of scientific rigor.

There is much to be said for peer-reviewing – having been through it myself I known how rigorous it can be. Though I found the process excruciating for its rigor, ultimately the end result was a far better paper based on more solid science.

Moses refers to a personal anecdote to lay emphasis on how rigorous and thorough peer-reviewing can be and on the positive outcomes of this approach.

But charities and NGOs often don't have the resources or expertise to undertake full scientific studies and publish them in journals. Is it even their role to do so? By producing snapshot studies that simply point to an issue, as long they don't make any grand claims based on their findings, aren't they simply doing their job of raising awareness of issues that affect society and the environment?

Moses explains that NGOs and charities cannot carry out in-depth studies since they lack the necessary funds and knowledge to do so, therefore bringing to the fore the central question of the role of such groups.

This idea is illustrated by an example: this NGO does not consider that they have released a scientific study. They claim their aim is to call on governments to act.

Friends of the Earth think so. Vicki Hird, said :"This was never intended to be a scientific paper for peer review – it is a snapshot only and one intended to prompt those who do have the resources to do the necessary testing." She added: "These tests highlight a need for government authorities across Europe to carry out rigorous testing with far bigger samples to discover how widespread this issue is and whether there are any health impacts from low-level exposure."

Moses alludes to another aspect of the role of whistleblowers: they act as safeguards protecting populations from the power of companies.

Some might argue that groups like FoE are our eyes and ears, giving a voice to people, species and issues that could otherwise go unnoticed. They hold powerful companies such as Monsanto to account and stand up for justice in a world where the priority is usually profit. With no profit to be gained from studies such as testing for weedkillers and pesticides in human urine, who else would conduct them?

The role of such groups is further explained: they are expected to point to failures while the government is the regulatory authority. Then, a new argument is provided, opposing industry research to research carried out by NGOs, the former seeking to make profit while the latter aims to improve the well-being of populations.

The role of such organisations is to point out the failings of the regulatory process, not to act as the regulatory process. This is the role of government. It is also worth noting that anyone can publish studies of this nature to support their agenda, as is often seen with industry research. Research carried out by industry and campaign groups is similar in that there is always the possibility of bias and data being used to support a political position. Does it matter that the two groups are likely to differ in their motives, with one being focused on private profit, sometimes at the expense of the environment or society, and the other geared towards creating positive change for little or no private gain?

She adds another argument to prove her point: official data is often released without it being double-checked.

Many other reports, figures and statistics we are fed through the media and elsewhere are not peer-reviewed – government figures, industry reports, industry regulator information and even the Office of National Statistics data.

Her conclusion consists in defining the role of each entity involved.

Campaign organisations are campaign organisations, not research organisations or thinktanks. Their job is to raise awareness of issues that affect society, so that action can be taken. However, those organisations need to be very careful about what they are claiming based on their findings. And journalists need to be very careful about how they interpret the claims of organisations. But I believe they should be given a voice, not dismissed out of hand for lacking the scientific rigour demanded by professional scientists.

(670 words)

Corrigé du sujet

▶ **Voici une proposition de corrigé commenté :**

Les éléments en gras désignent les formules de rhétorique, y compris celles mettant en relief la prise de position de l'auteur.

As concerns over the dissemination of fake news have gained momentum lately, the question of what and who should be trusted has returned to center stage. People naturally tend to rely on the information they are fed as long as it sounds coherent and emanates from seemingly serious sources.

Contextualisation, with the central issue being raised: in today's context, people have become wary of information in general.

When it comes to science, the trustworthiness of the data released is paramount as what is scientifically validated enjoys greater credibility. It is what Kara Moses puts forward in her opinion column, in which she questions the necessity to have conclusive scientific evidence to warn people about potential hazards. She claims that campaign groups are necessary to raise people's awareness even if the studies they conduct – and use as a basis to alert people – lack scientific consistency. Indeed, as they do not abide by the rules of scientific research procedures, they are often disregarded as invalid, but she claims that such studies should be taken for what they are, that is a warning requiring further investigation. Overall, **I agree with her** and **I would even say** that those two types of research **can and should** be reconciled.

The beginning of this paragraph focuses on scientific information: people tend to trust in what has been scientifically proven.

Such a progressive contextualisation leads you to introduce the name of the journalist and the gist of her editorial to identify the key ideas.

At this stage, your stance on the issue together with the guideline of your editorial should be mentioned.

As Moses points out, such groups **unquestionably** play a key role since they act as whistleblowers seeking to protect populations from health hazards. With lobby groups being so powerful, it seems indispensable to thwart the plans of profit-driven companies looking to make money at the expense of populations. And until proven otherwise**, there is nothing wrong or illegal with advising people to be careful!**

1st argument (going along with what Moses states): such groups act as whistleblowers and as such they protect people from unscrupulous companies and lobbies.

Even if some sort of bias cannot be ruled out – as such organizations inevitably have a political stance on the issue at stake – they have been instrumental in sounding the alarm and forcing the scientific community to carry out in-depth studies, for instance on the suspected link between pesticide use and cancer, which then led to epidemiological studies that confirmed the starting assumption. Some of these campaign groups even became aware that they needed to build themselves the scientific apparatus required to prove their point. CRIIRAD (Commission for Independent Research and Information on Radiation), which was created to obtain reliable data on the intensity of the radioactive fallout from Chernobyl, helped reveal that the French government had

The previous argument is being qualified: even though such groups do act for the well-being of populations, it does not mean they are totally unbiased.

The first argument is being clarified and an example is given: such groups have already compelled the scientific community to carry out studies.

Another example is provided: an NGO has even created its own lab to carry out the experiments needed to prove their point.

deliberately concealed the seriousness of the contamination of some French regions in the wake of the Chernobyl explosion. The CRIIRAD laboratory conducted scientific measurements revealing the intensity of the radiations that had affected the French population. Some critics argue that they are an anti-nuclear campaign group and, as such, try to further their goal – **which is true** – but at least the use of scientific data to prove their point brought credibility to their claim.

After showing how positive the actions of such groups can be, the real problem is being identified: such studies tend to arouse unfounded fears. An example illustrates this idea : one should not rely on mere suspicions of toxicity. However, some of the merits of this approach are being praised, as it helps authorities and the scientific community realise that further in-depth studies are needed.

To me, those throwing their findings out there give rise to irrational fears. Consumer protection organizations are praised for helping consumers make informed decisions, but they often arouse unjustified fears. The composition of disposable baby diapers, published in a French consumer protection magazine, is a case in point. Some noxious substances contained in diapers are known to be dangerous when inhaled but nothing is known about them when it comes to skin contact, and **I think that it should have been made clear to the readers**. More importantly, the study contributed to highlighting that we do lack scientific data on the topic and that further investigation is needed.

Conclusion: opposing those two types of research does seem to be counterproductive. As the previous example has shown, making them work hand in hand is of paramount importance.

Basically, instead of pitting campaign group research against peer-reviewed research, considering that the former should provide the latter with the matter to be scientifically studied does sound a better approach. **I am adamant that** scientists **should agree** to embrace each new research challenge and find out whether the scientific approach can prove it right or wrong.

(608 words)

Vocabulaire de la proposition de corrigé

dissemination : la diffusion

to gain momentum : prendre de l'ampleur, de l'importance

seemingly : apparemment, en apparence

to be paramount : être très important

a hazard : un danger

to abide by the rules : respecter les règles, agir conformément aux règles

to disregard sth : ignorer volontairement qqch, ne pas prendre qqch en compte

a whistleblower : un lanceur d'alerte

to thwart plans : contrecarrer des projets

until proven otherwise : jusqu'à preuve du contraire

the starting assumption : l'hypothèse de départ

to further sth : promouvoir / faire avancer qqch (une cause, etc.)

to arouse fear : susciter la peur

disposable : jetable

to pit s.o./sth against s.o./sth else : opposer qqn/qqch à qqn/qqch d'autre

to be adamant : être catégorique

to embrace a challenge : relever un défi

Sujet d'entraînement

En réagissant aux arguments exprimés dans cet éditorial, le candidat rédigera lui-même dans la langue choisie un texte d'opinion d'une longueur de 500 à 600 mots.

Do You Have a Moral Duty to Leave Facebook?

I joined Facebook in 2008, and for the most part, I have benefited from being on it. Lately, however, I have wondered whether I should delete my Facebook account. As a philosopher with a special interest in ethics, I am using "should" in the moral sense. That is, in light of recent events implicating Facebook in objectionable behavior, is there a duty to leave it?

In moral philosophy, it is common to draw a distinction between duties to oneself and duties to others. From a self-regarding perspective, there are numerous reasons one might have a duty to leave Facebook. For one thing, Facebook can be time-consuming and addictive, to no fruitful end. In addition, as researchers have demonstrated, Facebook use can worsen depression and anxiety. Someone who finds himself mindlessly and compulsively scrolling through Facebook, or who is constantly comparing himself unfavorably with his Facebook friends, might therefore have a duty of self-care to get off Facebook.

From the perspective of one's duties to others, the possibility of a duty to leave Facebook arises once one recognizes that Facebook has played a significant role in undermining democratic values around the world. For example, Facebook has been used to spread white supremacist propaganda and anti-Semitic messages in and outside the United States. The United Nations has blamed Facebook for the dissemination of hate speech against Rohingya Muslims in Myanmar that resulted in their ethnic cleansing.

Facebook also enabled the political data firm Cambridge Analytica to harvest the personal information of millions of voters in the United States so they could be targeted with personalized political advertisements. A significant amount of fake news can be found on Facebook, and for many users, Facebook has become a large echo chamber, where people merely seek out information that reinforces their views.

Some people might think that because they mostly share photos of their cats on Facebook, such concerns do not apply to them. But this is not so, for three reasons. First, even if one does not contribute directly to the dissemination of fake news or hang out in echo chambers, simply being on Facebook encourages one's friends to stay on Facebook, and some of those friends might engage in such activities. This influence on others is known as a (positive) network effect, where increased numbers of people improve the value of a product.

Second, by being on Facebook one serves as a data point for Facebook's social media experiment, even if one encounters none of Facebook's experimental manipulations. In doing so, one could be helping Facebook to refine its algorithms so that it can better single out specific individuals for certain purposes, some of which could be as nefarious as those of Cambridge Analytica.

Third, choosing to remain on Facebook might not directly undermine democratic values, but it could also be wrong because we might be failing to participate in a collective action (that is, leaving Facebook) that would prevent the deterioration of democracy.

So do we have an obligation to leave Facebook for others' sake? The answer is a resounding yes for those who are intentionally spreading hate speech and fake news on Facebook. For those of us who do not engage in such objectionable behavior, it is helpful to consider whether Facebook has crossed certain moral "red lines," entering the realm of outright wickedness.

For me at least, Facebook would have crossed a moral red line if it had, for example, intentionally sold the data of its users to Cambridge Analytica with the full knowledge that company would use the data subversively to influence a democratic election. Likewise, Facebook would have crossed a red line if it had intentionally assisted in the dissemination of hate speech in Myanmar. But the evidence indicates that Facebook did not intend for those things to occur on its platform.

The fact that those things did occur, however, means that Facebook needs to be much more proactive in fixing such problems. Will it? The recent worrisome revelation that Facebook hired an opposition-research firm that attempted to discredit protesters by claiming that they were agents of the financier George Soros is not encouraging. While there still appears to be some daylight between Facebook and what is being done on its platform or in its name, darkness is crowding in.

That said, we should not place the responsibility to uphold democratic values entirely on Facebook. As moral agents, we should also hold ourselves responsible for our conduct, and we should be reflective about what we say, react to and share when we are on social media. By sharing or reacting to a post, even if one explicitly criticizes the post, one is amplifying the message of that post and signaling that the post warrants further attention.

For now I'm going to stay on Facebook. But if new information suggests that Facebook has crossed a moral red line, we will all have an obligation to opt out. (831 words)

By S. Matthew Liao, *The New York Times*, Nov 24, 2018

Proposition de corrigé

Les mots en gras font l'objet d'une traduction dans l'encart Vocabulaire du corrigé.

For all the **alleged** advantages of being on social networks and on Facebook in particular, I think there are **countless** reasons why one would be better off quitting. Of course, my point here is not to **rant about** all of Facebook's **shortcomings**. Just as S. Matthew Liao mentioned it, I think many active users of Facebook would admit that it is a time waster, where a majority of people like to **wander** aimlessly for fun or just **for lack of** better entertainment options, with the **adverse** consequences it is known to have on self-esteem. That being said, even though I agree that this question should be discussed on moral grounds, it seems to me that Liao misses the point and is far too optimistic about the future of this network. In my opinion there is no convincing moral reason for anyone to keep using that network.

The latest example of Facebook's **blameworthy** actions was made public about a week ago: the social network declared that they would not fact-check the 2020 US election political ads **disseminated** on their platform, on the grounds that they want to stick to their principle of neutrality. Once again, Facebook does not seem to be learning from its mistakes… For about four years since the 2016 election, tech companies **have been put to the test** regarding their role in democracy and protection **thereof**. Saying that Trump just ran the best digital advertising campaign in 2016 is dishonest when everyone knows that Facebook's refusal to control such ads is primarily due to some of Facebook's biggest and most powerful clients being political parties and governments. So why shoot yourself in the foot?

I know some will say this is just a problem because an election is coming up. But on the one hand it shows the limits of their self-imposed political neutrality and on the other hand I think this decision says a lot about this company which, like many others unfortunately, only **seeks to** maximize profits **at the expense of** its users and their most basic rights. This can be exemplified by their policies on privacy and the protection of data. Even if the Cambridge-Analytica scandal comes to mind, it is far from being the only example of Facebook failing to protect its users' private data. Liao **rightly** argues that it was just a data breach and that Facebook did not sell any information intentionally. But the fact they cannot *guarantee* protection for lack of human capacity or skill to do so – although lack of **willingness** to invest in them might be more accurate – is rather problematic as it calls into question the company's self-imposed principle, for purely economic reasons.

And unfortunately, I think that Liao's idea according to which Facebook users can be the agents of change is just **wishful thinking**. Because let's be honest: no one is going to make the effort. The Internet has become a place where the most hateful content and exchanges can be found, a place where individualism reigns supreme and very little is done to protect the community as a whole. Besides he totally **overlooks** the fact that Facebook is widely used by minors – and uneducated people – who **lack perspective** and objectivity and **are easily influenced** by whatever they read, taking it **at face value**. Well, Zuckerberg would say they were not supposed to open accounts in the first place, were they? Systematically refusing to take responsibility for one's actions will not encourage people to consider joining the network. Hopefully, it will even act as **a deterrent**.

(589 words)

Quelques commentaires concernant le corrigé

Le premier paragraphe introduit le sujet de l'éditorial en rappelant le point de vue du journaliste de l'article support et en exprimant un point de vue sur la question soulevée, qui correspond à la thèse soutenue : d'un point de vue moral, il ne semble pas justifié d'avoir un compte Facebook.

Le deuxième paragraphe s'appuie sur des exemples venant illustrer le point de vue : le fait que Facebook ait déclaré début 2020 que la véracité des éléments contenus dans les publicités d'ordre politique ne serait pas contrôlée lors de la campagne pour les élections de 2020, au nom du principe de neutralité. L'exemple de la campagne de 2016 est utilisé pour montrer qu'on ne peut s'étonner qu'une telle démarche soit à l'œuvre quand on sait que Facebook compte des partis politiques parmi ses clients, qui payent pour que soient diffusés des messages sur la plateforme.

Le paragraphe suivant rebondit sur cet état de fait : la neutralité prônée par Facebook est donc à relativiser, qui comme toute entreprise cherche à augmenter ses profits, parfois même aux dépens de ses utilisateurs et de la protection de leurs données, par exemple. L'affaire *Cambridge Analytica* vient illustrer cette idée : bien qu'il n'ait pas été prouvé que Facebook a divulgué des informations volontairement, le fait-même qu'il existe des failles dans le système de protection des données sur Facebook est condamnable. La volonté de la plateforme d'investir dans des moyens de contrôle plus efficaces est remise en cause.

Le quatrième paragraphe revient sur la conclusion optimiste du journaliste : il est illusoire de croire que les utilisateurs de Facebook peuvent à eux seuls changer la donne en termes de protection des données et des personnes. Par ailleurs, Facebook est utilisé par des individus qui peuvent être considérées comme vulnérables et influençables, ce qui remet au centre des préoccupations la question de la véracité des informations circulant sur cette plateforme.

Vocabulaire de la proposition de corrigé

Alleged (adj.) : supposé
Countless (adj.) : innombrable
To rant about sth : râler au sujet de qch
A shortcoming : un défaut
To wander : errer
For lack of sth : par manque de qch
Adverse (adj.) : négatif, -ve
Blameworthy (adj.) : répréhensible, condamnable
To disseminate : diffuser, répandre
To put something / someone to the test : mettre à l'épreuve, tester
Thereof : de celui-ci, de celle-ci, de ceux-ci, de celles-ci
To seek to do sth : chercher à faire qqch
At the expense of : aux dépens de
Rightly : à juste titre
Willingness (n.) : la volonté, la détermination
Wishful thinking : un voeu pieu
To overlook : négliger
To lack perspective : manquer de recul
To be easily influenced : être facilement influençable
To take sth at face value : prendre qch pour argent comptant
A deterrent : un moyen dissuasif, de dissuasion

RÉUSSIR LE QCM : CCINP, ENAC (EPL ET ICNA), ATS

La méthode

1. Remarques générales

Les conseils de préparation au QCM sont les mêmes que pour les autres épreuves de concours : une lecture très régulière de la presse est nécessaire afin de vous familiariser avec les expressions et le vocabulaire qui la caractérisent. Mais il s'agit surtout, dans le cadre de la préparation au QCM, d'en faire une lecture très attentive du **point de vue linguistique** : vous devez acquérir une bonne connaissance du vocabulaire et des tournures journalistiques, mais aussi des collocations (à savoir des mots que l'on retrouve très fréquemment associés dans la langue anglaise) incontournables car elles sont très utilisées et idiomatiques (par exemple far-reaching consequences, an appalling situation, to arouse admiration, etc.). Nous vous conseillons également de travailler la synonymie et d'approfondir votre connaissance des champs lexicaux et des contextes d'emploi de certains mots. Notez enfin que certains points devront faire l'objet d'un apprentissage systématique, comme l'emploi des prépositions (to depend on, to be responsible for, etc.).

Nous attirons votre attention sur le fait que les articles supports portent toujours sur des thèmes d'actualité : technologie, environnement, science, questions de société, etc.

Le format du QCM peut donner l'illusion que cette épreuve est plus facile que les autres. Il n'en est rien : le barème est pénalisant (recours aux points négatifs à ATS et CCINP LVB) et les questions sont souvent très ciblées.

2. Le QCM CCINP

a. Présentation de l'épreuve et barème

L'épreuve dure **1 heure** et consiste en un questionnaire à choix multiple dont le support est un article de presse à lire, portant sur un sujet d'actualité. Le QCM est composé de trois parties, pour un total de 39 questions :

- la partie Compréhension du QCM compte 12 questions (10 points sur 20) ;
- la partie Lexique compte 12 questions (5 points sur 20) ;
- la partie Grammaire compte 15 questions (5 points sur 20).

Chacune des 39 questions est notée comme suit :

- réponse juste : + 3 points ;
- absence de réponse : 0 point ;
- réponse fausse ou réponses multiples : – 1 point.

Notez que, pour chaque question, **une seule réponse est possible**.

Remarque :

Seuls les points au-dessus de 10 comptent.

b. Conseils méthodologiques

▶ Ce qu'il faut savoir

L'épreuve étant relativement courte, il convient d'avoir à l'esprit un certain nombre d'éléments qui vous permettront de ne pas perdre de temps :

- Pour la compréhension :
  - les questions apparaissent dans l'ordre chronologique du texte ;
  - les segments sur lesquels portent les questions sont précisés grâce à la numérotation des lignes ;
  - les questions de compréhension sont parfois très complexes et exigent plusieurs lectures très attentives d'un même paragraphe. Dans certains cas, il vous faudra procéder par élimination pour identifier la proposition qui semble la plus appropriée parmi les quatre.
- Pour le lexique :
  - il s'agit de trouver, pour un mot du texte, un synonyme parmi les quatre proposés ;
  - en principe, les mots pour lesquels vous devrez trouver un synonyme sont soulignés dans le texte support.
- Pour la grammaire :
  - certaines questions de grammaire peuvent parfois porter sur des points présents dans le texte support : une lecture attentive de l'article vous permettra donc de repérer la réponse dans l'article ;
  - un entraînement régulier aux questions de grammaire du QCM vous permettra d'aborder tous les points susceptibles de faire l'objet d'une question, et vous assurera inévitablement l'obtention d'une bonne note à cette partie Grammaire. En effet, les sujets de QCM reprennent toujours les mêmes points grammaticaux : on citera, entre autres, le passif, les temps, la durée, le dénombrable et l'indénombrable, le comparatif et les prépositions.

▶ Comment aborder le QCM ?

Avant d'essayer de répondre aux questions, vous devez lire attentivement **le texte support en entier** pour en avoir une **compréhension globale**. Repérez la logique interne de l'article pour bien saisir le schéma argumentatif du texte, étape d'ailleurs incontournable pour aborder les questions de la partie Compréhension. Nous vous déconseillons vivement d'essayer de répondre aux questions au fur et à mesure de votre première lecture du texte.

Rien ne vous oblige à effectuer les exercices dans l'ordre. C'est au fil des entraînements que vous pourrez identifier la démarche qui vous convient le mieux :

- Vous pouvez suivre l'ordre des questions et commencer par répondre à celles de la partie Compréhension, puis poursuivre avec la partie Lexique puis la partie Grammaire.
- Vous pouvez aussi décider de vous « débarrasser » de la partie Grammaire en commençant par celle-ci, étant donné que le travail régulier que vous aurez consacré aux points qui font l'objet de questions récurrentes vous permettra d'y consacrer un minimum de temps.
- Il peut également être judicieux de répondre aux questions de compréhension et de lexique en parallèle : si elle n'est pas absolument nécessaire, nous vous recommandons néanmoins une relecture du passage pour répondre aux questions de compréhension et de lexique. Vous pouvez profiter d'être concentré sur la compréhension d'un passage pour identifier le synonyme adéquat.

3. Les QCM EPL et ICNA (ENAC) et le QCM ATS

a. Présentation des épreuves et barèmes

▶ EPL et ICNA

Le QCM dure **2 heures** et est composé de 80 questions. Pour chacune d'elles, **une seule réponse est possible**.

Il s'agit d'un QCM de lexique et de grammaire. Il est composé de phrases isolées et/ou de courts textes à trous (articles de presse), pour lesquels un choix multiple de réponses est proposé. Notez qu'il n'existe pas de partie Lexique ni de partie Grammaire clairement identifiée mais que les questions portent sur l'une et/ou l'autre de ces compétences.

Chacune des 80 questions est notée comme suit :

- réponse juste : + 1 point;
- réponse fausse ou réponses multiples : 0 point.

Remarques :

- une note inférieure à 10 est éliminatoire pour le concours EPL.
- une note inférieure à 8 est éliminatoire pour le concours ICNA.

▶ ATS

Le QCM dure **2 heures** et est composé de 140 questions maximum qui se présentent comme suit :

- partie I intitulée Grammar and Vocabulary : 100 questions isolées de grammaire et/ou de vocabulaire.
- partie II intitulée Reading Comprehension comprenant trois textes : le texte 1 est un texte à trous avec un choix multiple de réponses; les textes 2 et 3 sont eux suivis de questions pour lesquelles le candidat doit choisir la bonne réponse parmi plusieurs propositions.

Chaque question est notée comme suit :

- réponse juste : + 3 points;
- absence de réponse : 0 point;
- réponse fausse : – 1 point.

b. Conseils méthodologiques

Les QCM proposés peuvent paraître difficiles, notamment du point de vue du lexique, mais ils sont tout à fait surmontables pour les candidats préparés. C'est pourquoi nous vous recommandons vivement un entraînement intensif à partir des annales. Une lecture assidue de la presse et un travail linguistique pointu semblent par ailleurs incontournables pour réussir ces QCM.

Pour les questions relatives à la grammaire, nous vous encourageons à travailler les fiches contenues dans cet ouvrage. Pour approfondir votre lexique, vous pouvez vous constituer des listes de vocabulaire à partir des différents articles que vous rencontrerez (lectures personnelles, textes donnés en colle ou en cours, etc.). Il vous sera nécessaire d'acquérir des connaissances lexicales fines dans ce domaine pour aborder l'épreuve avec sérénité.

Sujets traités

1. Sujet : CCINP LVB 2016

China's Education Gap

Every September, the campuses of Peking and Tsinghua Universities, often called the Harvard and M.I.T. of China, brim with eager new students, the winners of China's cutthroat education system. These young men and women possess the outlook of cosmopolitan youth worldwide: sporting designer clothes and wielding high-end smartphones, they share experiences of foreign travel and bond over common fondness for Western television shows like "The Big Bang Theory" and "Sherlock."

They are destined for bright futures. In a few decades, they will fill high-powered positions in government and become executives in state banks and multinational companies. But their everexpanding career possibilities belie the increasingly narrow slice of society they represent. The percentage of students at Peking University from rural origins, for example, has fallen to about 10 percent in the past decade, down from around 30 percent in the 1990s. An admissions officer at Tsinghua University told a reporter last year that the typical undergraduate was "someone who grew up in cities, whose parents are civil servants and teachers, go on family trips at least once a year, and have studied abroad in high school."

China's state education system, which offers nine years of compulsory schooling and admits students to colleges strictly through exam scores, is often hailed abroad as a paradigm for educational equity. The impression is reinforced by Chinese students' consistently stellar performance in international standardized tests. But this reputation is built on a myth. While China has phenomenally expanded basic education for its people, quadrupling its output of college graduates in the past decade, it has also created a system that discriminates against its less wealthy and well-connected citizens, thwarting social mobility at every step with bureaucratic and financial barriers.

A huge gap in educational opportunities between students from rural areas and those from cities is one of the main culprits. Some 60 million students in rural schools are "left-behind" children, cared for by their grandparents as their parents seek work in faraway cities. While many of their urban peers attend schools equipped with state-of-the-art facilities and well-trained teachers, rural students often huddle in decrepit school buildings and struggle to grasp advanced subjects such as English and chemistry amid a dearth of qualified instructors.

For migrant children who follow their parents to cities, the opportunity for a decent education is similarly limited, as various government policies foil their attempts at full integration. The hukou system – a residency status that ties access to subsidized social services to one's hometown – denies rural children the right to enter urban public schools. Many migrant children are relegated to private schools that charge higher tuition and offer subpar education. Recent reforms in cities like Guangzhou and Shanghai have had only a tangential impact on leveling the playing field.

In Beijing, home to eight million migrant workers, preconditions for admission seem intended less to promote educational equity than to exacerbate the discrimination. Some parents have switched jobs, sued the government and even engineered divorces to get around onerous documentation requirements, which often vary from district to district. Many urban migrants ultimately have no choice but to send their children back to their rural hometowns for inferior schooling.

China requires a vast majority of students to take the national college entrance examination in their home province, and elite universities allocate higher admission quotas to first-tier cities like Beijing and Shanghai. One researcher showed that an applicant from Beijing was 41 times more likely to be admitted to Peking University than a comparable student from the poor and largely rural province of Anhui.

Even an urban residency status doesn't ensure educational equity among city dwellers. The quality of urban schools varies widely, and the competition to enter top schools has spawned rampant corruption. Parents fork out tens of thousands of dollars under the guise of "voluntary donations" to secure a slot for their children in elite schools. At top-ranked high schools, such as the one I attended in Beijing, these charges can reach $130,000. Further advantage can be purchased by parents who can pay handsomely to hire teachers to offer extra tutoring to their children, a practice discouraged by the authorities but widespread in reality.

To curb the culture of graft, Beijing has implemented policies this year that require students to attend elementary schools in their home districts. But the new rules, instead of stopping parents from gaming the system, simply channeled the cash to another market. Property in well-regarded school districts became Beijing's hottest commodity this spring. Families have been tripping over one another to trade spacious homes in posh compounds for dilapidated flats next to prestigious elementary schools.

Adapted from *The New York Times*, September 2014

a. Compréhension

Choisissez la réponse qui vous paraît la plus adéquate en fonction du sens du texte.

1. From **line 1 to line 6**, it should be understood that Chinese students:

a. have a quite different profile from western students.

b. are luckier than western students.

c. are not keen on technology.

d. resemble western students on many points.

2. From **line 7 to line 14**, it should be understood that:

a. The students graduating from Peking and Tsinghua Universities will be offered top jobs.

b. Only the brightest of those students will find a job in the future.

c. Most of those students will work in multinational businesses.

d. They will be offered more jobs by National banks than multinational firms.

3. From **line 7 to line 14**, it should be understood that, at Peking University:

a. there are more students than before coming from rural areas.

b. there are 10% fewer students coming from rural areas, compared with a decade ago.

c. there are 30% more students coming from rural zones compared with the 1990s.

d. there were only 10% of students coming from rural areas in the past ten years.

4. From **line 15 to line 22**, it should be understood that the Chinese education system:

a. is not well considered abroad.

b. enjoys a good image overseas.

c. is often criticized by foreign countries.

d. is seen as being unfair from abroad.

5. From **line 15 to line 22**, it should be understood that:

a. China has made little effort to promote basic education among the lower classes.

b. Today fewer and fewer underprivileged Chinese children have access to basic education.

c. The Chinese government does not make it easy for all to access higher education.

d. There is no link between social background and access to higher education in China.

6. From **line 23 to line 29**, it should be understood that:

a. Rural and urban students have the same working conditions.

b. There are more and more well-trained teachers in rural zones.

c. Rural schools are as well-equipped as urban ones.

d. The working conditions in rural schools need to be improved.

7. From **line 30 to line 36**, it should be understood that:

a. Because of the hukou system, students from rural areas cannot have access to urban public schools.

b. The government is trying to bridge the gap between rural and urban schools.

c. Rural students are easily integrated into public urban schools.

d. Rural students prefer to integrate private urban schools.

8. From **line 30 to line 36**, it should be understood that:

a. Only rich students are sent to private schools.

b. Private schools offer better education than public schools.

c. Private schools are affordable.

d. Many underprivileged students have no other choice than joining private schools.

9. From **line 37 to line 42**, it should be understood that in Beijing:

a. things are made easier for parents to complain about discrimination.

b. there are more and more students coming from rural areas.

c. sometimes parents live and work in the city while their children study in rural schools.

d. many rural families who have moved into the city have ensured their children urban education.

10. From **line 43 to line 47**, it should be understood that:

a. Any Chinese student can join elite universities provided they pass a national entrance examination.

b. 41% of Beijing's students come from wealthy families.

c. Joining elite universities is easier when you come from an urban area.

d. Beijing and Shanghai have set up fair university admission quotas.

11. From **line 48 to line 55**, it should be understood that:

a. Because of corruption, the quality of urban teaching has decreased.

b. The authorities encourage parents to offer their children extra-school lessons.

c. Top schools often impose higher tuition fees.

d. The government prevents schools from requiring too high tuition fees.

12. From **line 56 to line 61**, it should be understood that:

a. All elementary schools offer the same teaching quality.

b. Some families have to make sacrifices to send their children to the best elementary schools.

c. The access to elementary schools undergoes no government restriction.

d. Prestigious elementary schools are located next to the rich neighborhoods.

b. Lexique

Choisissez la réponse qui vous paraît la plus appropriée en fonction du contexte.

13. brim with **(line 2)** means:
a. look for
b. expect
c. are full of
d. welcome

14. wielding **(line 4)** means:
a. manipulating
b. buying
c. showing
d. asking for

15. hailed **(line 16)** means:
a. praised
b. called
c. criticized
d. copied

16. stellar **(line 18)** means:
a. regular
b. virtual
c. satisfactory
d. extraordinary

17. thwarting **(line 21)** means:
a. increasing
b. preventing from happening
c. pushing
d. changing

18. state-of-the-art **(line 26)** means:
a. artistic
b. ultramodern
c. well-designed
d. national

19. dearth **(line 28)** means:
a. number
b. series
c. lack
d. selection

20. foil **(line 31)** means:
a. don't show
b. prove
c. block
d. claim

21. subsidized **(line 32)** means:
a. unreformed
b. underprivileged
c. supported by the government
d. reduced

22. subpar **(line 35)** means:
a. excellent
b. similar
c. adapted
d. below average

23. sued **(line 39)** means:
a. approved of
b. made a legal complaint against
c. written to
d. followed

24. graft **(line 56)** means:
a. injustice
b. corruption
c. discrimination
d. excellence

c. Compétence grammaticale

Choisissez la réponse adéquate.

25.

a. It is all the more difficult as they are poor.

b. It is all more difficult as they are poor.

c. It is as more difficult as they are poor.

d. It is all the more difficult than they are poor.

26.

a. Many a parent disagree with this policy.

b. Many a parent disagrees with this policy.

c. Many parent disagrees with this policy.

d. Many parents disagrees with this policy.

27.

a. More the school is prestigious, more the tuition fees are high.

b. The more prestigious the school, the higher the tuition fees.

c. More prestigious the school is, higher are the fees.

d. The more the school is prestigious, the more the tuition fees are high.

28.

a. They had better to comply with the law.

b. They had to better comply with the law.

c. They had better comply with the law.

d. They had better complying with the law.

29.

a. It is said wealthy students to be luckier.

b. It is told wealthy students to be luckier.

c. Wealthy students are said to be luckier.

d. Wealthy students are said being luckier.

30.

a. Had they warned the parents, the latter would have reacted.

b. If they warned the parents, the latter would have react.

c. Have they warned the parents, the latter would react.

d. Had they warned the parents, the latter will react.

31.

a. If they were richer, they could afford it.

b. If they have been richer, they could afford it.

c. If they had been richer, they could afford it.

d. If they are richer, they could afforded it.

32.

a. There are less and less students here.

b. There are less and less of students here.

c. There are a fewer and fewer students here.

d. There are fewer and fewer students here.

33. There … in this university.

a. are more than 10,000 student

b. are more 10,000 students

c. is more 10,000 students

d. are more than 10,000 students

34. … they cannot join this school.

a. Though that they have good results,

b. Though if they have good results,

c. Even though they have good results,

d. If though they have good results,

35. They spent … on the project.

a. ten thousands dollars

b. ten thousand of dollars

c. ten thousand dollars

d. ten thousand dollar

36. The authorities offered no other alternative …

a. in spite the parents' insistence.

b. despite of the parents' insistence.

c. in despite the parents' insistence.

d. in spite of the parents' insistence.

37. They … their policy a decade ago.
a. have reviewed
b. have review
c. had review
d. reviewed

38. The government … on equity.
a. should have focused
b. should to have focused
c. should have focuse
d. should have focusing

39. Entrance examinations are becoming …
a. the harder and the harder.
b. more and more hard.
c. harder and harder.
d. the more and more harder.

Corrigé du sujet

▶ **Voici une proposition de corrigé commenté :**

a. Compréhension

Les segments contenant les justifications sont indiqués ci-dessous avec les lignes correspondantes.

1. d. from "possess" (3) to "shows" (5)
2. a. from "destined" (7) to "multinational companies" (8)
3. d. from "has fallen" (10) to "decade" (11)
4. b. from "is often hailed abroad" (16) to "educational equity" (17)
5. c. from "a system" (20) to "barriers" (22)
6. d. from "rural students" (26) to "instructors" (28)
7. a. from "denies rural children" to "schools" (32)
8. d. "are relegated to private schools"
9. c. from "many urban migrants" (39) to "inferior schooling" (41)
10. c. from "elite universities" (43) to "Anhui" (46)
11. c. from "at top-ranked" (50) to "$130,000" (51)
12. b. from "families" (57) to "elementary schools" (59)

b. Lexique

13. c. to brim with : déborder de
14. c. to wield : 1. exercer (pouvoir) ; 2. brandir (un objet)
15. a. to hail : 1. héler (un taxi) ; 2. acclamer, saluer
16. d. stellar : 1. stellaire, des étoiles (propre) ; 2. extraordinaire, féerique, exemplaire (figuré)
17. b. to thwart : contrecarrer, contrarier (qqn ou ses projets)
18. b. state-of-the-art (= cutting-edge; advanced) : dernier cri, de pointe
19. c. a dearth : manque, pénurie, disette
20. c. to foil : déjouer, faire échouer, contrecarrer
21. c. to subsidize : subventionner
22. d. subpar (= below standard, suboptimal, inferior to expectations) : médiocre

23. b. to sue (= to prosecute) : attaquer, poursuivre en justice

24. b. graft : pot-de-vin, corruption

c. Compétence grammaticale

25. a. La structure correcte à connaître est all the more + adj. long + as ou since.

26. b. Avec la construction many + a + nom, on accorde le verbe avec a + nom, donc il s'agit ici de disagrees.

27. b. L'accroissement parallèle se construit ainsi : the more + adj. long (ou the + adj. court portant la marque –er), the more + adj. long (ou the + adj. court portant la marque –er) : the sooner, the better; the more hard-working they are, the happier the teacher is. Souvent, quand le verbe est be, on a une ellipse du groupe verbal.

28. c. Structure figée had better + BV.

29. c. Construction à sens passif : X is said to + BV. Autre possibilité : It is said that wealthy students are luckier.

30. a. Constructions hypothétiques où l'hypothèse est exprimée par l'inversion auxiliaire-sujet (donc sans if). On peut utiliser should pour les hypothétiques zero conditional, first conditional et second conditional (voir chapitre 15) : Should you stop by the bakery, get some bread. (= If you stop by the bakery, get...)/Should he resign, he would not find another job so easily. (= If he resigned, he would not find...). Avec une hypothétique au plu-perfect (hypothétique « irréelle » passée ou third conditional), comme c'est le cas ici, on aura : Had he resigned, he would not have found... (= If he had resigned, he would not have found...).

31. a. If + prétérit (modal) dans la subordonnée en if et could + BV dans la principale (ou would quand il n'y a pas de notion de capacité).

32. d. On utilise less and less avec l'indénombrable, mais fewer and fewer avec le dénombrable (forcément pluriel). Fewer est le comparatif de few.

33. d. Le comparatif de supériorité se construit avec more than et il est nécessaire d'avoir be au pluriel car le nom student est un dénombrable au pluriel (≠ there is more milk than sugar).

34. c. Les conjonctions though, even though, even if et although expriment toutes la concession.

35. c. Lorsqu'un chiffre est précisé (ici, ten), il n'y a ni « s » à thousand, ni of (à la différence des expressions dans lesquelles le chiffre n'est pas précisé : thousands of dollars = des milliers de dollars).

36. d. Les expressions correctes sont despite et in spite of suivies d'un groupe nominal ou d'un verbe en –ing.

37. d. Ago implique un verbe au prétérit.

38. a. Il s'agit de la seule proposition grammaticalement correcte : should + infinitif passé, c'est-à-dire have + participe passé. Il s'agit de l'expression d'un reproche ou d'un regret.

39. c. L'expression française « de plus en plus » se traduit ainsi : more and more + adj. long (more and more difficult) / adj. court + –er and adj. court + –er (harder and harder).

2. Sujet : ICNA 2016 (questions 1 à 30 sur les 80 posées)

Complétez les phrases à l'aide des mots ou groupes de mots proposés. Noircissez ensuite la case correspondant à votre choix sur la grille de réponses.

1. An estimated 880,000 working parents in England have … to skipping meals in the past year to cover their mortgage or rent.

a. restarted **b.** rethought **c.** resorted **d.** revealed **e.** rested

2. The government has reformed benefits, healthcare and housing rules to make them among the … in Europe.

a. tightly **b.** tight **c.** tightest **d.** tighter **e.** tightrope

3. Researchers from Oxford and Edinburgh universities also said that … cancer patients who are receiving care, could have their quality of life improved by a new medical programme.

a. this **b.** them **c.** that **d.** those **e.** they

4. Clinical depression was … more prevalent among cancer patients than in the general population.

a. many **b.** much **c.** most **d.** few **e.** little

5. Truss said that the ongoing mapping of 87,000 square kilometres of the ocean floor … "quite remarkable geographical features".

a. can uncover **b.** uncovering **c.** uncover **d.** have uncovered **e.** had uncovered

6. "In one place in particular, the sea depth is as little … 600 metres and then falls away in just a very short distance to 6,600 metres", he said.

a. as **b.** than **c.** to **d.** until **e.** for

7. For years now, a congestion charge … under discussion by the national and regional governments.

a. has been **b.** is **c.** was **d.** had been **e.** are

8. Equal marriage has been described as the end of the rainbow for gay liberation, but there is no … of gold.

a. crock **b.** decanter **c.** container **d.** jug **e.** crack

9. For the young and disillusioned hackers, it's an effective way to lash … the system of rich video game companies.

a. in for **b.** up to **c.** through of **d.** towards for **e.** out at

10. In 1997, Sukhdev Reel's son Ricky died in … she believes was a racist attack.

a. where **b.** what **c.** that which **d.** when **e.** whose

11. Last month, the Reel family were … to a meeting with Derbyshire police officers working on an internal inquiry.

a. converted **b.** requested **c.** conjoined **d.** summoned **e.** conferred

12. Since Friday morning, 8,000 white balloons … to the ground along the former east/west German border.

a. have been pegged **b.** were being pegged **c.** are pegged
d. is pegged **e.** has been pegged

13. Swedish scientists discovered, when they used brain scans, that learning a foreign language … increase the size of your brain.

a. ought **b.** must **c.** shall **d.** could **e.** could have

14. The scientific study is part of a growing body of research using brain imaging technologies to … understand the cognitive benefits of language learning.

a. well **b.** most **c.** best **d.** better **e.** good

15. Five defendants in the phone hacking enquiry were … all charges at the end of the trial.

a. clear in **b.** cleared of **c.** cleared at **d.** cleared through **e.** clear up

16. A child will die in Australian immigration detention unless the system …

a. will change **b.** would change **c.** might change **d.** changes **e.** should change

17. A plane passenger was charged after allegedly … to grab the cockpit controls.

a. trying **b.** to try **c.** was trying **d.** tried **e.** have tried

18."Apple" is due to face a US inquiry over iPhone … book privacy.

a. addresses **b.** contact **c.** link **d.** address **e.** addressee

19. Seldom … greater between Republican and Democrat conventions.

a. has been the divide **b.** has the divide been **c.** the divide is
d. the divide has been **e.** divides

20. If, in the digital age, we … reduce even our consumption of paper, what hope is there for other commodities?

a. aren't **b.** haven't **c.** might **d.** should **e.** won't

Lisez le texte suivant. Complétez chaque blanc à l'aide des mots ou groupes de mots proposés à la fin du texte. Noircissez ensuite la case correspondant à votre choix sur la grille de réponses.

A protest flares up in Mexico

A group of protesters **21.** … to the wooden door of Mexican President Enrique Pena Nieto's ceremonial palace, in Mexico City's historic city center, late on Saturday. The group, **22.** … torches, broke away from what had been a mostly peaceful protest, demanding justice for the students, who were abducted six weeks ago. Apparently they had been murdered and incinerated by corrupt police in **23.** … with drug gang members. Police **24.** … the flames and enforced fencing designed to keep the protesters away from the National Palace. At **25.** … two people were injured in Saturday night's protest, local television reported. Riot police cleared the square before midnight and an ambulance was assisting the injured people.

21. a. set fire **b.** start fire **c.** extinguish fire **d.** fired up **e.** flamed
22. a. carrying **b.** carried **c.** carries **d.** can carry **e.** will carry
23. a. loan **b.** libel **c.** life **d.** legacy **e.** league

24. a. put out **b.** put on **c.** put through **d.** put up **e.** put against

25. a. last **b.** least **c.** less **d.** loss **e.** limit

Change in euthanasia law

A change in the law that will allow terminally ill people to be helped to **26.** … their lives is inevitable and will happen within as little as a couple of years, according **27.** … the deputy chair of the British Medical Association. Speaking in a personal capacity, Dr Kailash Chand has **28.** … his weight behind Lord Falconer's private member's bill, which **29.** … assisted dying to terminally ill patients who are deemed mentally capable and are likely to have less than six months to live. On Friday, the House of Lords voted unanimously to accept an amendment to the assisted dying bill that would see all applications for assisted death subject to judicial oversight. The move **30.** … by campaigners as a major step in changing the law. Chand said it was clear that momentum was now swinging behind those pushing for reform.

26. a. finish **b.** exterminate **c.** end **d.** put out **e.** decease

27. a. with **b.** to **c.** on **d.** at **e.** out

28. a. thrown **b.** pushed **c.** balanced **d.** gauged **e.** felt

29. a. offering **b.** would offer **c.** have offered **d.** will have offered **e.** has offered

30. a. is welcoming **b.** have been welcomed **c.** was welcome **d.** makes welcome **e.** is making welcome

Corrigé du sujet

▶ Voici une proposition de corrigé commenté :

1. c. Le verbe **resort to** (= recourir à) est suivi de **V–ing** (**skipping**) ou d'un GN (**she resorted to plastic surgery**).

2. c. Ici, il faut un superlatif (l'adjectif court **tight** + **–est** = les plus stricts).

3. d. Those est un démonstratif pluriel qui sert de déterminant à **cancer patients**. C'est le seul déterminant pluriel parmi les cinq propositions.

4. b. Much porte sur **more** (= beaucoup plus). Autre possibilité : **far more**.

5. e. La présence d'un prétérit au début de la phrase nous conduit à opérer la concordance des temps et à indiquer que les activités de cartographie (**mapping**) en cours ont déjà révélé des éléments « remarquables » au moment où Truss s'exprime.

6. a. Le comparatif d'égalité se construit comme suit : **as** + adj. + **as**.

7. a. For years now indique une activité qui a démarré il y a plusieurs années et qui est toujours en cours au moment où la phrase est prononcée. En l'absence de **now**, la réponse D eût été possible.

8. a. Expression figée : = un trésor hors de portée, insaisissable.

9. e. Il s'agit du **phrasal verb « to lash out at s.o. »** = s'en prendre à qqn.

10. b. Dans cette proposition, il manque le sujet de **was**. On peut supprimer le segment **she believes** : il indique seulement que c'est ce que pense cette personne (= dans ce qui, d'après elle, était une attaque raciste). **What** est un pronom (on peut le remplacer par le GN **this event** par exemple) et il est bien le sujet de **was**.

11. d. to be summoned to a place = être convoqué. Le sens des autres termes rend les autres réponses impossibles.

12. a. Le sujet pluriel impose un verbe au pluriel. **Since Friday morning** indique que l'action a débuté à ce moment-là. Étant donné qu'elle continue dans le présent, il faut un **present perfect**.

13. d. Could est justifié par la présence de **discovered**, qui implique un modal affecté de la marque –ed (can + –ed = could). **Ought** est toujours suivi de **to** + BV (équivalent de **should** + BV). **Must** exprimerait ici une obligation. **Shall** exprimerait un futur (de la même manière que will) ou une contrainte. **Could have** doit être suivi d'un participe passé.

14. d. Deux ordres sont possibles pour cette construction : to + better + BV + sth (sth = complément d'objet) (**to better understand the cognitive benefits**) ou to + BV + sth + better (**to understand the cognitive benefits of learning better**). Quel que soit le cas, on ne sépare par le verbe de son complément d'objet.

15. b. to be cleared of charges : être innocenté

16. d. Unless n'est possible qu'avec le présent simple, le prétérit et le **plu-perfect**.

17. a. La conjonction **after** est toujours suivie d'un verbe en **–ing** ou d'un groupe verbal (**after he tried** aurait donc également été possible).

18. d. an address book : un carnet d'adresses. À la différence du français, **address** est au singulier car le premier nom d'un nom composé ne prend jamais de « s », sauf quelques rares exceptions (comme **a civil rights advocate**).

19. b. La présence de **seldom**, comme tous les termes à sens négatif ou restrictif (**not only, never, hardly, etc.**), en début de phrase, entraîne une inversion sujet-auxiliaire.

20. e. De la même manière que, dans certains de ses emplois, **will** peut exprimer une volonté, **won't** (contraction de **will not**) exprime une volonté de ne pas faire, donc un refus.

A protest flares up in Mexico

21. a. to set fire to sth (ou to set sth on fire).

22. a. On peut faire apparaître la relative complète **which was carrying**, mais ici on a une ellipse du pronom relatif et de **was**. **Carrying** est un participe présent.

23. e. to be in league with s.o. : être de mèche avec qqn

24. a. to put out : éteindre

25. b. at least : au moins ; at last : enfin, finalement

Change in euthanasia law

26. c. expression d'usage : to end one's life

27. b. According est toujours suivi de **to**.

28. a. to throw one's weight behind s.o. or sth = to use one's power to support a project

29. b. Ici, il faut une forme conjuguée (car on a la présence de **which**) et il s'agit d'un projet de loi (**bill**), d'où le conditionnel **would offer**.

30. c. La voix passive est la seule qui fasse sens ici, ce qui est confirmé par le complément d'agent **by campaigners**.

3. Sujet : QCM ATS 2019

(40 premières questions de la partie Grammar and vocabulary suivies des questions sur le premier texte de la partie Reading Comprehension)

I. Grammar and vocabulary

1. He … before he knew the company was having difficulties.
a. had resigned **b.** was resigning **c.** resigns **d.** has resigned

2. If Tom were looking for an internship in Germany, our recruitment manager …
a. helped **b.** will have helped **c.** can to help **d.** could help

3. The teacher wants the essay … by 12:15.
a. finished **b.** finishing **c.** will be finished **d.** must be finished

4. The company's benefits were up, … the CEO felt satisfied.
a. nevertheless **b.** therefore **c.** however **d.** for this purpose

5. … the economic crisis, lots of people lost their job.
a. When **b.** Because of **c.** Although **d.** Since

6. Consumer confidence fell … May.
a. next **b.** on **c.** in **d.** the

7. The conference will take place … Berlin.
a. at **b.** on **c.** in **d.** to

8. Many elderly people can't use computers, … they need help.
a. on the whole **b.** besides **c.** consequently **d.** for example

9. The teacher let the students … just before 5 o'clock.
a. leave **b.** left **c.** to leave **d.** leaving

10. Find … the main details about him and write his biography.
a. up **b.** about **c.** out **d.** around

11. The film … going on since 2 o'clock. What a long film!
a. has been **b.** was **c.** is **d.** has being

12. Ambition, talent … desire are ingredients for success.
a. or **b.** either **c.** neither **d.** and

13. If this man … elected, the country's economy will recover.
a. is **b.** was **c.** will be **d.** would

14. Five years ago, he bought himself a second-hand car and … Australia.
a. visits **b.** visited **c.** has visited **d.** was visiting

15. He got his wallet … while visiting the Champs-Elysees.
a. steal **b.** stealing **c.** stolen **d.** to steal

16. You should improve your English, … your best option is to spend some months in an English-speaking country.

a. however **b.** that's why **c.** because **d.** but

17. She always listens to the news … cooking, so she can keep up with whatever happens in the world.

a. during **b.** while **c.** in the meantime **d.** for

18. He has … done two internships abroad, hasn't he?

a. yet **b.** ever **c.** already **d.** never

19. My uncle always attempts to make his employees … like family.

a. feeling **b.** feels **c.** felt **d.** feel

20. If I don't get my bonus paid soon, I … be in the red at the bank!

a. am **b.** am going **c.** am about to **d.** will

21. The swimming-pool … within the next month.

a. will be inaugurated **b.** will inaugurated
c. will inaugurate **d.** would be inaugurated

22. Could you have a technician … and see my printer today because it's out of order?

a. comes **b.** coming **c.** come **d.** to come

23. They got sick … the Christmas holidays.

a. while **b.** since **c.** during **d.** once

24. Don't worry, your bank has got branches … the United States.

a. throughout **b.** at **c.** about **d.** on

25. Let the customer in, offer him some coffee … I'll get Tom to come as quickly as possible.

a. so **b.** nevertheless **c.** meanwhile **d.** due to

26. The … with the government was settled after weeks of negotiation.

a. dispute **b.** disputing **c.** disputable **d.** disputant

27. Make sure to show it to an … art dealer.

a. authority **b.** authorization **c.** authorized **d.** authoritarian

28. The manager apologized for … late to work this morning.

a. be **b.** being **c.** having been **d.** been

29. The students … the results of the exam tomorrow afternoon.

a. will be knowing **b.** will know
c. will have known **d.** is going to be knowing

30. They found it difficult to adapt to Chinese ways … the first six months and then got used to it.

a. for **b.** as soon as **c.** while **d.** once upon a time

31. It's important that the competitors … all the rules.

a. are knowing **b.** will know **c.** is knowing **d.** know

32. As a kid, I … practise karate twice a week.
a. used to b. am used to c. was used to d. using to

33. … he says, he is always funny.
a. Whoever b. Wherever c. Whenever d. Whatever

34. Neither has she got a brother … a sister and has always felt sad about it.
a. nor b. or c. yet d. neither

35. He wishes he … not so slow at memorizing his lessons.
a. was b. weren't c. were d. is

36. … flavour ice-cream would you like, sir? Vanilla, strawberry or chocolate?
a. Which b. What c. Whose d. Whom

37. … fault is it? Well – I don't have a clue.
a. What b. Which c. Whom d. Whose

38. We … him for over ten years and consider him a very reliable and honest person.
a. know b. knew c. have known d. have been knowing

39. If you want to brush … your Spanish before the holidays, you'd better hurry up.
a. in b. up c. out d. into

40. "How do you believe they entered … your house?" the inspector asked the lady.
a. in b. into c. onto d. …

II. Reading comprehension

Choose the best answer for each blank or question below.

Text 1:

A Plastic Free Wedding, extract from "Time", December 15, 2017

When Amber Marcoux and Tyler Wilcox of Ormond Beach, Florida, started planning their wedding, they wanted to make the event a **101.** of love with a light footprint on the Earth and local wildlife. They took the time to research and plan so that no single-use plastic was used during the event. We spoke with Amber to find out how they did it.

PPC: Why and how did you decide to have a wedding with no single-use plastic?

Amber: This is something that gradually took shape for us. My husband is a huge Jack Johnson fan, and we recently **102.** a few of his shows. Jack made his events more than just the music and celebration, he made it about how **103.** a group of people together is the perfect audience for talking about **104.** in our world. Part of our inspiration came from that belief, and the other half came from my extreme love of turtles. I used to work for a non-profit humane society in the area, so **105.** are a big part of our lives. During my time at the humane society, I took a group of camp students to a local marine science center. During my first visit to the Marine Science Center I watched a volunteer teach a group of 5-year-**106.** about the impact a plastic bag has **107.** a sea turtle. She talked about how a sea turtle **108.** see the difference from a plastic bag and a jelly fish and how the bags can make the turtles very **109.** That was my moment. I went home that day, and vowed never to use plastic bags again. Since then, I've been able to convince my friends and family about **110.** the use of single-use plastic bags and either bringing their own, using paper, or just skipping the bag all together. When we started planning our wedding, **111.** Tyler and I began to think of ways that we can make an impact on the audience we had in front of us on our special day. **112.** we did! One of my favorite parts of the wedding was the art we created from our beach cleanups. Jack Johnson had done something similar for his tour, and we were inspired. We did regular beach cleanups leading up until the big day, and I took only a small portion of what we collected and used it to make an art piece to display to our guests on our big day.

What was the hardest part of planning this type of wedding? What was the best part?

This sounds silly, but the **113.** part was getting people to understand what we were doing and why. I can't tell you how many conversations I had to have about "single-use" plastic pollution and how going **114.** meant no plastic at all. My wedding coordinator asked once if plastic cups counted as single-use plastic. Yes, that happened. I just don't think our culture understands what it means. I think that they get it when you're saying "no plastic" but they don't really understand what and why. I had this conversation many times. I guess this would also be the best part. I did a lot of Googling to see if others had "plastic-free" wedding ceremonies. It was sad, but I didn't see it being a common thing. So we had to make it our own, and we had to ask a lot of questions. They weren't hard, but you have to stay more on top of your vendors, and really be **115.** of your ceremony. Plastic came up in unexpected places. We had gifted our guests cookies in addition to our favor donation to a local marine science center. The cookies, of course, would have been wrapped in plastic. So we had to find an **116**. They're out there, you just have to do your own research and look.

Can you share about some of the ways you saved money or spent more money going plastic-free?

We didn't necessarily "save" money when it came to the plastic-free initiative. We took the angle with our vendors of: do you use this? and if so, I'd like to provide an alternative. This way, we weren't causing a conflict, but rather, letting the vendor or venue know that we would not accept something at our ceremony. We replaced a lot like trash bags, straws, coffee stirrers, etc. In the aspect of "saving money" we did a lot on our own. Tyler is incredibly **117.** and loves to spend time in the garage wood-working. So together, we created some really cool pieces for the big day. All of the signs and decor we had were made from upcycled wood from a local shop. A local succulent artist dedicated to conservation of the beach helped me create beautiful succulent pieces. To purchase things of this nature would have probably been more expensive, and they wouldn't have any underlying meaning to them. We did save money when we said no to things like balloons, fake flowers, etc. It's crazy, but during our beach cleanups we found so many fake rose petals **118.** the beach. Do I think this event cost more from going plastic-free? Yes. Do I think it was worth it? Yes, I didn't spend an unheard amount of money, a few dollars here and there to know we're making a bigger impact. Tyler and I really loved making this day the way it was. We reached out to a lot of fantastic organizations like Plastic Pollution Coalition that helped support us in making our day so special. We were sponsored by the Sea Turtle Conservancy and Naked Turtle Rum company in our efforts for the sea turtles and going plastic-free. Naked Turtle Rum provided our guests **119.** custom cocktails and items for use in our recyclable bag favors, and the Sea Turtle Conservancy set up the partnership with Naked Turtle Rum and provided us resources for our guests to learn more about their efforts. In addition to favors, we adopted a sea turtle from the Marine Science Center. Tyler and I want to help more couples by empowering them to challenge their venues to rid of single-use plastics.

101. a. party	**b.** dinner	**c.** event	**d.** celebration
102. a. attended	**b.** visited	**c.** saw	**d.** stared at
103. a. grouping	**b.** gathering	**c.** collecting	**d.** meeting
104. a. news	**b.** gossip	**c.** the weather	**d.** issues
105. a. cats	**b.** dogs	**c.** elephants	**d.** animals
106. a. olds	**b.** aged	**c.** old	**d.** kids
107. a. in	**b.** on	**c.** over	**d.** about
108. a. will	**b.** can't	**c.** shouldn't	**d.** may
109. a. happy	**b.** tasty	**c.** sick	**d.** crazy
110. a. stop	**b.** stoping	**c.** stopping	**d.** stopped
111. a. both	**b.** neither	**c.** nor	**d.** either
112. a. so that	**b.** so	**c.** also	**d.** though
113. a. hardest	**b.** harder	**c.** hard	**d.** hardy
114. a. none plastic	**b.** plasticless	**c.** plastic-free	**d.** without no plastic
115. a. in control	**b.** in charge	**c.** in the mood	**d.** in the air
116. a. issue	**b.** other	**c.** alternate	**d.** alternative
117. a. handful	**b.** handsome	**c.** handy	**d.** hateful
118. a. dying on	**b.** cluttering	**c.** floating on	**d.** raving on
119. a. with	**b.** for	**c.** together	**d.** to

Corrigé du sujet

I. Grammar and Vocabulary

1. a. Le recours au plu-perfect se justifie par le fait que l'action resign est antérieure à knew qui est au prétérit.

2. d. Il s'agit d'une phrase hypothétique qui se construit sur le schéma : If + prétérit modal (d'où le were à la 3e personne du singulier) dans la subordonnée, suivi de would/could + base verbale dans la principale.

3. a. La construction to want something (to be) done est employée ici, avec ellipse de to be.

4. b. Il s'agit ici d'exprimer un lien de cause à effet entre les deux propositions. Seul therefore convient.

5. b. On souhaite exprimer la cause de la perte d'emploi, on a donc because of + GN. When et although sont des conjonctions qui ne peuvent pas être suivies simplement d'un GN. Since aurait été envisageable si le V lost avait été au present perfect.

6. c. Les noms de mois sont toujours précédés de la préposition in, sauf si le jour est également précisé, auquel cas la préposition est on (ex : on May 1st).

7. c. Devant les noms de villes et de pays, la préposition utilisée est in.

8. c. On cherche à établir un lien de cause à effet entre les deux propositions. Seul consequently convient.

9. a. Le verbe let se construit comme suit : to let s.o. / sth + BV.

10. c. Find out est un verbe à particule (phrasal verb) qui signifie « découvrir, apprendre ». Dans le cas présent, on pourrait plutôt le traduire par « trouver des informations ».

11. a. since 2 o'clock indique qu'un bilan est fait sur une action en cours, qui a commencé à 2 heures. Il faut donc du present perfect. Notez que was et is ne permettent pas d'exprimer un bilan et que la réponse **d.** est agrammaticale.

12. d. Il s'agit d'un lien d'ajout, d'où la conjonction de coordination and.

13. a. Cette phrase répond au schéma : if + present (subordonnée), will + BV (principale).

14. b. Avec ago, le temps utilisé est le prétérit. On raconte des faits en rupture avec le présent. Notez que was visiting ne peut convenir puisque la forme V–ing opère un effet de zoom sur une action en déroulement à un moment du passé. Or il s'agit ici de raconter une succession de faits, donc on utilise le prétérit simple.

15. c. L'expression to get something done est employée ici pour décrire une action subie par le sujet : someone stole his wallet. Notez que get peut être remplacé par have (he had his wallet stolen).

16. b. Ici aussi, il convient d'exprimer un lien de cause à effet entre les deux propositions et seule l'expression that's why convient.

17. b. Écouter les informations se fait en même temps que l'action de cuisiner, d'où l'emploi de while avec une ellipse de she is. During précède un GN et in the meantime est une expression adverbiale signifiant « pendant ce temps ». For n'a aucun sens ici.

18. c. C'est already qui est utilisé pour traduire « déjà » dans les phrases affirmatives.

19. d. Le verbe make se construit comme suit : to make someone / something + BV.

20. d. Cette phrase répond au schéma : if + present (subordonnée), will + BV (principale).

21. a. Emploi d'un futur à la voix passive.

22. c. Il s'agit d'une construction qui traduit l'expression française « faire faire » : to have someone/ something + BV (ici, to have someone come).

23. c. During est une préposition qui introduit le GN the Christmas holidays. While est une conjonction et ne peut donc pas introduire un GN. Since aurait été possible avec un temps permettant d'exprimer un bilan (have been ou had been).

24. a. Throughout (= all through) dans son sens spatial signifie "à travers, partout", seule réponse cohérente ici.

25. c. Meanwhile signifie « pendant ce temps ».

26. a. Dispute signifie « conflit ».

27. c. Authorized signifie « agréé, habilité ».

28. b. Lorsqu'un verbe suit une préposition (ici for), il est à la forme V–ing.

29. b. L'adverbe de temps tomorrow indique que le GV doit être au futur. La forme V–ing avec des verbes exprimant l'état ou la connaissance comme know n'est pas possible, ce qui rend **a.** et **d.** inenvisageable (d'autant que l'accord sujet/verbe ne convient pas en **d.**). La réponse **c.** n'est pas cohérente car elle correspond à un futur antérieur (= auront connu).

30. a. For associé à l'expression d'une durée dans une phrase au prétérit se traduit par « pendant », et par « depuis » dans les phrases au present perfect ou au pluperfect.

31. d. Avec les formules introductives de type it is important that, it is vital that, it is necessary that, etc. le verbe qui suit est à la forme de base verbale.

32. a. L'expression used to + BV indique une rupture entre une situation passée et une situation présente. Ici, as a kid exprime bien cette rupture. Ne pas confondre cette expression avec be used to + V–ing qui exprime l'habitude.

33. d. Whatever est l'équivalent de no matter what (whatever he says = quoi qu'il dise).

34. a. Neither a pour pendant nor (= « ni… ni… »). Ne pas confondre avec either… or… (= « soit… soit… »)

35. c. Structure figée : I wish + sujet + prétérit modal. Cette phrase se traduirait par : « Il regrette de ne pas être plus rapide pour mémoriser ses leçons » ou « Il aimerait ne pas être si lent à mémoriser ses leçons »).

36. a. Which permet de proposer un choix entre plusieurs éléments (ex : which one do you prefer?).

37. d. Whose est le déterminant du nom fault. Il s'agit d'un possessif (ex : it is his/her fault). On recherche le responsable ici.

38. c. L'expression for over ten years indique le point de départ d'un bilan effectué dans le présent. Il faut donc du present perfect simple (et non en V–ing, voir réponse 29).

39. b. Brush up est un verbe à particule signifiant « réviser, rafraîchir ses connaissances ».

40. d. Le verbe enter est transitif direct, ce qui signifie qu'il est suivi d'un COD, sans préposition : to enter a house.

II. Reading Comprehension

101. d. celebration.

102. a. attended (to attend a show, a concert, etc.).

103. b. gathering (to gather people, to gather people together = rassembler).

104. d. issues (il s'agit d'évoquer les problèmes rencontrés à l'échelle mondiale).

105. d. animals (ici, elle parle des animaux en général).

106. a. olds (adjectif nominalisé = a five-year-old / several five-year-olds).

107. b. on (the impact **on** something).

108. b. can't (expression de l'incapacité).

109. c. sick (synonyme de ill).

110. c. stopping (après une préposition comme about, le verbe est à la forme V–ing).

111. a. both (permet d'insister sur le fait que deux éléments accomplissent la même action).

112. b. so (exprime la conséquence).

113. a. hardest (expression d'un superlatif the + adj. court + –est = le plus, la plus).

114. c. plastic-free (adjectif construit sur le modèle de sugar-free, fat-free, etc.).

115. a. in control (idée selon laquelle les futurs mariés doivent être très impliqués dans ces préparatifs et contrôler les matières utilisées par leurs prestataires).

116. d. alternative (signifie another option or solution).

117. c. handy (signifie « doué de ses mains, bricoleur »).

118. b. cluttering (to clutter signifie « encombrer, joncher »).

119. a. with (voir la construction du verbe to provide someone with something).

RÉUSSIR LA CONTRACTION CROISÉE : BANQUE PT

Les étudiants sont invités à résumer en anglais et en 130 mots (± 10 %) un texte en français. Cette tâche est couplée à un exercice d'expression écrite de 200-220 mots. L'épreuve dure 3 heures.

La méthode

1. Remarques liminaires

- Ne rédigez pas votre contraction de texte en français pour ensuite la traduire en anglais. Travaillez d'emblée en anglais.
- Bannissez l'emploi du discours indirect (The journalist says…).
- Évitez les abréviations et les formes contractées (doesn't, isn't…).
- Adoptez une méthode linéaire, en accordant plus d'importance aux passages qui le méritent.
- Soyez fidèle au texte et **n'ajoutez pas d'idée personnelle**.

2. Écueils à éviter

- Le résumé n'est qu'un catalogue de phrases juxtaposées, sans connecteurs logiques.
- Certaines parties du texte de départ sont traduites littéralement, sans reformulation.
- L'expression anglaise est calquée sur le français et, de ce fait, trop abstraite.

3. Comment procéder ?

1. **Lecture-découverte** du texte français pour en saisir le sens général.

2. **Lecture méthodique :** repérez les parties de l'article (qui peuvent ne pas correspondre au découpage en paragraphes), puis soulignez les mots-clefs et les connecteurs logiques qui structurent le texte. Faites la distinction entre les idées et exemples principaux et celles et ceux, secondaires, que vous pouvez barrer. Prenez déjà quelques notes dans la marge, en anglais et en style télégraphique.

3. **Première étape de la rédaction :** une fois la lecture méthodique effectuée, vous avez la trame, le schéma, de votre résumé. Rédigez ensuite les paragraphes avec vos propres mots. Votre défi consiste à rassembler toutes les idées centrales, sans omission, tout en respectant la limite de mots imposée. Si votre résumé compte quatre paragraphes, chacun devrait comporter environ 35 mots. Notez que la traduction du titre n'est pas demandée.

4. **Seconde étape de la rédaction :** étoffez une idée centrale si le nombre de mots est insuffisant ou, au contraire, reprenez certains passages qui manquent de sobriété ou de précision en cas d'excédent.

5. Première relecture : comparez le texte de départ et votre résumé-contraction pour vérifier que vous n'avez pas ajouté une idée qui ne figurait pas dans le texte source ou omis une idée centrale.

6. Seconde relecture : vérifiez la correction de l'anglais, la clarté des phrases, le style et la ponctuation. La qualité de la langue est le premier critère d'évaluation ; vient ensuite la fidélité au texte.

7. Comptez le nombre de mots obtenu et indiquez-le après le point final.

Sujet traité (Banque PT 2016)

Xavier Molénat, « Les nouveaux codes de la distinction », *Scienceshumaines.com*, 23 janvier 2012

▶ Après la lecture-découverte de l'article, munissez-vous d'un stylo et d'une règle. **Repérez les grandes parties du texte-support** et donnez-leur un titre en anglais. **Soulignez ensuite les idées essentielles et incontournables** de chacune d'elles (numérotez-les éventuellement) et **encadrez les mots-clefs** (tels que « critique » et « résultat » au paragraphe 3, ou les marqueurs de rupture comme « cependant », au paragraphe 2). À l'aide d'accolades dans la marge, **rapprochez les paragraphes** qui doivent l'être. Vous ferez ainsi ressortir la trame de l'article, son « squelette ». C'est sur cette trame que vous construirez votre résumé.

Il y a trente ans, Pierre Bourdieu montrait comment les classes supérieures se distinguaient en s'appropriant les pratiques culturelles les plus nobles. Cette analyse est-elle toujours pertinente alors que le mélange des genres entre culture légitime et culture populaire semble être devenu la règle ?

Introduction and main issue

« *Exister* [...], *c'est différer, être différent* » : voilà, présentée sous une forme lapidaire, l'idée centrale que Pierre Bourdieu disait avoir voulu développer dans son maître ouvrage, *La Distinction* (1979). À grand renfort de statistiques, d'entretiens, de descriptions et de photos, le sociologue montrait en effet comment la culture et les styles de vie fonctionnaient, dans la société française, comme des machines à produire des différences et des hiérarchies. Il mettait ainsi en évidence le fait qu'il existe une certaine correspondance entre la hiérarchie des pratiques culturelles et celle des groupes sociaux. Les formes les plus légitimes, les plus « nobles », de culture (visite des musées et galeries, opéra) sont appropriées par les classes supérieures. Ces dernières sont singées par les classes moyennes, qui se contentent de produits « dégriffés », ersatz de culture légitime : jazz en lieu et place de musique classique, photographie, revues de vulgarisation, cinéma... Les classes populaires, elles, tendent à s'auto-exclure du jeu de la culture (« *ce n'est pas pour nous* »), se contentant de « produits culturels de grande diffusion » : variété, spectacles sportifs, télévision, romans policiers...

Pierre Bourdieu's main argument(s): class distinctions and cultural reproduction

Du snob à l'omnivore

Bourdieu and the "habitus"

Le sociologue insiste cependant sur le fait qu'il ne faut pas voir là une recherche explicite de distinction : les choix que nous opérons, les jugements que nous portons sur le beau et le laid sont le produit de notre *habitus*, c'est-à-dire des manières de penser, d'agir et de sentir que nous avons incorporées à travers notre éducation et notre milieu familial, et qui guident nos choix de manière non consciente. C'est ce qui fait l'avantage des dominants qui, réussissant à imposer leur style de vie comme étalon du bon goût, n'ont qu'à être ce qu'ils sont pour être ce qu'il faut être, l'intention même de distinction (ostentation, tape-à-l'œil et autres formes de bling-bling) étant à cette aune l'« *une des formes les plus abhorrées du "vulgaire" en tout opposé à l'élégance et à la distinction que l'on dit naturelles, élégance sans recherche de l'élégance, distinction sans intention de distinction* ».

Revision of Bourdieu's arguments :

Véritable tour de force, *La Distinction* a longtemps subjugué les sociologues. Ce n'est que récemment que le modèle qu'il expose a été soumis à une critique approfondie, en particulier parmi les spécialistes des pratiques culturelles. Ces derniers ont tout d'abord pointé **1** les transformations morphologiques qu'a connues la société française depuis trente ans : tertiarisation de l'économie, déclin des paysans et des ouvriers, montée en puissance des employés, forte croissance des cadres... Le paysage social n'est plus le même. Mais **2** le paysage culturel a lui aussi été bouleversé, avec la place centrale prise par la télévision, l'arrivée d'Internet, la montée en puissance des industries culturelles... **Résultat** : tout semble indiquer que le « bon goût » ne règne désormais plus sans partage. **3** Au milieu des années 1990, le sociologue Richard Peterson montre qu'en matière musicale, les classes supérieures américaines sont désormais moins « snobs » qu'« omnivores », avec un goût marqué pour l'éclectisme : jazz, rap, classique, musiques du monde..., tout semble doux à leurs oreilles. **4** En 2004, Bernard Lahire généralise en quelque sorte le constat d'un désajustement entre hiérarchie des pratiques et hiérarchie sociale : dans *La Culture des individus*, il montre par exemple que les pratiques légitimes sont loin d'être une norme au sein même des classes supérieures : 56 % de leurs membres ne sont jamais allés à l'opéra, et seuls 15 % ont pour genre de film préféré les films d'auteur. Inversement, ces derniers sont nombreux à « s'autoriser » des pratiques peu légitimes, comme la visite de parcs d'attractions (25 %), l'écoute de variété française (39 %), la télévision (61 % la regardent tous les jours). À partir d'une enquête dans des lycées, **5** Dominique Pasquier montre que chez les jeunes, hormis quelques établissements huppés, c'est carrément la culture «de masse» qui est devenue dominante (jeux vidéo, télévision, R'n'B...) et circule entre élèves, les goûts légitimes ne se cultivant plus qu'un peu honteusement, et en tout cas pas en public...

Conclusion/ final questioning

Ce grand mélange des genres ne signe-t-il donc pas la fin des logiques de distinction repérées par Bourdieu ?

Corrigé du sujet

▶ **Repérez le « squelette » de l'article et reformulez le contenu de chaque partie.** Passez ensuite à la phase de synthétisation de ces notes afin de respecter le nombre de mots exigé (130 mots ± 10 %) :

- **Introduction and main issue (paragraph 1):** Pierre Bourdieu's argument that the most "noble" cultural practices are in the hands of the superior classes is being called into question due to the blurring of the boundary between legitimate and popular culture.
- **Bourdieu's main argument: class distinctions and cultural reproduction (paragraphs 2 and 3):**

  a. Paragraph 2: the transmission and reproduction in every social class of existing social and cultural values and practices to preserve differences and hierarchies:
  - Museum attendance and theatre-going (known as "legitimate culture") are the superior classes' preserve.
  - The middle classes have developed an interest in "discount culture" (jazz music, photography, or movies) while…
  - …"mass culture" is reserved for the working classes.

  b. Paragraph 3: our "habitus" (our thoughts, tastes, beliefs and understanding of the world around us) is created unconsciously through family, culture and the milieu of education. The dominating classes use this as a tool for gaining dominance and power and imposing the ultimate "good taste".
- **Revision of Bourdieu's arguments (paragraph 4):**

  a. Recent criticisms

  1. [1] There have been morphological changes in French society over the past thirty years (rapid expansion of the tertiary sector, new social landscape…)…

  2. … and a transformed cultural landscape too (the centrality of television, the advent of the Internet, the increasing power of industrial groups).

  b. The "result": "good taste" no longer is the privilege of the superior classes

  3. Sociologist Richard Peterson (1990s): the American superior classes now have an ear for all kinds of music (jazz, rap, classical music).

  4. Bernard Lahire (2004): there are wide discrepancies between the cultural practices (deemed "legitimate") characteristically associated with the superior classes and their actual cultural habits (few of them actually go to the opera or are keen on auteur films). Conversely, many of them engage in "less legitimate" cultural practices: amusement parks, television.

  5. Among young people "mass" culture (video games, television, R'n'B music) now prevails over legitimate activities pursued secretly by a minority of them.
- **Conclusion and final questioning:** Does this massive cultural mix mark the end of Bourdieu's logics of distinction and reproduction?

▶ **Passez à la rédaction de votre résumé.** Il va de soi que vous allez devoir sacrifier bon nombre de détails (exemples, noms propres, dates, explicitations, etc.) pour ne conserver que

1. Nous ne faisons que reprendre les chiffres que nous avons ajoutés dans l'article.

l'essentiel. Ces choix sont personnels, subjectifs, ce qui signifie que le corrigé qui suit n'est qu'une proposition de résumé qui, en aucun cas, ne peut invalider votre propre production.

Bourdieu's theory about the reproduction in all social classes of existing cultural practices is being challenged by the blurring of the boundary between "legitimate culture" (the superior classes' preserve) and popular culture (reserved for the working classes).
According to Bourdieu, the dominating classes use their milieu of education to gain dominance in society and impose their "good taste".
However, due to the tertiarisation of the economy and a transformed cultural landscape (with the advent of the Internet), "good taste" no longer is the privilege of the superior classes.
Recent studies show that the superior classes have gained an ear for all kinds of music and point to the discrepancies between the cultural practices associated with the superior classes and their actual cultural habits since many of them engage in "less legitimate" cultural practices (television...) while well-to-do young people indulge mostly in mass culture.

(143 words = 130 words + 10%)

Partie 2

SE PRÉPARER À L'ORAL

TABLEAU RÉCAPITULATIF DES ÉPREUVES ORALES

Voici un tableau récapitulatif des épreuves orales :

Concours	Épreuves pour les étudiants de MP / PC / PSI
Banque inter-ENS **Filière PSI**	**Préparation :** 30 minutes **Passage :** 20 minutes **Épreuve :** compte-rendu et commentaire d'un article de presse
Polytechnique **Filière PSI**	**Préparation :** 30 minutes **Passage :** 20 minutes **Enregistrement vidéo journalistique d'une durée de 5 minutes** (émission télévisée, débat, bulletin d'information, documentaire) **Épreuve :** résumé et commentaire devant un jury composé de deux personnes.
Polytechnique / Banque inter-ENS / ESPCI **Filières MP et PC**	**Préparation :** 30 minutes **Passage :** 20 minutes **Enregistrement vidéo journalistique d'une durée de 5 minutes** (émission télévisée, débat, bulletin d'information, documentaire) **Épreuve :** résumé et commentaire devant un jury composé de deux personnes.
Centrale Supélec	**Préparation :** 20 minutes **Passage :** 20 minutes **Article de presse** **Épreuve :** compte-rendu et commentaire suivis d'une conversation
Mines-Ponts	**Préparation :** 20 minutes **Passage :** 20 minutes **Article de presse** **Épreuve :** résumé, commentaire et entretien avec le jury
Mines-Télécom (aussi appelé Petites Mines) oral en anglais obligatoire	**Préparation :** 1 minute (pour la dernière partie seulement) **Passage :** 15 minutes **Épreuve :** → Entretien comprenant des questions d'ordre biographique et portant sur les centres d'intérêt du candidat → Description et analyse d'un document iconographique → 1 minute de préparation pour élaborer un échange à partir d'une fiche de situation (sorte de jeu de rôle)
CCINP	**Préparation :** 30 minutes **Passage :** 30 minutes **Enregistrement audio** (article lu, d'une durée de 3 à 4 minutes et d'une longueur de 450 mots environ) : 3 écoutes consécutives sans interruption, avec prise de notes **Épreuve :** compte-rendu et commentaire suivis d'un entretien

Concours	Épreuves pour les étudiants de MP / PC / PSI
e3a-Polytech	Épreuves spécifiques à chaque école **Arts et Métiers ParisTech** **Préparation :** 15 minutes **Passage :** 15 minutes (exposé et entretien) **Enregistrement audio** (article de presse lu, d'environ 450 mots) : le candidat peut écouter l'enregistrement autant de fois qu'il le désire **Épreuve :** compte-rendu et commentaire suivis d'un entretien
ENAC **ICNA / EPL**	**Préparation :** 20 minutes ***EPL* Passage :** 15 minutes (compte-rendu et entretien inclus) ***ICNA* Passage :** 20 minutes (compte-rendu et entretien inclus) **Enregistrement audio** (interviews, dialogues, etc.) : le candidat se voit proposer 4 enregistrements. Il n'en choisit que 2 **Épreuve :** compte-rendu oral de 2 des 4 enregistrements (au choix du candidat) et entretien avec le jury sur un des sujets de ces documents enregistrés ou sur un autre sujet. **Note éliminatoire :** < 12 (ICNA) ; < 10 (EPL)

Concours	Épreuves pour les étudiants de PT
Banque PT	**Préparation :** 20 minutes **Passage :** 20 minutes **Enregistrement d'un texte d'actualité** **Épreuve :** compte-rendu et commentaire **Extrait de la notice :** « *Le candidat écoute l'enregistrement et prépare un résumé structuré et un commentaire de l'article entendu. Pendant l'interrogation, le candidat restitue les informations essentielles entendues dans l'enregistrement, puis fait part de ses réflexions personnelles. L'interrogation se termine sur un libre entretien autour du thème.* »

Concours	Épreuves pour les étudiants de BCPST / TB
Banque Agro-Véto **Filières A-BCPST et A-TB**	**Préparation :** 30 minutes (le temps de préparation est exclusivement consacré à la préparation de la présentation de l'article de presse) **Passage :** 30 minutes **Épreuve :** **1.** Synthèse et commentaire d'un article de presse de 500 mots environ (12 points) **Préparation :** 30 minutes **Passage :** 20 minutes (15 minutes de présentation + 5 minutes de questions) **2.** Compte-rendu exhaustif d'un extrait vidéo d'une durée de 2 minutes. Deux visionnages consécutifs avec prise de notes simultanée, puis restitution immédiate (8 points) **Durée :** 10 minutes

Concours	Épreuves pour les étudiants de BCPST / TB
ENS (seulement pour les BCPST)	**Préparation :** 30 minutes **Passage :** 20 minutes **Épreuve :** **1.** lecture d'un article de presse au choix ou imposé par l'examinateur **2.** compte-rendu de l'article (5 minutes maximum) suivi d'un commentaire de l'article (5 minutes) et d'un entretien avec l'examinateur (10 minutes)
Polytechnique (seulement pour les BCPST)	**Préparation :** 30 minutes **Passage :** 20 minutes **Enregistrement vidéo journalistique d'une durée de 5 minutes** (émission télévisée, débat, bulletin d'information, documentaire) **Épreuve :** résumé et commentaire devant un jury composé de deux personnes
G2e	**Préparation :** 20 minutes **Passage :** 20 minutes **Épreuve :** **1.** synthèse et commentaire d'un article de presse, suivis d'un entretien **2.** compte-rendu exhaustif d'un document audio d'une durée d'1 minute 40 à 2 minutes ; prise de notes autorisée **Remarque : la langue vivante 1 est obligatoirement l'anglais.**

Concours	Épreuves pour les étudiants de ATS
ATS (ENSEA)	**Préparation :** 30 minutes **Passage :** 20 minutes **Oral, au choix :** anglais, allemand ou espagnol **Article de presse** **Épreuve :** compte-rendu et commentaire

RÉUSSIR LE COMPTE-RENDU ET LE COMMENTAIRE D'UN ARTICLE DE PRESSE ET D'UN DOCUMENT ENREGISTRÉ

Compte-rendu et commentaire d'un article de presse « support papier »

1. L'épreuve

Pour les Maths sup/spé, on retrouve cet exercice à Centrale, Mines-Ponts et aux ENS (PSI), ainsi qu'au concours ATS. L'épreuve est la même à ceci près que, à Centrale, le candidat doit choisir entre deux textes de 500 mots environ, tirés de la presse anglo-saxonne.

Les étudiants de BCPST devront passer cette épreuve à l'oral d'Agro-Véto, de l'ENS et de G2e.

a. Présentation

Le candidat dispose de **20 minutes de préparation (30 minutes pour ENS PSI, ENS BCPST et Agro-Véto)**. **L'épreuve dure 20 minutes** et comporte deux parties de longueur sensiblement égale :

- **Un compte-rendu structuré de l'article suivi d'un commentaire. Cette première partie ne doit pas excéder 10 minutes (Centrale ou ENS pour les BCPST et les PSI), 12 minutes (Mines-Ponts) ou 15 minutes (Agro-Véto, G2e bien que la notice et les rapports ne préconisent un temps de parole n'excédant pas 12 minutes pour l'Agro-Véto).** Notez qu'il est aussi pénalisant d'écourter le temps imparti. **La montre est donc un objet indispensable que vous surveillerez sans cesse.**
- **Un échange avec le jury en anglais** sur le document support. L'examinateur vous demandera de préciser certains points de votre commentaire, de les approfondir ou vous orientera vers d'autres aspects de l'article.

b. Compétences évaluées

Le jury évalue diverses compétences :

- la bonne compréhension d'un article en langue anglaise ;
- votre esprit de synthèse (pour ce qui est du compte-rendu) ;
- la prise de parole en continu : fluidité et enchaînement des idées ;
- la richesse et la correction de la langue (n'hésitez pas à vous corriger pendant l'oral) ;
- la prononciation des phonèmes de l'anglais ;
- la pertinence de l'argumentation et la richesse des connaissances culturelles (dans le commentaire) ;
- vos aptitudes de communication (capacité à capter l'attention de l'examinateur, à le guider pendant la présentation, débit, dynamisme, etc.).

C. Conseils méthodologiques

1. Lisez l'article qui vous a été proposé. Vous devez repérer :

- **La nature du document :** est-ce un article d'information (an informational [informative] press release, a news article), un récit (a feature article), une étude (an essay, investigative press, an analysis), une opinion extérieure (an interview, an op-ed piece), un commentaire (an opinion piece, an editorial, a column) ?
- **La source et la date de publication :** voyez en quoi ces informations peuvent avoir une influence sur le contenu de l'article et la manière dont l'information est traitée. Demandez-vous toujours dans quel **contexte** (social, politique, etc.) l'article a été publié.
- **L'argument, l'axe directeur de l'article** (que vous mentionnerez dans votre introduction et qui sera **le point de départ de votre commentaire**), ainsi que **l'angle du journaliste**, **son « intention »**.
- **Les « articulations » du document support** qui délimitent les « parties » de l'article.

2. L'introduction :

- **Replacez l'article dans son contexte** (réaction à un événement majeur, analyse d'un choix politique dans un pays donné, etc.).
- **Mentionnez la source** (journal, pays, journaliste) **et la nature de l'article** si l'information est exploitable. Elle l'est d'autant plus si c'est un homme politique qui prend la plume ou si l'article en question est une analyse personnelle.
- **Indiquez l'axe directeur de l'article** et, éventuellement, dans quel débat d'idées il s'insère (réflexion sur la place du sport dans notre société, sur le rôle de la prison, etc.).

3. Le compte-rendu :

- Il faut à tout prix éviter la paraphrase : ne répétez pas le contenu de l'article ligne après ligne, mais **synthétisez-le** et **reformulez-le** tout en gardant à l'esprit l'axe directeur annoncé en introduction.
- De préférence, résumez les idées dans l'ordre dans lequel elles vous sont présentées. Mais faites attention : **bannissez la simple liste d'idées disparates** et optez pour **un résumé structuré**, guidé par l'organisation de l'article, ses « parties » que vous aurez dégagées au préalable.
- Abstenez-vous de trop souvent citer l'article et de **donner votre avis**.

4. La transition :

- Il s'agit d'opérer un **glissement subtil** (qui ne pourra être « Let's move on to the commentary ») de l'article qui vient d'être résumé vers le commentaire.
- **N'oubliez pas que votre commentaire découle naturellement de l'article** dans sa spécificité, même si, ensuite, « rien n'empêche le candidat de tisser des liens avec l'actualité du monde anglophone, voire le traitement de problématiques similaires dans d'autres pays » (Mines-Ponts, rapport 2015).

5. Le commentaire :

- **Gardez-vous de plaquer sur votre commentaire un thème travaillé en cours qui n'aurait pas de lien direct avec l'article**. En revanche, **utilisez avec à-propos vos connaissances en civilisation du monde anglo-saxon**. Illustrez vos arguments par des références à l'actualité et des références culturelles (films, romans, expositions, etc.).

- Envisagez le commentaire comme **un débat dynamique ou une réflexion « à voix haute »** sur le contenu de l'article et non comme la simple présentation de votre point de vue sur un événement (même si vous ne devez pas craindre de donner votre avis à un moment donné).
- Petit à petit, par ramification, par association d'idées, introduisez d'autres aspects de la question, renvoyez vers d'autres exemples tirés de l'actualité, mettez à mal l'argument central du journaliste en présentant des arguments contraires, etc.

6. La conclusion :

- Elle constitue une étape indispensable. Elle vous permet de répondre à la question posée dans l'introduction ou d'évoquer un aspect du débat que vous auriez omis.
- Bannissez les formules malhabiles comme « That's all » ou « I'm done ». C'est votre intonation qui indique que votre présentation arrive à son terme.

7. L'entretien avec le jury :

- Gardez à l'esprit que votre examinateur est bienveillant et que les questions qu'il vous pose – quelles qu'elles soient – ne sont pas des pièges. Cet échange est un **temps de reprise crucial** qui permet d'évaluer votre capacité à vous corriger, à clarifier votre propos, à réagir aux questions sans les esquiver.
- Vous êtes évalué jusqu'à la fin de l'épreuve et pouvez, grâce à l'entretien, passer dans la tranche supérieure du barème de notation. Nombreux sont les candidats dont l'anglais n'est pas la langue maternelle qui, chaque année, obtiennent la note de 20/20.
- Votre oral arrive à son terme[1]. Ne manquez pas d'utiliser une formule de politesse alors que vous quittez votre jury.

2. Sujets de concours de type Centrale, Mines-Ponts, ENS (PSI), ENSAE, ENS (BCPST), Agro-Véto et G2e

Sujet traité (concours agronomiques et vétérinaires 2016)

Cet exercice est semblable à ceux de Centrale, Mines-Ponts, X-ENS (PSI), ENS BCPST, l'ENSAE ou G2e.

A Powerful New Tool for "Editing" the Human Genome

(1) It would hardly be hyperbolic to say that inside a nondescript office in London on Feb. 1, a small group of scientists and patient advocates made a decision that could potentially change the future of humanity. Since 2012, scientists have been experimenting with CRISPR-Cas9, a powerful tool that works like an editor for DNA – allowing them to find and correct mutations that can lead to deadly diseases. Now, for the first time, a researcher has the green light to test this tool on viable human embryos. Kathy Niakan is expected to start trials in London at the Francis Crick Institute within the next several months.

(2) Scientists have manipulated the genomes of many animal species, but no sanctioned studies on human embryos have been done using CRISPR. Last year, to the horror of some scientists and ethicists, Chinese researchers reported that they had experimented on

1. À l'Agro-Véto de G2e, l'épreuve sur article est suivie de l'épreuve de compréhension orale/restitution.

human embryos, prompting calls for a temporary worldwide moratorium on the use of CRISPR on so-called germline cells – those from human embryos, eggs or sperm. That's because unlike other gene-editing techniques, which can be clunky to use, CRISPR is precise, efficient, affordable and, perhaps most concerning to some, easy to use. That's what makes the Feb. 1 decision, issued by the U.K.'s Human Fertilisation and Embryology Authority so precedent-setting. It's also what makes it so controversial. Depending on whom you ask, CRISPR can be cast as a medical miracle with the potential to help cure diseases like sickle-cell anemia, Alzheimer's and even cancer – or a science-fiction nightmare waiting to happen.

(3) For her part, Niakan is treading carefully. She ultimately hopes her research will shed light on what makes a healthy embryo, which could lead to information that could help prevent miscarriages and improve fertility. – We want to understand the biology of how to make a successful embryo, says Niakan. – Now we have a really efficient method that allows us to make very precise and specific alterations to the DNA sequence. That allows us to ask questions about the function of genes, and which are required for healthy development. Because the research is focused on the earliest stage of development, the embryos will be destroyed after seven days (which in itself is an aspect of this work that makes some people uncomfortable).

(4) The fact that CRISPR allows scientists to permanently alter the human genome of embryos makes some scientists nervous. – I do not think we are ready to edit human embryos yet, says J. Craig Venter, who co-mapped the human genome. – We have little or no knowledge of how changing the genetic code will affect development. Only a small percentage of genes are well understood. For most, we have little or no clue as to their role.

(5) Jennifer Doudna, a professor of chemistry and molecular and cell biology at the University of California, Berkeley, who played a key role in developing CRISPR, says she supports Niakan's study – but only because she isn't bringing the embryos to term. – I don't think it's appropriate or responsible to use CRISPR in embryos that would be implanted in people right now, she says, adding that there are too many unknowns about the long-term effects of manipulating human genes.

Time, February 4, 2016

Corrigé du sujet

Voici une proposition de corrigé :

▶ **Introduction:**

- **Contextualisation:**
  - **The main idea:** the article recalls a recent debate sparked by a landmark decision made in February 2016 to grant scientists in London permission to genetically edit human embryos using CRISPR-Cas9, a genome editing tool.
  - **Additional information:** genetically editing humans is not legal in the UK. Only one group of scientists, led by Kathy Niakan, has been given permission to use this technique on human embryos, for the sole purpose of better understanding human embryo development.

- **The guiding idea:**
  – This decision divides the medical community and is a cause for concern for ethicists: is CRISPR the next big medical breakthrough **or** will it result in a "science-fiction nightmare"?
  – Is there anything comforting about Niakan's rigorous, "responsible" and tightly regulated approach?
- **The general debate:** the potential to create "the perfect being" is still a few years away. Even so, **is it ethical to** *tamper with* **creation?**

▶ **Le compte-rendu :** l'élaboration d'un tableau constitué de « cases » (chaque **partie** dégagée étant ensuite assortie d'un titre) vous permettra d'éviter l'écueil du compte-rendu désorganisé, simple suite d'idées disparates.

• **Introduction and contextualisation** (§1)	• For the first time, a scientist in London has been given the green light to genetically modify human embryos. • The system to be used is called CRISPR-Cas9, which is like a copy-and-paste tool for DNA.
• **Ethical issues and challenges raised by the prospect of gene editing in human embryos** (§2)	• In 2015, Chinese researchers called for a halt on genetic editing in "germline cells" because CRISPR is easy to use, specific and efficient. • HFEA's decision is highly contentious and double-edged: – CRISPR is a much-needed "cure" for life-threatening diseases; – but it also opens a slippery slope to abuses.
• **Niakan: a more ethically sound and sensible approach** (§3)	• The genes of developing embryos will be modified with the goal of improving fertility and reducing miscarriages only. • The sole purpose is to better understand human embryo development. • Embryos won't be brought to terms. They will be destroyed within seven days (*i.e.* they won't be implanted into a woman).
• **Two placaters' opinion: relativization and appeasement** (§4 and 5)	• J. Craig Venter, who contributed to the mapping of the genome: there is still a long way to go till scientists find out how to edit human embryos. • J. Doudna, a professor at the university of California: there is no cause of alarm as long as Niakan doesn't bring the embryos to term because the unknowns are too many.

▶ **A question for debate (*transition*):** Is it ethical to tamper with "nature"? Is CRISPR a huge step for science (a "triumph for common sense" as some scientists claimed) or a slippery slope to the worst scenarios?

▶ **The main axes of the commentary:**

1. Embryonic stem cell research and cloning (taking stock of the situation):
  – In 1997, a sheep named **Dolly** was cloned by scientists in Edinburgh (one of the most significant breakthroughs of the decade).
  – That same year, **Bill Clinton** called on researchers to implement a temporary moratorium on human cloning research in the name of "morality and spirituality". His decision was also prompted by the announcement that Oregon scientists had successfully cloned monkeys from embryos.

- In 2002, **President Bush**'s Council on Bioethics wrote a report arguing that reproductive cloning should be banned. President Bush actually banned the use of federal dollars in such research.
- **Barack Obama** declared in 2009 that human cloning was "dangerous, profoundly wrong" while lifting the ban on embryonic stem cell research.
- France, Germany and Switzerland have banned the creation of cloned human embryos for reproduction or therapeutic purposes.
- England and Sweden allow cloning for research, but prohibit it for reproductive purposes.

2. Genetic editing: a cause for controversy?

- The **Frankenstein syndrome**: from an ethical point of view, a potential life cannot be "created" for the sole purpose of supplying material for science and research.
- This could be the start of a slippery slope to **designer babies** (children whose DNA is genetically "modified" to enhance their appearance or intelligence): after "frankenfood", "frankenbabies"? Moreover, only rich people would be able to afford such babies.
- There are still too many unknowns: a Chinese experiment showed the technique could cause off-target effects on the genome and lead to genetic complications.
- Doctors can already screen out most diseases before a pregnancy, thanks to *in vitro* fertilisation.
- The scary specter of **eugenics**: the practice of trying to "improve" the human race by controlling genetics. It was used by Nazi doctors to wipe away all human beings deemed "unfit".

3. The merits of gene editing:

- A preventive measure: if scientists can snip out damaged genes, they will be able to treat devastating genetic diseases like cystic fibrosis or muscular dystrophy before birth.
- Gene editing could lower the risk of contracting or developing diseases like HIV/AIDS.
- It will pave the way for a better understanding of infertility and, more broadly, of humans' basic biology.

▶ **Conclusion:** aren't our fears stoked by lack of familiarity with a technique that has shown great promise in being able to treat fatal conditions? Should we choose the precautionary principle instead?

Compte-rendu – avec ou sans commentaire – d'un document audio : article de presse lu ou document audio authentique

1. L'épreuve

a. Présentation

On trouve cet exercice à l'oral de CCINP, d'e3a-Polytech, de l'ENAC (EPL et ICNA), ainsi qu'à l'oral de G2e pour les BCPST. Il faut toutefois garder à l'esprit quelques variantes qui concernent :

- **Le contenu de l'épreuve :** certaines d'entre elles comportent un compte-rendu (ou résumé) **et** un commentaire, comme à CCINP et e3a-Polytech par exemple, et d'autres ne comportent qu'un compte-rendu du document enregistré, comme à l'ENAC ou à G2e. Les présentations des candidats sont suivies d'un entretien en anglais.
- **Le temps de préparation :** il peut être de 30 minutes (CCINP), de 20 minutes (Banque PT, ENAC) ou de 15 minutes (e3a-Polytech). **La montre est donc un objet dont vous ne pourrez vous dispenser.** Attention, l'épreuve d'oral de G2e est sans préparation.
- **La durée de l'épreuve et votre temps de passage :**
  - Banque PT : épreuve de 20 minutes, dont 10 minutes de passage pour l'étudiant.
  - CCINP : épreuve de 30 minutes, dont 15 à 20 minutes de passage pour l'étudiant (il est précisé sur le site de CCINP que « *10 minutes de présentation autonome n'est pas suffisant* »).
  - e3a-Polytech : nous savons que, d'ordinaire, les 15 minutes de préparation sont suivies de 15 minutes de passage. Il semble raisonnable que vous présentiez votre travail pendant environ 10 minutes. Notez que chaque école organise ses oraux et ses épreuves et leurs exigences particulières peuvent varier.
  - EPL (ENAC) : épreuve orale de 15 minutes (exposé de l'étudiant **et** entretien). Votre présentation ne pourra raisonnablement excéder 10 minutes.
  - ICNA (ENAC) : épreuve orale de 20 minutes (exposé de l'étudiant **et** entretien). Votre présentation ne devra pas excéder 10 minutes afin que l'examinateur ait le temps de vous interroger, à l'issue de votre exposé, sur des points particuliers des deux rubriques que vous aurez choisies parmi les quatre proposées, et sur des sujets complémentaires.
  - G2e : après avoir écouté deux fois une séquence d'émission de radio (voir p. 266) de 1 minute 40 à 2 minutes, vous êtes invité, sans préparation, à en restituer le contenu.

b. Compétences évaluées

Elles sont sensiblement identiques à celles évaluées lors de la présentation d'un article de presse « support papier ». De ce fait, reportez-vous à la partie b, page 267.

En revanche, le support étant un document enregistré, **le jury évaluera aussi** :

- votre bonne compréhension d'un document audio et la pertinence de la restitution ;
- votre capacité à prendre des notes claires, succinctes **et organisées** et à les restituer avec aisance à un jury que vous considérerez comme votre interlocuteur, montrant ainsi une vraie aptitude à la communication ; CCINP, par exemple, déplore que les comptes-rendus soient « *rarement structurés, souvent linéaires* » car « *un compte-rendu n'est pas une suite d'idées sans lien* » ;
- votre capacité à reformuler le contenu du document enregistré : il faut proscrire la répétition littérale des mots du document.

c. Conseils méthodologiques

Encore une fois, les conseils prodigués plus haut pour la présentation d'un article de presse « support papier » s'appliquent parfaitement à l'exercice de présentation d'un document enregistré, à ceci près qu'il ne s'agit plus de **lire** un document, mais de l'**écouter** avec la plus grande attention. Vous vous mettrez en effet en quête des mêmes informations que pour un article « papier », mais vous ne pourrez que vous fier à votre oreille, **entraînée à l'exercice**.

Nous ne pouvons que vous conseiller :

- **de vous entraîner régulièrement à l'exercice de compréhension orale**, et précisément sur le type de document qui servira de support à votre évaluation le jour du concours (article de presse lu par un anglophone pour CCINP, document authentique pour ICNA, G2e, etc.) et lors de vos colles, ou en visitant les sites appropriés :
  - My Prépa-Khôlle (vous y trouverez notamment de nombreux textes audio de concours tirés de la Banque CCINP) : **http://eman.free.fr/prepa-colle/**,
  - NPR (vous y trouverez des podcasts d'émissions de radio américaines comme « Morning Edition », « All Things Considered » ou « Tell Me More ») : **http://www.npr.org/**,
  - BBC (radio britannique), et notamment des émissions comme « Front Row », « In Our Time » ou « Today » : **http://www.bbc.co.uk**;
- **de vous entraîner à la prise de notes** : à CCINP ou à G2e, par exemple, vous ne pourrez interrompre l'écoute du document enregistré. Vous devez apprendre à prendre des notes tout en continuant à l'écouter. De ce fait :
  - ne notez que des bribes de phrases, des mots-clefs, des abréviations,
  - laissez des espaces entre chaque idée majeure afin de pouvoir compléter vos notes lors des écoutes suivantes,
  - tirez un trait sur votre brouillon dès qu'il vous semble que le journaliste passe à une autre « idée » ou élaborez au préalable un tableau constitué de cases et changez-en quand l'article développe un autre point. Il vous suffira ensuite de donner un titre à chaque case (« main issue », « causes of the problems », « consequences », « solutions », « reactions », etc.). Votre compte-rendu n'en sera que plus structuré,
  - ne recopiez pas de phrases entières, empruntées à l'article, mais optez d'emblée pour une **reformulation** des idées, avec vos propres mots.

Procédez ensuite comme vous le feriez pour un article « support papier ». **Remarque** : certains conseils prodigués dans le chapitre suivant portant sur la restitution du contenu d'une vidéo peuvent être appliqués pour vous aider à préparer l'épreuve sur document audio. N'hésitez pas à le consulter.

2. Sujets de concours de type CCINP, Banque PT et e3a-Polytech

Sujet traité [Banque CCP (ancienne appellation de CCINP) 2015]

Vous disposez de 30 minutes pour **écouter l'article trois fois**, sans faire de pause (si ce n'est une brève interruption entre chaque écoute), **le résumer** et **le commenter**. Cliquez sur le lien suivant pour accéder à l'enregistrement : **www.vuibert.fr/site/407785**.

Vous notez :

- qu'il faut environ 4 minutes pour écouter l'article, qui fait ±450 mots ;
- que l'accent du locuteur natif est plutôt neutre, facile à comprendre ;
- que l'article est enregistré à vitesse normale d'élocution.

Remarques : il faut 3 minutes pour écouter l'enregistrement proposé à e3a-Polytech et à la banque PT ; il est donc sensiblement plus court. Hormis cette différence, l'épreuve d'oral est semblable à celle de CCINP.

Vous trouverez ci-après la **retranscription de l'article** : voici l'occasion de vous **auto-évaluer** en comparant vos notes avec l'article retranscrit.

Britain's prisons are in a shameful state. The solution is simple, but takes courage

(1) As sentences have gradually ratcheted up, England and Wales have acquired the largest prison population in western Europe. The ratio of prisoners to violent crimes is now four times what it was in the mid-1990s. [...]

(2) At 149 per 100,000, the incarceration rate in England and Wales is still way below America's 707, but it is far greater than Germany's 78 and the Netherlands' 75. Successive governments have failed to build capacity to accommodate Her Majesty's proliferating guests, so English and Welsh prisons are stuffed, and conditions are worsening. Some are at more than 180% of their official capacity. Inspectors catalogue multiple failings – filthy cells, widespread drug use, bullying, too few opportunities for work. Suicides are rising, as are attacks on officers and riots. [...]

(3) If society were indeed made safer by banging up more and more people, then there would be reasonable grounds for doing so. But the facts suggest otherwise.

(4) The "prison works" argument rests mainly on the self-evident truth that if criminals are locked up they are not on the streets committing crimes. And, at first glance, the figures seem to bear the argument out. The prison population has climbed by 68% since 1995 while crime has fallen by 60%.

(5) Yet evidence from outside Britain swiftly undermines the argument. Since 2008 the number of prisoners in the Netherlands has dropped by one-quarter. Bizarrely, that country now has more guards than convicts. Even America is becoming a little less keen on throwing people behind bars. [...] Crime has fallen in all these places, just as it has in England and Wales, suggesting prison does not have much to do with it.

(6) If prison does not work well, that may be because prisons are failing to turn people away from crime. Indeed, the opposite seems to be happening. Increasingly, crimes are committed by ex-cons. In 2003, 20% of people sentenced had committed 15 or more previous crimes; in 2013, 33% had.

(7) Overcrowding is a big reason prisons are failing to rehabilitate people. Teaching people useful skills requires manpower and space. Building more prisons would relieve the crush – but slowly and expensively; a new prison in Wales will cost £212m.

(8) There is a better alternative: imprison fewer people. The average person released from prison has been inside for nine and a half months, and the research carried out by the British government shows that people serving community sentences are less likely to commit crimes than are people released from short spells in prison. At the other extreme, many sentences are too long to be useful. The number of over-60s in prison has more than doubled in the past decade.

Adapted from *The Economist*, August 2014 (453 words)

Corrigé du sujet

Voici un exemple de ce que pourrait être votre exposé.

▶ **Introduction:**

- **Contextualisation:**
  - The main idea: the deterioration of Britain's prison system and its failure (does sending people to jail make society safer?);
  - **Additional information from other sources:** the broader context, *i.e.* the much-criticised policies of Chris Grayling – Justice Secretary (2012-2015) – that brought the prison system to its knees (closure of 18 prisons and prison wings; cuts to the number of prison workers; new disciplinary regime), which led David Cameron to take a stand in Feb. 2016.
- **The guiding idea:**
  - The failure to rehabilitate prisoners; the inability to turn them away from crime (a contradictory acknowledgement when compared with the UK's high incarceration rate);
  - Britain stands far behind other European countries (the scandalous rates of reoffending, deteriorating prison conditions, underfunding, overcrowding).
- **The general debate:** is prison still effective?

▶ **Le compte-rendu :** élaborons d'abord un tableau, comme nous l'avons fait plus haut, en gardant à l'esprit les deux principes de base pour que votre compte-rendu soit bien conduit, à savoir la **structuration** et la **reformulation** du contenu du document.

Facts (§1)	The dramatic increase in the number of prison population since the 1990s in the UK.
The current state of affairs (end of §1 and §2)	• UK: high incarceration rate / lesser than in the US / higher than in Germany and the Netherlands. • UK prisons are overcrowded. • Prison conditions are getting worse: dirty cells / drug use / acts of violence / suicide attempts are on the rise / no rehab through work.
• **Putting forward a paradox** (§3)	The argument that says that the more people in prison the safer the world is *wrong*.
• **Apparently: no such paradox in the UK** (§4)	Since 1995, the number of incarcerated people has risen and, as a result, the crime rate has dropped steadily.
• **Counter-examples** (§5)	The Netherlands (and even America) have found alternatives to mass incarceration. And yet crime rates in these countries have gone down – so prison is not effective.
• **Obstacles to rehabilitation** (§6 and 7)	• Incarceration does not prevent recidivism. • Overcrowding. • Lack of human and financial resources to teach inmates the necessary skills.
• **A solution / An alternative to jailing** (§8)	• Putting an end to mass incarceration. • Implementing community sentences instead. • Pronouncing shorter prison sentences.

▶ **<u>A question for debate (*transition*):</u>** Is prison effective? What function(s) does prison serve in our western societies, or what function(s) should it serve?

▶ **<u>The main axes of the commentary:</u>**

1. A widespread consciousness of the need to reform prison systems to make them more humane and focused on rehabilitation:

- **David Cameron** (Former UK Prime Minister) declared in 2016 that he wanted to make prison reform one of "the great progressive questions" of our times, and that steps should be taken for a "truly twenty-first century" prison system because prisoners are "potential assets to be harnessed."
- **Christiane Taubira**'s penal reform consisted in easing prison overcrowding, establishing restorative (and not repressive) justice to reinsert human values into the penal system.
- **Barack Obama** addressed racial inequalities (non-Hispanic blacks make up about 13% of America's population and about 40% of its prison population), prison overcrowding and the overuse of solitary confinement in prisons, banned solitary confinement for juveniles, expanded mental health services, reduced prison sentences and focused on job-training and education for offenders and ex-offenders. He also issued clemency to almost 1,000 inmates and tried to lower the overall incarceration rate.
- **Donald Trump** signed the **First Step Act** into law in December 2018, meant to shorten the sentences of some inmates for good conduct and to increase job training. This legislation turns federal prisons towards rehabilitation, addressing some of the harsh sentencing policies that send people to prison for a disproportionate amount of time. The new law also grants new protections to juveniles and women. Trump also emphasized the fact that second chances should be granted to some of those who previously made "bad decisions".
- However, **Trump and Betsy DeVos** (US Secretary of Education) are accused of not tackling the so-called **school-to-prison pipeline**, a growing tendency of minors from disadvantaged backgrounds to drop out of school and end up in prison, mostly due to harsh school policies (such as zero tolerance policies) that disproportionately affect minorities, especially African Americans.

2. The functions of prison in the 21st century:

- Prison's first and foremost role: **punishing a culprit** for his/her misdeeds through depriving him/her of liberty.
- **Protecting the rest of the population** from potentially dangerous people, which it does not necessarily do as it does not prevent ex-cons from reoffending.
- **Re-educating convicts:** today special emphasis is laid on the legal duty of prison to rehabilitate prisoners and reintegrate them into society after serving their prison terms, which British prisons fail to do judging by the alarming rate of reoffending. The approach to sentencing must be more humane and attention must be paid to why people offend at all.

3. How can prison help convicts go back to society?

- The reflection upon whether detainees should be given **the right to vote**: don't prisoners remain citizens with legitimate human rights?

- **The provision of job-training and education in prison:** detainees will not only find employment after serving their prison terms but they are more likely to stay out of prison. **Examples:** B. Obama's *Second Chance Pell Grant* program (an effort to help inmates transition to life after prison); the *Prison University Project* in California.
- The development of **conjugal visit programs** to allow an inmate and his/her visiting partner to engage in sexual activity.
- Prisoners are entitled to a minimum of **security and "comfort" in prison**: well-furnished cells, clean bathrooms, private showers, fresh towels, outdoor sports facilities, decent meals, unlocked cell doors, access to a library, etc.

▶ **Conclusion:** another topical issue is **radicalisation in prisons**; European prisons have become a hotbed for extremist movements looking for young recruits, which is another cause for concern.

RÉUSSIR LA RESTITUTION DU CONTENU D'UNE VIDÉO : X-ENS (MP-PC), X (PSI), BCPST, AGRO-VÉTO

Déroulement de l'épreuve

1. X-ENS MP-PC et X-PSI

Vous disposez de **30 minutes de préparation** et **20 minutes de passage**. Le document est un extrait vidéo de 4 à 6 minutes que vous visionnez librement. Il s'agit d'un document journalistique pouvant être issu d'une émission de télévision, d'un débat, d'un documentaire ou d'un bulletin d'information. Vous devez proposer un compte-rendu et un commentaire de cette vidéo en suivant la même structure que pour l'article de presse (voir **« Réussir le commentaire d'article de presse »**). Nous vous proposons tout de même quelques conseils spécifiques ici. Il s'agit donc de présenter votre exposé selon la structure suivante : introduction, **compte-rendu**, transition contenant une problématique, **commentaire**, conclusion. Votre présentation est suivie d'un entretien avec le jury, composé de deux examinateurs. Les rapports indiquent explicitement que l'exposé autonome du candidat doit durer **10 à 12 minutes (3-4 minutes pour le compte-rendu, 7-8 minutes pour le commentaire)**. L'entretien avec le jury dure ainsi **8 à 10 minutes**. Les rapports insistent sur la nécessité de proposer une introduction et également de conclure son exposé.

La notice du concours indique que l'épreuve « *permettra d'apprécier la bonne compréhension du document proposé, ainsi que la précision de la langue, l'autonomie langagière et la qualité de la réflexion du candidat* ».

Le rapport de jury de 2015 MP-PC indique que sont valorisées « *les connaissances sur les pays anglophones, leur histoire, leur système de gouvernement, leurs hommes politiques marquants, actuels ou passés, leur paysage culturel, même si ces critères ne sont pas déterminants, s'agissant d'une épreuve de langue et non de culture. Le plus important est d'aborder le document avec ouverture et d'être capable de rapporter ce qu'on y a vu aux connaissances dont on dispose. Le jury a noté avec satisfaction la remarquable capacité de certains candidats à déconstruire les vidéos de Fox News ou les extraits de programmes parodiques ou satiriques.* »

2. Agro-Véto

L'épreuve prévoit 10 minutes consacrées à la vidéo sur les **30 minutes de passage** (20 minutes pour l'article, dont 5 minutes de questions). Notez que les 30 minutes de préparation seront exclusivement consacrées à l'article de presse. L'épreuve sur vidéo débute après l'épreuve sur article (composée de votre exposé et de la phase d'entretien avec le jury). La vidéo dure 2 minutes et vous la visionnez deux fois en continu. Vous êtes ensuite invité à en restituer le contenu de la manière la plus exhaustive possible. La restitution que vous en faites peut être suivie d'une phase de questions visant à vérifier le degré de compréhension de l'extrait et, éventuellement, à éclaircir ou préciser vos propos.

Conseils méthodologiques

1. La prise de notes

Les conseils ci-dessous sont valables pour tous les concours, mais notez que votre rapidité à Agro-Véto est déterminante, d'où l'intérêt d'avoir une prise de notes efficace. L'épreuve à X-ENS n'est pas aussi exigeante de ce point de vue-là, dans la mesure où le candidat a toute latitude pour écouter l'extrait pendant le temps de préparation.

Il est fondamental de prendre en notes des expressions dans leur intégralité plutôt que des mots isolés avec lesquels vous ne saurez pas reformuler des phrases restituant le sens des propos. Il est sans intérêt de prendre en notes des mots et de les répéter si vous n'avez pas saisi et noté l'idée générale. Il faut écrire que ce qui n'est pas mémorisable.

Adopter des abréviations et des symboles vous permettra de gagner du temps, à condition que vous les ayez intégrés suffisamment à l'avance pour pouvoir les utiliser spontanément. Voici quelques suggestions :

- dv pour develop / dvt pour development / dvg pour developing ;
- des flèches ascendantes et descendantes pour respectivement an increase et increasing, ainsi que a decrease et decreasing ;
- Ø pour exprimer la négation ou l'absence de quelque chose.

2. Le vocabulaire utile

Qu'il s'agisse du compte-rendu / résumé (X-ENS MP-PC, X PSI et X BCPST) ou de la restitution immédiate (Agro-Véto), vos propos doivent être ordonnés et clairs. Il convient également de maîtriser des termes que vous pourrez être amené à utiliser dans le cadre d'un document journalistique :

Anglais	Français
this video is an excerpt from a documentary	cette vidéo est extraite d'un documentaire
a (news) report	un reportage
a (news / TV) broadcast / programme / show	une émission d'information, de télévision
a news bulletin	un bulletin d'information, un communiqué
an advertisement, a promotional video	une publicité

Anglais	Français
a play	une pièce de théâtre
a biopic	un biopic
a trailer	une bande-annonce
a nature documentary	un documentaire sur la nature
this video deals with… / is about… / bears upon… / focuses on…	la vidéo porte sur… / se concentre sur…

Anglais	Français
this video features…	cette vidéo met en scène…
to analyse / examine sth	analyser / examiner qqch
to discuss sth	débattre de qqch
to call sth into question	remettre qqch en question
to claim sth	soutenir, prétendre
to advocate sth	préconiser qqch
a reporter, a journalist	un reporter, un journaliste
a correspondent	un correspondant
an interviewee	la personne interviewée
the main topic	le thème principal
the video falls into three parts	cette vidéo se compose de trois parties
to point sth out	faire remarquer qqch
to warn s.o. against sth	mettre qqn en garde contre qqch
to assert / state sth	affirmer qqch
to insist on sth / on the fact that…, to lay emphasis on sth, to emphasise sth, to highlight sth, to underline sth	insister sur…, mettre l'accent sur…, mettre qqch en relief
to contrast A with B	opposer A à B
a television host, a TV presenter	le présentateur d'un programme télévisé
the newscaster, the (news) anchor	le présentateur des informations
an interviewer	un interviewer

3. La méthode de la restitution

a. X-ENS MP-PC, X PSI et X BCPST : partie compte-rendu

La restitution du contenu de la vidéo doit être **la plus complète** et **structurée possible** : on évitera donc la restitution linéaire. Voici un extrait du rapport MP-PC de 2015 : « *On attend des candidats qu'ils dégagent dans cette première partie les grands axes du document, en soulignant les articulations logiques, les positions idéologiques sous-jacentes ou l'ironie si la compréhension de la vidéo l'exige, et qu'ils repèrent, entre autres détails utiles, les données chiffrées.* » La mention des noms et fonctions des intervenants, ainsi que des lieux où se déroulent les événements, est en outre vivement recommandée.

Notez que votre compte-rendu doit être précédé d'une **introduction** composée **d'une phrase d'amorce** permettant la **contextualisation** du document, suivie d'une phrase qui, à proprement parler, **présente le sujet de la vidéo** (the video I have just watched / analysed / studied deals with… ; the video under scrutiny is about…).

b. Agro-Véto

Comme indiqué plus haut, il s'agit d'être exhaustif et donc de fournir un maximum d'éléments de la vidéo : événements, lieux, noms, dates, chiffres, points de vue, etc. Les rapports de jury précisent bien qu'il ne s'agit pas de restituer le contenu des images, qui ne constituent qu'une aide à la compréhension des propos et des situations.

4. La méthode du commentaire (X-ENS MP-PC, X PSI et X BCPST uniquement)

Il convient d'élaborer un commentaire à partir de la vidéo visionnée (et non d'utiliser la vidéo comme prétexte à une récitation de cours sur une question connexe). Comme pour l'article de presse, il faut éviter la paraphrase et structurer sa présentation en l'étayant de références culturelles et historiques s'il y a lieu. Pour ce faire, il est nécessaire d'élaborer une problématique qui vous permettra d'éviter le commentaire descriptif ou le catalogue d'exemples.

Votre commentaire doit être suivi d'au moins une phrase de **conclusion**, qui ne récapitulera pas les idées développées dans le commentaire, mais qui reviendra sur la question posée dans la problématique, en y répondant ou en y apportant un nouvel éclairage.

Sites à consulter pour vous entraîner à la vidéo

Vous pouvez travailler la compréhension orale grâce à des documents vidéo et audio. Il existe un grand nombre de sites d'information proposant ce type de documents, les listes ci-dessous n'étant bien sûr pas exhaustives :

- la vidéo :
  - le site du Service des concours agronomiques et vétérinaires fournit quelques vidéos consultables dans les rubriques consacrées aux sujets des sessions antérieures,
  - plusieurs sites de chaînes d'information proposent des vidéos (sans scripts) : CNN (www.cnn.com), Skynews (http://news.sky.com/), BBC (http://www.bbc.com/news), VOA News (www.voanews.com),
  - la section *Learning English* de la BBC propose une rubrique intitulée LingoHack, axée sur l'apprentissage de la langue et dont les vidéos sont donc brièvement didactisées : https://www.bbc.co.uk/learningenglish/english/features/lingohack;
- l'audio :
  - le site de NPR propose des documents audio avec scripts : www.npr.org,
  - la rubrique *6-minute English* de la section Learning English de la BBC (https://www.bbc.co.uk/learningenglish/) propose également des documents audio et des podcasts.

FICHE DE CIVILISATION

1. Politics

Notions and concepts

1. The basics

Political system: it usually boils down to either **democracy (be it participatory or representative)** or **dictatorship** with mixed regimes like **constitutional** or **parliamentary monarchy**.

Forms of government: today **monarchy** is constitutional, whereas **aristocracy** is a system ruled by a few wealthy and educated elites; in **federal systems**, member states form a unity but are independent as regards internal affairs, as is the case in the United States of America.

Ideologies: **communism** believes **capitalism** is detrimental to the masses; **socialism** aims to improve the quality of life in society; **conservatism** is depicted as reactionary and traditional; **liberalism** believes in the individual to ensure their full freedom.

No-politics (*also known as [aka]* ***anti-politics***): this is an approach that rejects traditional politics as counterproductive and favors **direct action** and **social disobedience**.

Case Law: this refers to a system that relies on law as established by the outcome of former cases.

Two-party system: it refers to a political system in which two parties dominate and in which third parties rarely win seats. This is the case in the USA. The British system has allowed the emergence of other parties over the past two decades.

2. UK institutions

Regime: the United Kingdom is a **constitutional** (aka **parliamentary**) **monarchy** headed by a monarch with powers controlled by constitutional law. The Queen/King is **head of state** (the Prime Minister is **head of government**).

Constitution: the **Constitution of the United Kingdom of Great Britain and Northern Ireland** consists mainly of unwritten laws and principles (Habeas Corpus, Bill of Rights…).

Parliament: it consists of **House of Lords** (the upper chamber) and **House of Commons** (the lower chamber), whose members are elected and which is the more powerful of the two.

Government: it can be considered synonymous with Parliament – as typified by the **General Election**.

The Branches of power: **legislative** power lies with Parliament (House of Commons, House of Lords and Monarch), **executive** with the Government (Prime Minister and Cabinet), and **judicial** with the law (House of Lords and Courts).

Member of Parliament: also known as MP, it refers to a member elected in the General Election and sitting in the House of commons.

Prime Minister: he/she is the head of government and is the leader of the party that wins the General Election. He/She is **appointed** by the Head of State (the Monarch).

First Minister: he/she is the head of the executive in the **devolved** (see devolution) government of Scotland, Northern Ireland and Wales.

Devolution: it refers to the transfer or delegation of power to a lower or regional level.

Whipping system: it refers to a parliamentary tradition in which a member of parliament (**MP**) is appointed by the party to maintain **discipline** among its members in Parliament, especially so as to ensure **attendance** and voting in debates.

First past the post: it is the **plurality voting system** in which voters, by achievement of a simple majority, vote in one round for only one candidate, and the candidate who polls the most is elected.

3. US institutions

The regime: a representative democracy and federal constitutional republic.

The Constitution (1789): enshrines the principles of democratic governing.

The Bill of Rights (1791): the first ten amendments to the Constitution ensure basic individual rights and freedoms (*i.e.* Freedom of speech, freedom of religion, the right to bear arms...).

President: elected for a 4-year term, (s)he is head of the executive, commander-in-chief and chief diplomat.

Congress: the **House of Representatives** and **Senate** vote laws and can declare war. ***Branches of power:*** **legislative** power lies with Congress, **executive** with **Administration** (President and secretaries), and **judicial** with the Supreme Court.

Checks and balances: the expression refers to the **counterbalancing influences and powers** (*i.e.* the veto right) by which each branch is regulated and kept in check by the other two so as to avoid authoritarian drifts.

Impeachment: this is the process by which a charge of **misconduct** is made against the president so as to **incapacitate**, discharge and depose him/her.

Lame duck (president): the expression refers to the **outgoing politician** whose successor has already been elected and whose relevance and powers are de facto of lesser interest.

Winner-takes-all: this is the way Americans call their **single ballot majority voting system**.

Electoral college: this is the **body** of people representing the states of the US, who formally cast their votes for the election of the **president and vice president**. The electors vote in their respective states on the first Monday after the second Wednesday in December.

Shutdown: this is the temporary closure of all, or most, operations by the government when no agreement has been reached between Congress and the government to pass **funding legislation**.

Federal system: each state has a similar power structure, but federal law is sovereign in principle.

Facts and figures

1. The UK

Political parties:

Major parties with representation in the House of commons: the **Conservatives** (aka the Tory Party or the Tories), a right-wing party currently in power, and the **Labour Party** (or Labour), a left-wing party, have traditionally shared power alternately. The **Liberal Democrats** (Lib Dems) have recently emerged as a third force – as has the **Scottish National Party** (SNP) in the wake of the 2014 referendum on Scottish independence. **Plaid Cymru** (Party of Wales) champions Welsh independence. The **Democratic Unionist party & Sinn Féin** symbolize Northern Ireland's opposition between Unionism and Republicanism. The **Green Party of England & Wales**.

Other regional parties without representation in the House of commons: **the Ulster Unionist Party** (Northern Ireland); **The Scottish Green** (Scotland). The **UK Independence Party** (UKIP), a populist far-right party, stands against immigration and the EU.

These are a few key dates in recent UK history:

- **1997:** Tony Blair elected PM;
- **1998:** ***Good Friday Agreement***;
- **1999:** Devolution and the creation of **National Assemblies** in Scotland and Wales;
- **2002-2003:** September dossier and Hutton inquiry; further deviolution;
- **2005:** London bombings;
- **2010:** first coalition government in years;

- **2012:** Diamond Jubilee of Queen Elizabeth II;
- **2014:** Scottish independence referendum;
- **2016:** Brexit vote and Cameron's resignation;
- **2017: Theresa May** calls an early election, loses majority and has to strike a supply and confidence with Northern Irish party **DUP**; Brexit launched, Manchester Arena bombing, Westminster attack and London Bridge attack;
- **2018:** diplomatic row breaks out with Russia over poisoning of ex-spy Sergei Skripal;
- **2019:** Boris Johnson wins convincing majority at snap general election after succeeding Theresa May as prime minister; London Bridge stabbing;
- **2020:** Britain leaves the European Union on January 31st; Streatham stabbing, on December 31st at 11pm, the transition period ends and Britain leaves the EU single market and customs union.
- **2021:** as of January, massive vaccination rollout against Covid-19 starts; a series of key elections (*i.e.* **local councils** elect **mayors** in England and London and the first post-Brexit **devolved parliamentary** elections in **Scotland, Wales and Northern Ireland**) are scheduled to be held on May 6th.

2. The US

Political parties: the **Democratic Party** (Democrats) is more left than the conservative **Republican Party** (aka Grand Old Party, GOP). Both major parties have long shared power alternately. There are other parties at national level like the **Libertarian Party**, the **Green Party** or the **Constitution Party**, and minor or local parties (Communist Party USA, Legal Marijuana Now Party, Vermont Progressive Party…). None is likely to produce a president due to the strong two-party-system tradition.

The following can be considered milestones in 21st-century US history:

- **2000:** G.W. Bush elected 43rd President of the USA;
- **2001:** 9/11 and Afghanistan war;
- **2003:** Iraq war;
- **2005:** Hurricane Katrina;
- **2008:** subprime crisis; Barack Obama is elected 44th President of the USA;
- **2010:** Obamacare is implemented;
- **2011:** Bin Laden is killed; President Obama sets the end of the **"Don't ask, don't tell"** policy;
- **2013:** Boston Marathon bombings;
- **2014:** Ferguson protests against police brutality;
- **2015:** San Bernardino attack;
- **2016:** D. Trump is elected 45th President of the USA;
- **2017:** Muslim ban aka **Travel ban** is later upheld by the Supreme Court; Trump leaves the **Paris Agreement**;
- **2018:** Trump withdraws from the **Iran Nuclear Deal**; Trump meets with Kim Jong-un for the first time; **trade war** with Chinna and other countries launched;
- **2019:** the longest **government shutdowns** ends; the Mueller report is released; The House of Representatives votes to impeach president Trump;
- **2020:** Senate acquits D. Trump on impeachment; Joe Biden wins presidential election and incumbent president Trump refuses to concede.
- **2021:** On January 6th Trump supporters **storm Capitol** as Congress convenes to certify Electoral college results of the 2020 presidential election; Joe Biden and Kamal Harris are inaugurated; in February, Trump faces second impeachment trial but is acquitted; in March QAnon and Trump supporters are believed to be planning second attack on Capitol - House session canceled; massive vaccination rollout & New York schools reopen; Joe Biden announces long-awaited withdrawal of US troops from Afghanistan by Sept. 11.

FICHE DE CIVILISATION

2. Law and Order

Notions and concepts

1. The basics

Personal crimes, offences and misdemeanours: these are crimes perpetrated against individuals and comprise assault, battery, false imprisonment, kidnapping, homicide (1st- and 2nd-degree murders and involuntary manslaughter), and sex crimes (from statutory rape to child grooming and other sexual assaults and offences).

Property crimes: they include theft (or larceny), robbery, burglary, carjacking, arson, embezzlement, forgery, bribery and receipt of stolen goods.

Crimes against society: they comprise all kinds of breach of the peace (hate crimes, drug and gambling offences, porn and obscene material, prostitution, peeping Tom and the following violations: liquor laws, curfew, loitering, vagrancy and weapon law). Disorderly conducts like drunkenness or drink driving fall into this category.

Cybercrime: it is a form of crime involving computers or networks.

Hate crime: a prejudice- or bias-motivated crime, it usually targets people according to their gender, ethnicity, or any distinctive feature.

Terrorist acts: these are criminal acts committed against a group of people and/or in public places usually for political purposes.

Death penalty: aka capital punishment, it is a sanction whereby a convict is put to death as a punishment to a crime they have committed.

Life sentence: the expression refers to a sentence of life imprisonment usually for homicide or attempted murder.

Gun control: this is an expression referring to firearms regulation regarding manufacture, sale and possession of such weapons by firearms.

2. Legal response in the UK

- **Civil law** covers areas like contracts, family matters, employment, probate and land law. One can sue an individual or organisation thought to have committed a civil wrong.
- **County Courts** deal with most claims involving less than £50,000 with injury to a person. Higher-value cases fall within the competence of **High Courts**. The claimant gets damages usually in the form of money paid by the defendant.
- **Criminal law** concerns one committing an offence against society "as a whole" and goes through "police process": investigation, arrest, charge and case sent to the **Crown Prosecution Service** (CPS). Offences are heard by **Magistrates' Courts** or the **Crown Court**, depending on seriousness.
- **Sentences** vary from fines to imprisonment through community punishments.

3. Legal response in the US

- As part of the federalist system, **each state** decides what conduct to designate a crime and subsequently has its own **criminal code**. So depending on the state, **statutes** draw upon the **common law criminal code** or the **Model Penal Law** (MPC), which is designed to assist states in standardizing US penal law.

- At federal level, **Congress** codifies federal criminal law in **Title 18 of the US Code**.
- The FBI keeps **Uniform Crime Reports** (UCR) from crime data compiled at city, county, and state levels. Sentencing laws (definition of crime, sentences, death penalty, incarceration parole, release…) varies by state and jurisdiction.
- It takes place in **state** and **local courts** mostly – and is pronounced by a judge, once guilty verdict returned in compliance with the US Constitution. **State Courts and sentences** are governed by state law – and the differences between state and federal criminal laws.
- "**Treason**" is the only crime defined in the US **Constitution**. According to **Article III, Section 3**, it is punishable by death or no less than five years' imprisonment. Each state has a similar approach to such crime.

Facts and figures

1. Crime in the UK

- Crime statistics in the U.K. are usually presented separately for England and Wales, Northern Ireland, and Scotland.
- The overall crime rate of the United Kingdom in 2019/20 was 96.4 per thousand people, compared with and 102.8 for England and Wales only (and 110 in 2002/03 and 88 in 2017/18).
- Over the same period, the crime rate of England & Wales has been the highest in the UK – while Scotland's has improved the most, falling from 83 crimes per thousand people in 2002/03, to just 45.1 by 2019/20.
- As of 2015, crime rates were up again after a 25% fall since 2003 – with 2.5 million cybercrime offences, a 25% increase in violence, and murders at their highest in four years.

  In 2019/2020 the number of overall crime offences in the United Kingdom reached approximately 6.43 million, an increase of around 430 thousand offences when compared with 2017/18.
- The latest available data show a current prison population of approximately 87,900, *i.e.* › 0.2% of UK population (with 79.453 in England and Wales alone - 7,000 in Scotland and 1,500 in Northern Ireland).

a. Recent serial killings

- **<u>1993-2004:</u>** Peter Bryant, apprehended for hammering woman, was convicted of cannibalizing and battering;
- **<u>2000-2002:</u>** Anthony Hardy, a.k.a."The Camden Ripper", dismembered his victims.
- **<u>2002-2004:</u>** Levi Bellfield, a.k.a. the"Bus stop stalker", was convicted of multiple murders of women;
- **<u>2006:</u>** the Steve Wright, a.k.a."The Ipswich Ripper" kills five women in two months;
- **<u>2011:</u>** the 2011 Stepping Hill Hospital poisoning incident sees nurse Victorino Chua found guilty of killing patients "for reasons truly known to himself";
- **<u>2013:</u>** the Peterborough ditch murders: Joanna Christine Dennehy killed three men – planning on killing nine like Bonnie & Clyde.

b. Recent sex crimes

- **<u>1960s-2000s:</u>** Jimmy Savile sexual abuse scandal and operation Yewtree;
- **<u>2012:</u>** the Rochdale sex trafficking gang;
- **<u>2014-2015:</u>** the Peterborough sex abuse case;
- **<u>2016:</u>** Berkhamsted, Hertfordshire paedophile network;
- **<u>2016-2018:</u>** Manchester child sex abuse ring.

c. Terrorist (f)acts

- 2005: London bombings;
- 2007: London car bombs;
- 2009: Manchester Piccadilly multiple suicide bomber plot;
- 2011: Operation Pitsford in which 12 would-be suicide bombers were arrested;
- 2015: attempted anniversary London 7/7 bomb plot;
- 2017: Manchester Arena attack; London bridge attack;
- 2018: Westminster car incident;
- 2019: London bridge stabbing;
- 2020: Streatham stabbing.

d. Anti-terrorism legislation

- 1974-1989: **Prevention of Terrorism Acts**;
- 2006: **Anti-Terrorism Act**;
- 2008: **Counter-Terrorism Act** increases the limit of pre-charge detention for terrorism suspects;
- 2010: **Terrorist Asset-Freezing Act**;
- 2015: **Counter-Terrorism and Security Act** imposes travel restrictions, data retention.

The Independent Reviewer of Terrorism Legislation is tasked with reporting both Parliament and the Home Secretary on counter-terrorism law.

2. Crime in the US

In 2018/19, roughly 1.2 million violent crimes (≈ 336.7 cases per 100,000) occurred, *i.e.* a 3.9% increase since 2014 and a 7% increase since 2000. About 7 million (≈ 2109.9 cases per 100,000) property crime offences happened, *i.e.* a 3% fall since 2014. At the end of 2019, there were almost 2.3 million incarcerated (0,7% of the total population), and more than one third of these prisoners were in jail for violent crimes. Black people reportedly make up between around 40% of jail inmates – despite representing only about 13% of the population. Also, There were more mass shootings across the US in 2019 than there were days in the year.

a. Mass shootings

- 1999: Two twelfth-grade students kill 15 students in Columbine, in Littleton, Colorado;
- 2007: Seung-Hui Cho, of South Korean origin, kills 32 people in the **Virginia Tech** shooting in Blacksburg, Virginia;
- 2012: 20-year-old Adam Lanza killed 20 pupils and 6 staff members at **Sandy Hook Elementary School**, in Newtown, Connecticut, after gunning down his mother;
- 2015: Umpqua Community College shooting, in Roseburg, Oregon;
- 2016: Omar Mateen kills 49 people inside Pulse, an **Orlando, Florida, Nightclub**;
- 2017: Stephen Paddock opens fire on people attending a music festival in **Las Vegas**, Nevada, killing 61;
- 2018: Nickolas Cruz perpetrates **Stoneman Douglas High School** shooting in Parkland, Florida, killing 17;
- 2018: Anti-semitic Robert Gregory Bowers kills 11 in **Pittsburg Synagogue shooting** in Pittsburg, Ohio;
- 2019: At **a Walmart store** in El Paso, Texas, Patrick Wood Crusius kills 23 in deadliest attack on Latinos to date;
- 2021: Suspect Robert Aaron Long kills 8 people in separate massage parlors in the **Atlanta, Georgia,** area, in what is believed to be hate crime against people of Asian descent.

b. Killings of Blacks

- **2012:** Trayvon Martin, killed by neighborhood watch George Zimmerman in Sanford, **Florida**. The killer was found not guilty;
- **2014:** Michael Brown killed by police officer Darren Wilson in Ferguson, **Missouri**. The lawsuit was settled for undisclosed amount;
- **2015:** Charleston, **South Carolina**, church shooting sees 9 killed during office by Dylann Roof who has been sentenced to death;
- **2016:** Keith Lamont Scott in Charlotte, **North Carolina**, was gunned down by African-American police officer Brentley Vinson. No charges were filed, prompting protests from **Black Lives Matter**;
- **2020:** Breonna Taylor was mistakenly shot in her apartment during an operation targeting drug dealers in Louisville, **Kentucky**;
- **2020:** Police officer Derek Chauvin chokes George Floyd to death in Minneapolis, **Minnesota**, triggering nationwide and worldwide protest against systemic police brutality and racism.

c. Terrorist acts

- **2001:** 9/11;
- **2009:** Fort Hood shooting in Killeen, Tx.;
- **2015:** San Bernardino attack in San Bernardino, Ca.;
- **2016:** Orlando nightclub shooting in Orlando, Fl.;
- **2019:** Antisemitic shooting in Jersey City, New Jersey;
- **2019:** Pensacola Base shooting at a naval base in Pensacola, Florida.

d. Anti-terrorism acts

- **2001:** **PATRIOT Act** ("Uniting and Strengthening America by Providing Appropriate Tools Required to Intercept and Obstruct Terrorism Act") to enhance home security against terrorism;
- **2002:** **Homeland Security Act**, created by US Department of Homeland Security to exercise the above;
- **2005:** **Border Protection, Anti- terrorism, and Illegal Immigration Control Act**;
- **2015:** **USA Freedom Act**;
- **2017:** **Executive Order 13769** – "Protecting the Nation from Foreign Terrorist Entry into the United States", aka Muslim ban.

FICHE DE CIVILISATION

3. The Internet and High Tech

Notions and concepts

1. The basics

URL: stands for Uniform Resource Locator, and simply refers to an Internet address.

(Web) browser: a program displaying HTML files and used to surf the World Wide Web.

Cyberspace: refers to the worldwide system of computers as a notional environment in which communication occurs. Writer William Gibson allegedly coined the term in 1984.

Hacking: a general term referring to the use of computers to gain unauthorised/illegal access to data in a system (private or public); the most common form of cybercrime.

Cyberbullying: a form of cybercrime developed through electronic communication; the victim is sent messages of intimidating or threatening nature.

Cloud computing: the fact of using remote servers (instead of personal computers) to store and process personal data.

Crowdfunding: a form of fundraising, yet the projects are funded via the Internet.

Big data: the expression refers to extremely large data sets that may be analysed computationally to reveal patterns, trends, and associations, especially relating to human behaviour and interaction – by storing personal data extracted from social media and web search.

Web tracking: it is the practice by which websites identify and collect information about users and which is often considered as a form of surveillance.

Big tech: this is a term commonly used to refer to the biggest and most powerful information technology companies, like GAFA(M).

GAFA(M): the acronym stands for Google, Apple, Facebook & Amazon and refers to the dominant high-tech companies. Sometimes Microsoft is added to the lot.

Trojan horse: this is a malware meant to deceive, mislead and dupe internet users for fraudulent purposes.

Massive Open Online Course (MOOC): this refers to online courses open to everyone with unlimited access vie the Internet.

Facial recognition: coupled with an automated biometric software application, this system is capable of identifying person from a picture or a video source.

2. Internet-related issues

Access: the challenge lies in reinforcing the right for citizens to access online information, and also in developing systems and policies regarding information, knowledge and education.

Freedom of expression: this consists in coping with such challenges as the respect of freedom of speech, the need for specific protections for the aforementioned freedom (for both individuals and professionals – *e.g.* journalists) and prevention of hate speech.

Privacy: the objective is to ensure respect for the right to privacy – taking into account notions such as anonymity, encryption and transparency in relation to other rights – and define limitations and balance between individuals, institutions, corporations…

Ethics: it consists of ethical principles, which are based on international human rights, accessibility, openness, peace, equity, and justice, are key issues that are hard to legislate about.

(Global) Governance: another challenge is that of defining local, regional and national frameworks and normative guidelines for fair and just regulations with regard to the above issues.

Surveillance: this refers to the action of watching a person or a place carefully, and systematic access to people's private information via the internet and social media has people worrying about the emergence of a digital "Big Brother".

Online Predator: the term refers to someone who sexually exploits a child over the Internet and is considered a paedophile.

National Security Agency (NSA): as part of the US Department of Defense, the NSA is responsible for global monitoring, collection, and processing of information and data in the field of foreign and domestic intelligence and counterintelligence.

Facts and figures

1. A brief history of the Internet: a timeline

- **1969: Advanced Research Projects Agency** (ARPA), an educational program goes online connecting four major US universities;
- **1972:** electronic mail is introduced by Ray Tomlinson, a Cambridge, Mass., computer scientist – using @ in the email address;
- **1982:** the word "Internet" is used for the first time;
- **1984:** Domain Name System (DNS) is established along with extensions such as .com, .org, and .edu;
- **1989:** The World (world.std.com) debuts as the first provider of dial-up Internet access for consumers;
- **1994:** the White House launches its website;
- **1997:** the NASA website broadcasts images taken by Pathfinder on Mars – prompting record traffic;
- **1998: Google** opens its first office, in California;
- **1999:** MySpace.com is launched;
- **2000:** America Online buys Time Warner for $16 billion;
- **2001: Wikipedia** is created;
- **2002: Napster** goes bankrupt;
- **2004:** online spending reaches a record high – $117 billion, a 26% increase over 2003;
- **2005: YouTube.com** is launched;
- **2006:** there are more than 92 million websites online;
- **2007:** legal online music downloads triple to 6.7 million per week;
- **2008:** Microsoft offers to buy **Yahoo** for $44.6 billion;
- **2011:** PlayStation Network is hacked;
- **2012: News of the World** hacking scandal hits Britain; **Facebook goes** public, the biggest high-tech IPO in history;
- **2013:** Edward Snowden, whistleblower and former computer intelligence consultant with the CIA, leaks highly classified information from the NSA (National Security Agency);
- **2014: Sony Pictures** hack: a hacker group known as the "Guardians of Peace" leaks Sony staff's personal data private information and yet unreleased films.
- **2016: Yahoo hack** – 500 million accounts swiped; a teenager hacks into a **Pentagon** website; Russian hacking of the US election is revealed. **Apple** ordered to pay €13 billion in EU back taxes after receiving tax breaks from Ireland that were ruled illegal;
- **2017:** the US Federal Trade Commission adopts laws to allow companies to restrict internet access (the end of Net Neutrality);
- **2018: Google's Project Maven** contract to partner with the Department of Defense on AI technology is revealed. A self-driving **Uber** car hits and kills a woman in Arizona.
  Facebook announces 87 million users were affected by the **Cambridge Analytica** debacle. Mark Zuckerberg is called to Washington to testify before congress.
- **2019: Huawei ban:** the Chinese tech giant has restricted access to US market and Operating Systems.

2. UK laws

- <u>1990:</u> **Computer Misuse Act** (aims to crack down on cybercrime);
- <u>2008:</u> Section 63 of the **Criminal Justice and Immigration Act** (condemns the possession of "extreme pornographic images");
- <u>2016-2017:</u> **Economy Digital Bill** (an updated version of the sentencing of copyright infringement);
- <u>2016:</u> **Investigatory Powers Act** (its purpose is to expand the powers of the Intelligence Community) Films, videos and some computer games are classified by the British Board of Film Classification (BBFC), an independent, non-governmental body (see *Home Office's July 2000 Consultation Paper on the Regulation of R18 Videos*);
- <u>2018:</u> UK government announces eight new laws among which The **Data Protection Bill**;
- The *European* General Data Protection Regulation;
- <u>2019:</u> the UK government announces first online safety law among which a Porn Block;
- <u>2020:</u> YouTube, Twitter, and Facebook are put on notice as UK names new internet regulator.

3. US laws

- <u>1974:</u> **The Privacy Act** establishes a code of fair information practices that governs the collection, maintenance, use, and dissemination of information about individuals;
- <u>1978:</u> **Foreign Intelligence Surveillance Act** establishes the procedures for surveillance and collection of information in the fields of espionage and terrorism;
- <u>1986:</u> An amendment to **Title III of the Omnibus Crime Control and Safe Streets Act** of 1968, Electronic Communication Privacy Act extends, among other things, restrictions on government wiretapping of phone calls;
- <u>1996:</u> **Communications Decency Act** is meant to regulate pornographic material on the internet;
- <u>1998:</u> **Child Online Protection Act** (aims to bar minors from accessing potential harmful material on the Internet);
- <u>1998:</u> **Digital Millennium Copyright Act** (declares all means of circumventing copyright law criminal);
- <u>2002:</u> **Homeland Security Act** (after 9/11 and the 2001 Anthrax attacks, led to the creation of the US Department of Homeland Security);
- <u>2004:</u> **Intelligence Reform and Terrorism Prevention Act** (further revamped governmental organisation and missions against terrorism);
- <u>2009:</u> **Adolescent Web Awareness Requires Education** (AWARE) Act directs the Attorney General to make two-year grants to certain educational agencies, nonprofit organizations, and schools to carry out Internet crime awareness and cybercrime prevention programs;
- <u>2010:</u> **Protecting Cyberspace as a National Asset Act** whose purpose is to increase security in cyberspace;
- <u>2011:</u> **Stop Online Piracy Act** (is meant to protect intellectual property combating the online infringement of copyright and counterfeiting of goods);
- <u>2012:</u> **Cyber Intelligence Sharing and Protection Act** (set the principles of cooperation between the government and IT companies);
- <u>2015:</u> **United States International Trade Commission Site Blocking** (aims to block digital transmissions when deemed fit);
- <u>2018:</u> Senate approves bipartisan resolution to restore **FCC** net neutrality rules;
- **Social Media Privacy Protection and Consumer Rights Act** of 2018 – Senate Bill 2728.
- <u>2021:</u> 9 states Nine states have introduced net neutrality legislation in the 2021 legislative session.

FICHE DE CIVILISATION

4. Globalisation, Crises and Sharing Economy

Notions and concepts

1. The basics

Deindustrialisation: the reduction of industrial activity or capacity in an economy.

Financialisation of the economy: financial capitalism developing since the 1980s with financial markets prevailing.

Free trade: international trade without restrictions.

Globalisation: **global integration** and interdependence of economies through interchange of ideas, cultures and goods.

Liberalism: belief in organised economy along individual lines without a government trying to control it. It supports **free markets** and **private ownership** of capital assets.

Transition(al) economy: the shift from a centrally planned economy to a market economy.

Rogue capitalism: the **exploitative capitalism**, or **wild capitalism**, that fails to pay for the rent of the natural and social capital it derives its excessive profits from.

Shareholder value (maximisation): a much-criticised form of capitalism measuring a company's success according to its ability to enrich shareholders.

Social economy: an expression referring to all forms of cooperative economic systems like cooperatives foundations, associations, mutuals…

Peer-to-peer (P2P) economy: a decentralized economic model whereby two individuals interact to buy sell goods and services directly with each other;

Tariffs: taxes imposed by a country on imported products and goods, which are a type of ***Trade barrier***.

Cultural exception: in the context of international trade, it refers to the special status of culture meaning its role cannot be equated to other purely commercial goods or services;

Fair-trade: a form of trade between companies in developed countries and producers in developing countries in which producers are paid their "fair" share.

Bailout: the act of giving financial assistance to businesses, institutions and economies to keep them from going bankrupt.

Mortgage: the legal agreement by which a bank or other creditor lends money at interest in exchange for taking title of the debtor's property.

Foreclosure: the fact of taking possession of a mortgaged property when the borrower/mortgager can no longer honour his/her monthly payments.

2. New trends

Alter-globalization: aka ***Alternative globalization*** refers to the various social movements seeking global cooperation and interaction as a response to the negative social, political, economic, and environmental impacts of the neoliberal globalization.

Sustainable development: a form of economic development based on renewable energies, without depletion of natural resources.

Sharing economy: a **hybrid market model** through the **community-based mutualisation** of goods and services meant to improve society.

Social entrepreneurship: **start-up companies** and entrepreneurs who develop, fund and implement solutions to social, cultural, or environmental issues indulging in for-profit endeavours while generating a positive "return to society".

Solidarity economy: **non-profit** initiatives to improve the quality of life of a community. Considered a reaction to the **shareholder-dominated** economy, it aims at humanising the capitalist economy.

Uberisation: a term derived from the company name **Uber** whose phone app enables consumers to buy services from local drivers using their own vehicles – and a way to respond to the **underutilisation of existing assets** or human resources with very low transaction cost.

Facts and figures

1. Economic and financial crises: a timeline

- **1929:** the Stock Market Crash (known as **Black Tuesday**, October 29, 1929) marked the beginning of the Great Depression;
- **1999-2000: Dotcom bubble** (collapse of technology- and Internet-related stocks along with that of related **dotcom companies**);
- **2007-2008: global financial crisis** (worst crisis since the Great Depression; it saw large financial institutions, like **Lehman Brothers**, go bust in the"**subprime crisis**");
- **2008-2011: Icelandic financial crisis** (best explained in the movie ***Inside Job*** by Charles H. Ferguson in 2010);
- **2008-2010: Irish banking crisis** (the Irish government spent €64 billion euros to bail out major banks on the verge of bankruptcy);
- **2008-2010: automotive industry crisis** (General Motors, Chrysler and Ford bailed and the 2009 "stimulus package");
- **2009-?:** Greek government-debt crisis (shed light on the structural weaknesses of the Greek economy and on general tensions within the EU). In 2019, Greece has only repaid 41.6 billion euros. It has scheduled debt payments beyond 2060;
- **2014:** Russian financial crisis;
- **2015-2016:** Chinese stock market crash;
- **2020:** Coronavirus pandemic leads to emergency measures, confinement and stock exchange crashes in several places;
- **2021:** Joe Biden announces $1.9tn stimulus plan in the aftermath of the Covid-19 crisis.

2. International bodies and treaties

World Economic Forum: a Swiss non-profit foundation devoted to public-private cooperation; it is known for its annual conference in Davos, Switzerland.

World Trade Organisation (WTO): an intergovernmental organisation that replaced the **GATT** in 1995, in charge of regulating international trade and enforcing agreements.

International Monetary Fund (IMF): conceived in July 1944 at the United Nations Bretton Woods Conference in the United States, its primary mission is to ensure the stability of the international monetary system.

North American Free Trade Agreement (NAFTA): an agreement ratified by Canada, Mexico, and the United States in 1994; it sets the principles of a trilateral bloc without barriers to trade and investment.

United States-Mexico-Canada Agreement (USMCA): an agreement between Canada, Mexico, and the United States, with a revised version ratified in 2019, supersedes NAFTA. It has been dubbed ***NAFTA 2.0***.

Comprehensive Economic and Trade Agreement (CETA): a free-trade agreement between Canada and the European Union.

Southern Common Market (MERCOSUR): a South American trade bloc established in 1991 that has evolved over time and whose full members are Argentina, Brazil, Paraguay and Uruguay. Venezuela's full-membership was discontinued in 2016.

JustPark: typical of modern economy models, it is a platform matching drivers with parking places through their smartphones.

TaskRabbit: also a modern-type endeavour, it is an American online and mobile market place matching freelance labour with local demand.

3. A few movements and institutions

Occupy Wall Street (OWS): a protest movement initiated in September 2011 in the Wall Street financial district as a reaction to the apparent impunity of the financial gurus who plunged the world into chaos.

Anonymous: a catch-all name for an international network of several "hacktivist" entities defending freedom of speech and denouncing abuses here and there (and early supporters of OWS).

Yellow vests/jackets movement: a French populist movement for economic justice that began in October 2018, it is in line with other protests around the world erupting in countries like Chile, Honk Kong or Lebanon with people asking for more equality, better representation and less corruption.

World Wide Opportunities on Organic Farms – aka ***Willing Workers on Organic Farms:*** a network of national organisations that facilitate placement of volunteers on organic farms. Australia has the most host farms and enterprises (2,600) while the US and the UK count respectively 2,052 and 688.

Federal Reserve: aka "The Fed" is the central banking system of the Unites States.

World Bank: the international financial institution whose official two goals are to "end extreme poverty and promote prosperity in a sustainable way". It helps poorer countries while pursuing capital projects.

Group of Seven/ Eight (G7/8): a group of leading industrial nations outside the former communist bloc comprising (The USA, Canada, Japan, Germany, The UK, France and Italy). It is referred to as G8 when Russia is added to the original members.

Group of Twenty (G20): a group of finance ministers and central bank governors from 19 countries and the EU.

FICHE DE CIVILISATION

5. Immigration and Minorities

Notions and concepts

1. The basics

Refugee: someone forced to leave their country to escape natural disasters, war, persecution…
Asylum seeker: political refugee leaving his/her home country, seeking asylum in another.
Illegal alien: a statutory term mainly used in the United States for illegal immigrant. It is considered offensive.
Undocumented: another North American term to refer to immigrants who do not have legal proper documents.
Wetback: a dated expression to refer to a Mexican living in the USA illegally. The name stems from the practice of swimming the Rio Grande to reach the American side.
(People/human/migrant) Smuggling: a profitable business for criminal networks that consists in facilitating migration into a country.
Border control: a country's set of measures to monitor its borders and regulate (illegal) immigration.
Deportation: the fact of expelling a foreigner who entered the country illegally or committed a crime.
(De)colonisation: the action of invading a country and establishing control over indigenous people – then withdrawing from the occupied country and granting independence to the Natives.
Natives: people born in a specified place or associated with a place by birth. Colonisers use the term to refer to the original inhabitants of a country.
Dreamers: in the United States, unauthorized alien minors impacted by **DACA** and the **DREAM Act**.

2. The causes of immigration

Financially secured future: in order to gain financial stability, better future prospects and a higher standard of living.
Education: top universities and/or professional institutes offer foreign students educational opportunities – along with professional ones.
Series: some sociologists think that the first immigrants from a specific country set the pace sending positive and hopeful messages for family and friends to follow.
Political reasons: persecution of all kinds (political, religious…) prompt people to emigrate in hopes of gaining a new citizenship, a new identity, or just some peace of mind.
Family reunification: the fact that family members are present in a country enables the rest of the family to immigrate to that country and qualify for permanent residence.
Wars and security: enduring armed conflicts (*e.g.* the war in Syria) lead to mass migration.
Natural hazards: disasters increase risks of water/food scarcity and emotional and health risks.

3. Minorities and Natives in the English-speaking world

Native Americans (Indians): aka American Indians or Amerindians, they come in"sovereign"tribes (Apaches…), nations (Cherokees…), and ethnicities descending from Pre-Columbian populations.
Indian reservation: a system created to keep Native Americans off lands that European Americans wished to settle and has allowed Indian Tribes to govern themselves and maintain some of their cultural and social traditions.
Aboriginal Australians: also called Aborigines, they are the indigenous people of Australia (mainland and Tasmania), identified under the names of indigenous languages.
Maoris: officially called"indigenous people of New Zealand", they are of Polynesian origins and customs.
Inuit (sing. "Inuk"): a catch-all term referring to indigenous peoples of similar culture inhabiting the Arctic regions of Greenland, Canada and Alaska.
First Nations: in Canada and the North American continent in general, they are the predominant people south of the Arctic Circle.

Facts and figures[1]

1. UK population and immigration laws[2]

a. Race and origin (2016)

- **Total population:** ≈ 68,140,140 (March 2021) / England (≈ 57 million - ≈ 84%), Scotland (≈ 5.5 million - ≈ 8%), Wales (≈ 3.2 million - ≈ 5%), Northern Ireland (≈ 1.9 million - ≈ 3%);
- **Population growth:** 0.5% (2018-2019);
- **Net migration rate:** 2.9/1000 (2021) / 11.26% decline from 2020 due to Brexit;
- **Immigrants:** + 612,000 (1980-2019);
- **UK national identity:** 82%;
- **White British & Irish:** 87.8% (2011);
- **Born in the UK:** 87% (2011);
- **Born in Poland:** 7.5% (2011);
- **Born in Pakistan:** 5.5% (2011);
- **White or White British:** 87.1% (2011);
- **Black:** 3.4% (2011);
- **Asian (Indian, Pakistani…):** 6.8% (2011);
- **Arab groups:** 0.4 (2011);
- **Others:** 0.6%.

NB: The 2021 Census of England, Wales and Northern Ireland takes place on March 21 and will provide updated statistics.

1. S'il est interdit de donner pour la France des informations similaires à celles présentées dans la section 2, celles-ci sont disponibles pour tous les pays anglo-saxons.
2. Sources : Office National for National Statistics and Index Mundi 2019; Ethnic and religious statistics have not been updated since the 2011 Census conducted in Britain.

b. Religion (2011 census)

- **Christianism:** 59.5%;
- **No religion:** 25.7%;
- **Islam:** 4.4%;
- **Hinduism:** 1.3%;
- **Judaism:** 0.4%;
- **Other religions:** 1.5%;
- **Not stated:** 7.2%.

c. Immigration

Life in the United Kingdom Test: a computer-based test required for anyone seeking permanent residency in the UK or naturalization as a citizen.

- **2006: Immigration, Asylum and Nationality Act** targets illegal working, asylum refusals and empowers immigration officers;
- **2007: UK Borders Act** aims at cracking down on illegal immigration;
- **2008: Criminal Justice and Immigration Act** is aimed to produce a simpler and more effective criminal justice system;
- **2009: Borders, Citizenship and Immigration Act** is designed to simplify immigration law, strengthen borders and extend time to gain citizenship;
- **2014: Immigration Act** provides for the removal and restrictions regarding illegal immigrants;
- **2016: Immigration Act** revamps labour market regulations and is said to favor modern slavery;
- **2021: Brexit immigration law** sets new criteria: migrants must speak English and already have a job offer with a minimum salary of £25,600 a year.

2. US population and immigration laws[1]

a. Race and origin (2019)

- **Immigrants:** 330,200,000 (2021);
- **Whites (Latino incl.):** 45,000,000 (2018);
- **Whites (Caucasian, without Latino):** 60%;
- **Hispanic/Latino:** 18%;
- **African American:** 12%;
- **Asian:** 6%;
- **American Indian and Alaska Native:** 1%;
- **Arab Americans:** 1%;
- **Native Hawaiian and other Pacific islanders:** 0.2%;
- **Family-based immigration**: 750,000 (2017);
- **Refugees**: 22,405 (2018) - 29,916 (2019) - 18,000 (2020);
- **Green cards**, or **Lottery of Diversity Visa program**: ≈ 50,000 a year;
- **H-1B visas**: 180,000 (2019).

1. Sources : Homeland Security(www.dhs.gov); PewResearchCenter (www.pewforum.org), KFF (www.kff.org), Gallup (https://news.gallup.com/poll/224642/2017-update-americans-religion.aspx) & PRRI (https://www.prri.org/research/american-religious-landscape-christian-religiously-unaffiliated/).

b. Religion (2019)

- **Protestantism:** 44.3%; (White evangelicals: 15.2%; White Mainline: 14.7%; Black Protestants: 7.2%);
- **Catholicism:** 22%;
- **Mormon:** 1.8%;
- **Non-Christian:** 7.1%;
- **Judaism:** 1.3%;
- **Islam:** 0.7%;
- **Buddhism:** 0.8%;
- **Hinduism:** 0.4%;
- **Unaffiliated:** 24%;

Fiche de civilisation

c. Immigration

- 2000: **Legal Immigration Family Equity Act** expands temporary visa eligibility for immediate relatives of legal permanent residents and United States citizens;
- 2001: Enacted in response to 9/11, the **Uniting and Strengthening America by Providing Appropriate Tools Required to Intercept and Obstruct Terrorism Act** (aka **PATRIOT Act**) aims to reinforce prevention and punishment of terrorist acts;
- 2001: **DREAM Act** (Development, Relief, and Education for Alien Minors Acts) has been introduced several times but has failed to pass so far. It aims to grant temporary conditional residency and work permit to undocumented immigrants who entered the country when underage;
- 2002: **Enhanced Border Security and Visa Entry Reform Act** deals with the funding of the Immigration and Naturalization Service (NS) and orders that all internal INS databases be linked together;
- 2005: **REAL ID Act** modifies and specifies law pertaining to security and authentication standards for driving licenses and identity papers;
- 2006: The **Secure Fence Act** is George W. Bush administration's law authorizing and partially funding the construction of 700 miles of fencing along the Mexican border;
- 2012: **Deferred Action for Childhood Arrivals (DACA)** is a policy meant to allow those who should fall within the scope of the stalled DREAM Act to receive a renewable two-year period of **deferred action** from deportation and become eligible for work permit;
- 2017: **The Executive orders 13769 & 13780**, *a.k.a.* the **Muslim ban** *or* Trump Travel Ban, suspend the U.S. Refugee Admissions Program for 120 days (refugees from Syria are banned indefinitely) with a view to protecting the country from would-be terrorists;
- 2020: With the **Travel Ban on Europe**, the US places 30-day travel ban on anyone who has been to the European Schengen area, as the pandemic spreads;
- 2020: **The H-1B Visa Reform Act**'s objective is to amend the **Immigration and Nationality Act** to reform and reduce fraud and abuse in certain visa programs for aliens working temporarily in the United States, and for other purposes. It succeeds its 2004 version;
- 2021: **Presidential Proclamation 10141** by President Biden revokes Executive Order 13780. The **U.S. Citizenship Act of 2021** establishes a new system to responsibly manage and secure the border, keep families and communities safe, and better manage migration across the Hemisphere.

FICHE DE CIVILISATION

6. Healthcare

Healthcare: the act of taking medical procedures for the prevention, the treatment, or the management of illness to improve or preserve a person's physical or mental well-being. A set of services is typically offered through a **healthcare system** (also known as **health system**) and **health policies** established to meet the health needs of target populations. There are three types of healthcare:

Basics

1. Non-conditional healthcare

After World War II, the British government provided a comprehensive welfare system known as **The Welfare State**. **William Beveridge's 1942 Report on Social Insurance and Allied Services** was essential in the founding of the **Welfare State** in the UK. Beveridge proposed a reform to the system of social welfare to address five "Giant Evils" in society: squalor, ignorance, want, idleness, and disease so as to provide a system of social security in exchange for a small contribution taken from workers' wages.

Then came additional pieces of legislation:

- **the 1946 National Insurance Act** which provided for compulsory contributions for unemployment, sickness, maternity and widows' benefits, and old age pensions;
- **the 1948 National Assistance Act** which established a social safety net for the homeless, the physically handicapped, and unmarried mothers left uncovered by the aforementioned Act;
- **the National Health Service, aka NHS** created by **Aneurin Bevan**, Minister of Health under Prime Minister Clement Attlee, in 1948; it provided access to a general practitioner, to hospital care, and to local authority services ***free of charge***.

The NHS is a ***universal healthcare system***, which means that it provides access to health services and financial risk protection to all people. The *Sécurité sociale* in France is a case in point.

2. Conditional and excessive healthcare

- ***Workfare v. Welfare benefits:*** the Conservatives consider that the government's role is to empower people and keep them out of idleness; unemployed and disabled **people must work in return for their welfare benefits**. US presidents **Richard Nixon** and **Ronald Reagan**, but also Conservative Prime Minister **Margaret Thatcher** (who opted for a competitive approach and challenged the key principles of the Welfare State: universality and egalitarianism), and more recently UK former PMs **David Cameron** and **Theresa May**, wanted to curb government intervention in welfare provision and make it ***conditional*** – unlike New Labour governments in the UK (under **Tony Blair** and **Gordon Brown**) that allowed for better funding and more freedom for health service bodies, and **Barack Obama** in the US. Under Conservative Prime Minister **John Major**, a **Patient's Charter** was introduced in 1991 (and was revised in 1995 and 1997). It set out the patient's rights in service areas such as hospital treatment, general practice, dental, pharmaceutical, optical and maternity care. It was replaced by the **NHS Constitution for England** in 2013: a ten-year plan to provide the best quality of care and service for patients in England.

- ***Nanny State or "nannyism" (≠ night-watchman state):*** this pejorative phrase is used whenever a government has **excessive** control over the welfare of its citizens, especially when enforcing public health regulations (the taxing of unhealthy foods to fight obesity, minimum alcohol pricing to reduce **binge drinking**, the passing of anti-smoking legislation...).

3. Private health insurance

A private health insurance pays patients' medical bills if they are treated privately, outside the NHS in the UK or governmental programs like **Medicare** or **Medicaid** in the US (two separate Federal government-run programs; **Medicare** is an *insurance* program and **Medicaid** is an *assistance* program for low-income patients who pay no part of costs for covered medical expenses). Premiums are paid directly from employers or individuals to insurance companies. In the UK, it is only through private health insurance that **private healthcare** (i.e. independent hospitals and clinics) is available.

Recent approaches to healthcare

1. In the UK

a. Conservative Prime Minister David Cameron's BIG SOCIETY

David Cameron's political ideology was introduced to "fix Broken Britain" (to use D. Cameron's own words during the campaign for the 2010 general election) by reducing or withdrawing welfare entitlements through appeals to empowerment, responsibility, and local action: people must help themselves instead of turning to the state for answers, which echoes the **Protestant work ethic** that emphasizes hard work, discipline, and frugality.

Workfare schemes, known as "The Work Programme", were introduced **between 2010 and 2015**: the core idea is that individuals have to work for their benefits if they do not want to be "sanctioned" and lose them: **Jobseeker's Allowance**, or "JSA", or **housing benefit** would be removed from youngsters turning down an offer of work or education in a drive to end youth unemployment:

- **Mandatory Work Activity**: the schemes required people to take part in compulsory full- time work;
- **Sector-Based Work Academies**: a government initiative whose function was to get people who receive benefits into employment;
- **Community Work Placements**: an initiative aiming at giving short-term, quality work opportunities for those who are unemployed;
- **The government also pledged to fight obesity** (through the "**fat tax**"): D. Cameron's government wished to tax unhealthy food and drinks to make them more expensive in order to cut consumption. Overweight people will have benefits reduced or ended altogether if they refuse to lose weight.

b. Theresa May and the "nannying" sugar tax

In December 2016, draft legislation was published for a tax on sugar-sweetened drinks, a ***sugar tax***, which is part of Theresa May's plan to battle Britain's obesity rate. Yet she abandoned plans to curb junk food advertising and ban sweets from store checkouts. She also scrapped David Cameron's plan to cut benefits from obese people who refuse help to lose weight.

c. Boris Johnson's "poverty plan"

The Department for Work and Pensions promised that **working-age benefits** such as **universal credit** and **Jobseeker's allowance** would rise by 1.7% from April 2020. Other spending commitments include funding for the NHS, schools and police, and increasing state pensions by 3.9%, and disability benefits and career's allowance by 1.7%.

2. In the USA

a. Obamacare ("The Affordable Care Act", March 2010)

Obamacare is a healthcare and health insurance reform law. It aims to increase the quality, accessibility, and affordability of health insurance; bring larger employers to insure their employees; expand **Medicaid**, **Medicare** and **CHIP** (*i.e.* governmental health programs) coverage; and create **Health Insurance *Marketplaces*** to help subsidize private insurance, providing millions of individuals and small businesses with free or low-cost health insurance.

In 2010, before Obamacare, 16.3% of Americans were uninsured (= 49.9 million people); many Americans could not afford individual health coverage or were simply denied coverage by insurance companies that maintained a very long list of preexisting conditions.

b. Michele Obama's anti-obesity "Let's Move" campaign

It was aimed at reshaping the diet and exercise habits of American children notably by getting food industry executives to pledge to reduce the amount of sugar in school lunches and soft-drink producers to more clearly label their sugary beverages.

c. Donald Trump and Obamacare

"One thing we have to do: repeal and replace the disaster known as Obamacare. […] You take a look at the kind of numbers that that will cost us in the year' 17, it is a disaster.", Donald Trump said during theThird 2016 Presidential Debate moderated by Fox News on October 19, 2016. Nearly four years after Donald Trump's election, his administration is pursuing a legal strategy to repeal Obamacare, which would result in millions of Americans losing their coverage and in insurers charging higher prices and refusing coverage to patients with significant medical history. Nobody really knows what "**Trumpcare**" will look like. Budget director Russel Voughts said in February 2020: *"The president is working on his own plan that we're not yet ready to reveal."* The currently available information is that Donald Trump's 2020 budget proposes an additional $844 billion in cuts to healthcare subsidies.

d. Healthcare under Joe Biden

In January, President Biden signed an executive order that will direct the federal government to open a special enrollment period from February 15 to May 15 for **Affordable Care Act** (ACA) exchanges that serve 36 states. It is designed to boost coverage for people who are uninsured.

If implemented, Biden's health care policies could have tremendous impact on every American by:

- Giving Americans a new choice on health insurance – specifically, a public option that also allows working-age adults to buy into a public insurance plan rather than a private plan like Medicare.
- Extending coverage to working Americans further by increasing the value of tax credits to lower premiums.
- Expanding coverage to low-income Americans especially in the 14 states where governors and state legislatures have refused to take up the Affordable Care Act's expansion of Medicaid eligibility.
- Stoping surprise billing from a provider a patient may not have even seen.
- Tackling market concentration across the health care system.
- Partnering with the health care workforce to lower costs and improve health outcomes.
- Repealing the exception that allows drug companies to avoid negotiating its prices with Medicare.
- Limiting manufacturers from setting abusively high launch prices for drugs facing no competition.
- Allowing consumers to buy prescription drugs from other countries.
- Ending the tax break that drug companies receive for advertising.

FICHE DE CIVILISATION

7. Education in the UK and the USA

The basics of the UK education system

- **British secondary schools are divided into two groups:**
- ***State schools:*** institutions available to all children. State schools are **non-fee-paying** and **co-educational**. Between **1944 and 1976**, the British education system was governed by the "**Tripartite System**" introduced by the 1944 Butler Act, a system where children would be allocated into one of three types of secondary schools based on abilities and the "11+ examination":

  (a) "grammar schools" (where schooling is state-funded and based on selection);

  (b) "secondary modern schools" (where children are trained mostly in practical skills);

  (c) "technical schools" (where training is vocational, i.e. emphasizing some skills and knowledge for a particular job function).

  Today there are over 3000 state-funded secondary schools in the UK and among them 164 remaining "grammar schools" and a further 69 grammar schools in Northern Ireland – but most schools converted to the **comprehensive system** after the **1965 "Circular 10/65"** was issued. A **"comprehensive school"** is a non-selective secondary school where anyone can go regardless of how well they do in exams.
- ***Independent/private schools:*** they are single-sex expensive fee-paying schools. They are independent in their finances and their governance. Among them, one can mention

  (a) "public schools" (like Eton or Harrow) that are selective and expensive fee-paying schools;

  (b) "prep schools" that prepare children for entry to an independent school;

  (c) or "grammar schools" (with or without "grammar" in their names) that are actually fee-paying independent schools like Bradford Grammar School in West Yorkshire.

- **The UK's exam system can be defined as below:**

(a) the **"Standard Assessment Tests"** (SATs) taken in year 6 at ages 10-11 in order to identify each children's strengths and weaknesses;

(b) the **"General Certificate of Secondary Education"** (GCSEs) taken when students are 15-16 of age: it marks the end of compulsory education in the UK;

(c) the **"General Certificate of Education Advanced level"** ("A-levels"). It is the final school exam students take if they wish to go to higher education. A levels are used as entrance grades for Universities.

Higher Education

UK universities and colleges are independent and selective; they all are degree-granting institutions. Fees depend on the type of university (or "uni" for short) students apply to. Students enter higher education as **undergraduates**. When they have completed a first degree (known as **"bachelor's degree"**), they can apply for **postgraduate** and **graduate** courses (mostly "Master's degrees" and "Doctorates").

The basics of the US education system

- **American secondary schools are divided as follows:**
- ***State schools*** are called public schools (from kindergarten to high school). They are offered to children without charge. Funding comes from local, state and federal governments: 87% of US

kids attend state schools, 10% go to private schools and 3% are home-schooled (also known as "**home-schooling**"). The role of the federal government in education is limited. Control of education is a power reserved to the states under the **Tenth Amendment** to the United States Constitution.

- ***Private schools*** are non-governmental, selective institutions. Funding is provided through high tuition fees, donations and grants. Less privileged pupils need to get a **talent-based scholarship** (a sport or art scholarship for instance) or a **tax-credit scholarship**. These schools prepare students for entry to a top American college or university. Many private schools are based on religious principles because religious instruction is not permitted in public (state) schools. Church-run schools are called **"parochial" schools**. Annual fees vary from $1,000 for elementary schools and $2,000 for secondary schools to as high as $12,000 in some regions. Private **"prep schools"** are single-sex high schools that prepare students for prestigious **"Ivy League" Universities**.

- **The US examination system can be defined as follows:**

(a) High school pupils who wish to go to university take **national college aptitude tests:** the **American College Testing**, the **ACT** and/ or the **Scholastic Aptitude Test**, the **SAT**. Both ACT and SAT scores are used for college admission and awarding merit-based scholarships.

(b) Admission to university is also based on the pupil/student's high school course of study, a personal interview and his/her participation in **extracurricular activities** like academic teams or clubs, internships, volunteer work and community service, athletics, etc.

Higher education

Enrolment is expensive and selective. **Public universities** concern four in five students: attendance is subsidized so tuition fees are lower than in private colleges. There are also private universities or **"colleges"**– and among the most prestigious, the **Ivy League schools** (like Harvard or Yale), known for their academic excellence, selectivity, and social elitism. They are not funded by state.

Facts and figures

The American school system and the British school system have tried to promote **meritocracy** (a social system in which people get success or power because of their abilities, talents and achievements, not because of their money or social position) while critics have accused school systems in the US and in the UK of causing and perpetuating **class differences**. And yet, these school systems have endeavored to prove French sociologist **Pierre Bourdieu's "cultural capital" theory** wrong. In the 1970s, Pierre Bourdieu wrote that in high-income families parents are more likely to have "cultural capital" (along with time and money) they can pass on to their children than parents in low-income families. These children will necessarily have more literacy skills and more vocabulary, but also better cultural knowledge and experience than children born into low-income households. Both in the US and in the UK, education measures and policies have been implemented over time in order to try and break **social determinism**. Here are a few of them:

1. Major UK education policies

- <u>1997:</u> the **Standards and Effectiveness Unit** (an engine inside the Education Department for school improvement: *e.g.* introduction of new national numeracy and literacy strategies);
- <u>1998 and 2004:</u> the **Specialist Schools Programme** and the **High Performing Specialist Schools Programme** (creation of specialist schools in sport, the arts… to drive up standards);
- <u>1999:</u> the **Sure Start Programme** (children under five and their families are offered access to childhood services);

- **2000:** the **Learning and Skills Act** (creation of Academies, that is state-maintained, independently-run schools meant to replace failing schools in struggling local areas);
- **2005-2010:** the **Building Schools for the Future Programme** (giving every secondary school access to 21st-century standards);
- **2007:** the **Children Plan: Building Brighter Futures** (a promise to address vulnerable children's needs and maximise the potential of every child);
- **David Cameron's *Big Society Agenda* (2010-2016):** the aim was to improve education by introducing **free-schools** (i.e. non-profit-making, state-funded schools that are free to attend), expanding **academies** (i.e. non-profit, self-governing schools that do not have to follow the **National Curriculum**), and giving more choice for parents who were encouraged to get involved in the school, more freedom for teachers to innovate and choose their own curriculum, and empowerment of the local community;
- **Theresa May's dream of a *"truly meritocratic Britain"* (2016):** the idea was to lift the ban on new **Grammar Schools**: an answer to Britain's stagnant social mobility by offering less privileged children access to Grammar Schools;
- **2020: the Government promises to overhaul the student loans system**. Many students in the UK are forced to take out a student loan to be able to pay for huge **tuition fees** (the standard undergraduate tuition fee for students starting their course in 2020 is £9,250). Thanks to a new online service that is due this year, students will be able to view their loan account online. They will be able to better manage their loans and avoid over-repaying;
- **2020-2023:** Boris Johnson has pledged an extra £14 billion of extra funding for schools over three years, but he has also promised to increase recruitment incentives and deliver extra teachers by upping starting salaries.

2. Major US education policies

- **2002:** the **No Child Left Behind (NCLB) bill** under G.W. Bush (passed by Congress with bipartisan support) set academic standards for reading, mathematics and science, and standardized testing of all students in a state. It was aimed at improving public and secondary schools via increased accountability for schools and states;
- **2009: Race to the Top (RTT or RTTT)** under Barrack Obama is a competitive grant: states competing for the grants can be awarded points for implementing certain education policies. They are asked to advance education reforms such as evaluation of teachers' effectiveness and adoption of common standards, better assessments and improvement of the lowest-achieving schools;
- **2009:** the **Pell Grant Program** was created by the Higher Education Act of 1965, with changes introduced by B. Obama's Administration (with additional funding in 2009, then followed by a decrease in funding in 2011). A **Pell Grant** is not a loan and does not have to be repaid by the students who are eligible to receive one. It is a need-based federal financial aid program aimed at helping low-income families to pay for secondary education and also at reducing the chances of the eligible students **dropping out**. With the passage of Higher Education Act of 1965, Pell Grants were also meant to be used for **higher education in prison**. By the 1990s, there were 772 programs in more than 1,000 prisons but the **1994 crime bill** (passed during the **"tough on crime" era**) banned incarcerated people from receiving Pell grants;
- **2015:** with the **Restoring Education and Learning Act** (the **REAL act**), there was advocacy for reinstating Pell grants for prisoners who would qualify. The Obama administration backed a program that would have lifted the ban for some prisoners called the **Second Chance Pell Pilot**: the pilot initiative has involved more than 10,000 inmates across 64 institutions. **Today**, there is an opportunity for legislative change to increase access to higher education for incarcerated people. The possibility of reinstating Pell grants for eligible inmates is under active consideration in Congress;

- **2020: the "Education Freedom" plan** pushed by Secretary of Education **Betsy DeVos** is deemed to be an attack on what public education stands for. According to Donald Trump, as stated in his State of the Union address: only private school choice can help students who "have been trapped in failing government schools". In other terms, "government" (public) schools have become the enemy of education freedom. In short, the plan is aimed at using tax dollars to fund private religious schools. Basically, corporations or individuals can contribute to the plan instead of paying their taxes, handing their money to a scholarship organization that will then use the money to pay for private school tuition.
- **2021: Joe Biden's Higher education plan** aims to ease student loan debt and provide accessibility to two or four-year institution with a view to having more people enter the **middle-class**. The new president also makes education equity a top priority by making key changes in federal tax law including the **Child Tax Credit**, ensuring **racial justice**. The priority for the President and Secretary of Education **Miguel Cardona**, though, is to follow a five-step 'roadmap' to safely reopen schools after the Covid-19 pandemic.

FICHE DE CIVILISATION

8. The Environment

Notions and concepts

1. The basics

Climate change: a change in **climate patterns**, due to increased levels of atmospheric **carbon dioxide**.

Global warming: the gradual increase in the overall temperatures on earth and its atmosphere due to **greenhouse effect**.

Environment: the natural world, as affected by humans.

Fossil fuels: natural fuels such as **coal**, **oil**, **natural gas** or **shale gas**.

Carbon footprint: the amount of carbon dioxide emitted due to the consumption of fossil fuels by an individual or a community.

Greenhouse effect: the trapping of the sun's warmth in a planet's lower atmosphere, a phenomenon usually attributed to human activity and the release of carbon dioxide into the air.

Ozone layer: the layer in the stratosphere absorbing the ultraviolet radiation and serving as a protective shield.

Pollution: the presence or introduction of substances that have **harmful** or **poisonous** effects on the environment.

Ecosystem: a biological community of interacting organisms and their physical environment, including **flora** and **fauna**.

Renewable energy: energy from sources and resources that are not depleted when used, such as wind or solar power.

Sustainable development: economic development that is conducted without depletion of natural resources, based on renewable energy mostly, that is.

2. Natural hazards

Drought: a prolonged period of abnormally **low rainfall** and **shortage of water** resulting from this.

Flood(s)/Flooding: the overflowing of a large amount of water beyond its normal confines.

Hurricane: a widespread tropical/Caribbean **storm** or **cyclone** with violent winds. It is also called **typhoon** when in the Indian or western Pacific oceans.

Cyclone: a system of winds rotating inward to an area of low atmospheric pressure accompanied with heavy rains; it is also known as **tropical storm**.

Tsunami/Tidal wave: long high sea waves caused by an **earthquake**, a **submarine landslide**, or other disturbance.

Monsoon: a seasonal prevailing wind in the region of South and Southeast Asia during the rainy season of the same name.

Mudslide/Mudflow: a moving mass of mud and soil material made fluid by heavy rains or melting snow and falling down a hillside or a slope.

Landslide: more rapid and brisk than a mudslide, it refers to the sliding down of a mass of earth or rock from a mountain or cliff.

Wildfire: a large, destructive fire spreading quickly over **woodland** or **brush**.

(Polar)Vortex: a mass of whirling fluid or air, especially a whirlpool or whirlwind, accompanied with freezing temperatures.

3. Manmade pollution

Air/Land/Water pollution: presence in or introduction into air, land or water of substances harmful to the environment and **groundwater**.
Car exhausts: **carbon monoxide** released into the air, caused 53,000 **premature deaths** in the USA in 2013.
Factory smoke/fumes: gas, smoke, or vapor emitted by factories.
Household refuse/Rubbish: trash of all kinds due to **overconsumption**.
Nuclear waste: radioactive waste material that cannot be **re-used** or **recycled**.
Oil spill/slick: the release of oil into the sea, due to oil tankers sinking or failing oil extraction systems.
Fracking: the process of injecting liquid at high pressure to extract oil or gas.
Wastage: the process of losing or destroying products or resources through careless and extravagant use.
Nuclear waste: radioactive waste material usually produced from the use or reprocessing of nuclear energy.
Greenhouse gas: a gas that contributes to the greenhouse effect.
Refrigerant: a polluting chemical substance used for refrigeration.
Propellant: an inert fluid or gas used in aerosols, believed to increase greenhouse gases emissions.

4. Eco-friendly policies and behaviours

Cap and trade: a system for controlling carbon emissions by setting an upper limit of pollution on businesses. Further capacity can be bought from other organisations.
Green/carbon tax: a tax on fossil fuels.
Car pooling: people making a journey in a single vehicle by **sharing costs**.
Solar/Tidal/Wind power: using the energy of the sun through **photovoltaic cells** and **solar panels**, of the wind thanks to **wind turbines**, and of water from **tides and stream** (aka **hydropower**).
Geothermal energy: the thermal energy produced by the internal heat of the earth, and stored in the earth.
Recycling: the principle of converting waste into **reusable** material.
Biofuel: a form of "greener" fuel derived from living matter, often ***energy crops*** (plants
Biomass: an organic matter that can be used as an alternative and more natural, less polluting, source of energy in power stations for example; a biofuel.

Facts and figures

1. A few major natural disasters and phenomena

El Niño: the climate cycle in the Pacific Ocean with global impact on weather patterns.
Seveso disaster (1976): an accident due to an explosion at a factory in Italy resulting in the highest exposure to deadly poison gas ever. It led to a European directive known as Directive 2012/18/EU for the last update meant to control chemical accident hazards in the countries concerned.
Bhopal, India, disaster (1984): an accident at the Union Carbide pesticide plant in Bhopal, India, released at least 30 tons of a highly toxic gas called methyl isocyanate, as well as a number of other poisonous gases.
Hurricane Katrina (2005): the massive flooding killing more than 1,000 people; one of the five deadliest hurricanes in US history with overall damage estimated at $108 billion.

Haiti Earthquake (2010): in the first few days of the decade, a **magnitude** 7.0 earthquake struck the small Caribbean country of Haiti followed by a series of **aftershocks** killing about 300,000 people.

Deepwater Horizon Oil Spill (2010): **British Petroleum** oil spill in the gulf of Mexico, considered the biggest marine oil spill in history.

Queensland, Australia, Floods (2010-2011): in the summer, widespread flooding devastated thousands across Queensland leaving 35 people dead.

Tohoku earthquake and tsunami (2011): a seism followed by a tsunami and meltdowns at the Fukushima nuclear power plant.

Hurricane Sandy (2012): it was responsible for close to 150 deaths across the northeast of the US, Canada, and the Caribbean. It triggered earnest concern among the population and political leaders about climate change.

Typhoon Haiyan (2013): Typhoon Haiyan is believed to have killed around 6000 people and displaced more than three million, with winds that reached close to 315 kilometres per hour.

Nepal Earthquake (2015): Nepal was left devastated by a 7.8 magnitude earthquake that killed more than 8000 people in the spring that year.

Hurricane Irma (2017): the most powerful Atlantic hurricane in recorded history. It was a Category-5 storm when it made landfall on most Caribbean Islands devastating Islands like Saint-martin. It was followed by"Maria".

Hurricane Maria (2017): at its peak, the hurricane was recorded as a category-5 storm devastating Dominica and Puerto Rico. More than 3000 people lost their lives as a result of the storm.

Greece Fires (2018): a series of fires swept through Greece, destroying the town of Mati, east of Athens. It was one of the worst natural disasters in living memory for the country.

California Wildfires (2018): the deadliest and most destructive wildfire in the State's history.

Australian Drought (2018): Nearly 60 percent of Queensland was also suffering from the"big dry", in what has been described by Australian farmers as the worst drought in more than a century.

Amazon fire (2019): More than 80,000 fires broke out across Brazil that year, with nearly half of those in the Amazon rainforest. Recently-elected president Bolsonaro minimized the impact of the disaster.

Kincade fire (2019): the cause of the biggest 2019 wildfire is still under investigation. Unlike most fires in California lately it might be due to a faulty high-voltage transmission line.

Bushfires in Australia (2019-2020): a widespread and regular occurrence that have destroyed thousands of homes and devastating wildlife on the continent for years to come.

2. Summits, agreements and laws

- **1997:** **Kyoto Protocol** (extension of the 1992 UN Framework Convention on Climate Change) commits parties to reduce greenhouse gas emissions on two grounds: global warming is happening, for real; and it is human activity, indeed, that causes CO_2 emissions;
- **2015:** The 21st Conference of the Parties to the United Nations Framework Convention on Climate Change (UNFCCC) aka as the **COP21 or Paris Agreement** on Climate Change takes place in Paris. Its goal is to limit global warming to well below 2, **preferably to 1.5 degrees Celsius**, compared to pre-industrial levels.;
- **2019:** COP 25, aka CMP15 for 15th meeting of the parties of the Kyoto Protocol, and CMA2 for the 2nd meeting of the **Paris Agreement** (COP21). It focused on the article 6 of the Paris Agreement: the carbon market;
- **2020:** **EU's Energy Act** (a package setting three key targets — 20% cut in **greenhouse gas** emissions from 1990 levels; 20% of EU energy from **renewables**; 20% improvement in **energy efficiency**).
- **2021:** The annual UN Climate Conference (**COP 26**) take place in Glasgow, UK, November 1st through 12th to accelerate action towards the goals of the Paris Agreement.

3. UK policy

- **1990's:** the UK started focusing on the reality of climate change (Kyoto, COPs…) adopting EU legislation – reducing gas emissions by 80-95% compared to 1990 by 2025;
- **2007: CRC Energy Efficiency Scheme**, aiming at reducing carbon emissions by 1;2 tonnes a year by 2020;
- **2008: Climate Change Act** plans on a net UK carbon account for all six Kyoto greenhouse gases by 2050;
- **2010: UK's Flood and Water Management Act** 2010, UK's Energy Act 2010;
- **2015:** the UK government cancelled its £1bn competition for carbon capture and storage technology;
- **2016:** PM Theresa May closes Climate Change department, raising questions about **Clexit** (leaving the COP21);
- **2018:** the UK government publishes **"A Green Future: Our 25 Year Plan to Improve the Environment"** *A document setting out the goals for improving the environment within a generation, and "leaving it in a better state than we found it". It details how we in government will work with communities and businesses to do so;*
- **2020: Environment Bill 2020** brings environment al protections and recovery into UK law;
- **2021:** In the wake of Brexit, The UK government is committed to maintaining environmental standards and international obligations from 1 January
- **2021**: It will continue its aim set out in the aforementioned 25 Year Environment Plan.

4. US policy

- **2009:** executive order recognising the **Chesapeake Bay** as a national treasure, **American Recovery and Reinvestment Act** ($3.4bn Smart Grid Investment Grant to reduce electricity consumption by more than 4% by 2030), Recovery and Reinvestment Act;
- **2010: Gulf Coast Ecosystem Restoration Task Force** (restoration programs and projects in the region), **Keystone Pipeline System**. The later extension known as **Keystone XL and Dakota Access pipeline** was delayed by President Obama (2015), and resumed by President Trump (2017);
- **2015: Clean Power Plan** (aimed to cut pollution from the power sector by 32%);
- **2016:** the US and China join the Paris agreement;
- **2017:** Donald Trump announces that the USA will withdraw from the **Paris Agreement;** the decision is to take effect in 2020 due to UN regulations;
- **2019:** the **Green New Deal** aims at 100% renewable energy within the next ten years;
- **2020:** Virginia **Clean Economy Act** is one of the numerous US state laws mandating a shift to renewable energy;
- **2021:** A few hours into his presidency, Joe Biden announces the US will rejoin the **Paris Accord**.

FICHE DE CIVILISATION

9. Gender Parity

Gender discrimination

Discrimination based on gender (or sex) is a civil rights infringement that takes many forms. It includes sexual harassment, pregnancy discrimination, and unequal pay for women who do the same jobs as men. If women are all-too familiar with gender-related inequalities, the LGBTQ+ community also faces similar discrimination.

1. In education

In admission, recruitment, financial aids, discipline, and grading, even though there is also a grading bias against male students, some studies have showed. They are likely to be considered more negative than female students by teachers, especially female teachers. Discrimination against males was called **"second sexism"** by David Benatar in his 2012 book entitled *The Second Sexism: Discrimination Against Men and Boys*. Recent figures show that although men tended to receive more education than women in the past, the gender gap in education has reversed in recent decades in most Western countries.

2. In employment

In the workplace, discrimination can take many forms:

- **sex-based wage discrimination** (or *equal pay discrimination*) occurs whenever women who perform the same work as men are paid less than their masculine colleagues; it continues to be a major problem despite the enactment of laws such as **Title VII of the Civil Rights Act of 1964** or the **Equal Pay Act of 1963** in the USA;
- **pregnancy and maternity discrimination**: in the UK, treating a woman unfairly because she is pregnant, breastfeeding, or because she has recently given birth and has been on maternity leave is considered unlawful discrimination under the **Equality Act 2010**. For example, the Act considers that a woman has received *unfavourable treatment* when pregnancy and maternity have prevented her from getting a promotion;
- **sexual harassment and gender bias in the promotion process**: it occurs whenever the workplace has become permeated with inappropriate sexual behaviour or sexual innuendo to the point of becoming a hostile environment; some male and female employees sometimes feel forced to give in to their employer's advances if they do not want to get passed over for promotion. **The Harvey Weinstein case** sparked a global debate in 2017. Harvey Weinstein was sentenced to 23 years in prison on March 11th 2020 after being convicted of rape and sexual assault, three years after the rise of **#MeToo**, a social movement against sexual violence and sexual assault against women, the LGBTQ+ community and the disabled, founded in 2006 by **Tarana Burke**, a social activist. Many other cases of harassment and assault became public thereafter. For example, **Michael Fallon**, a British politician of the Conservative Party who served as Secretary of State for Defense under Theresa May resigned in November 2017 because of his inappropriate behaviour towards women. He told the BBC: "The culture has changed over the years. What might have been acceptable 10, 15 years ago is clearly not acceptable now";
- **discrimination in hiring and firing practices:** it occurs whenever a job applicant is treated differently than another, based solely on gender.

Whenever gender is an obstacle hindering the advancement of an employee, this employee is said to be faced with the "**glass ceiling**". The "glass ceiling" metaphor is commonly used to represent the invisible barrier that keeps women (or other minorities) from rising beyond a certain level in the hierarchy and from receiving promotion within their corporation, especially in the executive ranks.

Fights for equality and human rights

1. The feminist movement (aka women's movement)

It is a range of political and social movements that intend to achieve political, economic, social and personal equality for women.

a. Liberal feminism

Liberal feminism is a movement that worked to integrate women in the structure of mainstream society via political and legal reform: it was the preferred approach of the **Suffragettes and the Women's social Political Union** in the UK in the early 20th century. In the UK, **the Representation of the People Equal Franchise Act of 1928** equalized the franchise to all people over the age of 21; in the USA the **19th Amendment** to the US Constitution, ratified in **1920**, gave women the right to vote while French women were granted the suffrage in July **1944** by Charles de Gaulle's government in exile.

b. Radical feminism

Radical feminism is a radical movement that sprung out of the **civil rights movements** [≈ 1967-1975]. It opposes social and political organization (religion included) because it is tied to **patriarchy**. Rape and prostitution are considered an expression of patriarchal power. Radical feminists have fought for reproductive rights for women, including the freedom to choose **to have an abortion** or **to use birth control**, or even **get sterilized**. In Great Britain, abortion is permitted under the **Abortion Act of 1967**. In Northern Ireland, abortion is no longer a crime: sections of the **Offences against the Person Act of 1861** were repealed in **October 2019**. Abortion is legal in the USA thanks to the landmark **1973** case of **Roe v. Wade**. The **FEMEN**, an Ukrainian feminist activist group based in Paris, known for organizing topless protests against homophobia, sex tourism, or sexism, describes its stance as being "radical feminism".

c. Fourth-wave feminism

It is a phase of feminism that began in 2012 and is characterized by a focus, among other issues, on body-shaming, sexual harassment and "rape culture" – notably the movement arose after a young woman was gang-raped in India in December 2012. After Donald Trump made a series of offensive remarks about women during the **Election Campaign in 2016**, internet users on Facebook proposed a march on Washington D.C. known as the **Women's March**. It took place on **January 21, 2017** and eventually grew to include demonstrations across the USA and around the world. But what is undoubtedly the most significant event is the launching of **the #MeToo movement** in 2006. It gained considerable attention when the **Harvey Weinstein scandal** broke in 2017.

2. The LGBTQ+ (an acronym for Lesbian, Gay, Bisexual, Transgender, Queer) social movements

These movements focus on **equal rights** (marriage equality, for example) and work towards liberating the society from **homophobia**, **bi-phobia** and **trans-phobia**. The Netherlands was the first country to allow same-sex marriage in 2001. The US Supreme Court made same-sex marriages legal in all 50 states in ***Obergefell v. Hodges* in 2015**. In Great Britain, the **Marriage Same-Sex Couple Act of 2013** allowed same-sex marriage in England and Wales. It took effect in 2014. It was then allowed in Scotland in February 2014 and took effect in December 2014. The same legislation was passed in Northern Ireland in July 2019 and took effect in January 2020. In the USA, **adoption** has been legal for same-sex couples in all states since 2017, even though LGBTQ people still face moral judgement about whether or not they are suitable parents. In the United Kingdom, same-sex parents have been allowed to adopt since 2002, following the **Adoption and Children Act** (2002).

3. Policy options for gender equality

How do governments proceed to incorporate gender "minorities" into the society's mainstream? There are three main options:

a. Equal (employment) opportunity

The principle according to which all people should be treated similarly. Qualification should prevail over sex, race or sexual orientation.

b. Affirmative action programmes

Affirmative action programmes are meritocratic policies that aim to introduce **fairness** in the recruitment process via financial assistance for female applicants, gender-neutral recruitment...

c. Positive discrimination strategies

Whenever an employer shows a preference for hiring or promoting members of a minority group using quotas. It is a way to grant special consideration to historically excluded groups (especially women and racial minorities) and to redress discrimination. The **law on parity** in France (2000) is often considered a form of positive discrimination.

But affirmative action and positive discrimination are controversial issues in the USA. Opponents consider that they amount to discrimination against non-minorities. They also believe that these policies are no longer required because of the diversity of current American society.

A few landmarks

1. In the UK

- **1970:** the **Equal Pay Act**; **1975:** the **Sex Discrimination Act** (prohibits discrimination based on gender and marital status in employment, education and provision of services);
- **2002:** the **Sex Discrimination Act** amended the 1975 Sex Discrimination Act;
- **2004-2005:** the **Gender Recognition Act** makes it possible for transgender people to change their legal gender;
- **2006 and 2010:** the **Equality Acts** protect people from discrimination at work;
- **2010:** the **UK Equality Strategy** – ***building a fairer Britain***: a report published by David Cameron's government. The strategy is based on two principles: equal treatment and equal opportunity in favour of **social mobility** for all;
- **2011: Think, Act and Report:** a government initiative providing a framework to help companies think about gender equality in the workplace);
- **2016:** the **Armed Forces Act** removed the ban on LGBT individuals serving her Majesty's Armed Forces.

2. In the US

- 1963: the **Equal Pay Act** becomes a federal law: employers must give men and women doing the same job equal pay regardless of their race, religion, or sex;
- 1964: Title VII of the **Civil Rights Act**. It bars employment discrimination based on race, sex, and other grounds;
- 1967: the **Civil Rights Protections** is extended to women (Executive Order 11375 expands the affirmative action policies of 1965 – promoting the realisation of equal employment opportunity – to prevent discrimination);
- 1968: the **Fair Housing Act** protects people from discrimination in the sale, rental or financing of a dwelling;
- 1972: Title IX of the **Education Amendments**. Schools receiving federal funds have to provide equal access to education for men and women;
- 1973: **Roe v. Wade** is a landmark decision of the US Supreme Court that made abortion unconstitutional. **Since 2019** abortion laws have been challenged across America. Republican-led states (many of which are in the ***Bible Belt***, the Evangelical South) passed 59 abortion restrictions in 2019 thus rekindling the **"pro-life / pro-choice" debate**;
- 1974: the **Equal Credit Opportunity Act** prohibits creditors from discrimination on the basis of race, color, religion, national origin, sex, marital status, or age;
- 1978: the **Pregnancy Discrimination Act** prohibits discrimination on the basis of pregnancy, childbirth, or related medical conditions;
- 2009: the **Lilly Ledbetter Fair Pay Act** is a law that enables workers to sue for pay discrimination;
- 2019: **The W-GDP Initiative** was established by Donald Trump. **The Women's Global Development and Prosperity Initiative** is an effort to advance women's economic empowerment. It has three main pillars: *women prospering in the workforce, women succeeding as entrepreneurs*, and *women enabled in the economy;*
- 2019 (January 22): **President Trump's transgender military ban** was allowed to go into effect by the US Supreme Court.
- 2021: President Joe Biden repealed Trump's 2018 memo **(Presidential Memorandum on Military Service by Transgender Individuals)** through his executive order signed on January 25, 2021.

10. Philanthropy

Notions and concepts

What is philanthropy?

Philanthropy is the act of giving money, goods, time and effort to support a charitable cause. That can be done over an extended period of time and with precisely defined objectives. The aim is to have a **social and economic impact** in a given field. A **philanthropist** is a person who engages in philanthropy, usually ranging from any individual making small donations to **mega-donors**, such as celebrities or companies.

The companies donating money often do so as part of a **corporate social responsibility** strategy. Often shortened as **CSR**, it is a commitment by companies to produce goods and do business ethically, while being respectful of the environment, promoting social progress and improving society at large. For example, in 2018, Google ranked first of the top 100 companies with the best CSR reputation for its substantial investment in green energy, its wellness program designed to favour its employees' well-being, and its philanthropic foundation called Google.org, which fights against poverty and promotes sustainable development.

Over the past twenty years, new tendencies have emerged such as **philanthrocapitalism**, described as a new way of doing philanthropy, which implies setting up capitalist-style objectives to manage philanthropic organisations. Donors not only give money, but they also want to monitor the impact of their donations and in some cases they may expect a return on their initial investment.

What are the main causes supported through philanthropy?

The main causes that are supported by philanthropists are **higher education** (universities and colleges), **health and infectious disease control** worldwide, the **fight against world hunger and poverty**, the **protection of the environment** and the promotion of **sustainable development**, and substantial investment in **culture and arts**.

The main philanthropists and their foundations

The Bill and Melinda Gates Foundation (created in 2000 by Bill Gates and his wife Melinda): aims to promote healthcare (by boosting advances in science and technology) and fight poverty and hunger in the world, and to provide more educational opportunities in the US.

The J. Paul Getty Trust (created in 1982 by J. Paul Getty): the world's richest art institution. It runs several programmes such as The Getty Foundation, which promotes knowledge in art history and conservation, increasing access to art collections and training art professionals.

Open Society Foundations (created in 1993 by George Soros): a network of foundations promoting justice, education, health and independence of the media.

The Chan Zuckerberg Initiative (created in 2015 by Marc Zuckerberg and his wife Priscilla Chan): focuses on advancing human potential through science, education and engineering, and on promoting equality.

Warren Buffet is a well-known businessman and philanthropist. In 2010, together with Bill Gates, he launched **the Giving Pledge**, a campaign aimed at encouraging the world's wealthiest individuals or families to commit to donating most of their wealth to philanthropic causes, either in their lifetime or after their death. The pledge is only a moral commitment, which means that they have no legal obligation to donate. As of today, there are 204 signatories worldwide.

Amazon CEO Jeff Bezos, the world's wealthiest man, created the ***Bezos Day One Fund foundation*** is September 2018. He currently faces harsh criticism as he remains one of the rare billionaires who still has not signed the Giving Pledge. In 2019 he gave almost $100 million dollars to organisations that fight homelessness in the United States, a decision that came under fire with various personalities, including Democratic Senator and would-be Democratic nominee Bernie Sanders, claiming the amount was low compared to Bezos's net worth. In February 2020, Bezos committed $10 billion dollars to address climate change through the Bezos Earth Fund. This was viewed as a political move to pacify both the general public and Amazon's angry workforce, aware of the company's disastrous environmental impact.

Support and criticisms

Philanthropy is **praised** for several reasons:

- Philanthropy is an asset for any country as it **complements public spending** and the policies implemented by governments, and allows for a **reinvestment of wealth**.
- As some organisations focus on **improving education** and **medical research**, and on combating **poverty**, philanthropy is of the utmost importance in fostering **economic and social progress** as it boosts research and innovation by providing the necessary funds.

But philanthropy has been **criticised** for the following reasons:

- It helps promote **personal interests** such as attaining fame (some philanthropists get their names on museums or on buildings on college campuses), being willing to hold centre stage or to return to the spotlight: The Giving Pledge was criticised on the grounds that it was just a public-relations stunt.
- Philanthropic giving is a way to **avoid paying taxes**.
- Some causes may sometimes be considered as **unworthy**, such as funding art or elite universities instead of **focusing on health or hunger**: many complain that the wealthy tend to donate to **arts and culture institutions**, which are domains that only benefit other wealthy individuals.
- Critics argue that development aid destined for poor countries creates a **dependency**, as these countries will get used to relying on that aid: Zambian economist Dambisa Moyo stated that the money allocated to African countries through the Gates Foundation had done more harm than good. Gates replied that having kids not die was not creating a dependency.
- Some philanthropic organisations are accused of **intruding on the political life** of the countries in which they intervene: Soros's has been blamed for his supposed intrusion into the politics of some African nations and for funding anti-Israel activist groups through his foundation.
- Some contradictory practices have been highlighted: **The Gates Foundation** is said to have given funds to help farmers cope with global warming but is also known to have invested in companies that are blamed for fostering **global warming**, such as ExxonMobil or British Petroleum.

FICHE DE CIVILISATION

11. Societal questions: abortion, death penalty, assisted suicide and marijuana legalisation

Abortion

Abortion is the voluntary termination of pregnancy by removing a fetus or embryo from a mother's womb. The right to abortion was declared a human right in 2016 by a United Nations committee.

1. Various situations across the English-speaking world

	Situation as of today	Key facts and landmark legislation
UK	Legal, including in Northern Ireland which legalized it in October 2019 (where it used to be a crime)	<u>1967:</u> the **Abortion Act** made the UK one of the first European countries to legalise it, with the exception of Northern Ireland; <u>1988:</u> the legal limit was reduced from 28 to 24 weeks with the **Abortion Act of 1988**; <u>2016:</u> abortion was declared a human right by the UN, thus reigniting debates in Northern Ireland; <u>2019:</u> abortion became legal in Northern Ireland.
Ireland	Became legal within the first 12 weeks of pregnancy and later in cases where the woman's life is at risk, or in cases of <u>fatal fetal abnormality</u>	<u>2018:</u> **Health Act 2018** legalised abortion after a national referendum took place in May 2018 and approved it. The punishment for procuring an abortion in the Irish Republic, or helping someone to do so, used to be a fine of up to 14 years in prison.
US	Legal under federal law (since 1973) but carried out with restrictions in many states and currently being challenged in several states.	<u>1973:</u> **Roe *vs.* Wade**, the landmark Supreme Court ruling that made abortion legal under the 14th Amendment to the US Constitution. Although abortion is legal under federal law, **Roe *vs.* Wade** has been the target of conservatives ever since the 1970s. At a state level, the right to abortion is plagued by countless restrictions (scarce or faraway abortion clinics, parental consent, waiting periods, mandatory counselling may be required depending on the states) and the year 2019 saw an unprecedented wave of anti-abortion laws, such as the so-called **"heartbeat bills"** (banning abortion at 6 weeks, before most women know they are pregnant) in Georgia, Kentucky, Louisiana, Missouri, Ohio and Mississippi. Alabama also passed a law that comes down to a complete ban on abortion. None of these laws are currently in effect as they contravene **Roe *vs.* Wade** (the federal law prevails over state laws) but anti-abortionists hope the right-leaning US Supreme Court will take up a case and overturn **Roe *vs.* Wade**.

▶

	Situation as of today	Key facts and landmark legislation
Canada	Legal under any circumstances and at all stages of pregnancy, making it the only place with no legal restrictions on that right.	<u>1969:</u> the **Criminal Law Amendment Act** legalised abortion as long as doctors certified that the pregnancy constituted a danger to the woman's life or health; <u>1988:</u> in **R *vs.* Morgentaler** the Supreme Court of Canada struck the previous law as unconstitutional, thus making abortion legal for all women.
Australia	Now legal across the country but each state has its own law as to the term at which a pregnancy can be terminated.	<u>2019:</u> New South Wales legalised abortion, making this state the last one in the country to allow the procedure and putting an end to a 119-year-old law that considered abortion as a crime. It was only allowed in cases when the woman's physical and mental health was in danger, which had to be certified by a doctor.

2. The arguments that traditionally oppose pro-life and pro-choice activists

Pros	Cons
– It is deemed a human right and a woman's right to have control over their body. – If the fetus is not viable outside the womb, it should not be regarded as a human being. – In cases of rape or incest, a woman should not be forced to keep an unwanted child.	– Since life begins at conception, it is similar to murder and fetal rights matter. – Only God can take a life. – It causes psychological pain and stress. – In cases of rape or incest, it is not the fetus that should be punished.

The death penalty

A legal punishment by death (also called"capital punishment") which is still enforced in more than 50 countries across the world, including the United States. It was completely abolished in the UK in 1998 (although it had not been used since 1964), in Canada (1976), in Australia (all jurisdictions had abolished it by 1985), in Ireland (officially abolished in 1990, although the last execution had occurred in 1954).

In the US, capital punishment remains legal in 28 states, and is also used by the federal government and the military. In 2017, 17 people were executed in the US (22 in 2019, and 3 during the first quarter of 2021).

1. Key facts and landmark legislation in the US

- <u>1972:</u> in **Furman *vs.* Georgia**, the Supreme Court struck the death penalty as unconstitutional and suspended it across the US. At the time, all the pending death sentences were reduced to life imprisonment;
- <u>1976:</u> in **Gregg *vs.* Georgia**, the Supreme Court reaffirmed its constitutionality and the death penalty was reinstated;
- <u>2002:</u> in **Atkins *vs.* Virginia**, the Supreme Court rules that the execution of mentally retarded people violates the 8th Amendment (which bans cruel and unusual punishment);

- **2005:** in **Roper *vs.* Simmons**, the Supreme Court ruled that the execution of juvenile offenders was unconstitutional;
- **March 2019:** California Governor Gavin Newsom put an executive moratorium on the death penalty in the state, thus suspending any further executions in California as long as he is in office (Only California voters can repeal the death penalty);
- **May 2019:** New Hampshire becomes the 21st US state to abolish capital punishment;
- **November 2019:** A judge blocked the federal government from carrying out the executions of four death row inmates over concerns about the government's lethal injection method.
- **May 2021:** Virginia becomes the 23rd US state and the first in the south to abolish the death penalty.

2. Arguments in favour of and against the death penalty

Pros	Cons
– It costs less than a life imprisonment. – It acts as a deterrent for would-be criminals. – Abolition would inevitably make the crime rate increase. – It does not violate the 8th Amendment (preventing the federal state from imposing torture) as more humane execution methods are used. – It is a punishment deserved by the culprit.	– It denies the rights to life and to live free from torture, which are stated in the 1948 Universal Declaration of Human Rights. – Miscarriages of justice happen but a life sentence is irreversible. – Some activist groups fight against it, either locally or globally, as it goes against human rights and is degrading. – There are cases of botched executions. – It is unfair as it is more often applied to people of color and with mental disabilities. – Statistics show that the death penalty does not act as a deterrent to crime.

Assisted suicide

Assisted suicide is the suicide of a terminally ill patient or a patient with an incurable condition, carried out with the assistance of another person, most of the time through the taking of lethal drugs provided by a doctor for that purpose. It is slightly different from euthanasia, when a doctor is allowed by law to end a person's life.

1. Key facts and landmark legislation in the UK

- **1961:** under the **Suicide Act of 1961**, both euthanasia and assisted suicide are illegal in the UK, although there is a push to make it legal under certain circumstances. Euthanasia is considered as murder under UK law and assisted suicide is considered a criminal offence that carries a prison sentence up to 14 years;
- **2012:** the UK Supreme Court defeated the case of Tony Nicklinson, who suffered from locked-in syndrome after a stroke and who fought for the right for doctors to end his life;
- **2015:** Parliament rejected a bill that would have legalised assisted dying for the terminally ill likely to die within six months;
- **2019:** according to an opinion poll, more than 90% of the UK's population think assisted dying should be legalised for the terminally ill.

2. Key facts and landmark legislation in the US

Physician-assisted suicide is currently legal in nine US states and the District of Columbia. Patients must suffer from a terminal illness and have a prognosis of six months or less to live.

1997: Oregon was the 1st US state to allow physician-assisted suicide. Other states followed suit: Washington (**2008**), Montana (**2009**), Vermont (**2013**), California (**2015**), Colorado (**2016**), the District of Columbia (**2017**), Hawaii (**2018**), New Jersey and Maine (**2019**), as well as the District of Columbia **(2017)**.

3. Arguments in favour of and against assisted suicide

Pros	Cons
– It should be a fundamental right to decide when we die if death is approaching. – No one should be forced to go through suffering without a right to end that pain. – Everyone should be allowed to die with dignity.	– It raises ethical concerns: no one is entitled to end someone else's life, and abuse and mistakes are feared. – Palliative care has improved and terminally-ill patients can die with dignity.

Marijuana legalisation

1. Key facts and landmark legislation in the UK

1928: cannabis was declared illegal but doctors were allowed to prescribe it to ill patients until 1971; **1971: Misuse of Drugs Act** (created Class A, B and C classification systems as a means to control drug use; cannabis was then classified as a Class B drug and still is, despite several attempts to make it a Class C drug); **2016:** legalisation in California reignited the debate in the UK over fears the UK might be falling behind the US, Germany (about to legalise medical use) and Canada (planning to legalise it for recreational purposes in 2017); **November 2018:** Medical cannabis was legalised. Doctors became allowed to prescribe it under certain circumstances, but people complain that it is almost impossible to obtain a prescription.

2. Key facts and landmark legislation in the US

Although marijuana is still considered a drug under federal law, a total of 33 states have legalised cannabis for medical use, and 11 have legalised recreational cannabis for adults.

1996: California became the 1st US state to legalise medical cannabis; **2012: Colorado and Washington** legalised recreational use; **2016: California** made recreational use legal; **2020:** New York Governor Andrew Cuomo declared the legalisation of recreational cannabis in the state of New York was one of his priorities.

3. Arguments in favour of and against the legalisation of marijuana

Pros	Cons
– Governments can derive revenue from legalisation through taxation. – It would help crack down on crime and violence. – It allows the authorities to keep track of the amount of cannabis in circulation. – It would entail a decrease in price due to mass production and increased consumption. – It would boost competition and create jobs. – It would help reduce crime	– It would increase the availability and use of substances that are deemed dangerous. – It would pose health and safety risks. – Increase in tax revenue could be outweighed by the economic costs (soaring health costs, loss of productivity in the workplace). – The black market would not disappear.

12. Bioethical Issues

As countless technological and medical breakthroughs have been made over the past decades, an increasing number of ethical issues have emerged. Ethics can be defined as a set of moral principles influencing a person's behaviour and dictating rules of conduct. In the field of medicine, biology and genetic engineering, progress has made it possible to perform a number of actions on living beings, therefore raising ethical questions as to how far one can go in these fields.

Eugenics

Eugenics aims at eliminating undesired traits in the population to improve its genetic quality. When applied in medicine, it consists in getting rid of the characteristics that are thought or known to cause diseases. One can resort to eugenics for medical or cosmetic reasons. But the practice of eugenics raises ethical concerns and several problems are pointed out:

- some argue that determining whether the version of a gene should be eliminated is not something that should be decided by people but through **natural selection and evolution**, while others claim those so-called defects should be eliminated. Tampering with nature is unacceptable according to some people;
- it is impossible to choose only one gene in the selection process: all the characteristics present on a chromosome are selected. Therefore, several genes are selected, including some that may carry flaws. But it is hard to anticipate which traits may turn out to be detrimental given that a characteristic may be positive or negative depending on context: *e.g.* the sickle-cell trait provides protection from malaria;
- with some fertility clinics making it possible to select the cosmetic traits of babies, and since it is a costly procedure, some fear it might widen the gap between the rich and the poor. Some also fear this might lead to a new trend consisting in creating "designer babies".

	Key dates and legislation
UK	2008: the **Human Fertilisation and Embryology Act** banned sex selection of offspring for non-medical reasons.
US	2013: a patent was awarded, allowing parents to choose the genetic traits of their offspring. Parents are given this possibility in some fertility clinics but this has sparked controversy.

Human cloning

Human cloning consists in the creation of the genetically identical copy of an individual. **Therapeutic cloning** makes it possible to create human cells to be used in medicine while **reproductive cloning** consists in cloning an entire human being.

Human cloning aims at producing a human being that has the same genetic features as the individual who provided the genetic information. The unavowed aim is to have the possibility of using the organs of the clone if needs be, which raises ethical concerns since the clone should not be considered as a lesser being. Although cloning is praised when applied to animals and plants – it enables the creation of resources that will benefit man (*e.g.* meat production) and avoids the genetic mixing (triggering a loss of positive genetic features) –, creating the perfect copy of a person is a myth, insofar as two people with the same genetic information will still have different personalities, not to mention the influence of epigenetics (the study of heritable phenotype changes that do not involve alterations in the DNA sequence) in their development.

	Key dates and legislation
UK	2001: the **Human Reproductive Cloning Act** prohibited reproductive cloning; 2002: therapeutic cloning was authorised but strictly regulated; 2008: the Human Fertilisation and Embryology Act allowed experiments on embryos combining both human and animal material.
US	Despite several attempts to ban cloning, no federal laws ban human cloning completely in the US. Federal laws only address how cloning may be funded. As a result, the states have passed their own laws: reproductive cloning is banned in fifteen states and the use of public funds to carry out cloning activities is prohibited in three states.

Cryogenics

Cryonics or cryogenics is the low-temperature preservation of human beings who have just died for them to be revived in the future, if scientific and medical advances eventually make it possible, which is currently not the case. This costly procedure first occurred in the US in 1967. It is currently carried out in three places in the world: two in the US and one in Russia. The **cryonics** procedure is not precisely regulated, which makes it legal in various countries. It is considered as a way to cheat death, while many argue that death is the will of God and that giving life again is an attempt to play God.

The method used is known as ***Cryopreservation***, that is the preservation of cells and tissue by freezing. The procedure is currently used in medically assisted procreation: embryos (IVF), oocytes and semen can be frozen for later use.

Cryopreservation is widely supported by Transhumanists, who believe in human immortality. According to them, death is only temporary and the bodies should be preserved at low temperatures until science makes it possible to bring those people back to life and to enhance their capacities in various fields such as health, physical strength, intelligence, etc.

	Key dates and legislation
UK	2016: the possibility of resorting to **cryonics** first occurred when a 14-year-old British girl suffering from terminal cancer won a court case that allowed her to be cryogenically preserved in the US. It is currently considered legal in the UK as it is unregulated in the **Human Tissue Act** (2004), which regulates the removal, use, storage and disposal of human tissue and organs.
US	Currently there are no state or federal laws specifically devoted to the regulation of cryonics, which does not mean that no laws apply to that procedure. Indeed, laws permitting organ donations have been of help to make the procedure legally feasible. 2014: Apple and Facebook offer to pay for egg freezing, allowing female employees to postpone motherhood; 2019: a man in California became the first terminally ill patient to undergo cryonic preservation after he had opted for assisted death. The procedure occurred at the Alcor Life Extension Foundation in Arizona.

PLUS D'OUTILS

LES VERBES IRRÉGULIERS

Infinitif	Prétérit	Participe passé	Traduction
arise	arose	arisen	survenir
awake	awoke / awaked	awoken / awaked	éveiller
be	was / were	been	être
bear	bore	borne	(sup)porter
beat	beat	beaten	battre
become	became	become	devenir
begin	began	begun	commencer
bend	bent	bent	(se) courber, (se) plier, (se) pencher
bet	bet	bet	parier
bite	bit	bitten	mordre
bleed	bled	bled	saigner
blow	blew	blown	souffler
break	broke	broken	casser
bring	brought	brought	apporter
build	built	built	construire
burn	burnt / burned	burnt / burned	brûler
burst	burst	burst	éclater
buy	bought	bought	acheter
cast	cast	cast	lancer, jeter
catch	caught	caught	attraper
chide	chid / chided	chidden / chided	gronder
choose	chose	chosen	choisir
come	came	come	venir
cost	cost	cost	coûter
creep	crept	crept	ramper
cut	cut	cut	couper
deal	dealt	dealt	distribuer
dig	dug	dug	creuser
do	did	done	faire
draw	drew	drawn	dessiner, tirer, attirer, extraire

Infinitif	Prétérit	Participe passé	Traduction
dream	dreamt / dreamed	dreamt / dreamed	rêver
drink	drank	drunk	boire
drive	drove	driven	conduire
eat	ate	eaten	manger
fall	fell	fallen	tomber
feed	fed	fed	nourrir
feel	felt	felt	(res)sentir
fight	fought	fought	(se) battre
find	found	found	trouver
fly	flew	flown	voler (oiseau, avion)
forbid	forbade /fə'bæd/	forbidden	interdire
forget	forgot	forgotten	oublier
forgive	forgave	forgiven	pardonner
freeze	froze	frozen	congeler, geler
get	got	got / gotten (US)	obtenir, se procurer
give	gave	given	donner
go	went	gone	aller
grow	grew	grown	grandir, (faire) pousser, augmenter
hang	hung	hung	pendre, accrocher
have	had	had	avoir
hear	heard	heard	entendre
hide	hid	hidden	(se) cacher
hit	hit	hit	frapper
hold	held	held	tenir
hurt	hurt	hurt	blesser
keep	kept	kept	garder
kneel	knelt	knelt	s'agenouiller, être agenouillé
know	knew	known	savoir, connaître
lay	laid	laid	poser, mettre, pondre (poule), préparer
lead	led	led	conduire, mener
lean	leant / leaned	leant / leaned	(se) pencher, être appuyé, (s')appuyer
learn	learnt / learned	learnt / learned	apprendre
leave	left	left	laisser, quitter, partir

Infinitif	Prétérit	Participe passé	Traduction
lend	lent	lent	prêter, conférer
let	let	let	laisser, louer (à qqn), permettre
lie	lay	lain	se coucher, poser, reposer
light	lit	lit	allumer, éclairer
lose	lost	lost	perdre
make	made	made	faire, fabriquer
mean	meant	meant	vouloir dire, signifier
meet	met	met	rencontrer
pay	paid	paid	payer
put	put	put	mettre
quit	quit	quit	quitter, cesser de, abandonner, renoncer
read	read	read	lire
ride	rode	ridden	monter (à cheval, etc.), aller en moto / à bicyclette
ring	rang	rung	sonner
rise	rose	risen	se lever
run	ran	run	courir, gérer, diriger, conduire
saw	sawed	sawn	scier
say	said	said	dire
see	saw	seen	voir
seek	sought	sought	chercher, demander, tenter
sell	sold	sold	vendre
send	sent	sent	envoyer
set	set	set	placer, fixer, installer, préparer
shake	shook	shaken	secouer
shed	shed	shed	perdre, (faire) tomber, verser
shine	shone / shined	shone / shined	briller
shoot	shot	shot	lancer, fusiller, tuer, filmer
show	showed	shown / showed	montrer
shut	shut	shut	fermer
shrink	shrank	shrunk	rétrécir, (se) réduire
sing	sang	sung	chanter
sink	sank	sunk	couler, sombrer
sit	sat	sat	être assis

Infinitif	Prétérit	Participe passé	Traduction
sleep	slept	slept	dormir
slide	slid	slid	glisser
smell	smelt	smelt	sentir
speak	spoke	spoken	parler
spell	spelt	spelt	épeler
spend	spent	spent	passer (du temps), dépenser (de l'argent)
spit	spat	spat	cracher
split	split	split	fendre, (se) partager, se disperser
spoil	spoilt / spoiled	spoilt / spoiled	gâter, gâcher, abîmer
spread	spread	spread	étaler, répandre
spring	sprang	sprung	s'élancer, surgir
stand	stood	stood	supporter, se tenir debout, se lever
steal	stole	stolen	voler, dérober
stick	stuck	stuck	coller
stink	stank	stunk	puer
strike	struck	struck	frapper, lutter, faire grève
swear	swore	sworn	jurer
sweep	swept	swept	balayer
swim	swam	swum	nager
swing	swung	swung	(se) balancer
take	took	taken	prendre
teach	taught	taught	enseigner
tear	tore	torn	déchirer, mettre en pièces
tell	told	told	dire, raconter
think	thought	thought	penser, réfléchir
throw	threw	thrown	lancer, jeter
tread	trod	trodden	marcher, fouler, écraser, avancer avec précaution
understand	understood	understood	comprendre
wake	woke	woken	éveiller, (se) réveiller
wear	wore	worn	porter (vêtement), user, éroder
weep	wept	wept	pleurer
win	won	won	gagner
write	wrote	written	écrire

LES PRINCIPAUX VERBES À PARTICULES

Principaux verbes	Particules adverbiales seules ou particules adverbiales suivies d'une préposition	Phrases d'exemple
break	– to break down = tomber en panne – to break out = éclater (conflit) – to break up = rompre (relation) – to break something up = casser en morceaux	My computer broke down last week. They were young when war broke out. They broke up last summer. Break the biscuits up so that she can eat them.
bring	– to bring up = * élever des enfants * soulever, mentionner un sujet – to bring out = faire ressortir, donner du relief à – to bring back = ramener, rapporter	She brought up her kids on her own. That topic gets brought up very often. This spicy flavour brings out the taste of the meat. I brought back this cup from Berlin.
call	– to call someone back = rappeler quelqu'un – to call something off = annuler – to call someone out = critiquer quelqu'un	I will call him back when I have more information. The Prime Minister had to call off his state visit. She should not have called her out in public.
carry	– to carry on = continuer – to carry out = mener à bien	The roadworks will carry on until further notice. The study was carried out on mice.
catch	– to catch up = se mettre à jour, prendre des nouvelles – to catch up with someone/something = * rattraper quelqu'un/quelque chose * prendre des nouvelles	He will call you tomorrow so that you can catch up. He runs so fast that I cannot catch up with him. Call me, I need to catch up with you!
come	– to come across something = tomber sur – to come up with something = trouver, apporter, imaginer	I came across an article about endangered species. I am sure she will come up with a solution to your problem.
do	– to do something up = restaurer, rénover une pièce, maison – to do away with something = en finir avec quelque chose, se débarrasser de quelque chose	Our bathroom needs doing up. Farmers should do away with the use of toxic pesticides.
drop	– to drop someone/something off = déposer quelqu'un/quelque chose – to drop out = abandonner	Can you drop this off at the bank for me, please? She dropped out of school when she was 17.

Principaux verbes	Particules adverbiales seules ou particules adverbiales suivies d'une préposition	Phrases d'exemple
fall	– to fall behind (with something) = prendre du retard (dans quelque chose)	If you don't work harder, you may fall behind.
get	– to get away = partir, s'enfuir – to get away with something = s'en tirer, s'en sortir impunément – to get by = se débrouiller, s'en sortir (financièrement) – to get up = se lever – to get on with someone = bien s'entendre avec quelqu'un	I got mugged but I managed to get away. She got away with murder. I wonder if she will get by now that she is jobless. She gets up at 5 every morning. It is important you get on with your colleagues.
give	– to give something away = révéler, trahir quelque chose – to give in to something = céder à quelque chose – to give up = abandonner, renoncer	These are secrets they won't give away, I'm sure. Please don't give in to pressure. She wanted to do it from scratch, but she gave up.
keep	– to keep away from something/someone = se tenir à distance de – to keep up (with something/someone) = se maintenir au même niveau que	Please keep away from her until she has completely recovered. She is so complicated that I can't keep up!
look	– to look up = s'améliorer – to look up to someone = admirer quelqu'un – to look down on someone = mépriser quelqu'un	Don't worry, things will look up eventually. She looks up to her boss, but he really looks down on her.
make	– to make up = inventer – to make up for something = compenser – to make something out = distinguer, discerner	The kids were asked to make up a story in class. I forgot your birthday but I'll make up for it. She could not make out the sign from where she stood.
put	– to put someone up = héberger quelqu'un – to put up with someone = supporter quelqu'un – to put someone off = dégoûter, refroidir quelqu'un – to put something off = reporter, remettre à plus tard	I can put them up for the night if they have no place to stay. I can't put up with her, I'm sorry. I was about to accept his offer, but I was put off by the working conditions. The event was put off due to the epidemic.

Principaux verbes	Particules adverbiales seules ou particules adverbiales suivies d'une préposition	Phrases d'exemple
stand	– to stand up = se lever – to stand for something/ someone = représenter quelque chose/quelqu'un – to stand up for = défendre (une cause)	You'll have to stand up when she enters the room. The letters WHO stand for World Health Organisation. This sportswoman stands up for gender equality.
take	– to take off = décoller – to take up = commencer (activité), se mettre à	The plane took off at 6. You need to take up yoga classes.
turn	– to turn on/off = allumer/éteindre – to turn out = s'avérer – to turn someone / sth down = rejeter, refuser, décliner la proposition de quelqu'un – to turn someone in = livrer quelqu'un à la police - to turn up = venir, arriver	Don't forget to turn off the light. She turned out to be fired. The school turned down my application for a scholarship. They turned him in as soon as they could. We expected her to attend the meeting but she never turned up.
wake	– to wake (someone) up = se réveiller/ réveiller quelqu'un	Wake me up before you leave.

LES PRINCIPAUX VERBES PRÉPOSITIONNELS

Prépositions	Verbes	Traduction
about	to talk **about** (a topic)	parler de (un sujet)
against	to caution **against** (a danger)	mettre en garde contre (un danger)
at	to arrive **at** (the station)	arriver à (la gare)
by	to begin **by** doing sth	commencer par faire qqch
for	to account **for** sth	expliquer, justifier, représenter qqch
	to pay **for** sth	payer (pour) qqch
	to prepare **for** sth	se préparer pour / à qqch
	to substitute **for** sth	remplacer qqch
	to wait **for** s.o.	attendre qqn
	to apologise **for** sth / **for** doing sth	s'excuser de qqch / d'avoir fait qqch
	to ask **for** sth	demander qqch
	to beg **for** sth	mendier, quémander qqch
	to blame s.o. **for** sth / **for** doing sth	reprocher qqch à qqn / à qqn d'avoir fait qqch
	to hope **for** sth	espérer qqch
	to long **for** sth	désirer qqch ardemment
	to punish s.o. **for** sth / **for** doing sth	punir qqn pour qqch / pour avoir fait qqch
	to wish **for** sth	souhaiter qqch
from	to benefit **from** sth	bénéficier de, profiter de qqch
	to prohibit s.o. **from** doing sth	interdire qqch à qqn
	to recover **from** (a disease)	récupérer, se remettre (d'une maladie)
	to result **from** sth	résulter de qqch

Prépositions	Verbes	Traduction
in	to arrive **in** (a town, a country)	arriver dans (une ville, un pays)
	to engage **in** sth	s'engager dans, prendre part à qqch
	to invest **in** sth	investir dans qqch
	to result **in** sth	entraîner, provoquer qqch
	to consist **in** sth / **in** doing sth	consister en qqch / à faire qqch
	to succeed **in** sth / **in** doing sth	réussir qqch / à faire qqch
	to persist **in** sth / **in** doing sth	persister, persévérer dans qqch, s'obstiner à faire qqch
into	to divide **into** (two parts)	diviser en (deux parties)
of	to approve **of** sth	approuver, tolérer qqch
	to consist **of** sth	être composé de qqch
	to accuse s.o. **of** sth / **of** doing sth	accuser qqn de / d'avoir fait qqch
	to beware **of** sth / **of** s.o.	prendre garde à qqch / qqn
	to dream **of** sth / **of** doing sth	rêver de qqch / de faire qqch
	to remind s.o. **of** sth	rappeler qqch à qqn
	to suspect s.o. **of** sth / **of** doing sth	suspecter qqn de qqch / d'avoir fait qqch
on	to concentrate **on** sth	se concentrer sur qqch
	to wait **on** s.o.	servir qqn (à table)
	to decide **on** sth	choisir, décider de qqch
	to depend **on** sth / s.o.	dépendre de qqch / qqn
	to plan (**on**) sth	prévoir qqch
	to rely **on** sth / s.o.	se fier à, compter sur qqch / qqn
	to insist **on** sth / **on** doing sth	insister sur qqch / pour faire qqch, tenir à faire qqch
	to live **on** (food, money)	vivre de (nourriture, argent)

Prépositions	Verbes	Traduction
to	to agree **to** sth	adhérer à, donner son accord pour qqch
	to contribute **to** sth / **to** doing sth	contribuer à qqch / à faire qqch
	to respond **to** sth	répondre à, réagir à qqch
	to subscribe **to** (a magazine)	s'abonner à (un magazine)
	to talk **to** s.o.	parler à qqn
	to attend **to** sth / s.o.	s'occuper de qqch / qqn
	to object **to** sth / **to** (s.o.) doing sth	ne pas être d'accord pour faire qqch / trouver à redire à
	to resort **to** sth	avoir recours à qqch
	to occur **to** s.o. **to** do sth	venir à l'esprit de qqn de faire qqch
	to refer **to** sth	faire référence à qqch
	to refer s.o. **to** s.o. else	adresser qqn à qqn d'autre
	to amount **to** sth / **to** doing sth	revenir à, équivaloir à qqch / à faire qqch
	to take **to** (drinking)	se mettre à (boire)
	to resign oneself **to** sth / **to** doing sth	se résigner à qqch / à faire qqch
with	to talk **with** s.o.	parler avec qqn
	to begin **with** sth	commencer par qqch
	to agree **with** s.o. **about** sth	être d'accord avec qqn à propos de qqch
	to chat **with** s.o.	bavarder avec qqn
	to compete **with** s.o.	faire concurrence à, rivaliser avec qqn
	to consult **with** s.o.	se concerter avec qqn
	to cooperate **with** s.o.	coopérer avec qqn
	to deal **with** sth	traiter de qqch
	to interfere **with** sth / s.o.	interférer avec qqn / qqch, perturber qqch, porter atteinte à qqn
	to replace **with** sth	remplacer par qqch

LES PRINCIPAUX ADJECTIFS ET PARTICIPES PASSÉS SUIVIS D'UNE PRÉPOSITION

Prépositions	Verbes	Traduction
about	to be anxious **about** sth	être inquiet pour / au sujet de qqch
	to be sorry **about** sth	être désolé, s'excuser pour qqch
	to be angry **about** (ou **for**) sth	être en colère pour / au sujet de qqch
	to be excited **about** sth / **about** doing sth	être enchanté, enthousiaste, emballé par qqch / à l'idée de faire qqch
	to be worried **about** sth	craindre qqch / se soucier de qqch
	to be upset **about** sth / s.o.	être mécontent, fâché, contrarié par qqch / qqn
	to be happy **about** sth	se réjouir de qqch
	to be concerned **about** sth / **about** doing sth	être inquiet, soucieux de qqch / craindre, s'inquiéter de faire qqch
	to be crazy / mad **about** sth / s.o.	être fou de qqch / qqn
at	to be good / bad **at** sth / **at** doing sth	être bon / mauvais en qqch, réussir / ne pas réussir à faire qqch
	to be terrible **at** (maths)	être nul en (maths)
	to be surprised **at** / **by** sth	s'étonner de qqch
	to be shocked **at** / **by** sth	être choqué par qqch, s'offusquer de qqch
	to be amazed **at** / **by** sth	être stupéfait, étonné, émerveillé, ébahi par qqch
	to be astonished **at** / **by** sth	être étonné, ébahi par qqch
by	to be annoyed **by** sth / s.o.	être agacé par qqch / qqn
	to be impressed **by** sth / s.o.	être impressionné par qqch / qqn
for	to be known **for** sth / **for** doing sth	être connu pour qqch / pour faire qqch
	to be remembered **for** sth / **for** doing sth	se souvenir de qqn pour qqch / pour ce qu'il a fait
	to be fit **for** sth	être apte à qqch
	to be bad / good **for** s.o.	être mauvais / bon pour qqn
	to be liable **for** sth	être passible / responsable / redevable / tenu de qqch
	to be prepared **for** sth	être prêt / préparé pour (à) / paré à qqch
	to be ready **for** sth	être prêt pour / préparé à qqch

Prépositions	Verbes	Traduction
for	to be responsible **for** sth	être responsable de qqch
	to be sorry **for** sth / **for** doing sth	regretter, être désolé pour qqch / d'avoir fait qqch
	to be / feel sorry **for** s.o.	être désolé pour qqn
	to be anxious **for** sth / s.o.	être inquiet pour qqch / qqn
	to be famous **for** sth / **for** doing sth	être célèbre pour qqch / pour avoir fait qqch
from	to be tired **from** (working hard)	être fatigué de (travailler dur)
	to be independent **from** (a country)	être indépendant (d'un pays)
in	to be absorbed **in** sth	être absorbé par qqch
	to be interested **in** sth	être intéressé par qqch
	to be involved **in** sth	être impliqué dans qqch
	to be successful **in** sth	réussir à faire qqch / avoir du succès dans qqch
of	to be afraid **of** sth / s.o.	avoir peur de qqch / qqn
	to be ashamed **of** sth / s.o.	avoir honte de qqch / qqn
	to be aware **of** sth	connaître qqch, avoir conscience de qqch
	to be capable **of** sth / **of** doing sth	être capable de qqch / de faire qqch
	to be confident **of** sth / s.o.	se fier à, avoir confiance dans qqch / qqn
	to be fond **of** sth / s.o.	aimer, adorer qqch / qqn
	to be frightened **of** sth / s.o.	être effrayé par qqch / qqn
	to be nervous **of** sth	être inquiet / stressé / tendu par qqch
	to be proud **of** sth / **of** doing sth	être fier de qqch / de faire qqch
	to be scared **of** sth / s.o.	avoir peur de qqch / qqn
	to be suspicious **of** sth / s.o.	douter, se méfier de qqch / qqn
	to be terrified **of** sth / s.o.	être terrifié par qqch / qqn
	to be tired **of** sth / s.o. / **of** doing sth	se lasser de qqch / qqn / de faire qqch
	to be full **of** sth	être plein de qqch
	to be guilty **of** sth / **of** doing sth	être coupable de qqch / d'avoir fait qqch
	to be independent **of** sth / s.o.	être indépendant de qqch / qqn
	to be jealous **of** s.o.	être jaloux de qqn
	to be short **of** sth	manquer / être à court de qqch
	to be typical **of** sth / s.o.	être typique de qqch / qqn

Prépositions	Verbes	Traduction
on	to be keen **on** sth / **on** doing sth	aimer qqch, être passionné par qqch, être désireux de faire qqch
	to be dependent **on** sth / s.o.	dépendre de qqch / qqn
to	according **to** s.o.	selon qqn (sauf * according to me)
	to be accustomed **to** sth / **to** doing sth	être habitué à qqch, avoir l'habitude de faire qqch
	to be used **to** sth / **to** doing sth	être habitué à qqch, avoir l'habitude de faire qqch
	to be nice, kind, cruel **to** s.o.	être agréable, sympathique, cruel à l'égard de qqn
	to be exposed **to** sth	être exposé à qqch
	to be married **to** s.o.	être marié à qqn
	to be similar **to** sth / **to** doing sth	être semblable à qqch / équivaloir à faire qqch
	to look forward **to** sth / **to** doing sth	attendre qqch avec impatience
	to be addicted **to** sth / **to** doing sth	être dépendant de qqch, ne pas pouvoir se passer de faire qqch
	to be committed **to** sth / **to** doing sth	s'engager dans qqch, être déterminé à faire qqch, s'employer à faire qqch
	to be dedicated **to** sth / **to** doing sth	être dédié / consacré à qqch, être déterminé à faire qqch
	to be devoted **to** sth / **to** doing sth	être dédié / consacré à qqch, être déterminé à faire qqch
	to be opposed **to** sth / **to** doing sth	être opposé à qqch, refuser de faire qqch
	to be close **to** sth / s.o.	être proche de qqch / qqn
	to be / get close **to** doing sth	être sur le point de faire qqch
	to be grateful **to** s.o. (**for** sth)	être reconnaissant envers qqn (de qqch)
	to be given **to** doing sth	être enclin à faire qqch
with	to be angry / furious **with** s.o.	être en colère, furieux contre qqn
	to be pleased **with** sth	être satisfait, se réjouir de qqch
	to be satisfied **with** sth	être satisfait de qqch, se contenter de qqch
	to be delighted **with** sth	se réjouir de qqch
	to be disappointed **with** sth / s.o.	être déçu par qqch / qqn
	to be fed up **with** sth	en avoir assez / se lasser de qqch
	to be bored **with** sth	se lasser de qqch
	to be crowded **with** people	être bondé, rempli de monde
	to be content **with** sth / **with** doing sth	se satisfaire de qqch, se contenter de faire qqch
	to be busy **with** sth / **with** doing sth	être occupé à qqch / à faire qqch